JN131393

対比列伝

ヒトラーとスターリン

第2巻

アラン・ブロック

鈴木主税＝訳

草思社文庫

HITLER AND STALIN
Parallel Lives
by
Alan Bullock
Copyright © 1991, 1993 by Alan Bullock
Japanese translation rights arranged with
the Literary Estate of Alan Bullock
c/o Curtis Brown Group Limited, London
through Tuttle-Mori Agency, Inc., Tokyo

対比列伝　ヒトラーとスターリン【第2巻】　目次

対比列伝　ヒトラーとスターリン【第2巻】

第8章 スターリンの革命

スターリン　一九二八—一九三四（四八—五五歳）

1

ヒトラーがまだ権力を奪取しようとして躍起になっていたころ、スターリンはすでに権力を実際に行使しはじめていた。スターリンのやりかたは大がかりかつ冷酷きわまりなかったので、一九二八年から三三年にかけての年月は、一九一七年から二一年までの戦時共産主義時代に匹敵する第二革命のような激しいものとなり、ロシア史の型を破るという点では、より決定的な役割をはたすことになった。

十月革命から一〇年が過ぎ、新経済政策（ネップ）の効果で、経済も内戦の痛手から立ちなおっていたものの、ロシアの産業は一九一三年当時の水準に戻ったにすぎず、先進工業国との差はいっそう広がっていた。一九二七年の工業従事者数はたかだか二五〇万人だった。政権を獲得して一〇年になるというのに、共産党は相変わらず一九一七年の向こう見ずなギャンブルのつけに苦しんでいた。何しろ、レーニンが政権の座についたこの年、マルクス主義が社会主義革命の前提条件にあげる経済的・社会的基盤がまだこの国には存在しなかったのだ。レーニンは、ボリシェヴィキがこの国を動かすようになれば、この前提条件はあとからおのずと満たされるはずだと思いこんでいた。しかし、一〇年経っても状況は変わらず、党および国家の権力構造にはいぜんとして経済的基盤が欠けたままだった。

工業を近代化し、さらに拡大していかなければ、社会主義の経済や社会を実現することはできないし、ソ連が資本主義世界から自衛する手段をもつこともかなわない。この点では、党内に異論がなかった。また、農業を近代化せずに工業化を進めることはできないということでも、意見は一致していた。農業の生産性を絶えず向上させないことには、工場労働者を増やし、その生活水準を改善するために必要な食糧をまかなえないし、戦争や飢饉に備えて食糧の備蓄を増やすこともできない。さらに工場の機械類はもとより、トラクターなど農業用機械の輸入代金を支払うためにも、穀物の輸出量を大戦前の水準に戻さなければならなかった。

意見が割れたのは、どうしたら増産が可能か、経済的な措置（たとえば農作物の買い取り価格を引き上げる、農民が必要とする物資の供給量を増やす、協同組合を創設するといった措置）を講じることで、農民の増産意欲をどこまでかきたてることができるかをめぐってであった。つまり、「非常措置」を実施することによって、どの程度まで農民に増産を強制させるべきか、そして成果をあげるのにどれくらいの時間を要するかが争点となったのである。スターリンはそれまで、少なくとも公式の席ではブハーリンの主張を容認していた。細分化された零細農民の小規模な保有地を整理統合し、近代的な農業や協同組合の活動に役立つように改造するというプロセスは、「徐々に、だが確実に、圧力によってではなく、実例と説得によって」達成されなければならないとは、一九二七年十二月の第一五回党大会でスターリン自身の口から出た言葉である。*1

ブハーリンも晩年のレーニンも、ソ連経済をこのように近代化するには、一〇年か二〇年、あるいはそれ以上の年月を要すると考えていた。しかし、証拠がないためにいつとは断定できないが、スターリンはある段階で従来の方針を変え、戦時共産主義時代の強硬手段を復活させることに魅力を感じはじめたに違いない。近代的な社会主義国家を築くための近道（一九一七年にレーニンがたどった最初の近道に匹敵する近道）を新たに見出そうというのである。トロツキーや似たような綱領を掲げる左派との権力争いに明け暮れているときには、スターリンも独自の思想を展開したり、ブハーリンやルイコフをはじめとする右派の支持を失う危険を冒したりすることはできなかった。右派はネップを継承し、あえて農民と袂を分かつようなことはしない方針で結束しているという事情もあった。ところが、第一五回党大会でトロツキーと合同反出した。

対派の敗北が決まると、スターリンは一転して「行政措置」（強制措置の婉曲な言いかた）の発令にたいする党中央委員会の承認を引き出し、力による穀物の徴発に乗り出した。

これが始まりだった。その後の二年間の歴史の流れを見ると、スターリンの五十歳の誕生日の祝典でクライマックスを迎えるということは別にして、その流れがたがいに関連する三つのテーマで構成されていることがわかる。

第一のテーマは（第6章でも述べたが）、スターリンが右翼反対派を抑えて、権力の座についていく最終段階に関わるものだ。ごく初期の段階では、主導権を握ったのはトロツキーだった。その後、トロツキー、ジノヴィエフ、カーメネフといった合同反対派が主導権を手にし、党内で台頭しつつあったスターリンに公然と挑む。しかし、最終段階で主導権を握るのはスターリンだった。トロツキーとは異なり、右翼反対派のブハーリンやルイコフは党内におけるスターリンの地位を脅かすような行動に出なかった。彼らが反スターリンの立場に身をおいたのは、かつての盟友が新たに急進的な政策に走るのを抑止しようと考えたからにほかならない。当時、スターリンはまだ、独裁者としての権力をふるうにいたっておらず、それをほしいままにするのは一九三〇年代になってからである。また政策面でも、レーニンのような威信をもたなかった。だからこそ、党内で支持を勝ちとる必要があったのだ。彼がいかにして党内の支持を集めたかということが、第二のテーマとなる。後年、ブハーリンはスターリンを「毒を盛る天才」と評した。徐々に毒をもっていく術を心得ているというのである。スターリンは「行政措置」による穀物の徴発に共産党がしだいに抵抗を感じなくなるような工夫をした。その抜け目のなさを考えれば、ブハーリンの言葉もうなずけよう。スターリンは一九二九年から三〇年にかけての冬を迎えるまで、こうした措置を一時的な非常事態への対応策だとして、それを恒久的なものとするかどうかについては本心を明かさなかった。

スターリンは党機関を抑えていたので、いかなる場合にも必要な支持を集めることができたようだ。幻滅した元スターリン主義者の一人は、「われわれはブハーリンを論破したのではなく、党略で負かしたのだ」と語っている。しかし、多くの歴史家が次のような見解を正しいとしている。すなわち、スターリンの後ろ盾を得て頭角を現わした代議員たちによる票決は、二、三〇人の「有力者たち」（最も権威のある中央委員会の党指導者たち、とりわけモスクワ、レニングラード、シベリア、北カフカース、そしてウクライナを代表する人たち）からなる非公式の小集団が決定した事項を追認したにすぎなかった、と。[*2]

こうした「有力者たち」は、スターリンと密接なつながりをもってはいたが、スターリンに隷属していたわけではない。彼らは自らの権利としてある程度の独立を保っており、一筋縄ではいかない実利主義者で、とりわけソ連を近代的な工業国家にすることに関心をもっていた。スターリンといえども、彼らの意見は無視できなかった。本来、一九二九年の春には右派指導者にたいして思い切った行動に出たかったのに、スターリンがその実行を遅らせた裏には、彼らへの配慮があったと見るのが妥当だろう。

最終的には、こうした有力者たちも、ブハーリンではなくスターリンの支持にまわる。右派が唱える悲観主義、譲歩、妥協に満ちた政策よりも、スターリンの楽観主義と確かな指導力を発揮しそうなところを好んだのだ。中央委員会の指導者の言葉を三つ引用しておく。そこからブハーリン・グループにたいする幻滅が読み取れよう。

クイブイシェフ「歴史は、われわれが疲れた足どりでゆっくりと前進することを許すまい」

キーロフ「要するに、急いではいけない……要するに、右派も社会主義に賛成してはいる。だが、連中ときたらあまり騒ぎたてはしないし、戦うわけでもないし、骨を折ることもない」

オルジョニキーゼ「ブハーリンの意図がすぐれていることは認めながら」「これは願望ではなく、政策の問題だ。そして、ブハーリン同志の政策は、われわれを前進させるかわりに後退させるだろう」[*3]

スターリンがこれらの部下たちに自分をどう印象づけたかは、彼がモスクワを離れていたとき、モロトフに宛てて自筆で、多くは急いで書いたらしい七七通の手紙と覚書によって明らかになる（原注：『スターリン極秘書簡』大月書店、一九九六）。それらは三つのグループに分類できる。一九二五〜二七年、一九二九〜三〇年、そして——たった一四通からなる最も少ないグループの——一九三一〜三六年である。一九六九年、それらを公文書館に提出する前に、当時七十九歳だったモロトフは自分にとって不利になりそうなものをすべて慎重に取り除いている。それでも残されたものを読むと、自分の側近以外は余人に聞かれる恐れがないところで、また自分の不在中に政治局あるいは中央委員会で起こったことにたいする直接的な感想を、自分の本音を隠さなくてもすむ場で語るスターリンの肉声を聞く思いがするのである。

もちろん、誰かが逆らったとき、スターリンがどれほど無慈悲になったかを示す証拠はおびただしく存在する。だが、スターリンが混乱をきわめた国の途方もない大問題と取り組む際に示した意気込みと認識能力をうかがわせる例は多く、また狡知と人心操作をさておくとして、一九二〇年代と三〇年代初期に党の多数派からの信任を勝ちとった彼の資質をうかがわせる実例も多いのである。その一例として、あの一九二九年という決定的な年の八月二十一日付で、スターリンがモロトフに送った手紙がある。

手紙は、イギリスの労働党政府との交渉に不手際を演じたリトヴィノフにたいする批判から始まっている。そして、アゼルバイジャン共産党の指導権をめぐる権力闘争に筆がおよぶ。「ギカロは全面的に支持しなければならない。基本的には正しいからだ」。他の三人は現職にとどまることになるだろう。最後の者を（過去に罪を犯したとはいえ）留任させるのはアゼルバイジャンの周縁で活動するトルコの民族主義者にうまく対処できるからだ。

カスーモフの処遇はよくない。彼は優秀な官僚であり、将来は大物になる可能性がある。彼をどこかに異動させる問題は、私の関与なしで決めてはいけない。

スターリンは、スミルノフをはじめとするトロツキーの追随者の「声明文」を「下らない考え」だとして一蹴する。

彼らの意向は、五八条〔その規定によって政治的な逮捕が行なわれる〕の適用を逃れたうえで、モスクワを根拠地として破壊活動にふけることだけなのだ。

ついでのように、彼はモロトフの意見に同意し、ブハーリンは「下り坂にさしかかっている。それは悲しいことだが、事実だ……彼は政治的に軟弱な青白い知識人の典型でしかない……奴はどうしようもない!」

政治局は、穀物調達に関するスターリンの提案を採択した。結構なことだが、それだけでは充分ではない、とスターリンは言った。いまや問題は政治局の決定を間違いなく実行に移すことだ。「言うまでもなく、調達に関わるすべての(とくにウクライナの)組織が口実を設けてこの決定を実行すまいとするだろう」。スターリンはここでじっくりと、決定をきちんと実行させるための措置について考える。

今年の穀物調達こそは、われわれが手がけつつあるすべてのことの基礎になるのだ。ここでヘマをすれば、すべてが帳消しになってしまう。中央委員会の決定は不退転の決意をもち断固として実現させなければならない。

穀物を取り上げたあと、スターリンは石油に移る。

ウラルの石油事業には、注意を怠らないように。かの地では、年間一〇基の油井を建設することが決まったという。

ここでスターリンは、最高国民経済会議と石油探査局の責任者に四〇基から八〇基を建てるようにはっぱをかけろと求めた。そして特別なトラスト、ウラルネフトを新設し、ウラルが上部の責任者から干渉されないようにすべきだ、とも。「へまなドブルインスキーは更迭し、経験豊富なコミュニストの石油専門家を後釜に据えなければならない」として、手紙をこう結んだ。「さしあたっては、以上だ。敬具」。しかし、すぐに追伸を書き添えている。

私の得た情報によると、綿花委員会とゴスプラン（国家計画委員会）のメンバーは五カ年計画における綿花生産を向上させることなど不可能だと信じ込んで、実行を妨げ、自分たちが正しいことを誇示しようとしているらしい。

スターリンはそういう考えを破壊的だと非難し、最も厳しく罰するに値すると述べた。手始めに、中央委員会は綿花委員会のメンバーの入れ替えに着手し、六人ほどの名前を検討してはどうかとつけ加えている。穀物、石油、綿花などについて、このように細部への注意を促すとともに全体の状況を把握してみせることこそ、スターリンをして党の指導部において傑出せしめた資質なのであった。

これら実際的な政治家たちが予測できなかったのは、スターリンに票を投じたときの自分たちの思惑を超えて、スターリンにどこまで、どれほど性急に走らされるかということだった。ブハーリンはスターリンの協力者だったし、一時期、無二の親友でもあった。だからこそブハーリンは、スターリンの急激な方向転換がソ連と共産党にもたらす結果を誰よりも明確に予見できたのだ。両者の仲が悪くなっていた一九二八年六月に、スターリンはブハーリンにこう語っている。「きみと私はヒマラヤ山脈みたいなものだ。あとは取るに足りない連中だ」。ブハーリンを味方に引き入れることができないとなれば、蹴落とすしかない。スターリンはまんまとこれをやってのけた。結局、「冒険主義的な政策」にたいするブハーリンの警告は無視され、ブハーリンのほうが自説を撤回せざるをえなくなったのである。

このあたりの事情が、第三のテーマとなる。一九二八年および二九年と三〇年代をつなぐテーマである。経済と政治について議論するうちに、党の多くの指導者たちがスターリンになびいた。つまり、彼らは袋小路におちいった現状を打破するには、ソヴィエト政権による「上からの革命」を断行するというボリシェヴィキ本来の考え方に立ち返るのが最もよいと考えるようになったのである。しかし、スターリンの心理的支えとなり、彼にあらゆる障害を乗り切らせた要因はほかにある。つまり、一九一七年の十月革命がレーニンの手によるものであったように、今度は自分の手で「十月革命」を起こせば、いや、そうすることによってのみ、レーニンが死んで空席となった地位を継ぐのは自分だという主張を正当化できると考えたのだ。

2

スターリン革命の中核をなす反農民キャンペーンには、経済学の範疇を超える部分があった。ロシア社会のユニークな特徴は、全体の八〇パーセントを農民が占めていたという事実である。ロシア文学や民話に登場する農民、すなわち「無知蒙昧な民」が、数では下まわる町の住民を取り巻き、他者を寄せつけない独自の濃密な時空に身を置いていた。その独特な慣行や習慣、独自の言語と信念は、彼らの数ある金言のなかにみごとに表現されている。ボリシェヴィキ、つまり共産主義者にしてみれば、マルクス主義者の図式にはない農村のこうした現状と折りあいをつけることは絶対にできなかった。ボリシェヴィキは自分たちがこの巨大な農民社会に依存していることに憤りを感じていた。ボリシェヴィキが築こうとしている社会主義社会の枠組みのなかに農民社会を組み込むことができず、新しい秩序の建設者である自分たちが、農民社会に譲歩を強いられるという状況がつづいていたからである。ボリシェヴィキは、自らの立場を正当化し、こうした現状がソ連の後進性の原因であるとした。「おびただしい数の愚鈍で、しかもどこか恐ろしげな人間の集団が、ソ連の工業化、近代化、社会主義化路線を阻んでいる。この暗黒の帝国を征服しないことには、ソ連が約束の地になることはできない」[*4]

農民にたいする共産党の敵意は増大し、農民を見る目は歪められた。スターリンが、農村をマルクス主義の観点からとらえ、社会の階層化および階級闘争という概念を導入するよう奨励していたからである。その中心となったのは、スターリンが富農（クラーク）こそ農村の資本主義者であり、搾取する側であると見なして、その財産を取り上げなければならないと考えたことである。一九二〇年代の富農層について、明確で納得のいく定義がまったく見当たらないことも驚くにはあたらない。歴史家のロバート・コンクエストが述べているように、「いかに定義されようとも、経済的階級としての富農は、共産党がつくりあげた概念にすぎない」[*5]のである。こうした概念をつくりださないことには、農村に存在する「階級の敵」に対抗する体制を党にとらせ、他のあらゆる資本主義者にたいする場合と変わらぬ冷酷さで、この敵を撲滅することはできなかった。あるいは、E・H・カーが言うように、「もはや階級分析が政策を決定するというのは真実ではなかった。政策が先にあって、ある状況下ではどのようなかたちの階級分析が好都合であるかを決定した」[*6]のである。

その政策とは何だったのだろうか。一九二九年から三〇年にかけてようやく明らかになっていったように、それはソ連の農村社会に生じた経済的ならびに社会的な諸問題にたいする恒久的な解決策を一気に見出そうという試みにほかならない。その目的は三つあった。第一は富農を撲滅することであり、この最もよく働き、経験豊富な農民たちは、ソ連の社会のあらゆる部分から追放されることになった。「富農一掃」とは、富農が家から追い立てられ、財産をそっくり没収され、家族ともども法益被剝奪者の烙印を押されて、シベリアや中央アジアのこのうえなく辺鄙な荒野へ追放されることを意味したのである。

第二は、富農を除くすべての農民が所有する個々の農場や土地を大規模かつ集団的な農場につくりかえようというもので、いくつかの村を統合するケースも多かった。以後、彼らは私有するようになって間がない土地を再び取り上げられ、土地を持たぬ労働者として働くようになる。家屋を所有することは許されたが、土地はもとより、荷車や農具、馬をはじめとする家畜類は供出しなければならなかった。そうした物資は集団農場の資産となり、党が任命した役人たちの管理するところとなった。

第三の目的は、時期的には三つのうちで最初に実施されたのだが、戦時共産主義体制を復活させ、ノルマとして申し渡された量の穀物やその他の収穫物を、必要とあれば強制的に公定価格で買い上げることだった。

こうした計画によって、六〇万の村々に住む一億二〇〇〇万人を超える人たちの生活は深刻な影響をこうむった。二五〇〇万カ所の農民保有地を、二四万カ所の集団農場に統合しようというのである。しかも、それはこれ以上考えられないほど短い期間、せいぜい一、二年のあいだに完了することが求められた。これほど大がかりな決定が下されたケースとして、ほかには毛沢東の「大躍進」があるだけだが、これとてスターリンの先例をそのまま踏襲したものである。

　スターリンの政策の全体像は、一九二九年から三〇年にかけての冬を迎えて初めて明らかになったわけだが、その具体的な内容は、それ以前にすでに実施されていた。たとえば、一九二八年には穀物の強制徴用が行なわれており、同じことが二九年の春にも繰り返された。それぞれの村による穀物出荷量に規定のノルマを課することは、もともと非常事態への対応策であったはずなのに、同年の夏にはそれが慣例とされてしまう。同時に、集団化の到達目標は思い切って引き上げられ、一九三〇年末までに七八〇〇万カ所の個人保有地を集団化するとされた。

　党書記局は秘密の通達を出し、徹底的に集団化を推進するよう党の役員たちに圧力をかけた。脅迫してでも農民を「説得」し、集団化のプロセスは農民の自発的な動きから生じたものだとスターリンが公言できるようにしろというのである。この年の末までに、農民人口の二〇パーセントが各地の集団農場（コルホーズ）に加わった、とスターリンは宣言した。実際問題としてこれがどういう意味をもつのか、また本当かどうかを問う者は一人としていなかった。重要なのは、この計画を遂行することであり、集団化への動きにははずみがついており、その流れに逆らえなくなる日も近いとの印象を与えることだった。同時期に並行して進められた富農一掃、すなわち追放政策により、ウクライナだけでも三万三〇〇〇世帯、二〇万人以上の人びとが強制的に追い立てられた。当時の様子を描いたロシア人の文章によれば、一週間も家畜車に揺られて東方へ連行されるうちに、その多くが寒さと飢えと疲労のために生命を落としたという。[*7]

スターリンは相変わらず「地方の窮状」はどれもこれも、富農がソヴィエト政権に敵対していることが原因であると主張しつづけた。一九二八年に、彼は階級闘争についての決まり文句を使いはじめ、以後「報復的」な手段がおのずと正当化されるようになる。彼はこう述べた。「社会主義を進めていけば、かならず搾取分子（すなわち、富農）による抵抗にぶつかる。そして、搾取分子が抵抗すれば、かならず階級闘争が深刻化するのだ」[*8]

十月革命の一二周年記念日にあたる一九二九年十一月七日の『プラウダ』に、「偉大な転換の年」と題する論文が発表されたが、スターリンはそのなかでついに本心を明かす。右翼反対派を屈服させ、もはや遠慮する必要がなくなったので、彼は次のような内容を既定の事実として発表した。

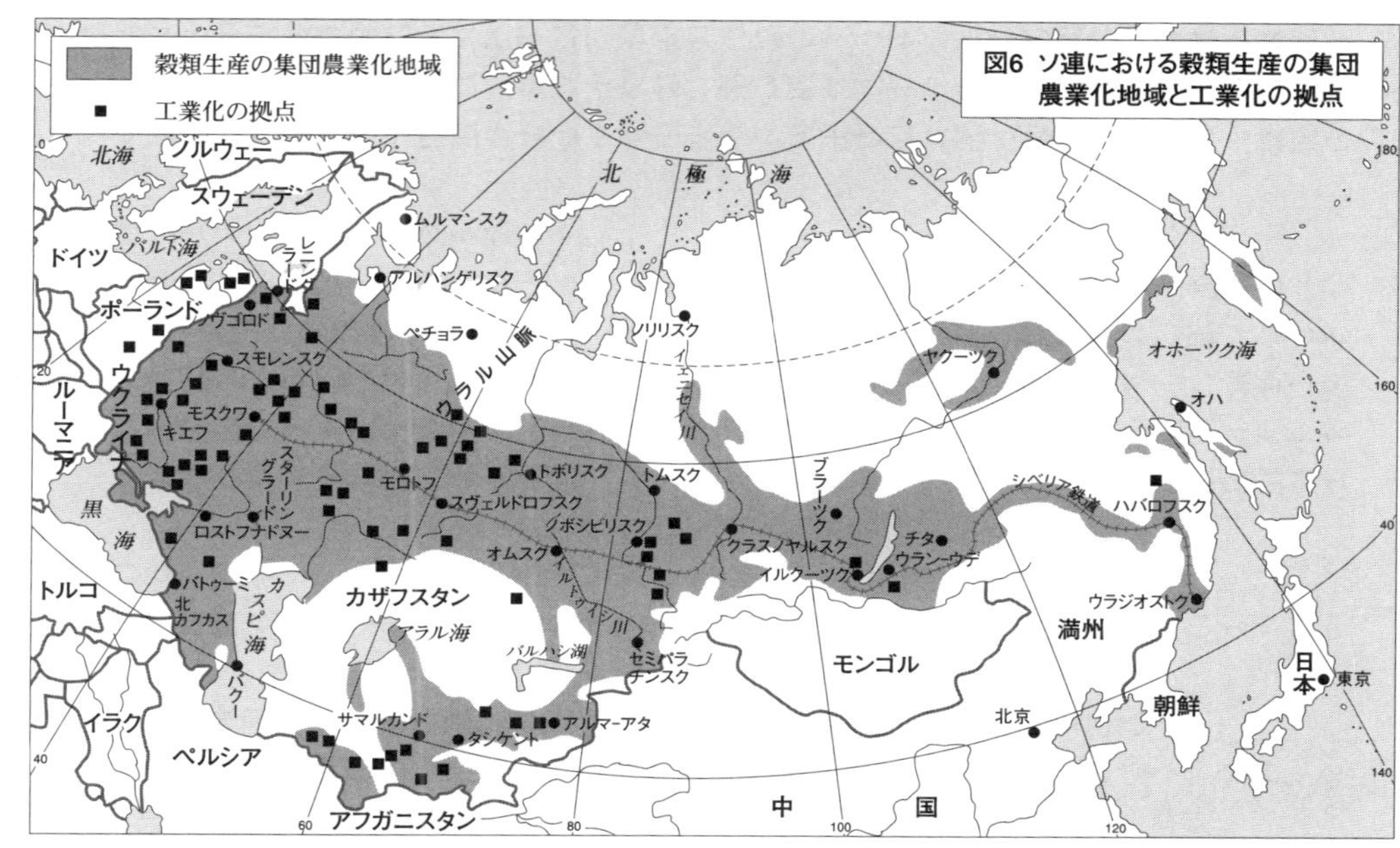

図6 ソ連における穀類生産の集団農業化地域と工業化の拠点

小規模の後進的個人経営から大規模な進歩的集団農業への根本的な転換。農民の集団農場運動の新しい決定的な特徴は、彼らが個々にではなく、全村、全州、全地区、全地方ごと、そっくり集団農場に加入してくることである。

近く開催される中央委員会総会を意識して、スターリンは誇らしげに次のようにつづける。

われわれは一世紀におよんだ「ロシア的な」後進性をかなぐり捨て、工業化によって全速力で社会主義に進んでいる。われわれは金属の国、自動車の国、トラクターの国になる。そして、われわれがソ連を自動車に、農民をトラクターに乗せるとき、「文明」をあれほど鼻にかける誇り高い資本家どもは、われわれに追いつこうと努力するがいいのだ。そのときにこそ、どの国を後進国、どの国を先進国と「分類」するべきかがわかるだろう。[*9]

集団化のプロセスを加速せよという中央からの圧力は公然と強められ、いまや何のためらいも見られなかった。モロトフは、次の四カ月半での「決定的攻勢」に言及しながら、中央委員会のメンバーに、好機はかならずとらえて数週間ないし数カ月間で農民問題にきっぱりとけりをつけるよう、はっぱをかけた。

新たに農業人民委員部と集団化委員会が設立され、集団化の遂行にあたったが、そこでの計画に、スターリンは満足しなかった。十二月に行なわれたスターリン五十歳の誕生日の式典では、執拗なまでにスターリン礼讃が繰りひろげられた。いまやスターリンはレーニンの後継者、共産党の新たな指導者とされ、彼が取り組む「農村の十月革命」こそは社会主義の建設に道をつける偉業とされた。勝利の喜びにひたりながら、スターリンは穀倉地帯の集団化を完了するのに新たな期限を設定した。つまり、ウクライナ、北カフカース、ヴォルガ川中流地域の集団化は一年、あるいはせいぜい二年で完了せよというのである。

党では、中農はいまや集団化に応じたという見方をしていたので、いよいよ「集団農場運動の忌わしい敵」である富農に手を下す時期となった。十二月二十七日に、スターリンはマルクス主義を学ぶ学生を相手に農村問題を語るなかで、例の恐ろしい決まり文句を使って、事実上数百万の男女と子供に追放および死を宣告した。

われわれは、富農の搾取的な傾向を制限する政策から、階級としての富農を一掃する政策に転じた。富農に攻撃をしかけるというのは、彼らが二度と立ち上がれないほどの打撃を加えるということだ。それこそ、われわれボリシェヴィキが攻撃と呼ぶものにほかならない。[*10]

それまで集団化に応じていた農民世帯の大半は、農村人口の三〇パーセントを占める貧農や小作人層に属しており、集団化が実施されたところで失うものをほとんどもたない人たちだった。しかし、スターリンの自信あふれる言葉とは裏腹に、農民人口の三分の二を占める中農層は、はるかに多くのものを失うことになるため、まだ態度を決めかねていた。富農への残忍な仕打ちには、見せしめの意味がこめられており、このままためらいつづけていれば、中農もどんな目にあうかを予測させるものだった。スターリンが徹底的に手を加えたあとでの、一九三〇年一月五日の中央委員会の決定により、集団化の速度を二倍から三倍にされる地域もあった。スターリンはそれでも満足せず、毎週報告書を提出するよう求めた。一九三〇年の秋までに片をつけようというのが彼の目標だった。疲れきった党の職員や役人には、新たに「誰が最もすみやかに集団化を進めるか」というスローガンがつきつけられた。農村の人たちにたいするスローガンは、「コルホーズに加わらない者はソヴィエト政権の敵」というものだった。ここに、穀物調達の運動と農民をコルホーズに参加させる運動が統合された。

階級的な憎しみを呼び起こし、より貧しい農民をより富裕な農民に対抗させようとの意識的な努力が繰り返されたにもかかわらず、望ましい成果はあがらなかった。もちろん、喜んで近隣の農家を襲い、略奪する者はほとんどどこにでもいた。それが当局のお墨つきとなれば、なおさらのことだ。しかし、多くの農民は、そのやりかたに強いショックを受けており、一九一七年から一八年にかけて地主階級の広大な土地を自分のものにしたときに示した自発性はまったく見られなかった。

「集団化は、本質的に党と警察の力で遂行された大作戦だった」[*11]のである。州以下の段階では、集団化の実施は、党委員会の書記、州あるいは地元ソヴィエトの議長、そして地元の統合国家政治保安部（ＯＧＰＵ）の長官の三者にゆだねられていた。地元の党員では集団化の推進をためらう恐れがあるので、農村の生活にまったく無知な都市部の党活動家が二万五〇〇〇人も送りこまれ、特別作業隊として活動したほか、新たに組織された集団農場の議長になることも多かった。彼らは、一九三〇年一月に二週間の予備訓練を受けただけで、それぞれの任地へ送りこまれた。彼らの任務は農民たちを遅れた状況から脱出させ、進歩的な社会主義の世界へと押し込むことだというわけで、熱心に職務に励む者が多かった。ほかに指揮する者がいなければ、彼らが誰を富農とし、いかに集団化するかを決定した。同年の春には、この運動を推進するため、さらに七万二〇〇〇人の労働者が臨時に出向させられ、五万人の兵士および下級将校が特別な訓練を受けた。

すみやかに集団化を進めよと言われるばかりで、集団農場の組織や構造については何の指示もなく、スターリンは規模の拡大を主張するばかりだった。また、決定の下しかたや農民への給与の支払い方法についても何ら指示がなかった。こうした疑問にたいして計画立案者が答えるのを待っている暇はなかった。重要なことは、農民たちにこういうかたちでしか自分たちの未来はないのだと納得させることだった。

農民への攻撃と並行して行なわれたのは、ロシア正教会にたいする猛烈な排斥運動である。正教会は伝統的な農民文化の中心であり、集団化を妨げる主たる要因だとしてスターリンの指導部に目をつけられていたのである。多くの村で次々と教会が閉鎖されたばかりか、丸屋根から十字架が叩き落とされたり、釣鐘が外されたり、聖画像(イコン)が焼かれたりした。由緒あるロシア正教会が破壊の対象とされ、多くの司祭が身柄を拘束された。模範的な農業協同組合として活動しているところも多かったというのに、修道院も閉鎖され、多くの修道士と修道女がシベリアへ流刑となった。一九三〇年の末までに、農村の教会のおよそ八割が閉鎖されたと言われている。

三月一日には、二カ月足らずのあいだに集団化された世帯数が三倍以上になったと発表された。この年の一月には四三九万戸だったのが、一四二六万四三〇〇戸に増えたというわけだ。この伝統的な社会にたいするレイプとも言うべき暴挙によって引き起こされた混乱と窮状は、筆舌に尽くしがたい。何と言っても、一億二〇〇〇万もの人たちの暮らしが一変させられたのである。とても血の通った人間に耐えられることではなかった。当初は散発的で、ためらいが見られたものの、抵抗運動が急速に広がっていった。ウクライナや北カフカースでとくに目立ったのは、女性たちが強く抵抗したことだった。多くの地域で農民の反乱へと発展した混乱状態を鎮圧するために、OGPUや赤軍の部隊が出動を要請された。そのあとにつづいたのは、逮捕と銃殺と流刑である。

農民側の抵抗運動で最も有効だったのは、牛を殺してしまうことだった。一九三〇年の最初の二カ月間だけで、全国の豚の三分の一、羊と山羊の四分の一が屠殺されたのに加えて、一九二八年の統計では七〇五〇万頭いた牛のうち一四〇〇万頭が屠殺された。スターリンは人間の苦しみには何も感じない男だったが、貴重な財産である家畜類を失うとなると、動揺した。ソ連の農業がこの経済的惨事から立ちなおるまでに、二五年を要することになる。

オルジョニキーゼやカリーニンをはじめとして、二月に行なわれた視察によって農村の実態に気づいた政治局員も多かった。その月の二十四日には臨時の中央委員会が開かれ、農村の現状について話しあいがなされた。公式声明を出す必要があり、政治局はスターリンにその草案の作成を委任するということで意見がまとまった。発表の前に、スターリンが他の政治局員とともに草案を承認すると考えられていた。ところが、スターリンの考えは別のところにあり、他の政治局員の度肝を抜くような声明文ことは何もない」と信じ、有頂天になっている、と何くわぬ顔で非難したのである。発案者であり推進者であったスターリンは、党の活動家たちが「自分たちにできない集団化のる幻惑」と題するスターリンの署名入りの論文が掲載された。そのなかで、「偉大な転換の年」が発表されて四カ月後の三月二日、『プラウダ』紙に「成功によを書き上げるのである。

彼らは成功に目がくらんでおり、すっかり平衡感覚を失い、現実を理解する能力をなくし、自らの力を過信して、敵の闘争を見くびる傾向がある。社会主義の確立にともなうすべての問題を瞬時に解決しようとして、無謀な試みがなされている。こうした曲解や、集団農場運動にまつわる官僚的な布告や農民にたいする不当な威嚇によって利益を得るのはいったい誰だろうか。それはわれわれの敵にほかならないのである。

そして、集団農場を組織するという事業を教会の鐘を取り外すことから始めた「革命家」(こう呼べるとしての話だが)についてはどうだろうか。考えてもみよ。鐘を取り外すとは、何と革命的なことだろう!

スターリンは集団農場政策を成功させる——すでにその成功は保証されたと本人は

宣言していた――には、政策そのものの自発的な性質が鍵を握るということを、厳粛な論調で読者に訴えた。

力ずくで集団農場をつくることはできない。それは愚かで、反動的な行為である。集団農場運動は、大多数の農民の積極的な支持によらなければならない。自主性の原則と地域の特色を考慮するという原則が、多くの土地で守られていると言えるだろうか。いや、残念ながらそうとは言えない。

こうした「曲解」と、それを生んだ心理状態を払拭するよう党に要求して、スターリンは次のように結んでいる。

巧妙に指導力を発揮するというのは重大な問題である。時代の動向についていけないのでは困る。それは大衆から疎遠になってしまうことを意味するからだ。しかし、先走りしすぎてもいけない。そうなれば、大衆との接点がなくなるからだ。一つの運動を指導し、同時に大衆との接触を保ちたいと願うなら、二つの前線で戦わなければならない。すなわち、動きについてこられない人たちと、先走ってしまう人たちの両方を相手にしなければならないということだ。[*12]

スターリンの論文は衝撃的だった。党の多くの役員および活動家にしてみれば、粉骨砕身の努力をし、書記長の命令だと信じていた任務をはたすべく、自らをぎりぎりのところまで追いこんでいたというのに、大衆から遊離していたのがスターリンではなく、自分たちだったと知らされ、虚をつかれた思いだった。農村で「革命の合法性を犯し」た地方の役員を処罰する方策が、公然ととられた。命令を下した役員のうちで、法に照らして処断された者などほとんどいなかった。スターリンの敵でさえも、彼の抜け目のなさには感心せざるをえなかった。スターリンは、集団化政策が大成功を収めたと主張する一方で、この政策を批判する人たちの代弁者を装うことによって非難をかわし、主導権を取り戻したのである。

農民は、強制的な手段がにわかに否定されたこの機会に、すぐさまつけこんだ。全部で九〇〇万世帯が集団農場から離脱したのである。一九三〇年三月一日には、全世帯数の五〇パーセントが集団農場にとりこまれていたのに、八月一日になると、その数値は二一パーセントまで落ちこんだ。コルホーズに関して新たに制定された法令では、牛、羊、豚、および個人保有地を耕作するための農具を所有することが認められた。これは、家畜を屠殺したことへの埋め合わせとなる、農民側の勝利だった。

しかし、政府が譲歩したのもほんの束の間のことだった。集団農場を離れた農民は、あらゆる困難が行く手を阻んでいることに気づかされた。土地や種小麦の配分は遅々として進まなかった。やっと割り当てられたかと思えば、最悪の土地だったり、以前所有していた土地の半分にすぎなかったり、沼地や藪、何キロも離れたところにある荒地だったりした。彼らは菜園を失い、農具や牛や馬を返してもらえなかった。収穫の際には、以前にもまして厳しいノルマに応じなければならず、それができなければ罰金を課された。何か問題を起こせば、再び逮捕と追放の嵐が吹き荒れるなかで、彼らは富農と同じ運命をたどることになったのである。

一九三〇年の夏に開かれた第一六回党大会で、スターリンは集団化の偉業と富農の一掃について誇らしげに語った。彼は、自ら提唱した「農村の十月革命」の認知を求め、大会の決議文に記録させた。

地主階級の土地を没収することが農村における十月革命の第一段階だとすれば、集団農場への転換は第二の、そして決定的な意味をもつ段階であり、ソ連における社会主義社会の基礎を築くためのたいへん重要な段階である。[*13]

二一〇〇人いた代議員のうちで、スターリンの主張に疑いをはさむ者はいなかったし、この一二カ月にわたってソ連の農村を震撼させてきた危機に言及する者すらいなかった。自然の力までがスターリンの味方となり、この年は一九一三年以来最高の豊作を記録した。その結果、いともあっさりと、窮状を訴える報告を誇張にすぎないと一蹴し、農民に集団農場へ戻るよう、あらためて圧力をかけることが正当化できた。

多くの人が五カ年計画の実施にともなう新たな建設事業や工業プロジェクトに職を求めて都市部に逃げこんだ。こうした動きを押しとどめようとしたにもかかわらず、ソ連の資料によれば、一九三一年に村落から都市へ移った人は四一〇万人にのぼり、一九二九〜三五年で見ると、合計一七七〇万人が都市に流れこんだことになる。[14] 一九三二〜三三年には、さらに過酷な措置が講じられたが、その一つに悪名高い「国内旅券」制度の復活があった。国内旅券の廃止は、帝政ロシア時代の急進的革命運動が掲げた主な要求の一つだったし、十月革命ののち最初に断行された改革の一つでもあった。いまや事務職員や工場労働者は旅券によって自らの仕事に縛りつけられ、農民は旅券をもつことが許されないために土地に釘づけにされた。

それまでには、農民による抵抗運動は粉砕されていた。集団農場に組みこまれた農家の世帯数は、一九三三年末までに合計一五〇〇万を上まわるようになった。さらに三四年末には、ソ連における作付面積の一〇分の九で集団耕作が行なわれるようになっていた。しかし、このように集団化は完成されつつあったが、それは国家と農民のあいだの闘争が他の局面に転じたことを示すにすぎなかった。穀物調達の全プロセスの端緒となった問題、つまりいかにして人口の急増に対処できるだけの穀物を確保するかという問題にすり替わっていったのである。カガノーヴィチの言葉を借りれば、「われわれの強さと弱さ、そして敵の強さと弱さをはかる試金石となるのは」集団化ではなく、穀物の調達であった。

いまや農民の大多数は集団化されたかもしれないが、農民は知恵をしぼって、国家が望むままに根こそぎ搾取されるのを防ごうとした。一九三〇年はたまたま豊作に恵まれはしたが、全収穫量の四分の一と少々（七七〇〇万トンのうちの二二〇〇万トン）を確保するのに、労働者や党の職員を特別に動員したり、重い罰金を課したり、大がかりな捜索活動をしたりしなければならなかった。そして、豊作は二度とめぐってこなかった。多くのコルホーズの経営には、混乱とはなはだしい無能とともに、無秩序と破壊と無駄がつきものであり、それゆえ収穫量は激減しつづけ、その一方では強制徴用というかたちで重圧が加えられた。収穫量は、一九二八～三二年の不充分だったレベルにも達していなかったというのに（好天に恵まれた一九三七年を除いて）、国家による調達量は一九二八～三二年の平均一八二〇万トンから、一九三三～三七年には平均二七五〇万トンに増大した。[*15] 国による徴発がすむと（最も生産高の多いコルホーズが最も厳しい徴発にあった。当局の担当者が三度も四度もやってくるのだ）、家畜の飼料や翌年に蒔く種にする分すら満足に残っていないありさまで、労働力となる農民への支給分となるとさらに少なかった。　農民に食わせる分はいちばん後まわしにするという公式声明が出されていたのだ。

このきわめて重要な事業を監督し管理するために、巨大な官僚機構がつくられ、農民に依存する階層がもう一つ生まれた。この階層が、腐敗と非効率の代名詞のような存在になっていく。「わがコルホーズの議長さんは豚のことなど何も知らないで、いつも仲間と一杯やっていなさる」というわけである。

「機械-トラクター・ステーション」(MTS)にも新たな階層が加えられた。MTSは農業機械を独占しており、さらに一九三一年の七月以降は農場での作業を統轄し、そこでの生産物の搬出をまかされるようになっていた。トラクターはソ連の農業革命と農村の「工業化」の進歩的な性質を表わす象徴として大いに賞賛されていた。MTSのサービスにたいして現物で支払うこと(穀物収穫量の二〇パーセント)は、国家へのノルマをはたすことに次ぐ優先事項だった。一九三三年の一月以後は、OGPUの職員が副所長としてMTSの政治部の代表に任命されるのがつねとなった。そして、この政治部がまもなく圧倒的な力をもち、農村で決定的な役割をはたすことになる。

問題の根底にあるのは、この国の組織全体が相変わらず農民の労働に依存していながら、農民に報酬を与え、勤労意欲を高めるための配慮がこれまで以上に欠けていたという事実である。たとえ農民が一所懸命に働いたとしても、調達量を二倍にされる始末だった。かつての地主が党の役員や国家の役人に変わっただけで、またしても土地に釘づけにされてしまっては、農民たちが自らを二十世紀の農奴にたとえたのも無理のない話である。一八六一年の農奴解放令以前とくらべても、暮らし向きがよくなったとは決して言えない。いや、むしろ悪くなっていた。

しかし、一九三三年一月十一日の中央委員会の決定により、MTSにはまた新たな権力が与えられるとともに、集団農場が満足のいく成果をあげられないのは、生産妨害と共同謀議のせいであるとされてしまう。

反ソ分子が、会計係、主任、倉庫管理人、作業隊の指導者といった立場でコルホーズの内部に巣くっており、機械類の破壊や損傷、いい加減な播種、コルホーズ財産の浪費、労働規律の低下、種の窃盗、穀物の隠匿や収穫の妨害といった活動を組織しようとしている。こうした連中がコルホーズの解体に成功することもままあるのだ。[*16]

平均すると、農業官僚の三分の一が破壊活動の容疑で告発された。「富農」がその上層部にまで侵入していたとされたことは言うまでもない。「飢饉の組織者かつ帝国主義の手先」であるとの嫌疑を受けた著名人にたいする初期の裁判が注目されるのは、一九三〇年九月のことで、元食糧相のコンドラチェフと多数の経済専門家が「勤労農民党」の指導者であるとして告発されたのである。OGPUの伝えるところによれば、この党はモスクワだけで各省庁および研究機関内に九つの地下組織をもっており、農村での構成員数は一〇万ないし二〇万人だったという。同党のメンバー一〇〇〇人以上が逮捕された。一九八七年になってようやく真実が明らかにされた。連邦最高裁判所から「勤労農民党」などは実際には存在しなかったとの発表がなされ、当時の裁判は無効となって、一五人の主な被告人の名誉回復がなされた。[*17]

3

ソ連のどこを見まわしても、ウクライナほど農民が富農一掃と集団化の重圧に苦しめられたところはなかった。富農一掃と集団化によって、社会的、経済的な問題が生じたのに加えて、スターリンがウクライナ民族主義の粉砕を決意していたこともから み、複雑な様相を呈したのである。

ウクライナ人はソ連で二番目の大民族であり、一九三〇年当時の人口は二五〇〇万人を数え、ポーランド人よりも多かった。国土はフランス並みで、天然資源の面でも同国にほとんどひけをとらず、鉱物資源や有名な黒土にも恵まれている。首都のキエフは、九世紀に開かれた通商路、つまりバルト地方と黒海を結ぶドニエプル川沿いに発達した都市で、東ヨーロッパでは最も古くから政治と文化の中心地として栄えた。ウクライナ人はポーランド人と同様、多くの悲惨な運命を乗り越えながら民族としてのアイデンティティを失うことなく生きのびてきたのである。

ウクライナは十七世紀にポーランドの王制の支配から解かれたけれども、十八世紀にはロシアに征服されてしまう。ウクライナの農民は奴隷状態に置かれ、ウクライナ教会をはじめとするあらゆる組織が厳しいロシア化政策の波にさらされるという、ロシアの支配下にあった他の民族と同じ仕打ちを受けた。一七四〇年当時、この国を二分するドニエプル川の東側には、八六六の学校があったのに、一八〇〇年にはそれらが一つ残らず姿を消していた。一八六三年には、ロシア語の一方言にすぎないとしてウクライナ語の存在を否定する勅令が出され、ウクライナ語による授業や、新聞、書物の発行が禁止された。

当時の西欧社会はロシアの主張をうのみにしがちで、ヨーロッパの他の地域では、二つの言語が同じ語族に属するからといって（ウクライナ語とロシア語はともに東スラヴ語族に含まれる）、共通の民族的・文化的アイデンティティをもつことにはならないという事実に目を向けなかった。ポルトガルとスペイン、ノルウェーとスウェーデン、オランダとドイツの例を考えればすぐにわかることなのだが。他のスラヴ系諸国の場合と同じく、民族意識およびウクライナ語の使用が絶えることはなかったが、それは専門職についている階級、すなわちロシア人もしくはロシアへの同化政策を受け入れた人たちのあいだではなく、詩人や知識人、とりわけ農民のあいだで根強く息づいていた。二十世紀初頭になると、再び活発な民族主義運動が生まれ、一九一七年に帝政ロシアが倒れると、ウクライナ中央評議会（ラーダ）が成立して、ウクライナ人民共和国の樹立を宣言した。

しかし、ウクライナは東欧の国としては最初に、一九一八年から二〇年にかけて力ずくでソ連に独立国家としての主権を奪われてしまう。一九三九年から四五年までのあいだには、バルト諸国とポーランドおよびハンガリーをはじめとする東欧諸国が同じ運命をたどることになる。ウクライナ人は、二十世紀になっても独立を達成できずにいたヨーロッパ最大の民族であり、やっと独立できたのは一九九一年のソ連崩壊のときである。

一九二〇年代のウクライナは、文化および言語の面でまだかなりの程度まで自由だった。しかし、かの元民族人民委員（訳注：スターリンのこと）は、民族感情が分裂の原因になるという考えを改めておらず、ウクライナ人であろうとグルジア（現ジョージア。以下グルジアと表記）人であろうと、機会さえあればつねにその民族感情を撲滅してしまおうと考えていた。

一九二九〜三〇年までに、スターリンは「ウクライナの民族主義的偏向」を攻撃する準備を整えていた。集団化とからめて「ウクライナ民族主義の社会的基盤である個人による土地所有の廃止」を達成しようというわけだ。スターリンは「富農が民族主義思想の担い手であり、民族主義者が富農の後ろ盾であると非難[18]」したのである。

一九二九年七月、ウクライナ解放同盟なる地下組織のメンバー約五〇〇〇人が逮捕され、そのうち著名な学者や知識人四五名がハリコフのオペラ劇場で公開裁判にかけられて糾弾された。彼らが問われた罪のなかには、権力奪取のために陰謀を企んだということに加えて、ウクライナ語をできるだけロシア語とはかけ離れた言語にしようと図ったというものもあった。お決まりの方法で罪を自白させられると、彼らは長期にわたる懲役を宣告された。一九三一年には、さらに逮捕される人たちがつづいた。一九二〇年代半ばに亡命生活を終えて戻ってきた人たちで、「ウクライナ民族センター」の設立に加担したとの罪を問われた。その指導者は、ウクライナ知識人の長老格だったミハイロ・フルシェフスキーや短命に終わったウクライナ共和国の元首相フセヴォロト・ホルボヴィチだと言われていた。

スターリンが「民族問題の元凶[19]」であると言い切った農民層に目を転ずると、このウクライナほど集団化が激しく押しつけられ、またそれに激しく抵抗したところはソ連のどこを探しても見当たらない。一九三二年の半ばに、農民のコルホーズ参加率はソ連全体では五九パーセントだったのに、ウクライナでは七〇パーセントだった。しかし、これはいまや階級闘争をコルホーズの内部で続行しなければならないということを意味したにすぎない。スターリンに言わせれば、コルホーズには多くの富農をはじめ、その他の反ソ分子が逃げこんでおり、穀物調達のノルマ達成にたいする抵抗運動は、彼らの仕業だったのである。

スターリンは、ウクライナの共産党およびソヴィエト指導者たちがモスクワの掲げた目標を引き下げてもらおうと画策していることに激しい怒りをおぼえていた。ウクライナの第一書記であるスタニスラフ・コシオールがスターリンの意を伝えた。一九三〇年夏に活動家を集めて行なわれた会合で、彼は次のように演説している。

農民は新しい戦術をとっている。すなわち、刈入れの拒否だ。小麦が枯れるのを待ち、飢饉というやせ細った手でソヴィエト政府の首を締めようというのだ。しかし、敵は見込み違いをしている。われわれは飢饉の何たるかを農民に教えてやろうではないか。諸君の仕事は、富農による収穫妨害をやめさせることだ。諸君は最後の一粒にいたるまでかき集め、輸送の拠点に送らなければならない。農民たちは働いていない。奴らは、穴蔵に隠した昨年までの収穫物を頼みにしているのだ。われわれは、奴らに穴蔵を開けさせなければならない。[*20]

平年並みの収穫があれば、ウクライナと北カフカースでソ連の市場に出まわる全穀物量の半分をまかなうのが普通だった。豊作に恵まれた一九三〇年には、ウクライナだけでソ連全土の穀物収穫量の二七パーセントを占めたが、その三二パーセントに当たる七七〇万トンを供出しなければならなかった。一九三一年には、どこも収穫量がいちじるしく落ちたのに（ウクライナでも一九三〇年の二三九〇万トンから、三一年には一八三〇万トンに落ちこんだ）、ノルマは変わらず、七七〇万トンの供出を求められた。これはウクライナの全収穫量の四二パーセントに相当する量である。

モスクワに抗議したところで何の返答もなく、本当に七七〇万トンを徴発されてしまった。犠牲になったのは農民で、自分たちが食べるものすらほとんど残っていなかったので、一九三二年の春には飢餓寸前の状態におちいっていた。スターリンは、問題の根底にあるのがウクライナ人の反ソ的姿勢にあると確信していた。党員の追放が命じられ、一九三二年の収穫高は一四七〇万トンにすぎなかったのに、七七〇万トンという調達量は変わらなかった。ウクライナの党および政府の指導者は、七月にモロトフおよびカガノーヴィチと会談したとき、コルホーズが受け入れてしまった「非現実的な計画」に言及し、それを実現するのは不可能だと激しい口調で訴えた。モロトフはこの訴えを「反ボリシェヴィキ的」であるとして却下してしまう。「党およびソヴィエト政府が設定した課題を遂行するにあたっては、いささかの譲歩も迷いもあってはならない」[*21]

ウクライナ党中央委員会は、国家の要求に応えられなかった場合、どのような運命が待ち受けているかをよく知っていた。しかし、多大な努力を重ねたにもかかわらず、目標（最終的には六六〇万トンに下げられた）を達成することはできなかった。スターリンは容赦しなかった。彼はウクライナの農民が穀物を隠匿していると確信しており、その分を召し上げなければならないと考えたのである。二名の上級機関員がモスクワから派遣されてきて、ウクライナ共産党のやる気に活を入れた結果、二度目の徴発を実施するとの発表がなされた。新たな決定により、牛や穀物といった集団農場の全財産が国有化されることになり、窃盗のような違反行為には死刑を適用するとされた。一九三二年八月七日に出された決定は、スターリンが自ら書いたものだが、そこには集団農場の財産を盗んだものは銃殺、もしくは（減刑する事由があれば）禁固一〇年に処するとあり、恩赦はいっさい認められないとしていた。たとえどんなに少量であろうと、手をつければ有罪判決を下される根拠となりえたし、実際にそうなったケースも多かったので、この法令は農民のあいだでは「藁五本法」という名で知られるようになった。これは脅しではなく、六カ月足らずのあいだに五万五〇〇〇人もの人びとが、この法令に違反したとして有罪判決を言い渡され、ハリコフの裁判所だけでも一カ月間に一五〇〇人が死刑を宣告されたという。さらに数千人もの活動家がウクライナの域外から動員され、隠匿物資の捜索および農民を脅して隠し場所を自白させる任務にたずさわった。

このころには飢え死にする人が出はじめていたが、これは何もウクライナにかぎった話ではない。当時の一活動家で、のちに高名なロシア人亡命文学者の一人となるレフ・コペレフが、自らの体験を『真の信奉者の教育』のなかで次のように述べている。

子供たちが泣きわめきながら、むせび、咳きこむのが聞こえてきた。そして、男たちの顔つきが目に入る。おびえた顔、哀願するような顔、憎しみに満ちた顔、うつろな顔、絶望に打ちひしがれた顔もあれば、半ば気が触れたように、何者をも恐れぬ獰猛さをうかがわせる顔もある。「もっていけ。全部もっていけ。まだボルシチが入った鍋がコンロにかかってるぜ。手のこんだものじゃないし、肉も入ってはいないいけどな。でも、ビートとじゃがいもとキャベツは入っている。塩で味つけしてあるしな。もっていきなよ、同志諸君！　ちょっと待ちな。靴を脱ぐから。何度も継ぎをあてた靴だけれど、ひょっとすると、無産階級の人たちや親愛なるソヴィエトの役に立つことがあるかもしれないから」

まさに見るも涙、聞くも涙だった。そして、さらに悪いことに、自分は加害者の一人だったのだ。私は自分を納得させようとした。同情心に負けてはいけない。われわれは歴史的必然を現実のものにしているだけなのだ。革命的な責務をはたしているのだ。祖国の社会主義のために穀物を集めているのだ、と。

私には「完全集団化」の何たるかがわかった。どのようにして富農がつくられ、清算されたか、一九三二～三三年の冬に、どのようにして農民が容赦なく搾取されたかがわかった。私はその作業に加担したのだ。農村をくまなくまわり、隠匿された穀物を探した。地中に埋められていはしないかと棒で地面を刺して歩いた。私たちは年老いた農民の貯蔵庫で箱の中味をそっくり取り上げてしまった。子供らの泣き声には耳も貸さずに……

一九三三年の春はひどかった。人びとは飢えで死んでいった。女と子供は青白くなり、栄養失調のために腹だけがふくれていた。それでも、生気のないうつろな目をして息だけはしていた。そして、死体の山。ぼろぼろの羊皮のコートをまとい、安っぽいフェルトの靴をはいた死体。農家のあばらやにも、ヴォログダの旧市街で溶けだした雪のなかにも、そしてハリコフ市街の橋の下にも死体がころがっていた。こんな光景を目にしても、発狂することはなかった。そして、あの年の冬、あるいは春に、私を派遣して農民の穀物を徴発するよう命令した人たちを罵ることもなかった。歩くのもやっとで、骸骨のように痩せこけ、腹が病的にふくれた人たちに、畑へ行ってボリシェヴィキの播種計画を遂行するよう説得した。それが特別作業隊のやりかただったのだ。私は信念を失うこともなかった。それまでと同様、信じたいがゆえに信じていたのである。[*22]

ウクライナの党の努力にもかかわらず、一九三二年の調達量は目標の六六〇万トンに遠くおよばず、四七〇万トンにしかならなかった。スターリンは即座に富農分子による妨害とウクライナ民族主義に毒された地元の役人の不注意のせいだと非難して、「階級の敵」にたいする新たな闘争を命じた。ハリコフの第一書記だったR・チェレホフがウクライナの飢饉の話をすると、スターリンは鼻であしらい、こう言った。

きみはつくり話が得意だそうだな、チェレホフ同志。飢餓の話をでっちあげて、われわれを脅かすつもりなのだろうが、何の役にも立たんぞ。州書記も中央委員もやめて、作家協会で働いたらどうかね。お得意のつくり話を書いたら、みんなが読んでくれるぞ。[*23]

スターリンは、自ら軍事作戦にたとえていた活動の指揮権を一手に握り、コルホーズの構成員に「強烈な一撃」を加えることを要求した。「すべての作業隊が国家に背いた」[*24]というのがその理由だった。

三度目の穀物調達を実施するという発表があり、中央委員会書記のパーヴェル・ポストゥイシェフがウクライナ共産党を再編成するために派遣され、徹底的な粛清を行なって党の引き締めを図った。その結果、二三七人の地区党委員会書記および二四九人の地区執行委員会議長の首がすげかえられた。三〇〇万人のウクライナ人をかかえていた北カフカースでは、カガノーヴィチが党の役員の半数を罷免した。その多くは生産妨害の罪で逮捕され、「遠隔の地」へと追放された。新たに一万人の活動家がウクライナに動員されたが、そのうちの三〇〇〇人はコルホーズの議長、党の書記、オルグとして赴任した。新たな活力を得て、飢える農民にたいする穀物調達闘争も新たな局面を迎えることになる。

一九三二年から三三年にかけての冬にも、亡くなる人は跡を絶たなかったけれども、大量の人間が餓死するようになるのは一九三三年三月初めからである。ソ連の他の地域では、多数のウクライナ人が住む地区を外れれば食糧不足はさほど深刻ではなかったし、ソ連でも肥沃な「中央穀倉地帯」では飢饉などまったくなかった。ソ連全体の穀物収穫量は一九三一年度よりも多く、一九二六～三〇年の平均収穫量よりも一二パーセント少なかっただけで、とても飢饉に見舞われるようなレベルではなかった。凶作のせいではなく、国家による常軌を逸した要求が容赦なく実施されたからこそ、当時二〇〇〇万とも二五〇〇万ともいわれたウクライナ農民のうち五〇〇〇万もの人びとが生命を失ったのである。

当時、穀物は大量に備蓄されており、スターリンがその気になれば放出を命じることもできたはずである。帝政時代にはつねにそうしていたし、一九一八年から二一年にかけての飢饉当時、ソヴィエト政権もそうした。ところが、一九三二〜三三年には救済活動を組織することは固く禁じられた。政府が一九三〇年には四八〇万トン、その翌年にはさらに多い五二〇万トンもの穀物を輸出にあてるという方針を変えていれば、備蓄量はさらに増えていたはずである。さすがに、一九三二年および三三年には輸出量も二〇〇万トンにまで下げられた。そして実際には、ウクライナにも穀物は備蓄されていたのである。その一部は、穀物倉庫に納められ、軍隊の監視下にあったが、多くは戸外に山積みにされ（たとえばキエフ－ペトロフカ集積所）、これまた軍隊の見守るなか、腐るにまかされていた。

飢えに苦しむ人びとが群れをなして右往左往し、穀物集積所に集まってきたが、見張りの兵隊に追い返されるだけだった。路傍には死体の山ができ、同様の光景は町なかでも見られた。比較的大きな都市においてのみ、毎朝死体が集められ、埋葬された。ウクライナと他の地域との境界には軍隊が配置され、逃げだそうとする者に目を光らせた。特別な許可なしで列車に乗りこもうとすれば、乗車を許されずに送還された。

パンをもってロシアとの境界を越えようとする者は逮捕され、荷物は没収された。当時の活動家で、のちに海外に逃れたヴィクトル・クラフチェンコは、スターリンのスパイの一人であるM・M・ハターイェヴィチに次のように聞かされる。

農民とわが政府とのあいだで冷酷無情な闘争が繰りひろげられている。それは死を賭けた戦いだ。今年は、われわれの力と農民の忍耐力を試す年なのだ。ここでは誰が主人なのかを奴らに教えるには飢饉もやむをえない。何百万もの生命が失われるだろうが、集団農場がなくなるわけではない。[*25]

スターリンの政策で重要なのは、ボリス・パステルナークの言葉を借りれば「嘘がもつ残酷な力」だった。新聞は、飢饉の飢の字を書くことすら許されなかったし、飢饉のことを口にすれば、反ソ宣伝活動に従事したとして逮捕され、五年間の強制収容所送りとなった。外国の新聞が飢饉について書きはじめ、一九二一年のときと同じように、海外では国際救援活動を開始しようとの努力も見られたが、飢饉など根も葉もない噂だとしてこうした動きは封じられてしまう。ソ連の新聞には、集団農場の農民による決議文が掲載され、援助の申し出などいらぬお節介だと切り捨てた。カリーニンは、支配層のなかにあって、ただ一人農民出身だったが、一九三三年六月に集団農場の労働者について地方の党大会で次のように報告させられた。「農民なら誰でも知っていることだ。パンがなくて困っている人間は、凶作のせいで困っているのではなく、自分たちが怠け者で、まじめに仕事をしなかったから困っているのだ[*26]」

飢饉による死者が最も多かったのは、一九三三年の三月から五月だった。いぜんとして死亡率は異常に高かったけれども、五月末を境に死者数は減りはじめる。ウクライナからの報道により、ついにこの飢饉の規模と飢饉がもたらした惨状が知られるようになった。やっとの思いでウクライナの農村部をまわり、その実態を目にした人たちのなかにはマルコム・マガリッジのような外国人が少数おり、その報告によれば、「世界有数の肥沃な土地の一部は気の滅入るような荒野と化していた」。また、別のイギリス人の報告では、「畑という畑で穀物が刈入れもされずに腐っており、まる一日かけて旅をしても、黒ずんだ小麦畑が尽きることはなかった[*27]」。もはや農民に畑の除草をし、作物を刈り入れる力も残っていないとなれば、彼らが翌年の収穫のために種を蒔くことなどどうして望めようか。

これは実利的な見方で、人道上の嘆願には耳を貸さなかったスターリンや政治局も心を動かされた。一九三三年二月二十五日に、その年の秋に収穫される種小麦の支給が認可され、ウクライナには三二万五〇〇〇トンが配給された。穀物の徴発が最終的に中止されるのは三月半ばになってからだったが、四月を待たずして、ミコヤンがキエフで軍の備蓄穀物の一部を農民に放出するよう命じたと報じられた。五月になると、ようやく生存者を救うための努力がなされるようになり、そのなかには診療所の開設や、やせ細った馬に飼い葉を与えるだけでなく、飢えた人たちに食糧を提供することも含まれていた。

五月からは消耗して疲れきった農民たちは播種作業を開始させられた。再び町から学生や党の活動家が軍の援助を受けて動員され、これを助けた。ひきつづき地方の党幹部の追放が行なわれ、スターリンはウクライナの第一書記であるコシオールに私信を出して警告を発したが、これは複写され、すべての州、地区、そして市の党委員会の書記に送付された。

　きみに警告するのもこれが最後だ。昨年の過ちが繰り返されれば、党中央委員会としてはさらに断固たる措置をとらざるをえない。そのときは、こういう言い方をきみが許してくれるとすれば、委員会の顎鬚をはやしたお偉方だって、そんな同志を助けはしないだろう。[*28]

この同じ手紙のなかでスターリンが強く主張したのは、「国家への調達およびMTSへの支払いをすませ、種小麦と飼い葉を確保したのち、食糧として」ウクライナのコルホーズに残せるのは脱穀した全穀物量の一〇パーセントに限るということだった。これら以外にもさまざまなかたちで収穫物が農民の手を離れていった。輸出にまわされ、軍の備蓄にあてられ、党の役員および活動家に配分する量が増やされるといったぐあいで、農民はいちばん後まわしにされ、せいぜい餓死しないですむ程度の生活を維持するために働くのが当たり前とされた。

証拠書類や具体的な数字をあげるのは難しいけれども、ウクライナ以外の土地からロシア人農民が移住させられ、さびれた村を引き継いだことは間違いなさそうだ。ソ連中央部に住む人たちの「ウクライナや北カフカースの無料の土地」に定住したいという「願望に応える」[*29]ためであった。こうした移住は長続きさせる必要があったので、奨励策としてこのような人たちには特別扱いで食糧が配給された。

農民層に「強烈な一撃」を加えたあとで、スターリンはウクライナ人の民族としてのアイデンティティを破壊するためのキャンペーンをつづけた。遠い昔から農村で民族のアイデンティティが維持されてきたのは、一つにコブザーリ、すなわち吟遊詩人の存在があった。彼らは盲目であることが多く、村から村へと渡り歩き、歌をうたったり物語詩を朗唱したりして、ウクライナの農民に独立を保っていたころの勇壮な過去を思い出させる。しかし、彼らの存在は、ソヴィエト共産主義というすばらしい新世界にあっては時代錯誤の象徴でしかなかった。この吟遊詩人たちは初めて、ウクライナ党大会に招待された。何百人という数である。そして彼らは逮捕され、その大多数が銃殺されてしまう。ソ連の作曲家ドミートリ・ショスタコーヴィチは、この間のいきさつを著書『証言』のなかで語っている。「この吟遊詩人たちは「生きた博物館であり、この国の生きた歴史そのものであった。彼らの歌、音楽、詩のすべてがそうだった。そして、彼らはほぼ全員が銃殺されてしまった。この哀れな盲目の男たちのほとんどが殺されたのだ。目の不自由な人を殺めるなんて、これほど卑劣なことがあろうか」[*30]

スターリンの腹心の部下、ドミートリ・マヌイリスキー（トロツキーがウクライナの共産主義者のなかで最も腹に据えかねる裏切り者だと評した人物）がポストゥイシェフの補佐役に任命され、「プチブルや民族主義的偏向者」を撲滅すべく、ウクライナで考えられるかぎりの文化および科学組織の粛清に協力した。コシオールは次のように報告している。「反革命分子の巣窟は、教育、農業、司法の各人民委員部、ウクライナ・マルクス＝レーニン主義協会、農業大学校、シェフチェンコ協会などに存在する」。ポストゥイシェフは、こうした「敵のまわし者」は全員「ボリシェヴィキ党員であるスクルイプニクの広い背中の背後に隠れて」きたのだと断言した。ニコライ・スクルイプニクは、ウクライナ出身で教育人民委員をつとめた人物である。ウクライナ党中央委員会で三度にわたって自己を弁護したのち、拳銃自殺をとげる（一九三三年七月七日）のだが、このことがまた「ソ連共産党中央委員会のメンバーとしては、とくにふさわしくない臆病な行動」だったとして非難された。
「スクルイプニクの民族主義的偏向があばかれ」て、ポストゥイシェフは「自分の知るかぎりでは二〇〇〇人以上の民族主義者と白衛軍支持者」を追放することに成功したと主張できた。一九三四年の第一七回党大会で、ポストゥイシェフは誇らしげに「われわれは過去一年間で民族主義者による反革命を全滅させた。民族主義的偏向の仮面を剝ぎ、粉砕したのだ[*31]」とぶちあげた。

これまでに何度となく人口統計学者の手で、ソ連全土で飢饉ならびに富農一掃と集団化のために亡くなった人の数が試算されてきた。家畜の死亡総数はきちんとしたかたちで把握されているのに、五〇年経ったいまも、ソ連政府はこの大惨事がどの程度の規模だったのかを明らかにする数字を発表できずにいる。フルシチョフも回顧録のなかで次のように述べているにすぎない。「私は正確な数字をあげることができない。記録をとっている者がいなかったのだ。われわれが知っているのはおびただしい数の人間が死んでいったということだけだ[*32]」

ソ連の農業経済学者であるV・A・チーホノフによれば、一九二九年から三三年末までに約三〇〇〇万の農家が清算され、その結果一五〇〇万もの人たちが住むところをなくして農村社会から姿を消すこととなった。[*33]

彼らはどんな運命をたどったのだろうか。農場、家屋、財産を失ったのはみな同じだが、なかには銃殺された人もいるし、白海運河沿いやマガダンの金鉱近くの強制労働収容所送りになった人もいる。とくにマガダンは、北半球で最も寒い地域にあり、監視人や番犬も含めて収容所に送られたすべての人間が過酷な冬をしのぎきれずに死んでいったことが知られている。また都市に出て一時的にせよ人手不足の工場で仕事にありつく者もいた。約五〇〇万人が飢え死にし、その大多数はウクライナで死んだ。富農とされた家庭の女性や子供を含めて、生き残った人たちは家畜運搬車に乗せられて北部地方やシベリアの苛酷な環境へと送りこまれた。おびただしい数の子供が途中で死んでいった。富農たちは未開の土地に放り出されることも多く、住むところも食べ物もないところで自活することを強いられた。具体的な例をあげてみよう。元ドイツ共産党員であるウォルフガング・レオンハルトは、ウクライナおよび中央ロシア出身の富農がペトロパヴロフスクとバルハシ湖のあいだに広がる無人の土地へ連れていかれる様子を書いている。カラガンダで出会った生存者は、彼に次のように語った。

地面には杭が何本か打ってあるだけで、小さな札に入植地五番、六番といったぐあいに番号が記されていた。農民たちはここへ連れてこられて、さあ、あとは自分の力で生きていけと言われる。そこで銘々が地面に穴を掘るわけだ。初めのころは寒さと飢えで死ぬ者がたくさんいた。[*34]

ナチ統治下のユダヤ人と同じように、富農（役人や自分に恨みをもつ隣人に富農だと言われた人も含めて）は人間社会から排除され、人間以下の存在とされた。どちらのケースについても、重要なのは、富農あるいはユダヤ人が何をしたかではなく、彼らが富農あるいはユダヤ人だという単純な事実なのである。ただそれだけの理由で、彼らは法律の保護を受けられない階級、あるいはすべての人権を否定された人種の一員として生きることを運命づけられたのだ。

信頼できる公式の数字が発表されていないので、ソ連の統計は長いあいだ論争の主題となってきた。一九九五年にドイツの歴史家ハインツ＝ディートリヒ・レーヴェが公表した最新の推計ではチーホノフと同じ数字が示され、一九二九年から三三年末までに死亡し、あるいは殺された農民は全部で一五〇〇万人とされている。「単一国家での出来事であるにもかかわらず、スターリンの対農民戦争で亡くなった人の数は、第一次大戦に参戦した国の死者の総数の推計七八〇〇万人よりも多かった[*35]」

スターリンおよびソ連の指導部は、自国の農民を相手に戦争——まさに戦争と言ってもおかしくなかった——をしかけながら、それと並行して五カ年計画のもとで工業化を推進していた。

4

スターリンが考えた集団化の目的は、農民のロシアという異質な世界を破壊し、農民を社会主義社会の枠組みのなかに取り込むことだった。しかし、工業の場合は、社会主義自体を育む母体であり、当然のことながら工業労働者階級が社会主義を支える役割を担っていた。いまや過去の遺物となった資本主義の影響がなくなり、工業化こそ新しい社会主義社会を建設するための鍵を握るものとされ、ＭＴＳや巨大な「穀物工場」を備えた機械化農業、そして工業的な要素をもつ農業もそうした新しい社会のなかに取り込まれていくものと考えられた。

問題は、どれくらいの速度で重工業への新たな投資を増やしていけるかだった。一九二六年に、スターリンはトロツキーおよび左派を「極端な工業化推進者」だとしてさげすみ、ドニエプル川沿いに巨大な水力発電所を設けようという彼らのプロジェクトに反対した。農民が牛のかわりに蓄音機を購入するようなもので、そんなことは意味がない、というのがスターリンの言い分だった。しかし、スターリンが一転して工業化に価値を見出すようになると、五カ年計画は二十世紀前半における一大神話となり、大恐慌に苦しむ資本主義を尻目に、ソ連ばかりか世界中で共産主義の優位を示す象徴となった。

この「計画」には、確かに神話を思わせるところがあった。正式な採択は一九二九年半ばだったのだが、発表と同時に、その開始は前年の十月だったとされ、振り返ってみれば、確かにそうだったとも思える。そして、一九三三年に完了が宣言されるのだが、それに要した時間は五年ではなく、四年と三カ月であった。オクスフォード大学のロナルド・ヒングリーがこの間の事情について実に的確な記述を残している。

スターリンは絶えず数字を発表していた。石炭、原油の産出量、銑鉄、鉄鋼の生産高、トラクター、コンバインの製造台数、工場や水力発電所の建設数などが発表されたが、それは実際に達成されたとする数字だったり、達成されつつあった数字だったり、達成されるべき数字だったり、達成される予定の数字だったり、達成される可能性がある数字だったり、達成されたのかもしれない数字だったりした。こうすることにより、スターリンはもともと神がかり的で、儀式向けの発表に見せかけの正確さをもたせたのだ。[*36]

スターリンは「ボリシェヴィキに落とせない砦はない」というスローガンを掲げ、意図的に実現不可能なことを要求した。一九二八年におけるソ連の年間銑鉄生産高は三三〇万トンだったが、スターリンはこれを三三年末までに一〇〇〇万トンに引き上げようとする。その後、さらに高い目標を掲げ、三二年末までに年間一七〇〇万トンを実現しようとする（実際にソ連の銑鉄生産高が一七〇〇万トンという数字に近づくのは、一九四一年のことだ）。鉄鋼の年間生産高は一九二八年には四〇〇万トンで、一〇四〇万トンが目標とされたが、結局、六〇〇万トンに少し足りなかった。電力産業もたかだか五〇〇万キロワット時にすぎなかった供給量を二二〇〇万キロワット時に増やすよう命令されたが、実績は一三四〇万キロワット時にとどまった。こうした目標を非現実的だとして疑問を抱いた経済学者や管理者は、制度の破壊者として非難された。

しかし、この魔術は有効だった。どっちつかずの妥協に満ちたネップが終わり、五カ年計画が導入されると、崩れかけていた党への信頼が回復する。党が約束してきた地上の楽園の建設に情熱を注ぐ機会がようやく到来したのである。大胆な目標を設定し、それに必要な犠牲を払ったうえで「後進的な」ソ連に達成可能なことを見通すという手法が功を奏し、恐慌のために無数の失業者をかかえ、資源を腐るにまかせている「先進的な」西側諸国とは対照的な状況が生じたのである。スターリンが掲げた目標で実際に達成されたものは一つもなかったが、いずれの場合にも増産は実現されたのである。六〇〇万トンという鉄鋼生産高は目標とする一〇四〇万トンの半分を少し上まわったにすぎないが、それでも五カ年計画開始当時の生産高にくらべれば五割増だった。

無駄と非効率は、集団農場の場合と同様、ひどいものだった。故障などは日常茶飯事で、作業員の多くはそれまで機械を見たこともない農民だったので、高価な機械が錆びるにまかされたり、壊されたりした。安全措置が講じられていなかったため、あるいは寒さのために生命を落とす人も多かった。食糧は不足し、生活環境は劣悪で、人命などは安いものだった。しかし、工業化の過程には明らかに、農業における集団化のケースとは異なる側面がある。つまり、数多くの欠点をかかえていたものの、ソ連の工業は五カ年計画のもとで飛躍的な成長をとげ、「ソ連はいままさに農業国から工業国へ変わろうとしている」という一九三〇年六月のスターリンの性急な自慢話が信憑性をもつにいたった。この進歩がなかったら、ソ連が一九四一年のドイツ軍の侵攻からみごとに立ち直り、戦争を継続して、ついにはドイツ軍をエルベ川まで押し戻すこともかなわなかっただろう。

第二次五カ年計画が実施されるにおよんで、ようやく最悪の誤りが正されるようになり、物資欠乏による犠牲が減り、労働者の劣悪な生活水準が改善されはじめた。だが、その基盤が築かれたのは、あくまでも第一次五カ年計画のさなかである。スターリニズムに関して口をつぐもうとする暗黙の合意を打破する勇気をもったソ連の最初の歴史家ロイ・メドヴェージェフによれば、[*37]その間におよそ一五〇〇の大規模な事業所が建設され、そのなかにはドニエプル川に設けられたヨーロッパ最大の水力発電所やマグニトゴルスクおよびクズネツクの鉄鋼コンビナート、ウラルの機械工場および化学工場、ロストフの農業機械工場、チェリャービンスク、スターリングラード、ハリコフのトラクター製造工場、モスクワの自動車工場、クラマトルスクの重機械工場などがあった。

帝政ロシア時代には見られなかった工業の新しい分野も登場した。たとえば工作機械、自動車およびトラクターの製造、航空機の製造、高品質の鉄鋼、合金、合成ゴムの製造などである。何万キロにもおよぶ鉄道や運河のほか、多くの新しい都市や労働者の居住地が建設されはじめた。新たに重工業の中心施設が、非ロシア人居住地域や帝政ロシア時代には国境地帯だった土地、たとえば白ロシアやウクライナ、ザカフカース、中央アジア、カザフスタン、北カフカース、シベリア、ブリヤート・モンゴルといったところにつくられた。このように、工業の拠点が広範囲に分散したため、ソ連東部に鉄鋼および石油工業の第二の中心地が出現することになる。

当時、母国で失業し、ソ連で職についたアメリカ人が数多く存在したが、その一人

ロシアの農民の集団化
［上］典型的なコルホーズ（1930年頃）。
［中］労働者の組織化。横断幕の２行目には「富農階級を一掃せよ」とある。
［下］1930年代にウクライナを襲った飢饉。当時の惨状を伝える数少ない写真の１枚。

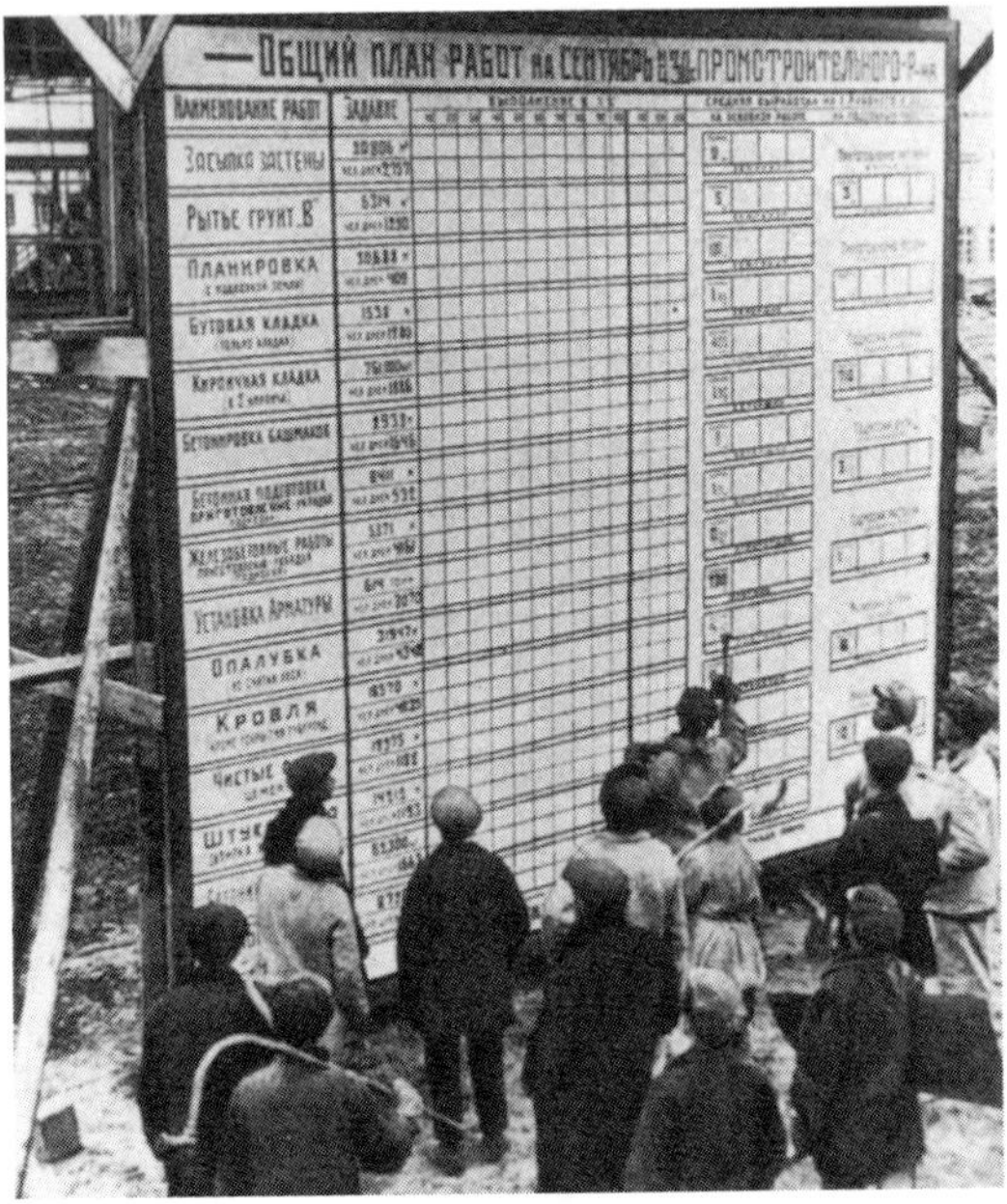

五カ年計画
[上]「社会主義的競争のグラフ」を見上げる労働者（1930年頃）。
[下]「社会主義的建設の最前線」との説明文がある写真。

［上］スターリン（1927年）。
［下］1930年代の粛清にあたってNKVDを指揮した「意地悪な小人」エジョーフとともに。

［上］ヒトラー、褐色の家の執務室にて（ミュンヘン、1931年）。
［下］レームとともに。

［上］「勝利者の大会」(1934年)。後列左から、エヌキーゼ、ヴォロシーロフ、カガノーヴィチ、クイブイシェフ。前列左から、オルジョニキーゼ、スターリン、モロトフ、キーロフ。
［下］同年末、キーロフが死亡。スターリンはキーロフの死をめぐってかなりの疑惑に包まれたが、その葬儀では喪主をつとめた。

ヒトラーの私生活
[上] エヴァ・ブラウンおよび愛犬のアルザス犬、ブロンディーとともに。
[下] ゲリ・ラウバルとともにまどろむヒトラー。
[左上] シュペーアと建築の設計図を検討するヒトラー。
[左下] ベルクホーフ。

スターリンの私生活
［左上］息子のワシーリーおよび娘のスヴェトラーナとともに、クンツェヴォにて。
［右上］二番目の妻、ナジェージダ。のちに自殺する。
［下］クンツェヴォで書類に目を通すスターリン。かたわらでスヴェトラーナがベリヤの膝の上に座っている。

であるジョン・スコットが『ウラルのかなた』のなかで自分の体験を述べた有名な文章がある。

マグニトゴルスクで、私はすぐさま戦場に駆りだされた。私が配置されたのは鉄鋼戦線であった。何万という人びとがこのうえなく厳しい困難に耐えながら、溶鉱炉の建設にあたっていた。しかも、その多くは進んで仕事に取り組み、尽きることのない情熱を注ぎこんでいたので、到着したその日から、私も影響された。

私の思うに、ロシアの製鉄戦線だけで、死者数はマルヌ川の戦いのそれを上まわっていたのではなかろうか。[*38]

緊張が高まるにつれて、スターリンはしだいに公然とロシア人の民族感情に訴えるようになる。一九三一年二月に工場の管理者たちを前にして行なった演説はよく引用されるものだが、彼はそのなかで次のように宣言している。

いや、同志諸君、速度を緩めてはならない。むしろ早めなければならないのだ。工業化の速度を落とせば、後れをとることになる。そして、後れをとる人間は叩きのめされるのだ。旧ロシアの歴史をひもとけばわかるように、その後進性ゆえに、ロシアは絶えず敗北を喫していたのだ。モンゴルの皇帝、トルコの地方長官、スウェーデンの封建領主、ポーランドとリトアニアの貴族、イギリスやフランスの資本家といった連中に負けてきたのだ。後進性のゆえに、叩きのめされたのだ。軍事、文化、政治、工業、そして農業といった面での後進性のために……諸君は詩人の言葉を思い出さなければならない。「汝、貧しくまた豊かなる、強くしてまた無力なる、母なるロシアよ」

……われわれは先進諸国に五〇年から一〇〇年の後れをとっている。われわれはこの後れを一〇年で取り戻さなければならない。われわれがそれをなしとげるか、彼らがわれわれを押しつぶすかのどちらかだ。[*39]

ソ連史を専門とするアメリカの学者アダム・ウラムが指摘しているように、スターリンの語るロシアの歴史は誤解を招くところ大である。旧ロシアは「絶えず敗北を喫していた」というが、実際にはその国境線を拡大して、世界の陸地の六分の一を占めるにいたり、かつてロシアを征服した者たちを少なからず呑みこんでしまったのだ。

ロシア史の真相はそうではない。ロシアのある偉大な歴史学者が書いているように、「国家は膨脹し、人びとは収縮した」のだ。ロシアの支配者がロシアの人民を

「打ち負かした」のだ。そして、口実はいつも同じで、偉大なる国家がそれを必要としているから、というものだ。[40]

しかし、スターリンがロシア人の民族としての自尊心のなかに利用すべき力が宿っていると直観的に判断したことは間違いではなかった。スターリンがこの力を効果的に利用したのは「一国社会主義」を宣言したときが最初であり、後年、ドイツ軍による侵攻を食いとめるときにも活用するのだが、一九三〇年代にも、この国に経済的・社会的変革をもたらそうとして、この力をうまく利用したのである。そして、すでに一九二七年の第一五回党大会の席上でスターリンは、まさに着手しようとしていた革命を帝政時代の先駆者のなかで最も偉大な人物の業績にたとえていた。

ピョートル大帝は西洋の先進国と競い、熱心に工場を建て、軍隊に物資を供給して、国の防衛力の強化を図ったが、これもまたロシアの後進性を一掃しようとする試みだったのだ。[41]

スターリンが新たな政策を推進していくためには、党の指導層ばかりでなく、中下層の人間にも呼びかけ、やる気を起こさせる必要があった。このようにして下からの支持をとりつけ、下からの圧力を引き出さないことには、「上からの革命」に欠けている部分を補うことはできなかった。こうした動きは、一九二八年の初頭に「非常措置」が導入されたのと時を同じくして始まり、二九年へとつづく。その結果、党の中枢には闘争的な雰囲気がみなぎり、一九三〇年の初めに全面的な「社会主義攻勢」をかけるとき、スターリンはこの雰囲気をうまく利用できた。*42

この国のさまざまなところからさまざまな証拠が大量にあげられているが、そこであるパターンを構成する三つのテーマがある。第一のテーマはネップの妥協に不満を感じ、革命の「英雄時代」だった戦時共産主義の伝統に立ち返ろうというものである。二番目は階級闘争としての集団化、工業化、そして一九二〇年代後半のいわゆる「文化革命」を導入し、革命を進めるうえでの「階級の敵」を撲滅しようとするものだ。第三のテーマはプロレタリアートの尖兵の新規補充というところに特徴があり、労働者のなかでも上昇志向をもった若い世代から選ばれた人たちが「特別作業隊」として活動するための訓練を受けたことである。

最初のテーマは、党の青年運動組織である共産主義青年同盟（コムソモール）に強烈な影響をおよぼした。次に引用する若きレーニン主義者による一文のなかに、当時の雰囲気がよく表われている。

わが世代のコムソモール員は、つまり十月革命が起こったとき十歳以下だった若者は、自分の運命に怒りをおぼえた。われわれは共産主義者としての意識にめざめるとコムソモールに参加した。そして工場に働きに出ると、われわれは自分たちにはまったく仕事が残されていないことを知り、嘆いたのだ。革命は終わっていた。厳しくてもロマンのあった内戦の時代は戻ってこない。そして、前の世代がわれわれの運命に残したのは、闘争や興奮とは縁のない退屈で面白味のない人生だったのだ。[*43]

この若者は一九二九年に特別作業隊が編成されるとすぐ、そのチャンスにとびついた。

二番目のテーマ、すなわちスターリンが自ら打ち出した「社会主義攻勢」を階級闘争の観点からとらえ、イデオロギーの面から正当化したことにより、活動家は自分たちが仕事や家を奪い、密告し、死刑を宣告してきた相手を同じ人間としてではなく、ブルジョワあるいは富農の家庭に生まれたというだけで、取り返しのつかない大罪を犯している「階級の敵」として見ることができるようになった。ソ連社会が社会主義建設の最終段階に近づけば近づくほど、ますます階級間の憎悪と闘争が激しさを増すとスターリンが唱えたために、将来のよき治世のためという理由で断行された残虐な行為が、客観的かつ不可避の歴史的な法則によって認められるところとなった。

第三のテーマは、工業化と合理化の運動を進め、目標生産高を次々と引き上げていくなかで必要だと考えられたもので、いっそう厳しい労働規律や、ノルマを上げ、実質所得を下げ、生活水準を落とすといったかたちで犠牲を求める内容だった。こうした要求が、一九一七年当時と内戦当時の党の支持母体だった工場労働者に重くのしかかっていた。事態をさらに複雑にしたのは、工業を発展させるには労働力の拡充を図らなければならないという事実で、工場での経験をもたない非熟練労働力が農村から大量に流れこみ、職歴の長い熟練工の反感を招く結果となった。

スターリンおよびその他の指導者は、労働の質の低下が進むなかで、彼らが一九一七～二一年に頼みとしたようなレニングラードやモスクワの労働者階級、比較的小規模で、同質の強固な階級意識をもつ労働者階級というものはもはや存在しないことを認めざるをえなかった。彼らは党活動をしている若い世代の労働者のなかにかわりを見出し、「プロレタリアートの尖兵」とした。こうした若い世代は子供時代あるいは十代のころに革命および内戦を経験しており、変化を嫌う年長の労働者の姿勢と新たに農村からやってきた人たちの無知さ加減と訓練不足に一様に批判的な態度をとっていた。特別作業隊を編成するときにイニシアティブをとったほか、生産レベルの向上を目的とする「社会主義競争」という運動を始めたのも、彼らだった。この運動が一九二八年末にソ連の工場や作業場を席巻することになる。スターリンとその一派は、すばやくこの運動のもつ可能性に気づき、二九年の初めには党、コムソモール、工場の幹部層に命令して、この運動に可能なかぎりの援助を与える。彼らにしてみれば、この「社会主義競争」こそずっと待ち望んでいたものであり、ソ連工業の加速度的な発展を阻む障害の除去という作業を徹底的に促進する運動と考えられたのである。

この衝撃的な運動の影響は、工場だけでなく、さらに広がっていく。自らの意志で志願してきた七万人もの工場労働者のなかから「祖国の最良の息子たち」二万五〇〇〇人が選ばれ、農村での集団化推進運動の指導にあたった。そして、党、国家、労働組合の官僚機構において「不適任」との烙印を押されて追放された幹部たちに取って代わったのも、「社会主義競争」運動を組織していたこの若い世代だった。精力的で覇気に満ちたこの強硬路線支持者たちは経験則にとらわれない急進的なスローガンを掲げ、上昇志向をもった労働者階級の息子や娘たちの先頭に立つ存在として、一九二八～三一年に上級学校へ入学したり、行政および管理の仕事についたりした。

これこそが「階級闘争という言葉の背後にある実態[*44]」、すなわちソ連の「文化革命」（この言葉はたいへん「広まっている」と『プラウダ』が報じた）であり、「新たな階級」つまり粛清が収まった戦後のソ連で共産党のエリートになっていく集団、すなわちブレジネフ世代をつくりあげたのである。

こうした抜擢登用はその後も継続されるが、「文化革命」それ自体は、せいぜい三、四年で終わってしまう。それはソ連史のなかでは特異な位置を占める時代で、一九二八～二九年にネップが破綻したとき、つまりまだ右翼反対派にたいする徹底的な攻撃が政治的な意味をもっていたころに始まり、一九三一～三二年にはしだいに下火になっていった。「文化革命」は政府の奨励を受けた運動で、その始まりと終わりの合図を出したのはスターリン自身だった。彼はかつて穀物危機をうまく利用したときと同じように、一九二八年のシャフトゥイ事件を利用して、ネップで採られた階級間の協調のかわりに階級闘争を再開するよう断固として要求した。

シャフトゥイの炭鉱で生産妨害に関わった五〇人の技師を被告とする裁判の進め方には稚拙なところがあったけれども、それはとにかくOGPUがソ連の司法制度を利用して政治的なメッセージを広く人民に伝えようとした最初の大舞台であった。主な標的は「ブルジョワ専門家」で、農業における富農に相当する。彼らに向けられた非難は国外の勢力（一九二七年、対英戦争が勃発しそうになったときの恐怖はまだ記憶に新しかった）および外国に住むかつての炭鉱経営者と共謀し、「プロレタリアによる独裁を強化」して資本主義への回帰を不可能にする工業化の過程を妨害しようとしたというものだった。ソ連経済がかかえる欠点と日常生活に支障をきたす機械の故障と物資の欠乏へのスケープゴートを提供する役割をはたしたこととは別に、この裁判は、ブルジョワ知識階級や非党員の専門家で、革命以前の時代から生き残り、ネップのもとで特権を与えられていたために労働者の怒りを買っていた人たちが、政治的に疑わしい無用の存在として扱われる契機となる劇的な事件でもあった。

5

シャフトゥイ裁判とそれにつづく粛清からわかるのは、ピョートル大帝と同様、スターリンも熱狂だけに頼るつもりがなかったということだ。たとえ富農一掃あるいは農民による抵抗運動に相当するものが工業化の過程に存在しなかったとしても、工業化も集団化と同じく、ひとたび実行に移されれば上からの革命にほかならなかったし、その猛烈な速度を維持するのに必要と思われる力はすべて投入された。

スターリンの統治機構で中心的な働きをしたのは秘密警察のＯＧＰＵであり、その活動は一九三〇年代にはソ連国民の生活全般に影を落とすことになる。ＯＧＰＵはすでに反農民運動でも指導的な役割をはたしていたが、重点はどちらかというと五カ年計画でスターリンに実現不可能な目標の達成を求められていた管理者、技師、役人に恐怖感を吹きこむという任務のほうに置かれた。まず手始めに、彼らの活動は主として共産党員でない「ブルジョワ専門家」に向けられ、党のエリートが対象になるのはもっとのちのことである。

一九二八年のシャフトゥイ裁判は一つの前例となるのだが、その間の事情はスターリンも計算ずみだったようだ。一九二九年四月に、彼は中央委員会で次のように発言している。

シャフトゥイ事件の被告人のごとき連中が、いまやわれわれの工業のあらゆる部門に巣くっている。これまでに全員を拘束できたわけではないのだ。ブルジョワ階級の知識人による破壊活動は、社会主義の発展に反対する最も危険な力の一つであり、国際的な資本主義と結託していることからして、いよいよもって危険きわまりないものである。資本主義者は絶対に武器を捨てることはない。彼らは力を結集し、ソヴィエト政権に新たな攻撃をしかけようとして機をうかがっているのだ。[*45]

一九三〇年十一月から十二月にかけて、レオニード・ラムジーン技師の率いるいわゆる「産業党」の党員たちが周到な計画のもとに告発を受けた。本当とは思えない話だが、元フランス大統領ポアンカレ、ロイヤル・ダッチ・シェル社のヘンリー・デターディング卿、アラビアのロレンスなど、「ソ連人民の敵」の差し金でソ連工業の破壊をもくろんだという嫌疑がかけられたのである。いかにも奇怪千万な告発だったが、裁判を前にして被告人たちの罪状が声高に読み上げられた。彼らの死刑を求める団体のなかにはソヴィエト科学アカデミーもあったし、一方では五〇万人もの労働者が「死刑！　死刑！　死刑！」と叫びながら法廷の前でデモ行進をして、体制に従順なところを見せていた。公開裁判の開廷が宣言されると、再びヴィシンスキーが裁判長に指名された。被告人たちはOGPUに鉄拳とともに教えられた型通りの自白を繰り返し、八名のうち五名に死刑が宣告されたが、その後に減刑された。ラムジーン自身も特赦を受けて自由の身となり、のちに勲章までもらうことになるのだが、この一件については、ソ連全土に周知徹底されていたので、裁判の宣伝効果が減ずることはなかった。

三カ月後の一九三一年三月には、経済計画の担当部局で上級の地位についていた元メンシェヴィキの一団が裁判にかけられる。「国内ビューロー」を結成し、経済発展計画の妨害活動を組織したということと、「産業党」、「勤労農民党」とひそかに手を結び、外国勢力の武力介入および国内での暴動の準備をしていたというのがその理由だった。逮捕者の大多数は公衆の面前に姿を現わすこともなく、即座に処分が決まり、銃殺あるいは強制収容所送りとなった。

だが、スターリンの工業問題への理解は農業問題の場合よりも的確だった。効率化を図るためには、管理者がつねに党官僚と労働組合の代表の干渉を受けないようにしてやること、すなわち一九二〇年代のソ連工業界の特徴だった、いわゆる「トロイカ体制」をやめなければならないことに、彼は気づいていた。そのかわりに、スターリンは生産をめぐる責任を「一人の人間による管理」のもとに集中することを主張した。一九八〇年代の毛沢東以後の中国でも、改革派がこれと同じ主張をしている。

スターリンが農業問題の場合とはまったく異なり、工業問題に関して進んで学習しようとする姿勢をもっていたことは、少なくとも当分のあいだ、ソ連の工業は彼が非難しつづけてきた「ブルジョワ専門家」の力を必要としているという事実を認めていることからもわかる。彼らが革命前の時代にその専門技術を修得したとか、海外から雇われた専門家であることなどは関係がなかった。スターリンは一九二八年三月に打ち出した政策をひるがえし、三一年六月には工業分野の管理者を集めた会合で次のように宣言した。

われわれは技術分野の知識人にたいする政策を大きく変更する……破壊活動がさかんだったころは、われわれは主として彼らの撲滅を図る政策をとったが、いまやわれわれは主として彼らの協力を求め、彼らに配慮した政策をとらなければならない。実際のところ、旧来の専門家や技師と見れば、当局が見過ごしている犯罪者、破壊者だと考えることは間違いだし、愚かなことでもあろう。われわれはつねに「専門家狩り」は有害にして不名誉な現象だと考えてきたし、その姿勢は現在も変わらない。*46

このスターリンの発言の最後の部分には、彼の「成功による幻惑」という論文にも見られる厚顔無恥ぶりが表われている。あたかもシャフトゥイ裁判が開かれたとき、「専門家狩り」の先頭に立ったのが自分ではなく他の人間だったと言わんばかりだ。しかし、こうした発言にもかかわらず、一九三二～三三年の冬に生活環境が劣悪になると、やはり迫害は復活する。たとえば三三年一月には、ブリティッシュ・メトロ・ヴィッカーズ社の技師六名とロシア人技術者一〇名が発電所で妨害活動をしたとして裁判にかけられた。

それはともかく、一九三一年六月に工業分野の管理者に出されたスターリンのこの宣言により、シャフトゥイ裁判でその幕を開けた「文化革命」が終わろうとしていることがはっきりした。嫌がらせをされる危険が少なくなり、刑務所や強制収容所から戻ってきた相当数の人たちを含めて、多くの非党員専門家が責任ある職務に復帰することを許された。スターリンにしてみれば、こうした緩和措置を必要としていたこともあるが、同時にこうした措置をとる余裕もあったのだ。なぜならば、若い世代の労働者のなかで才能と野心のある人間に機会を与えた結果、旧来の専門家に代わるロシア人が育ってきていたからである。

こうした抜擢と昇進の規模を示す実例をあげてみよう。一九三三年には三五〇万人いた共産党員のうちの四三パーセントがホワイトカラーの職務についていたが、入党時に同様の職についていたのは党員の八パーセントにすぎなかった。一九三〇年一月から三三年十月のあいだに六六万人の共産党員労働者が行政あるいは政治に関わる職務に異動するか、あるいはそうした仕事につく資格を得るための教育機関に入学した。新たに設立された専門家養成機関に殺到した技師、管理者、政治指導者の卵たちのほとんどは中等教育を修了しておらず、党や工業界で重要でない仕事についていた者がそのまま入学してきた。そうした人びとのなかにニキータ・フルシチョフ（一九二九年に三十三歳でモスクワ工業大学に入学）、レオニード・ブレジネフ（一九三一年に二十五歳でドニエプロジェルジンスク冶金大学に入学）、アレクセイ・コスイギン（一九三〇年に二十六歳でレニングラード繊維専門学校に入学）がいた。

彼らは出世していくにつれて、不公平な特権および給与の体系のなかに取り込まれていく。これはスターリンが体制を支えていく人たちのために確立したシステムで、党官僚や省の役人、OGPUのスパイに加えて、このエリート管理職が新たにその対象とされた。特権の中味はボーナスの支給、希少な品物を入手できるとか特別な店で買物ができるといったことのほか、人よりもよい家に住み、よい学校に通い、専用の車をあてがわれるといったこともあった。ただ、こうした特権と報酬はつねに保証されているわけではなかった。管理者にせよ役人にせよ、期待に応える働きができなければ、これらは予告なしに剝奪される可能性があったし、実際にそういうケースも多発していた。「正しい」路線から逸脱している徴候を示そうものなら、事態はさらに悲惨で、即座に「破壊活動」と裏切りの罪で告発された。こうした不安定な状況があったからこそ、ソ連の新エリート階級、すなわちマルクス主義の哲学者レシェク・コワコフスキが「モラルで結束する新種」と呼んだ人たちは、自己保身という絆で強く結ばれることになる。そうしたなかで、すべての共産主義者が冷酷きわまりないスターリンの圧政の共犯者となり、引き返すことのできない道を進むことになるのである。

重要な問題は、いかにしてより多くの労働力を確保し、五カ年計画のもとで大規模な建設事業や工業化計画を推進するかということだった。計画がスタートした当初の混沌とした状況のなかでは、管理者は確保できる労働力は無条件ですべて雇い入れた。こうして富農一掃のあおりを受けた無数の農民や集団農場からの脱走者（一九二九～三五年で一六〇〇万人を超えていたと推定されている）が労働力に加えられたのだ。しかし、彼らは訓練を受けていたわけではなかったし、労働規律にも慣れていなかった。さらによい条件を求めて職場を放棄する労働者もいたため、配置転換が頻繁に行なわれ、欠勤もきわめて多かった。一九三二年には、こうした傾向に歯止めをかけるために国内旅券制度が導入されたが、これをさらに強化するために職場放棄者や欠勤者からは配給証と宿舎を取り上げることになった。こうして、ソ連工業の組織化が進むにつれて、五カ年計画の必要に応じた異動命令が出されないかぎり、普通の労働者は自分の仕事にいっそう縛りつけられるようになっていった。

一九三一年六月に行なった演説のなかでスターリンは次の構想の概要を明らかにしたが、これがのちにソ連社会に重大な結果をもたらすことになる。賃金面での平等主義を左翼偏向であると切って捨て、熟練を要する仕事の賃金とそうでない仕事の賃金とのあいだにはっきりと差をつけることを求めたのである。「マルクスとレーニンは、共産主義のもとにおいてのみ不平等な賃金体系は解消されると言った。しかし、社会主義のもとでは、階級の廃絶が実現されたあとでも賃金は仕事の内容に応じて支払われるべきものであり、必要に応じて支払われてはならない」[*47]。スターリンのお墨付を得て、高賃金を保証してウラル地方や東方への労働者を確保しようという動きが出てきた。賃金体系を生産性に合わせるために出来高払いが急速に普及する一方で、進んでより長く、より熱心に働こうとする労働者が登場した。彼らはまもなく炭坑夫のスタハーノフを範とするスタハーノフ運動家として知られるようになり、高額のボーナスやその他の特権を手にしただけでなく、他の労働者のノルマを引き上げる役割をもはたした。

しかし、大多数の労働者にとっては、生産性が向上したところで生活水準が改善されるわけではなかった。第一次五カ年計画で最優先課題にあげられたのは建設事業であり、資本財や兵器の生産であった。都市居住者はウクライナの農民の場合とは異なり、餓死することはなかったが、それでも配給制度に苦しんだばかりか、絶えず食糧不足に見舞われ、いつ順番がくるかわからない行列に並び、物価の高騰、ひどい住宅難、人口過密といった困難に直面しなければならなかった。

人びとがどん底の暮らしにあえいでいた一九三二年から三三年にかけての冬のことである。スターリンは「労働者の生活水準がつねに向上していることは明らかであり、これを否定する人間はみなソヴィエト政権の敵である」[*48]と宣言した。これは尋常ならざる発言で、大多数の労働者が日々経験している実態とは明らかにかけ離れていた。しかし、ヒトラーの場合と同じく、スターリンも大風呂敷を広げておけば、国民はそこに多少の真実があるに違いないと考える傾向があることを知っていた。

党内で三〇年にわたってつづいてきた論争と分派抗争が収まり、すべての反対派が口をつぐむようになったため、大風呂敷も広げやすくなっていた。カーメネフ、ジノヴィエフ、ブハーリンといったかつての反対派指導者は、公衆の面前で自分たちの誤りを告白しなければならなくなり、新聞やラジオもスターリン指導部の思いどおりになった。一九二九年末以降は、指導者の発言に公然と疑問を投げかけたり批判したりする声は一つもあがらなくなった。スターリンはたびたび農業集団化と五カ年計画の成功に言及したが、これを聞いた中央委員会のメンバーや党大会の出席者はスターリンが真実を語っていないことを知っていたに違いない。しかし、彼らは異議を唱えるどころか拍手を送り、しかもこの国のすべての新聞がスターリンの発言内容とそれらが盛大な拍手によって承認されたという事実とを大々的に報道したのである。スターリンの話を信じる人がはたしていたのかと考える向きがあるかもしれないが、西側にもウェッブ夫妻、バーナード・ショー、H・G・ウェルズのように、ソ連を訪れてスターリンが五カ年計画の勝利の証だとした成果に感心し、ウクライナでの飢饉や収容所への大量追放を伝える報告を反ソ宣伝にすぎないと片づけてしまった人がたくさんいたことを想起すべきである。スターリンは「つくり話」の天才ぶりを発揮して、人民が自分の言葉を簡単に信じるか、あるいは半分は信じるようにしむけた。彼は「富農」という言葉を使ったが、この言葉のせいで多くの党員が農村の実態を誤解してしまった。「富農一掃」とか「農業の収用」といった用語は、いかにもマルクス主義的な響きをもっており、大量追放、流刑、飢餓、無数の死といった醜い現実から人びとの目をそらしたのである。

スターリンもヒトラーのように世論操作の重要性とその効果を充分に意識しており、スターリン政権独自のものもあったが、ヒトラーと同じテクニックも多用した。裏切り者や破壊活動家の存在をあばくことで、食生活や住宅環境に恵まれず、モノ不足に苦しむ都市生活者に憎しみと怒りの捌け口を与え、党指導部にその矛先が向くのを防いだのである。経済目標を達成できなかったり何かが不足したりすれば、それは人為的なミスや計画上の見込み違いのせいではなく、社会主義体制の転覆をもくろむ生産妨害活動のせいだとされた。すべてのロシア人、とりわけ共産党員やコムソモール員は「内なる敵」に注意を怠らず、隣人や職場の同僚を監視し、怪しいことは何でも報告するよう勧告された。

スターリンはヒトラーのような役者としての天分をもちあわせていなかったので、広大な国土に分散し、生活水準、教育程度ともにドイツ国民に劣るソ連人民に自らの意志を伝えるためにはヒトラー以上に苦心した。その一つの手段が、被告人の自白をもとにつくられた政治ショー的なプロパガンダ活動、すなわち公開裁判であった。あらかじめ心理的・肉体的拷問を加えて引き出しておいた被告人の自白こそが法廷に提出される唯一の証拠であり、新聞やラジオも大々的にこうした自白を取り上げた。外国の新聞が記事にすることもあり、『プラウダ』その他のソ連の新聞がそのなかから適当なものを選んであらためて引用することもあった。

スターリンのソ連とナチ・ドイツの双方がよく心得ていた一つの教訓に、プロパガンダが最も効果をあげるのは恐怖をともなう場合だということがあった。当時のソ連は、一九三〇年代の後半に見られるような完全な警察国家になっていなかったし、スターリンの恣意的な権力行使にもまだ歯止めがかかっていた。しかし、一九三〇～三四年はこの二つの要素が発展していくうえで決定的な意味をもつ時代だった。ドイツのゲシュタポや親衛隊と同様に、OGPUはスターリンの手先であり、通常の行政上、法律上の手続きでは扱えない命令を確実に実行させたいとき、彼はつねにOGPUを使った。たとえば富農の強制追放、虚偽の証拠や自白のでっちあげ、個人の逮捕や「失踪」、処刑の執行と強制収容所の管理といったことどもである。

スターリンとOGPUの関係は密接で、その長官（一九三四～三七年はヤゴーダ）は直接スターリンに報告をし、スターリン個人の護衛もその任務の一つとされていた。OGPUの職員は官僚のなかでも最高の給与と特権を与えられていたが、この政権の特徴となった、しくじれば身の安全が保証されないことでは、他の役人と変わりがなかった。実際、ヤゴーダもその後任であったエジョーフもスターリンに怪しまれ、処刑されてしまう。

OGPUがつくりだす恐怖感が蔓延するとともに、独断的に行なわれる逮捕、拷問、収容所の管理運営といった活動をめぐる秘密主義が、もう一つの強力な支配形式となる。公の場でこうした活動について口にすれば、告発され、逮捕される運命を招いた。

こうした活動については口をつぐんでしまおうという共同謀議が存在し、膨大な人数がこれに加わった。これは、他人に降りかかる災いを見て、怪しまれれば明日はわが身という不安な気持ちから生まれたものだ。

こうした体制に反抗する人間を強制収容所送りにしたところで、経済上の損失とはならなかった。ソ連は当初から強制収容所の労働力を活用してきたし、収容所の管理部門はOGPUのなかでも最大の組織で、矯正労働収容所総管理本部、すなわちグラーグという名称で知られていた。それはまさにソルジェニーツィンの言葉どおり、収容所群島すなわち巨大な刑務所網であった。そこではソ連の全労働力の一〇パーセントに相当する人たちが奴隷並みの扱いを受け、平均的な労働者の三分の一にすぎない賃金で文字どおり死ぬまで働かされたのである。そこには富農一掃と集団化の過程で追放処分を受けた無数の人たちが収容されており、「社会に役立つ仕事」をさせられていた。収容所の労働力は鉱業（金の採掘も含めて）や林業といった分野のほか、極北地方やシベリアといったとりわけ過酷で危険な地域でうまく活用された。一九三〇年代末には主としてグラーグがソ連での建設事業を請け負うようになっていた（原注：強制収容所の配置については第3巻16章の図13を参照）。

収容所内での死亡率は高く、次から次へと囚人が送りこまれてきたので、収容された人数の推定値はそのときどきで変わってしまう。しかし、ソ連における最近の分析によれば、その数は二〇〇〇万から四〇〇〇万だったと言われている。

6

一億五〇〇〇万もの人たちがわずか四年のあいだにこれほどの大変動にさらされ、あるいは次々と変化に見舞われたのは空前のことだった。しかし、この激変の規模だけに感心してしまうと、こうした激変が、史上比類のない成功をもたらし、ソ連以外の国であれば奇跡との評価を受けたはずだというスターリンの主張[*49]を、無意識のうちに支持する恐れがある。そこで、彼の言う成功がまずはどういうもので、どのような尺度ではかられたものなのかを見きわめておく必要がある。

スターリンはことあるごとに、いかにも立派だが、たがいに矛盾することの多い統計をふんだんにあげて成功だったと主張するのだが、そもそも、いったいどの程度まで経済的な成功を収めたのだろうか。

農業に関して言えば、スターリンの強制的な集団化ほど悲惨な政策をほかに考えることは困難である。集団化は、妄想にすぎない農村の資本主義なるものを追いつめようとして、最もよく働く経験豊富な農民を土地から追い立てることに始まり、やがて国家と全人口の五分の四を占める農民とのあいだの全面戦争へと発展していく。後年、スターリン自身もチャーチルに語った言葉のなかで集団化が対ナチ戦並みの熾烈な戦いとなり、一〇〇〇万人もの死者を出したことを認めている。[*50]

農業に従事する人たちは永遠にその力を殺がれたばかりでなく、永遠に疎まれる存在となった。またしても土地に縛りつけられた彼らは、ソヴィエト政権にできるだけ非協力的な態度をとるというかたちで復讐しようとしたため、農業にはまったく無知な国家と党——機械化による大規模生産というスターリンの持論はさらに無知をさらけだすものだった——が、いよいよ頻繁に介入せざるをえなくなり、予想通りの結果を生んだ。フランスの歴史家マルク・ブロックが中世ヨーロッパの状況について述べた文章を、モシェ・ルーインが引用している。「領主による権力の濫用に対抗できるものは、農民の驚くほど何もしないでいられる能力——これは確かに効き目があった——と、領主自身のでたらめな統治ぶりを除くと、もはや存在しなかった[*51]」。二十世紀におけるロシアの状況をこれほど的確に表現する文章はない、とルーインは付記している。農民の本当の努力は、彼らとその家族を支えてきた小規模な個人所有の土地に向けられていたのだ。皮肉なことに、一九三七年にはこうした個人所有の小規模な耕地で生産された馬鈴薯などの野菜や果物が全国の生産高の五割以上を占め、牛乳や肉にいたっては七〇パーセントを上まわっていた。個人経営がまだ残っており、それがソ連の食糧供給に欠かすことのできない大黒柱的な存在だったことがわかる。

ここでは集団化がもたらした人的損失には触れずに、経済的な観点からのみ集団化を考察してみると、その成果は決して目を見張るべきものとは言えない。穀物の生産レベルは一九二〇年代を通じて向上していたのに、一九二八年以後、下がりはじめる。一九二八〜三〇年の年平均収穫高は七四〇〇万トンだったが、三一〜三五年の五年間では六七〇〇万トンに落ちる。三七年には例外的に八七〇〇万トンに回復したけれども、三八年と三九年には六七〇〇万トンをやっと超える程度にまで落ちこむ。国家が穀物調達量を倍増できたという事実があった（二八〜三二年には年平均一八〇〇万トンだったのに、三八〜四〇年には三二一〇万トンに引き上げられた）からこそ、増えつつある人口をかかえながらも、再び飢饉に見舞われるのを避けられたにすぎない。

家畜の減少ぶりを見ても、集団化が失敗に終わったことは明らかである。

一九二八年——　牛　七〇五〇万頭　豚　二六〇〇万頭　羊・ヤギ　一億四六七〇万頭
一九三三年——　三八四〇万頭　一二一〇万頭　五〇二〇万頭*52

こうした家畜の減少が回復するのは、一九五三年にスターリンがこの世を去ったあとのことだ。一九五三〜五四年の中央委員会の席上でフルシチョフが行なった報告によれば、一九三〇年代の一人当たりの穀物生産高は帝政ロシア時代よりも低く、牛の数にいたっては帝政ロシア時代にははるかにおよばなかった。農業は一九二〇年代には一九一三年の水準に回復していたというのに、三〇年代にスターリンが集団化政策を導入すると、ソ連経済で最も弱い分野となり、その後も状況はほとんど変わっていない。

集団化の過程で人びとが経験した慄然とさせられる苦難を考慮すると、集団化政策は尋常ならざる失敗だったと言わざるをえない。この政策を正当化しようとするならば、スターリンにはほかに採るべき手だてがなかったとするか、あるいはスターリンが絶えず主張していたように農民は国家の行く手を阻み、その転覆を図る悪者だったとするしかないだろう。ところが、事実は異なる。スターリンが一九二七年十二月から二八年一月にかけて「非常措置」を講じることを一方的に命令して、十二月初旬の第一五回党大会で議論の末に到達した結論（スターリンもこれには同意していた）を覆したからこそ、農民は戦時共産主義時代の穀物の強制徴発が復活すると信じたのである。一九二七年から二八年にかけての冬に穀物の調達に危機があったことは間違いない。しかし、当時も指摘され、以後、現在までたびたび指摘されてきた[*53]ことだが、これは農村社会の実態を無視した政府の経済政策上の誤りが原因で、価格設定政策の修正というような経済的な措置を講じることにより解決できるものであって、スターリンが採った「ウラル－シベリア」方式など不要だったのだ。

一九二七年末から二八年初めにかけてスターリンが「左翼寄りの姿勢」を示したこ

ろが「大躍進」政策の始まりと見られてきたが、実際に一九二九年末から三〇年初めにそれが開始されたときには、大量集団化計画のための準備はまったくなされていなかった。ここには、いわゆる「第二の十月革命」の全体を通じて特徴的なパターンが見られる。性急で無分別な決定が下されるため、次々と危機が生じ、それらに対処するべくさらに一時しのぎの解決策と捨て鉢な手段を見つけなければならず、その結果、混沌とした状態がいつ終わるともなくつづいたばかりか、そうした状況に対処するために強制と非常措置という自己正当化のための政策が導入されることにもなったのだ。

スターリンが集団化政策にともなう変動と、それにつづく抵抗運動の規模を予測していなかったことは間違いない。妥協しないという点で、彼は断固たる指導性を発揮した。他人の意見には耳を貸さず、手にする報告書には目もくれずに、一九三〇年の春に一時ためらいを見せたあとは、さらに集団化を強行するよう主張するばかりだった。彼の目に映るのは犠牲者の姿ではなく、倒すべき敵の姿ばかりで、そのために必要とされる力が投入された。

農業の集団化にくらべれば、ソ連の工業化は経済的な成功を収めたと言えよう。むしろ、どの程度まで工業化が農業の集団化に依存したかというところが議論の的になるだろう。農民から「取り上げること」に賛意を表するプレオブラジェンスキーの主張は、工業化に要する資金を調達するためには「社会主義的原始蓄積」が必要だというものである。しかし、自由を奪われ、食糧にもこと欠く農村が実際にどの程度まで工業化に寄与できたのだろうか。せいぜい言えることは、五カ年計画の開始当時に農村から調達した作物のうち工業化政策の推進に使われたものが半分にも満たなかったということだ。たとえば、一九三二年には一八パーセントにすぎず、最終的にはそれは工業化のためにはまったく使われなくなった。

資金の出所がどこであろうと、工業力の主たる基盤は第一次五カ年計画のさなかに敷かれ、第二次五カ年計画で完成された。一九三七年までに、全生産高は一九二八年のほぼ四倍になったと見積もられている。[*54] これは歴史に残るみごとな成果だった。しかし、だからといって、スターリンによる指導と不断の介入がなかったならば、こうした成果はあがらなかったとする主張を認めることはできない。

ボリシェヴィキがロシアの農業を理解することも、それをマルクス主義の図式に組みこむこともできなかったために、農業の後進性からさまざまな問題が生じたのにたいして、ロシアの工業化はつねに社会主義社会の建設を成功させる鍵だと考えられていた。ボリシェヴィキは恵まれたスタートを切ることができた。というのも、農民の世界とは異なり、彼らがよく知っている世界がすでに存在し、その世界のなかで発展をもくろむ彼らの計画が党をふるいたたせた一方で、農民が農村での「第二革命」にたいして示したごときあからさまな抵抗運動にでくわさなかったからだ。

とはいえ、スターリンこそこの混沌状態に決然と終止符を打ち、五カ年計画を実行する唯一の男だったという考え方には疑問が投げかけられてきた。つまり、指導と介入を繰り返すスターリンのやりかたが、混沌状態を解決するというよりも、むしろそうした状態をつくりだすほうに作用しなかっただろうかという疑問である。「あれほど徹底した策をとらなくとも、少なくともあの程度の工業の発展は達成できた[*55]」という見方をすることも充分に可能である。

工業の場合には、農業の場合ほど悲惨な結果は生じなかったのだが、やはり同じ判断の誤りがここにも見られる。四つの例をあげて、その骨子を説明してみよう。

第一に、スターリンは筋道の通った説明などまったくしなかったのに、いきなり人民委員会議に姿を現わし、国家計画委員会（ゴスプラン）がはじきだした五カ年計画の目標の数値を一〇〇パーセント、場合によってはそれ以上も引き上げるように命じた。

メドヴェージェフはスターリン式の「勝手気ままな」計画立案がもたらした結果について、合成ゴムの開発をめぐる例をあげている。新たな実験的方法で生産された最初の試作品が、一九三一年一月に完成した。そして、この生産工程の立案者である科学アカデミーの委員A・S・レーベジェフを含めて、技師たちがこぞって無理だと進言したにもかかわらず、ただちに一カ所、あるいは二カ所で工場の建設にとりかかるよう決定が下されてしまう。しかも、スターリンからは五カ年計画終了時までに一〇カ所で工場を建設せよとの命令が出される。技術上の多くの問題が未解決だったのに加えて、これではかぎられた建設資材が一〇カ所に分散されることになる。結局、一九三二～三三年に建設が開始されたのは三カ所にすぎず、残りは第一次および第二次五カ年計画のどちらでも建設されなかったのである。[*56]

第二に、これは集団農場の場合にも当てはまることだが、スターリンは「巨大なものへの異常なあこがれ」にとりつかれていた。彼は工業コンビナートの建設を命じたのだが、それもコルホーズの場合と同じく、ソ連がもっている資源ではとても建設できず、操業することもできない規模のものを要求した。結局、完成までに時間がかかりすぎて経済性が無視されることになり、絶えず故障に悩まされるか、完成を見ずに放置されるかのどちらかだった。スターリンは華々しい事例についても、同じように声を大にして語った。そのよい例は、「英雄的」ではあるがつくり話だったことの多いスタハーノフ運動家の功績や突貫計画にまつわる話だ。こうした事例からも、彼が、着実で系統立った操業リズムなくして近代的な工場は効率よく生産活動ができないことをいかに知らなかったかがわかる。

第三は大きいものへのこだわりに見合った特徴だが、スターリンはいつも急いでことを運ばせようとした。実現の可否など度外視し、目標の数値を二倍にすることで、五カ年計画をひどい混乱状態におとしいれたばかりでなく、五年ではなく、四年でやりとげるよう命令した。これが逆効果となる。生産スケジュールは崩れ、無駄は極限にまで増え、計画にはなかったことだが、乏しい物資と人材の奪いあいが奨励される結果となった。

　最後の例は、もともと実現不可能だった目標が期限までに達成されないとなると、スターリンはその責任者を生産妨害、破壊活動、そして陰謀の罪に問い、とりわけ元ブルジョワ階級の人間や外国人の専門家を激しく責めたて、格好のスケープゴートにしたことである。しかし実際には、ソ連の工業は、その技術上、管理上の専門知識をこうした人たちに大きく依存していたので、この件ではスターリンも彼らに働いてもらわなければ五カ年計画の成功が危うくなると判断せざるをえなかった。しかし、彼は決して疑うことをやめたわけではなかったし、責任ある地位についている者を最大限に生かすためには、しくじれば身の安全は保証されないという不安定な状態におくのがよいとの信念を捨てることもなかった。

　歴史にはつねにほかの選択肢があるものだ。そして、過激なスターリン主義のかわりにブハーリンが提唱した穏健な政策を採用することもできたとの指摘がある。ブハーリンの政策はネップに修正を加えて継続していくことにもとづいており、そうすることで農民の信頼をつなぎとめ（都市と農村との連携）、農村の協同組合を拡充し、大多数を占める農民と民間部門に時間を与え、それらが経済のなかの社会主義的な部門と相互に影響しあうなかで「成長して社会主義の仲間入りをする」のを待とうというものだった。ブハーリンの提案は、レーニンの晩年の著作に見られるテーマを発展させたもので、ネップに手を加えることで社会主義への道をつけようとするものだったと言われている。そしてまた、チェコの改革派が一九六七～六八年に求めた「人間の顔をもつ社会主義」[*57]に先鞭をつけるものでもあった。

しかし、それは理論上の代案であって一九二八～二九年当時のソ連の状況ではとても現実化できるプランではなかった。スターリンがブハーリンと袂を分かったあとは、ブハーリンはもとより、当時の政界のどこを探しても、このような政策を実行に移せる者はいなかった。だからこそ、中央委員会の他の指導者たちはブハーリンおよび右派ではなく、スターリンとその政策を支持することが唯一の現実的な道であり、そうすることでソ連を近代的工業国家に変えることができると確信したのである。

これまでスターリン体制の評価を試みてきたわけだが、政治的な要因については触れなかった。スターリンとヒトラーに共通する特徴の一つに、二人とも国家の発展の決め手となるのが経済ではなく政治だと信じていたことがある。政治を行なう意志と力があれば何でもできるという信念だ。こうした信念がもたらす歴史観、政治観がいかに不完全なものであるかは、これまでに述べてきたように一九二八〜三三年のソ連で政治的な決定が社会的・経済的要因のせいで頓挫し、歪められてしまった実例を見ればわかる。しかし、政治的な側面を無視してしまっては、スターリンによる革命と彼がつくりだした体制の特徴を理解することができないのもまた自明である。

スターリンは、一九二八〜三四年にソ連で起こったのは「社会主義の建設」にほかならないと大胆に主張したが、この主張はコミンテルンによって従順に繰り返されただけでなく、ソ連のあらゆる組織で絶えず復唱された。特別に召集された「勝利者の大会」、つまり第一七回党大会は一九三四年一月に開催されたが、スターリンはその席上、ロシアの後進性を克服するための戦いに勝利したと宣言し、その根拠として、工業生産が二倍になり、農業の八五パーセントが集団化されたことをあげた。彼は党大会でこうたずねる。「どうして後進的な技術と文化しかもたぬこの広大な国家で、わずか三、四年のうちに、かくも驚異的な変化をもたらすことができたのだろうか。これは奇跡ではないだろうか」。彼は自ら答える。こうした状況が資本主義と個人の保有する小規模な農地を基盤として生まれたというのであれば確かに奇跡だ、と。しかし、資本主義はすでになく、個人の小規模な農業も集団化のあおりを受けて影が薄くなっていた。だから、スターリンにしてみれば、社会主義を基礎として生じた以上、これは奇跡ではなかった。いまや社会主義は国家経済のなかで揺るぎない力をもっていたのである。

マルクス主義は地球上の陸地の六分の一を占める国家で完全なる勝利を収めた。そして、ファシズム国家を含め、世界の他のすべての国で危機と失業がもう四年も猛威をふるっているというのに、マルクス主義が勝利したこの国は世界で唯一、危機や失業というものを知らないが、これは偶然ではない。同志諸君、これは偶然ではないのだ。[*58]

スターリンの主張は長年にわたってソ連以外の左翼陣営を混乱させ、その意見を二分してきた。スターリンのもたらした変革がいかにめざましいものであろうとも、彼の言う上からの革命は、資本主義経済のかわりに社会主義経済を据えるというものではなく、以来、低開発国ですっかりおなじみになったもの、すなわち国家権力を使って社会を後退させ、社会主義の理想を曲解し、かつ犠牲にする方策を採用することだったのである。

スターリンが農民に攻撃をしかけた動機の一つは、自分では支配できないがゆえに敵だと判断した外的勢力に、国家が依存するような状況を終わらせようとの決意だった。穀物調達および富農一掃をめぐって農民の抵抗運動が始まると、スターリンはたじろぐどころか、闘争を拡大し、ソ連社会で最大にして最も保守的な階級、すなわち農民層のもつ潜在的な能力にとどめを刺そうとした。経済的にはこれは大失敗と評価されるかもしれないし、どう考えても誤りではあったのだが、政治的には大成功だとスターリンの目には映っていた。

それにくらべれば工業化の計画はずっとうまくいったわけだが、やはり得たものもあれば、失ったものもある。ソ連は国土が広大で、工業化のために必要な大勢の行政官、経済学者、技術者、管理者をかかえているわけでもなかったので、こうした中央集権的な計画立案および意思決定のシステムをとれば、少なくとも初めのうちは非効率的でかえって厄介なことになるに決まっていた。モスクワにいて命令を出すことと、そうした命令を実行させるよう現地に有能な人間を配して命令が遂行されるのを確認することとは、まったく別の事柄である。

しかし欠点があったにせよ、中央集権化はスターリンに決定的に有利な条件をもたらした。スターリンは支配権を握り、収拾のつかない事態が生じても、モロトフ、カガノーヴィチ、ポストゥイシェフを派遣して実態調査にあたらせることで、独自の判断に従って不意に介入することができた。ウクライナでのモロトフたち、あるいは内戦当時のスターリンの例でも明らかなように、彼らには障害を取り除き、責任者を追放し、必要とあれば射殺して、他の人たちに恐怖心を植えつける権限が与えられていた。

こうして、一九二八～三四年の第二革命は、工業化と農業の集団化のほかに、第三番目にして最も重要な意味をもつ特徴、すなわち弱い社会と対峙する強い国家の建設という特徴をもつにいたるのである。

7

ソ連では党がかつての支配階級に取って代わり、国家経営の舵取りをあずかるのは、党の指導部だった。スターリン自身は国家元首でもなければ首相、つまり当時のソ連の人民委員会議議長でもなく、党の書記長でしかなかった。だから、彼が国家と国家を支える官僚機構を支配する権力を獲得できたのは、党を抑えられたことによる。

しかしスターリンは、自分の権力基盤が安泰だとは思っていなかった。かつて左翼反対派に所属していた人間が復党を許可され、再び党の職務についたときも、スターリンは彼らの過去の活動歴を決して忘れなかった。そうした人たちのなかには国立銀行の総裁や重工業人民委員代理をつとめたピャタコーフの例に見られるように、五カ年計画の推進に重要な役割をはたした人もたくさんいたのだが、一九三〇年代にことごとく逮捕され、銃殺されるか、ラデックのように収容所送りとされた。しかし、スターリンの言い分はこうだった。「いちばん危険なのは右翼反対派だ。右翼の連中にさらに激しい攻撃を！」[*59]。理由はきわめて明快だ。当時、スターリン自身が左派の政策を踏襲するかたちになっていたので、スターリンの政策およびその遂行のためにとる手荒な手段に幻滅を感じ、妨害活動に走る党員がひかれるとすれば、それは右翼、すなわちブハーリンが体系的に主張している立場だったからだ。

一九三〇年の夏に開催された第一六回党大会で、右翼の「日和見主義者」にまた新たな嫌疑がかけられる。つまり、彼らは公然と反対の立場をとらず、ひそかに党の方針に反対していることを隠そうとして、自らの過去の誤りを認めているのではないかという疑いである。この党大会は「右翼日和見主義者」への攻撃一色となる。スターリンの腹心の部下の一人が、地方に渦巻く反体制的な意見を次のような言葉でまとめている。「スターリンの政策は破滅と苦難をもたらしつつある。ブハーリンとルイコフ、そしてウグラーノフの提案のみが正しく、レーニンの思想にもかなったものだ。彼らの政策でなければこの国を窮状から救うことはできない」[*60]。こうした意見にとどめを刺すために、一九三〇年を通じて粛清が行なわれ、一九三一年三月に行なわれた元メンシェヴィキの一団にたいする裁判を機に、五カ年計画の目標に疑念を表明していた経済学者や計画立案者が狩り出され、独自の考えをもつ最後のマルクス主義学者だったリャザーノフが除名された。当時はすでに筋金入りのボリシェヴィキとなっており、マルクス－レーニン研究所の所長までつとめた人物である。

一九三二年の秋から翌年の春にいたるあいだ、この国の混乱と苦難が最高潮に達すると、党員のあいだでしだいに疑念と不安が増大していき、それを受けて、指導者のあいだにも緊張感が高まっていった。スターリンを批判する反体制的な動きがさらに三件、摘発された。一件は一九三〇年末、あとの二件は一九三二～三三年のことである。最初の一件に関わったのは党の二人の高官で、スターリンの子飼い的な存在だった。その一人のセルゲイ・スイルツォフは一九二〇年代に中央委員会のメンバーとなり、のちにルイコフのあとを継いでロシア連邦共和国の人民委員会議の議長をつとめ、一九三〇年には政治局員候補にまでなった人物である。もう一人のV・V・ロミナーゼは、同じく一九三〇年の第一六回党大会で中央委員会のメンバーに昇格したが、それまでもコミンテルンの活動でめざましい功績があり、スターリンの命令を受けて一九二七年十二月には広州での反乱を指導し、重要なザカフカース連邦共和国の党書記もつとめた。この二人がいまや反革命的な分派をつくり、「パニックにおちいった」右派の見解を標榜する綱領を掲げているとの罪に問われたのである。彼らは組織的な反対グループには属しておらず、ブハーリンと対立するスターリンを支持した人たちの多くが感じた不満を口にしていたにすぎないのだが、いまやブハーリンが以前に唱えた批判をそっくり繰り返すようになっていた。スイルツォフは「異常なまでの中央集権化」と「のさばる官僚」がもたらした結果に批判的で、スターリングラード・トラクター計画といった工業計画を「ごまかし」だとこきおろしていた。ロミナーゼはスターリン政権の「労働者と農民の要求と利益にたいする封建領主的な姿勢」を非難した。二人とも解任され、格下のポストに左遷された。[*61]

一九三一〜三二年にも状況はまったく改善されなかった。ソ連の外交官で、のちに亡命したアレクサンドル・バルミーネは次のように書いている。

私がこの文を書いている時点〔一九三二年〕で、スターリンへの忠誠の根拠となっているのは、主として彼に代わる人間がいないとの思い、指導者の交代ははなはだ危険であり、現在の方針を中止したり、後退を図ればすべてを失うことになるので、国家はこのまま進むしかないという強い思いであった。[*62]

一九三二年には飢饉が襲い、第二の事件の契機となる「リューチンの覚書」が公にされた。リューチンは中央委員会書記局に勤務しており、数年にわたってモスクワの一地区で党委員会の代表をしていたこともある人物だが、一九二八年に右派を支持し、三〇年にはスターリンと会見してその政策を激しく批判したことがあった。リューチンは逮捕され、反革命的なグループを組織した罪に問われたが、証拠不足で釈放された。一九三二年に、リューチンは悪化するばかりの状況に業を煮やして「ソ連共産党の全党員へ」と題した二〇〇ページにわたる文書を書き上げ、スターリンの政策を歯に衣着せぬ言葉で批判した。八月二十一日に、一〇人あるいは一二人の党員が顔を合わせ、彼にたいする起訴状の手直しをした。この起訴状は、その後他の人たち（ジノヴィエフとカーメネフもそのなかに入っていた）に回されたが、それほど多くの人たちの目に触れたわけではなかった。一カ月後、リューチンとその共犯者は、彼の文書を読んだことが明らかになった人たちとともに逮捕された。

その後、一九三〇年代に相次いで行なわれた裁判や粛清では、この一件には「リューチン事件」という名称がつけられ、最初の陰謀事件として何度も取り上げられ、反対派の主だったところは全員この事件に加担したとして起訴された。その覚書は、二つの理由で特筆に値する。第一に、左と右の反対派がとった立場を支持していることである。つまり党の体制を批判したトロツキーは正しいとした点では左翼反対派を支持しており、経済政策を批判したことでは右翼反対派の立場をとっていた。リューチンが求めた改革のなかには経済的な後退、すなわち工業への投資縮小、農民の集団農場離脱の自由、さらにトロツキーを含めて党を追われたすべての者の復党などがあった。二番目の理由は、さらに特筆すべきものである。覚書のなかで、リューチンは五〇ページを費やして、スターリンを「ロシア革命における邪悪な天才」であるとし、

「権力と復讐を求める個人的欲求に動かされて革命を破滅の危機におとしいれた」と非難し、スターリンの解任を要求したのである。

一九三八年のブハーリンとルイコフの裁判でもこの覚書のことが取り上げられ、「反対派が力をつけてソヴィエト政権の転覆を企てる戦術に変わったことを示す」証拠とされた。一九八八年にソ連邦最高裁判所はこれを否定し、一九三二年にスターリンとその一派は何ら罪を犯していなかったことが証明された。しかし、一九三二年にスターリンは、リューチンの覚書はスターリン暗殺を求めているとして、彼を銃殺刑に処するよう求めた。OGPUはこの事件を中央統制委員会に報告し、次いでそこから政治局に報告書が回された。当時の政治局の構成メンバーは、一九二九～三〇年に反対派と対立するスターリンを支持した人たちばかりだったが、キーロフ、オルジョニキーゼ、クイブイシェフほかのメンバーはボリシェヴィキ党以来の生え抜きの高官のなかから初の処刑者を出すことに反対した。リューチンは処刑されることなく、中央委員会総会（九月二十八日～十月二日）で、同グループの他のメンバーとともに禁固一〇年を言い渡され、党から除名された。彼の一派にたいする党の評価は次のようなものであった。

堕落した連中。共産主義とソヴィエト政権の敵。偽りのマルクス－レーニン主義を旗印としてブルジョワと富農の連合組織をつくり、資本主義の復活、とりわけソ連における富農層の復活を図って、党と労働者を裏切った輩。[*63]

同時にジノヴィエフ、カーメネフ、ウグラーノフといった旧反対派にたいする追加措置が講じられた。

自分の意志を通せなかったというスターリンの思いが消えることはなかった。四年後の一九三六年九月に、スターリンは一通の電報を打ち、OGPUの長官であるヤゴーダの解任を求め、怒りをこめて「OGPUはトロツキー、ジノヴィエフら合同反対派を摘発するのに四年も遅れた」と断言した。この批判は、たいていの学者が、その四年前の一九三二年九月にリューチン事件をめぐって政治局がスターリンの要求を呑まなかったことに言及するとき、つねに取り上げる発言である。この間の事情を裏づける事実として、一九三六、三七、三八年に行なわれたどの公開裁判でも、被告人は、左右両反対派がテロリズムのもとに結束した最初の例とされるリューチン事件への関与を自白させられたことがあげられる。しかし、一九三七年一月一日、スターリンはついに復讐をとげる。裁判はわずか四〇分で終わり、リューチンは即座に処刑され、彼の二人の息子と仲間の多くも相次いで処刑された。[*64]

一九三三年一月に第三の事件が起きる。今度は元農業人民委員であるA・P・スミルノフが中心となって組織した反体制グループの存在があばかれたのである。スミルノフとその仲間、具体的にはN・B・エイスモントとV・N・トルマチョーフという二人の古参ボリシェヴィキ（それぞれ一九〇七年、一九〇四年以来の党員）の三人がリューチンの覚書と同じような声明文を流し、スターリンの書記長解任について論じたというのである。スターリンは中央委員会で、「敵だからこそ、スターリンなど解任したところでどうということはないなどと言えるのだ」[*65]と述べた。しかし、スミルノフたちを銃殺刑に処するという提案は、またしても政治局に却下されてしまう。結局、彼らは党から除名され、懲役刑を宣告された。

スミルノフのグループが告発を受けた中央委員会総会では大がかりな党員の粛清が承認され、当時三五〇万人いた党員のうち、一九三三年には八〇万人、三四年には三四万人が除名されてしまう。この粛清は新たに地方組織に採用されていた党員を主な対象としていたため、多くの集団農場や農村地域で党組織がまったくなくなったり、一人も党員がいなくなったりするといった事態も生じた。一九三九年の第一八回党大会での報告によれば、集団農場が二四万三〇〇〇カ所だったのにたいして、党の支部組織は一万二〇〇〇カ所にすぎず、そこでの党員数は候補者も含めて一五万三〇〇〇人だった。こうした数字によっても、党から農民を疎外する作業がいかに徹底していたかがわかる。農民にはさらに追加措置がとられ、また新たな圧力が加えられた。今度は集団化された地域での生産性を、農民がかつて個人所有の耕地であげていた収穫量に近いレベルまで引き上げることが目的とされた。一九四〇年夏のことである。しかし、翌四一年六月にドイツ軍による侵略を受けたため、この運動はまともに始まらないうちに中止されてしまった。農民にしてみれば、たまたまドイツが攻めてきたから自分たちは党の新たな攻撃を免れることができたのだとの思いを拭いきれなかった。[*66]

政治局内であがった厳しい処罰に反対する声は、二つの面でリューチンやスミルノフのグループの場合のそれとは異なっていた。政治局のメンバーはスターリンの主要な支持者であり、ブハーリンら右派を打倒し、五カ年計画時代の政策を履行するのを手伝った人たちである。最高国民経済会議議長、重工業人民委員を歴任したオルジョニキーゼとレニングラードの党組織の第一書記だったキーロフは、スターリンも軽々しくその意見を無視できない存在だった。そしてこの両名につらなる名前としてまず思い浮かべるのはクイブイシェフ、コシオール（ウクライナの党第一書記）、そして中央統制委員会委員長をつとめるために一度は政治局の職を辞したが一九三四年一月に政治局員候補として復帰したルズタークであろう。彼らは三人とも一八八六年から八九年のあいだに生まれているので、スターリン（一八七九年生まれ）よりも若い年齢層に属しており、一九〇三〜〇七年に入党している。オルジョニキーゼとキーロフの二人は、独立精神が旺盛で、旧反対派の人間にも仕事を与えるほどだった。オルジョニキーゼはブハーリンとピャタコーフに自分が人民委員をつとめる重工業人民委員部への就職を世話したし、キーロフもブハーリン一派の指導者の一人だったペトロフスキーに職を与えた。ペトロフスキーがリューチン事件に関与していたにもかかわらず、一九三四年にレニングラードの党イデオロギー局の代表およびレニングラード『プラウダ』紙の編集者に任命したのである。さらにつけ加えれば、この五人は全員、のちに吹き荒れる粛清の嵐のなかで死を迎えることになる。コシオールとルズタークは逮捕ののち銃殺され、キーロフは暗殺され、オルジョニキーゼとクイブイシェフは変死をとげたが、いずれも殺害の疑いがもたれた。

彼らのうちで工業化および農業集団化政策に異議を唱えた者はいないし、スターリンの指導的地位に挑んだ者もいない。しかし、彼らはすでに成果はあがっていると考え、最悪の時代は終わったと判断して、そろそろ恐怖と強権の政治はやめにして、一般人民および党内に広がる願望、つまり圧力を緩め、もっと普通の生活を楽しむ機会を与えてほしいという願いに応えてもよいのではないかと主張したのである。この国の現状とスターリンの政策に幻滅して不満を抱く者は、古参ボリシェヴィキの一部にかぎらず、より活動的なコムソモール員のなかにもいた。そこで非公式な討論グループが形成され、示威行動をしたり、ビラを配ったりすることがあったため、一九三三年の夏にはいくつかのグループの若者がOGPUに逮捕されるという事態が生じた。スターリンは彼らを極刑に処するよう求めたのだが、またしても政治局に阻まれてしまう。批判派の指導者たちは、旧反対派と和解する政策を強く求め、日本が満州を占領し、ドイツではヒトラーが政権を獲得するなど、国外からの脅威が増している状況にあっては国家が一つにまとまることが必要だとする旧反対派の主張を支持したのである。

結果から判断すると、スターリンがこうした主張に納得したふしはなく、むしろ自分の地位を脅かすものと考えたようで、こうした主張を唱える者をつぶしにかかった。しかし、そうした結論に達し、それを実行に移す下準備をするのに、スターリンがどれくらいの時間を要したかはわかっていない。一九三三年には、いくつかの譲歩をすることが、彼にとっても好都合だったようだ。

一月には穀物調達システムが変更され、これまでのような何の基準もない徴発はやめて、集団農場の面積に応じた一定の量を集めようということになった。五月にはひそかに回状が出され、農民の追放は年間一万二〇〇〇所帯に限定するよう命じられた。同じ五月には、リューチン事件のあと、党から二度目の除名処分を受け、シベリア送りになっていたジノヴィエフとカーメネフが復帰を許され、自己批判をして抵抗運動を中止することを条件に、旧反対派に犯した罪を贖(あがな)う機会が与えられた。ブルガリア生まれの老練な革命家で、代表的なトロツキストのなかでも最も強硬だと目されていたラコフスキーや、やはり流刑に処せられていたソスノフスキーも再び仲間に迎え入れられた。

ボリス・ニコラエフスキーの「一古参ボリシェヴィキの手紙」は、一九三六年のパリでのブハーリンとの対談をもとにして書かれたものだが、彼はそのなかで指導層のなかの穏健派グループがスターリンの反感を買うまいとして、いかに気をつかっていたかをはっきりと述べている。

以前は、反対といえば、どのようなかたちをとろうともスターリン個人への反対であり、彼の解任を求めるものだったが、もはや解任を云々するようなことはなくなった。誰もが倦むことなくスターリンへの献身を力説する。それはむしろスターリンへの影響力を求める戦いであり、いわば彼の魂を求める戦いなのだ。[*67]

こうした指摘の正しさは、一九三四年の一月から二月にかけて行なわれ、「勝利者の大会」というまさにふさわしい名称を与えられた第一七回党大会で立証された。開会日は慎重に勘案された結果、一月二十六日とされた。これはレーニンの葬儀で、スターリンが「誓いの演説」をした日から数えてちょうど一〇周年にあたる日だった。

そして『プラウダ』には記念の記事が掲載された。

これまでたどってきた一〇年間の道程を振り返ると、共産党はスターリンの誓いがみごとに実現されたと宣言することができる。レーニン亡きあとの一〇年間は偉業、すなわちレーニン主義の歴史に残る勝利の一〇年間であった。そして、スターリンの指導のもとで、ボリシェヴィキはついにそれを実現した。わが国の社会主義が勝利したのである。[*68]

スターリン自らも自信にあふれる思いだった。大会への長い報告のなかで、彼は五カ年計画はみごとに成功したと語り、大恐慌に見舞われた資本主義諸国の窮状をひきあいに出した。

搾取はなくなり、都市では失業がなくなり、農村では貧困がなくなった。これらはソ連の労働者の物質的な生活水準に関わる偉大な業績であり、ブルジョワ諸国、いや多くの「民主主義」諸国の労働者と農民の夢をはるかに超越している。

聴衆はスターリンの勝利宣言を否定せず、スターリンには大きな拍手が送られた。

彼はそれに応えて声明文を読み上げたが、公式報告書によると万雷の拍手がいつまでも鳴りやまなかったという。

〔一九二七年の〕第一五回党大会では、共産党の方針が正しいことを証明し、一部の反レーニン主義者グループと戦うことがまだ必要とされた。〔一九三〇年の〕第一六回党大会では、こうしたグループを最後まで支持する者にとどめの一撃を加えなければならなかった。しかしながら、今回はもはや証明しなければならないこともないし、戦いを挑んでくる者もなさそうだ……今日、共産党はかつてなかったほど統一されていることが認められなければならない。[*69]

しかし、舞台裏の事情は違っていた。実際、この党大会はレーニンが党を率いていた時代からの古参ボリシェヴィキの大会としては最後のものとなる。当時、革命前あるいは内戦中に入党した党員は全党員のうちの一〇パーセントにすぎない存在となっていたのに、党大会の代議員の八〇パーセントを占めていたのはこうした古参ボリシェヴィキで、いまだに党の指導部のなかで揺るぎない地位を保っていた。公認の共産党史がフルシチョフの時代に改訂され、次の一節が加えられた。

個人崇拝によって党内に生じた異常な事態は、共産党員の一部、とりわけ古参レーニン主義者である幹部たちに強い不安を感じさせた。党大会の多くの代議員、とくにレーニンの遺言をよく知る代議員は、スターリンを党書記長から他のポストに移すべきときだと考えた。[*70]

党史には、大会に集まった非公式のブロックについての記述もある。このブロックとは、主として州の党書記と非ロシア系共和国の中央委員会書記からなるもので、スターリンの政策がもたらした悲惨な状況を直接肌で知っている人たちの集まりだった。協議はオルジョニキーゼ、ミコヤン、ペトロフスキーといった党を代表する人物のモスクワの宿舎で行なわれた。そこで提議されたのは、スターリンを人民委員会議議長か中央執行委員会の議長に祭り上げ、後任としてキーロフを党書記長に据えようという考えだった。党史には、キーロフがこの提案を蹴ってそのことをスターリンに報告したり、あるいはスターリンに呼び出されたときにこうした提案があったことを否定しなかったりと、異なった記述がなされている。[*71]

どちらが真実であるにせよ、スターリンのとった行動は明らかになっている。一九八七年に出版されたミコヤンの日記のなかの一文によれば、キーロフを待ち受けていたのは「大会の全代議員と、そしてもちろんキーロフ自身にも向けられた敵意と復讐心だけ[*72]」だった。この党大会は「お祭りさながらのスターリン礼讃の場」でもあったことが党史にも記録されており、こうした事実からアダム・ウラムは「礼讃による陰謀」が存在し、スターリンの誇大妄想的な性癖につけこんで、彼に降格ではなく、昇格するように説得し、外交、軍事といった国務に専念させることを狙ったのではないかと考えた。中国共産党の指導部も一九六〇年代に毛沢東にたいして同じことをやろうとしたが、失敗に終わっている[*73]。

スターリンはこの党大会を和解を誇示する場として位置づけていたようだ。演説の機会を与えられ、正統派スターリン主義に完全に転向することを表明した過去の大物のなかには、ジノヴィエフ、カーメネフ、ブハーリン、ルイコフ、トムスキー、プレオブラジェンスキー、ピャタコーフ、ラデック、ロミナーゼといった人たちがいた。なかにはピャタコーフのように中央委員会のメンバーに就任したり、ブハーリン、ルイコフ、トムスキーのように同委員会の委員候補になることを許されたケースもあった。カーメネフの変節ぶりが他の全員のお手本となった。

> 私はこの演壇から述べたい。一九二五年から三二年まで党に反旗をひるがえしたカーメネフは死んだと考えており、私はその死体を引きずっていきたいとは思わない……われわれが暮らすこの時代は……スターリン時代として知られるようになる

だろう。これ以前の時代がレーニン時代として歴史に刻まれたように。

ブハーリンはスターリンを「プロレタリアの軍勢の元帥、最良の最良なる者」であると褒め称えた。さらに「ドイツが必要とするのは、流血をかえりみず……虐殺にたじろがぬ聖職者の王だ」というナチのある思想家が書いた言葉を引用して、その野蛮さとソ連に見られる慈悲深い思想とを対比してみせた。[*74]キーロフについてはスターリンの後継者と目する考えが一部にあったし、スターリンもそういう見方があることは知っていた。そのキーロフがスターリンの演説を受けるかたちで熱烈な演説をし、立派に自らの役割を演じた。

同志諸君、私にはこう思えるのだ。熟慮の結果、といっても、この党大会でたったいま考えたことなのだが、スターリン同志の演説を受けてどのような決議を採択するかなどと考えるのは無益なことだ。同志スターリンの提案と考察をそっくり党の公式文書としたほうがより正しいし、当面の仕事にも有用であろう……われわれは本当に驚異的な大成功を収めた。それは誰でも知っていることだ。率直に言おう。諸君はいつまでも生きつづけたいと願うに相違ない。実際に起こっていることを一目見てみるがよい。実にすばらしいではないか。[*75]

速記録によると、キーロフの演説は「嵐のような拍手」で何度も中断されたという。結局、キーロフの提案はそのまま採択され、党のあらゆる組織は「スターリン同志が演説のなかで示した提案と課題に則って職務を進める」べきだとの内容が可決されるのだが、これは前例のない措置だった。

熱弁の結びに、キーロフはスターリンの「誓いの演説」に言及し、次のように断言する。「われわれはあの誓いの内容を実現すべく努力しているし、これからも努力するだろう。何といっても、あの誓いを述べたのはわが国、そして全世界の労働者を解放する偉大な戦略家、スターリン同志なのだから！」[*76]キーロフの演説は、表面的にはスターリンを称えたものだが、会場をあとにするとき、ほとんどの代議員は演説のあとで聴衆が立ったまま送った長い拍手がキーロフに向けられたものだと考えた。

スターリンはだまされなかった。自分の演説のなかでスターリンは、彼をよく知る者——そしてよく知ろうとしていた者——に理解できる合図を発していた。党はかつてなく統一されていると語ったあとで、彼はすぐ言葉をつづけて、「一部の党員」を誤解させているイデオロギー上の混乱について長々と述べた。要するに、階級なき社会は期せずして達成されるものであり、階級闘争を緩和し、プロレタリア独裁をやわらげ、国家を完全に廃止することが可能だと誤解している人間が一部にいるというのである。スターリンはさらにこうつけ加えた。

もしこの精神の混乱と反ボリシェヴィキ的な感情が党内に蔓延することになれば、党そのものが解体し、無力な存在になってしまう。だからこそわれわれは、戦いが終結したとも、もはや社会主義攻勢という政策をとる必要はないなどとも言えないのだ。[*77]

ここでスターリンは警戒しつづけることの必要性を説いているが、その一環として党内の政治的統制を保つために現行の手順を変えるべきだとの提案をする。彼はすでに昨三三年の粛清を中央統制委員会ではなく特別な委員会の手にゆだねていた。彼の思うに中央統制委員会のメンバーは被告の申し開きにたいして同情的な傾向が強すぎるうえ、中央統制委員会と中央委員会の合同会議に出席するのをよいことに、経済政策を実施するうえでの欠点をあげつらうきらいがあった。こうして、中央統制委員会に取って代わったのが党統制委員会（一九三三年六月設置）であり、その任務は中央委員会で下された決定の執行状況をチェックすることだった。この委員会に被告の弁明を聞く権利が与えられているとの記述はなかった。

中央委員選挙の投票結果を手にしたとき、党にたいするスターリンの不満は怒りに変わった。秘密投票が行なわれ、キーロフへの反対票はわずか三票だったのに、二七〇人もの代議員（投票者のほぼ四分の一）がスターリンに反対票を投じたのである。これを聞くと、スターリンは定数分の候補者しかいなかったために当選したにすぎない。スターリンは自分にたいする不信任票もキーロフの場合と同じく三票であるべきだと言い出した。一九五七年にスターリンが死んだのち、中央委員会のなかの特別委員会が第一七回党大会の記録を調べたところ、二六七枚の投票用紙がなくなっていたという。[78]

ロバート・タッカーが述べているように、和解の党大会は「スターリンが最終的にボリシェヴィキ党と袂を分かつ」[79]大会に変容した。その後の数年間で、スターリンは一九六〇年代の毛沢東と同じやりかたで復讐をとげるが、その周到さも毛の場合と同様であった。一九五六年の第二〇回党大会でフルシチョフがあげた数字によれば、一九三四年の「勝利者の大会」に出席した一九六六人の代議員のうち一一〇八人が反革命的な罪を犯したとして逮捕され、同大会で選ばれた一三九人の中央委員会の委員および候補のうち九八人が逮捕され、銃殺された。

はなはだ危ういものではあったけれども、党の上層部には新たな一体感が生まれ、それは大会が終了したあと、表向きには一九三四年の残りの期間、正確には十二月一日までつづく。旧反対派の多くが有用な地位につくことを許された。たとえば、ブハーリンは党公認の報道機関としては『プラウダ』に次ぐ存在である『イズヴェスチヤ』の編集長に任命され、署名入りの記事であれ、無署名の記事であれ、自由に書くことができた。

一連の法令が出され、OGPUは改組された内務人民委員部（NKVD）の一部に組みこまれ、死刑宣告を含めて、これまでOGPUが勝手に行使してきた司法権にも制限が加えられるのではないかとの希望が高まった。同じく七月には、地方の行政長官宛に命令が出され、技師や管理者を無差別に告発することが禁止された。こうした措置は半ばジェスチュアにすぎなかったが、五カ年計画と集団化運動の苛酷さや恐怖は過去のものとなり、もう心配しなくてもよいのだという希望をもたらした。第二次五カ年計画の目標はオルジョニキーゼの多大な努力の結果、第一次の目標にくらべてはるかに現実的になっており、これも明るい将来を期待させるものだった。集団農場にも同じような状況が生まれるかもしれないとの希望を抱く人すらいたほどである。一九三三年の収穫のなかから調達された穀物の量はその前年にくらべて二七パーセントのアップとなり、翌年にはさらに上昇した。そのため、一九三四年十一月に、中央委員会は一九三五年にはパンの配給制を廃止することで合意した。さらに、機械－トラクター・ステーションのなかの特別な政治部門を解消することと、農民が個人所有地を耕作する権利を事実上拡大することも認められた。

しかし、舞台裏ではまったく異なった山場に向けての準備がつづいていた。重要なのは、陰謀があったかどうかではなく、陰謀があるとスターリンが確信するかどうかだった。またしても、スターリンは政治的な謀略の天才ぶりを発揮する。彼には二つの大きな利点があった。OGPU／NKVDから直接の報告があるため、彼が排除しようとする人たちが何か不審な動きや接触をしようとすると、その張本人たちよりもスターリンのほうがはるかに正確な情報を受け取れたのである。同時に、スターリンは自らの意志は隠しておくという、一九二〇年代と同じ手口で敵を混乱させ、同士討ちをさせて漁夫の利を得るようにし、充分に用心して自分が動く準備ができるまでは相手が結束して自分に敵対してこないようにした。主導権を握るのも、時機を選ぶのも、つねに彼の思うがままだった。

振り返ってみると、一九三三～三四年に生じた一連の変化とは、要するにスターリンが頼りにできると信じていた人物を要職に据えることだったと考えてもよいだろう。最も重要なのは、改組された内務人民委員部の代表にヤゴーダ、その代理にアグラーノフを任命したことと、カガノーヴィチが新たに組織された党統制委員会の議長に任命されたこと、さらに連邦検察局が創設され、アンドレイ・ヴィシンスキーがにわかにその中心人物になっていくことである。彼はすでにシャフトゥイ裁判で経験を積み、従順な裁判官であるとしてスターリンの目にとまっており、一九三〇年代後半のモスクワ裁判で悪名をとどろかせることになる。スターリンの個人的な書記局である「特務課」の存在が公然と語られるようになるのもこの時代以降のことである。この組織は、スターリンと内務人民委員部との橋渡し的な役割をはたすもので、ポスクリョブイシェフと内務人民委員代理だったアグラーノフがその主要なメンバーだった。

一九三四年の後半に昇格された人たちの第二のリストには、エジョーフ、ベリヤ（どちらものちに内務人民委員をつとめることになる）、マレンコフ、ジダーノフ、フルシチョフらの名前があげられており、全員がスターリンの期待に応える働きをする。独立心を示しすぎてスターリンの機嫌を損ねたため、こうした人たちにその地位を譲り、候補に格下げになった人のなかには、ブハーリン、ルイコフ、トムスキーといった中央委員会ばかりか政治局のメンバーまでつとめた者がいた。一方、スターリンは一九二〇年代と変わらぬ辛抱強さを発揮して状況が好転するのを待っていた。

第一七回党大会では中央委員会書記局の再編成が実施され、スターリン、カガノーヴィチ以外に二名の新人が登用された。よく知られているのはキーロフで、一九二六年から政治局員候補、三〇年には政治局員になっていた。もう一人は、年齢がキーロフよりも十歳若いジダーノフで、それまではゴーリキーの党組織で書記をつとめていた。まだ政治局入りもはたしていないジダーノフの登用は異例の抜擢だったが、キーロフの任命については二通りの解釈が可能だった。キーロフは党内で人気があり、生粋のロシア人（スターリンはグルジア人）で、トロツキー以来の雄弁家だとの評判だった。一九二六年にジノヴィエフが解任されたあと、レニングラードの党組織の再建に成功を収め、独自の権力基盤を築いていた。スターリンはレニングラードを掌握した人間を疑ってかかるのをつねとしており、生涯で三度にわたってレニングラードの党組織の解体を断行している。ジノヴィエフ解任後の一九二六年、キーロフ暗殺後の三四〜三五年、さらにジダーノフ死亡後の五〇年の三回である。

キーロフが中央委員会の書記に任命されたのは、スターリンの推薦を受けたからなのか、それとも反スターリン的な動きのなかで行なわれたことなのかはよくわかっていない。スターリンは、一九一七年十月の革命のころからキーロフを知っていた。キーロフはもともと厳しくてよそよそしい内向的な性格の持ち主だったが、その後まるで別人のように快活になり、思いやりがあって寛大な性格に変わり、彼の行くところにはつねに大勢の人が集まった。たぶんブハーリンを除けば、スターリンが特別な感情をもって接した人物は、党内ではこのキーロフをおいてほかにはいなかった。家族ぐるみのつきあいで、休暇旅行にもたびたび一緒に出かけていたし、一九二四年には、めったにないことなのだが、スターリンは自著の『レーニンとレーニン主義について』に「わが友、親愛なる弟、S・M・キーロフへ――著者スターリン[*80]」という言葉を添えてキーロフに贈っている。その一〇年後、第一七回党大会の席で、議長が「キーロフ同志の演説です」と告げると、聴衆は総立ちになって拍手を送った。そのなかにはスターリンの姿もあった。しかし、スターリンは忘れてはいなかった。スターリンがリューチンの処刑を求めたとき、事前に何の相談もなしに反対したのはキーロフだった。「リューチンを処刑してはならない。彼は回復の見込みのない患者ではなく、単に道に迷っただけだ……あの『覚書』は何人の人間が書いたものか、いったい誰にわかるというのか……われわれは誤解させられたのだろう[*81]」

ジダーノフはゴーリキーでの職を解かれたあとモスクワでの職務についたというのに、キーロフのほうはレニングラードでの職も兼務することを認められるという前例のない人事が行なわれていた。はっきりとしたことはわからないが、どうもスターリンはキーロフを直接自分の監督下に置きたかったのだが、キーロフがそれに抵抗したということのようだ。一九三四年七月の初めにスターリンは、ヒトラーがレームおよびナチ突撃隊の幹部、およびその他の旧反対派の指導者を容赦なく粛清して、党内で将来邪魔になりそうな分子を撲滅したことを知り、強い印象を受けていたとされているることも関係しているかもしれない（原注：第9章6節参照）。ソ連指導部のなかで、ヒトラーのこの処置がナチ政権を強化することはあっても、弱めることはないと主張していたのは、スターリンだけだったと言われている。[*82]

夏の終わりに、スターリンは黒海沿いのソチにキーロフとジダーノフを招いてともに休暇を過ごした。気づまりな滞在も終わろうというとき、スターリンは再度キーロフにモスクワ専従になるよう働きかけたが、キーロフは第二次五カ年計画が終わるまで、つまり一九三七年まではレニングラードに残ると言ってきかなかった。スターリンとキーロフの関係がどうなっていたにせよ、十一月末にモスクワでの中央委員会に出席したあと、キーロフはレニングラードに戻り、党本部で射殺されてしまう。犯人はレオニード・ニコラーエフという不満をもつ三十歳の党員だった。

これがニコラーエフの単独犯行でなかったことは間違いない。事件以来、問題とされてきたのは、スターリンがどれくらい前からニコラーエフの計画を知っていたのかということである。フルシチョフは一九五六年に第二〇回党大会での演説のなかで、はっきりとではないが、スターリンの関与をにおわせている。はっきりしていることは、スターリンがこの事件を契機にテロ行為のかどで起訴された人間から事実上弁明する権利を剝奪したことだ。「キーロフ同志の不慮の死に関わる教訓」と題する警告文が、党のあらゆる委員会に配布され、緩和政策をとろうという考えはにわかに消えてしまう。スターリン関与説の真偽のほどはわからないが（原注：キーロフ暗殺についてはさらに検討を加える。第12章2節参照）、その後、一九三〇年代後半の大粛清を生きのびた人たちにしてみれば、このキーロフ暗殺こそはその幕開けを告げる事件だったのである。

第9章 ヒトラーの革命

ヒトラー　一九三三—一九三四（四三—四五歳）

1

スターリンにしてもヒトラーにしても、ナチ党の突撃隊員の多くが夢みた伝統的な革命の手法、すなわち武力をもって外から現政権の転覆を図るというやりかたで政権を奪取したのではない。スターリンはソ連共産党の書記長、ヒトラーは右翼連立政権の首相という地位をそれぞれ利用するかたちで、ともに内部から政権を獲得していったのだ。こうしたやりかたの利点は、政府の権力を味方につけながら自らの地位を確立できたことであり、スターリンはボリシェヴィキ革命の父として不滅の威光を放つレーニンの後継者を自任し、ヒトラーはドイツ史における権威主義的な伝統を引き継いでいくことを主張したのである。

当時のドイツでは、ヒトラーは閣内で動きを封じられ、真の実力を握るのはフォン・パーペンとフーゲンベルクおよびその一派であろうとする見方が一般的で、右翼だけでなく左翼もそのように考えていた。しかし、ヒトラーが首相に就任して七週間と経っていない三月二十三日に国会で全権委任法案が可決されると、内閣は圧倒的な権力をもつにいたり、政府は国会や大統領の緊急命令に頼る必要がなくなった。一撃にして、ヒトラーは状況を一変させたのである。ヒトラーがいまや日の出の勢いであることは誰の目にも明らかで、政府首班としての自分の権力に課されている憲法上および政治上の制限を取り除いていきながらも、外見は憲法を尊重するふりをするという、一九二三年のミュンヘン一揆が失敗に終わって以来とりつづけてきた「合法性」の戦術を継続していた。

全権委任法の成立を待つことなく、ヒトラーは首相就任の際に憲法擁護を誓った舌の根の乾かぬうちに、憲法が認める大統領の緊急命令を使って憲法の破壊にとりかかった。そうすることで「合法性」を保持する革命運動という国家社会主義の矛盾をとりつくろったのである。

フォン・パーペンと彼の率いる保守派に、ヒトラーの行動が見えていないわけではなかった。彼ら自身もワイマル憲法を起草した人びとの意図とは裏腹に、共和国の民主主義的な制度を擁護するためではなく、逆に衰退させ、打倒するために緊急命令を行使したことがあり、ヒトラーがそうした前例にならったことは明らかである。ヒトラーと同様に、彼らも政府が国会に依存しなくてすむ状況をつくることを目指しており、しかも国会の承認のもとにこれを実行し、表面上は憲法を遵守する姿勢をとることで、軍隊、公務員、裁判官をはじめとするドイツの官僚社会全体の持続的な協力を得ようとしたのである。彼らが理解していなかったのは、ヒトラーが国会ばかりでなく、大統領、内閣、連立のパートナーおよびその政党にも依存しないですむ状況をつくる意図で緊急命令を使ったということである。これはスターリンの場合に古参ボリシェヴィキが犯したのと同じ誤りで、彼らは自分たちが相手にしなければならない男が自分たちに依存しなくてすむようにする作業をどこまで押し進める覚悟でいるかを把握できていなかったということである。

フォン・パーペンとフーゲンベルクは、ヒトラーの胸の内をほとんど読めないまま、最初の閣議で国会を解散し、選挙を実施することに同意してしまった。フォン・パーペンはヒトラーから頼まれたわけでもないのに、選挙はこれを最後にしなければならないと宣言する。この選挙に備えてナチ党はありとあらゆる手段を駆使して、党の結成以来初めて自分たちの政治的な可能性について訴えた。ラジオの活用もそうした手段の一つであり、ヒトラーとゲッベルスはそれを存分に使いこなした。

しかし、最初の一カ月は、ヒトラーも連立与党のパートナーである国家人民党を混乱させまいとして気を配った。二月一日に放送された「ドイツ国民への訴え」のなかで、彼は党首という言葉は使わずに、自らを連立内閣、すなわち「国民革命政府」の代表だと称し、分断された国家の再統合と「精神と意志の統一」の回復を求めた。ナチ党の名を口にすることもなく、演説全体も急進的な言葉ではなく、保守的な言葉が使われていた。

政府は、わが国の力の基盤となるものを維持し、擁護していく。われわれの道徳律の基盤としてのキリスト教、国家の核としての家庭をしっかりと保護する。身分や階級を超えたところに立ち、人種的、政治的な一体感と、そこから生じる義務感を国民に取り戻すだろう。そして、ドイツの青少年の教育の基礎を、われわれの偉大な過去と伝統への誇りに置きたいと願う。それゆえ政府は、精神的、政治的、そして文化的な虚無主義にたいしては容赦のない戦いを挑む。ドイツが共産主義者による無政府状態におちいってはならないし、そうなることはないだろう。[*1]

ヒトラーはナチ党と国家人民党がとった選挙戦術に従って、その攻撃の矛先を「マルクス主義者」に向け、社会民主党と労働組合を十把ひとからげに不倶戴天の敵である共産主義者と見なす。

一四年間にわたって、マルクス主義がドイツをむしばんできた。ボリシェヴィズムが一年つづいたら、この国はだめになるだろう。ドイツの政治的、経済的な復興をはたしたいと望むならば、断固たる行動に踏み切ることが必要である。われわれは共産主義者がもたらしたこの国の混乱を克服しなければならない。[*2]

ヒトラーはドイツ共産党をすぐさま非合法にしようというフーゲンベルクの提案には首を縦に振らずにきたが、これは共産党によるゼネストの要求および同党の選挙運動を、共産主義革命が起こるかもしれないとの恐怖感をあおりたてるために利用しようと考えたからである。新たに「ドイツ国民の保護のために」という緊急命令が二月四日に大統領によって署名されたが、政府はこれによって新聞の発行と集会を禁止する権限を手にすることになった。この法令を執行する権利は各州にあり、一九三二年七月のフォン・パーペンのクーデタによりプロイセンが暫定的に国の任命する地方長官の支配下にあったことが政府に有利に働いた。フォン・パーペンはまだプロイセン首相だったが、ドイツ最大の武装集団であるプロイセンの警察と役人を事実上支配していたのは、プロイセン内相に任命されていたゲーリングで、彼は自分が名目上はフォン・パーペンに仕える身だという事実を完全に無視していた。

ゲーリングは、プロイセンを抑えたことによって重要な役割をはたし、さまざまな行動を起こすのだが、首相であるヒトラーは公式にはまったく関知していないふりをすることができた。ゲーリングは水を得た魚のようだった。一週間のうちに、彼は粛清すべき警察官と官僚のリストを入手した。共産主義者の事務所は手入れを受け、二月十七日にゲーリングがプロイセン全土の警察に出した命令から、彼の狙いが何であったのかがはっきりする。

私が指示するまでもないことだが、警察は敵対的な素振りすら見せてはならないし、ましてや〔突撃隊、親衛隊、鉄兜団といった〕愛国的な団体を迫害するかのような印象を与えてはならない。

破壊活動組織の行動には、逆にきわめて思い切った処置がとられるだろう。共産党の破壊分子の行為には厳しい姿勢で対処し、必要とあれば容赦なく武器を使用しなければならない。職務を遂行するなかで火器を使用する警察官については、その発砲の効果を問わず、われわれはこれを支持する。一方、誤った同情心から失敗を犯す警察官には懲戒処分が下されよう。[*3]

二月二十二日に、ゲーリングは新たな命令を下したが、それは広範囲に影響をおよぼすこととなった。プロイセンの警察力を強化するために志願者を募り、警察補助隊を新設して「極左、とりわけ共産主義陣営の拡大」に対処しようというのである。しかし実際には、新規に採用されたのは突撃隊、親衛隊、鉄兜団といった「国防団体」のメンバーばかりで、その数は約五万人だった。彼らは白い腕章を巻いていたけれども、出身団体の制服を着用しつづけ、事実上街頭で活動する自由を与えられており、正規の警察官による干渉を受けることもなかった。ヒトラーによる「合法性」の遵守とつねに結びついていたのは、暴力による威嚇であり、褐色の軍服に身を固めた突撃隊は、その象徴的な存在だった。ヒトラーが政府首班の権威をわがものにすると、こうした威嚇はなくなるどころか、逆に「合法性と恐怖の共生」[*4]という形で現われ、第三帝国のいちじるしい特徴となっていくのである。

一月三十日以降、数カ月にわたってつづく恐怖政治には、のちに親衛隊がふるう組織的な暴力行為とは異なる特徴があった。たいていは突撃隊が手を下したのだが、それは憎しみと復讐心のすさまじい爆発といった性質を帯びており、長いこと隊員に約束されてきたものの、ずっと延期されてきた「その日」が、彼らの忠実な仕事ぶりへの報酬としてついに認められた感があった。ヒトラーは三月十日の放送のなかで表向きは自制を求めたが、これは内外の保守的な意見にたいして示したジェスチュアにすぎず、ゲーリングは同じ日にエッセンで演説して次のように宣言しているのである。「過去数年間、われわれは国民に告げてきた。『裏切り者への恨みを晴らしてよい』と。われわれは約束を守る。恨みは晴らされつつある」[*5]。プロイセンの秘密警察(ゲシュタポ)の隊長だったルドルフ・ディールスはのちに次のような記述を残している。

ベルリンの突撃隊が暴動を起こしたとの衝撃的な知らせは、この国のどんな辺鄙（へんぴ）なところにもたちまち伝わった。多くの大都市周辺では、警察の権限は地元の突撃隊指導者に移管されていたため、全域で革命的な行為が繰りひろげられた……シュレージエン、ラインラント、ウェストファーレン、ルールでは二月末の国会議事堂放火事件に先立って、令状なしの逮捕、警察への反抗、公共の建物への強制立ち入り、家屋の破壊、夜襲が始まっていた。

強制収容所を設置せよとの命令が出されたわけではなかったが、ある日突然、収容所は存在していた。突撃隊の指導者は、警察に囚人をまかせておけなかったので、自前の収容所を建設したのだ。こうした特別な収容所についての情報がベルリンにまで伝わることはなかった。[*6]

その結果、逮捕され、拷問を受け、殺された人の数については正確な記録が残っておらず、現在あげられる数字は、暴力とそれにともなう恐怖の規模をひどく過小評価したものにすぎない。二、三年前の町なかでの小競りあいに端を発する恨みが向けられたのは、主に共産主義者と社会主義者にたいしてだった。そして、ユダヤ人、カトリックの司祭、政治家、報道関係者が標的とされたことも明らかである。しかし、突撃隊員はまもなく、自分がもっていない車や財産を所有しているとか、自分よりも裕福であったり教育程度が高かったりするので面白くないなどの理由で、そのひそかな夢をかなえようとするかのように、自分たちの力がおよびうる人たちに毒牙を向けていった。

ゲーリングが命令を出してから一週間と経たない二月二十七日の夜、ベルリンの中心部にある国会議事堂がにわかに炎上するという不可解な事件が発生すると、ゲーリングは合法的な行動の範囲を拡大し、下からの「国民革命」に対処するために彼がずっと待ち望んでいた口実を手にする。ルドルフ・ディールスは現場に居あわせ、放火の犯人として逮捕されたマリヌス・ファン・デア・ルッベという若いオランダ生まれの元共産主義者の尋問にあたり、ルッベの単独犯行であると確信した。[*7]しかし、ゲーリングもヒトラーも耳を貸そうとはしなかった。「これは共産主義者による反乱の始まりだ」とゲーリングは言いきった。ヒトラーは燃えさかる羽目板の炎で照らされる議場に立ち、すっかり興奮して叫んだ。「これはかなり悪質であり、かなり前から準備されていた事件だ」。ディールスはさらにつづけている。

ヒトラーは自分の感情を抑えることができずに叫んでいたが、そんなヒトラーを見るのは初めてだった。「もはや何も容赦すまい。われわれの行く手を阻む者は何人といえども叩きつぶす。寛大な態度を示すことは、ドイツ国民が許すまい。共産党の議員どもは今夜、すぐに絞首刑にしなければならない。連中とつるんでいる者は全員逮捕する。社会民主党にも、もはや寛容な姿勢を示すことはないだろう」[*8]

ゲーリングは、すぐさま共産党の議員と指導者の逮捕と共産党事務所の閉鎖を命じ、さらに社会民主党の機関紙を二週間発行禁止にするとともに、共産党の刊行物についてはすべて発行禁止とするよう命令した。逮捕者の数は四〇〇〇人にものぼった。しかし、この好機をさらに生かさない手はなかった。翌日、ヒトラーはヒンデンブルクを説きふせて「人民と国家の保護のため」という新たな緊急命令に署名をさせた。「国家を危機におとしいれる共産主義者の暴力行為にたいする防衛措置」というのが名目だった。この法令の第一条により、憲法のなかで市民の基本的人権を保証する以下の条項が「追って通知のあるまで」との条件付きで停止されることになった。

個人の自由にたいする制限、言論の自由を含む意見を自由に表明する権利の制限、結社と集会の権利にたいする制限、および信書・電信・電話の秘密保持の侵犯、さらに家宅捜査、財産権の制限ならびに没収の命令は、別に規定のないかぎり、法的制約を超えて実施しうる。*9

これらの条項により、ゲシュタポが裁判なしで人を投獄するために用いた「保護拘束」という手段が、法的な根拠を得ることになった。

第二条は、必要とあれば政府が州政府の権限を代行し、安全と秩序を回復するためにそれを行使することを認めるもので、さらにこのあとの条文により、閣僚の暗殺未遂や放火といった、この法令に抵触する違反行為には死刑をもって対処することが規定されていた。慣行とは異なり、この法令を解釈するための指針はまったく出されなかった。プロイセンではゲーリングの指示により、憲法上の基本的な権利の停止に加えて、「国家および州の法律により警察の行動に課された他のすべての制限は、この法令の目的を達成するために必要かつ妥当であるかぎりにおいて撤廃される」と規定された。警察が残したあまりあてにならない報告書をもとにして考えると、三月と四月にプロイセンで逮捕された人の数は約二万五〇〇〇人にのぼると推測されている。

ヒトラーと手を組んでいた保守派は、こうした措置を左翼にたいしてとられる暫定的なものと考え、長期的にはどのような意味をもつかを理解していなかったため、異を唱えなかったし、ヒトラー自身もロンドンの『デイリー・エクスプレス』紙のセフトン・デルマーに個人の自由の停止はずっとつづくのかと質問されたとき、「いや、そうではない。共産主義者による脅威がなくなれば事態は正常に戻るだろう」と答えている。しかし、憲法上の権利の停止が撤廃されることはついになかった。ヒトラーは決してワイマル憲法を廃棄したり、新たな憲法をつくることをしなかった。そのかわりに、国会議事堂放火事件の晩に急いでつくられたこの緊急命令が、一二年にわたる第三帝国時代のナチ警察国家に法的な根拠を与えたのである。

一般のドイツ国民は共産主義者の反乱という脅威を重大な関心をもって受けとめており、警察をはじめとする公的機関が当時の世論の動向をまとめた報告書によれば、政府がとった断固たる措置への批判はほとんどなく、むしろ歓迎され、選挙を直前に控えてヒトラーの人気の高まりにいっそうの拍車をかけることになった。[*10] 共産主義革命の「証拠書類」を押さえ、ドイツ国民を守るためだとして情容赦のない行動をとるヒトラーの力を得て、ナチ党の宣伝機関は、ゲッベルスが「国民覚醒の日」であると宣言した三月五日の選挙までの運動期間中に大衆への提案と脅迫を新たなレベルに引き上げた。反ナチ勢力の犠牲者は死者五一人、負傷者は数百名とされたが、実際にはそれ以上だったことはまず間違いない。ナチ側も一八人の死者を出した。選挙戦のクライマックスを迎えて、ドイツのすべてのラジオ局が東プロイセンにおける大集会でヒトラーが行なった選挙戦の掉尾（ちょうび）を飾る演説を放送した。東プロイセンはヴェルサイユ条約によるポーランド回廊（訳注：西プロイセンの大部分とポズナニ地方）の設定でドイツ本国と切り離されており、今回の選挙でナチ党が最高の得票率をあげることが期待される州だった。「さあ、胸を張って、もう一度誇りをもとうではないか」と、ヒトラーは演説の結びに述べた。「諸君はもはや奴隷でもなければ、囚われの身でもない。再び自由の身になったのだ……慈悲深い神のおかげで」[*11]。ヒトラーの救世主を思わせるような口調に応えて、数千人の聴衆のあいだから賛美歌の歌声が沸きおこり、歌の最後の一節のところでちょうどケーニヒスベルク大聖堂の鐘が鳴り響いた。放送が終わると、山の上と国境沿いに「自由の火」が灯され、都市という都市で突撃隊が縦列を組み、行進を始めた。

しかし、ナチ党のひたむきな努力にもかかわらず、選挙の結果は思わしくなかった（原注：選挙結果については第4巻所収の付表Ⅰを参照）。八八パーセントという記録的な投票率となり、ナチ党の得票数は昨三二年十一月の選挙のときよりも五五〇〇万票増えて一七〇〇万票に達し、国家人民党の得票数は三〇〇万票だった。政府内で使える手はすべて使ったというのに、得票率は四三・九パーセントで、過半数を獲得するにはいたらず、国家人民党の得票を加えてもやっと五一・九パーセントで、どうにか連立政権が成立するという状況だった。中央党は得票数を二〇万票増やし、ナチ党の嫌がらせを受けてきた社会民主党は六万票減にとどまり、共産党ですら四八〇万票を獲得しており、昨三二年十一月の選挙とくらべて一〇〇万票減少したにすぎなかった。

ナチ党が大票田としていたのは、いぜんとして東プロイセン、ポンメルン、シュレスウィヒ-ホルシュタインといったドイツ北部および東部の農業州だった。ナチ党はそれまで充分な議席をもっていなかったヴュルテンベルクやバイエルンでは躍進したが、ベルリンやカトリックが優勢な西部の都市および産業の中心地（ケルン-アーヘン、デュッセルドルフ、南ウェストファーレン）では平均得票率におよばず、三〇～四〇パーセント（ベルリンでは三一・三パーセント）といったところだった。プロテスタントが優勢な農村部や小さな町が相変わらずナチ党の強力な支持基盤だったのである。

ヒトラーはこの選挙結果をナチ党の単独勝利だと公言してはばからず、内閣には革命的と言える勝利であると伝えた。彼はもはや政府の首班としてではなく、勝利を手にし、連立与党を組むパートナーなど意に介する必要のない政党の党首として話をしていた。共産党の議員を逮捕しておきながら、同党の活動を正式に禁止しないで、選挙人名簿の作成すら認めるという戦術は、ヒトラーにとってはまさに一石二鳥だった。共産党の活動を禁止しなかったからこそ、同党が獲得した五〇〇万票近い得票がナチ党以外の政党に流れるのを防げたわけだし、一方、選挙前に共産党の議員を逮捕しておいたために、同党がいくら票を集めても、国会およびプロイセン州議会での共産党の議席はすべて空席のままなのである。こうして、ナチ党は国家人民党の支援を受けなくても両議会で絶対多数を占めることができた。

それまで鬱積していたナチの攻撃性と強欲さを抑える手枷と足枷はまだ残っていたのだが、政府の最高レベルでの「合法的な」権限付与と、州レベルでの脅迫、恐喝、テロ活動との独特な相互作用により、いまやそのすべてが外されてしまった。州のレベルで見ると、全国で公務員のポストを得ることが目的とされた。州知事や市長の地位はもとより、郵便局長や市の臨時職員の身分にいたるまで、ありとあらゆるポストが狙われたし、民間企業での重役やその他の地位に関しても事情は同じだった（当時はまだ六〇〇万人の失業者が登録されていた）。これらは革命の「役得」だった。突撃隊と親衛隊が警察補助隊の権限を利用して、企業、デパート、銀行、裁判所だけでなく、市や町の庁舎、政府の役所、新聞社や労働組合の事務所まで占拠し、「信頼できない」役人を解雇し、古参の闘士（アルテ・ケンプファー）を雇うように命じたため、永年勤続者や適任の人材でさえ追い出された。

ヒトラーが国外で反感を買うことを恐れ、「合法的に」政権の座についたとのイメージを損なわないよう心がけているあいだは、政府がユダヤ人の迫害に乗り出すことはなかった。党の主導により、ユダヤ人の企業や医師、弁護士にたいする排斥運動が一九三三年四月に起こり、四日間つづいたが、国内では不評を買い、国外でも反感を呼んだため、すぐに中止を余儀なくされた。実際、ヒトラーがこうしたユダヤ人排斥運動にゴーサインを出したのも、一つには党の過激分子や突撃隊が要求していた対ユダヤ人闘争を統制のとれた排斥運動にしむけることによって自分の管理下に置こうとしたからである。

しかし、ユダヤ人への攻撃はまったく統制がとれないままつづいた。ナチ党員および突撃隊員は、ユダヤ人への憎しみを発散できる日を心待ちにしていた。ユダヤ人の医師、弁護士、学者、芸術家、そして作家が嫌がらせや排斥を受けたのと同じく、ユダヤ人の公務員も粛清の主な標的とされた。また、ユダヤ人が経営する企業や商店は不買運動と略奪の対象とされた。正規の警察官にはいまや介入を禁じる指令が充分に行き渡っていた。騒ぎを起こす者がいれば暴行を受けるか、突撃隊が急造した事務所や収容所に連行された。

上層部にとっての最優先事項は、下からの圧力を逆手にとり、議事堂放火事件後の緊急命令を盾に、バイエルン、ヘッセン、ザクセン、ヴュルテンベルクなど、ナチ政権が成立していない九つの州に帝国地方長官を送りこむ口実を帝国内相であるフリックに与えることだった。フリックが介入する口実としてあげた「混乱の恐れ」とは、「国家に有害な共産党の暴力行為にたいする防衛」とはまったく関係がなく、ナチ独自の挑発的な戦術に起因するものだった。しかし、こうした戦術がもたらした混乱や州側のためらい、さらにバイエルンの場合についていえば、既存勢力による反撃（ウィッテルスバッハ家の皇太子であるルプレヒトをかついでミュンヘンに立憲君主制を復活させようとする動きがあった）などのために、かえってフリックが、地元のナチ党員や突撃隊の指導者を強大な警察権力をもつ帝国地方長官に任命しやすくなるという結果を招いたのである。三月末までに、州政権の奪取は完了し、ドイツのすべての州がナチの監督下に置かれた。

同盟関係にあった国家人民党は執拗に突撃隊のテロ活動に抗議したが、まともにとりあってもらえなかった。ヒトラーから送られてきたのは、フォン・パーペン副首相への厳しい内容の返書で、大統領宛の写しが添えられていた。「国家社会主義ドイツ労働者党の革命を妨害しようとする計画的な集中攻撃」をしりぞけて、ヒトラーは突撃隊および親衛隊の「みごとに統制のとれた活動ぶりに驚いている」と断言する。「もしわれわれが歴史的に重要な意味をもつこの時期に、ブルジョワ世界の弱さと臆病さに毒され、鉄拳のかわりにキッドの手袋を用いるとしたら、歴史は決してわれわれを許しはしないだろう」。ヒトラーはフォン・パーペンにこう伝えた。「マルクス主義を撲滅し、一掃するという自らの使命を妨害することは」誰にも許さない、「以後、こうした不平を漏らすことがないように。貴殿にはそんなことをする権利はないのだ」[*12]。

「マルクス主義の撲滅」は「国民革命」の必然の結果だとして、ヒトラーは表面的には合法性を保ちながら、テロ行為の「容認」を正当化することができた。しかし、ヒトラーはスターリンと同じように、テロ行為と宣伝活動を結びつけることによって相乗効果をあげるよう工夫を凝らした。選挙のあとの最初の閣議で、ヒトラーは情報宣伝省を設置する考えを明らかにし、三月十一日にその長官としてゲッベルスに閣僚の地位を与えた。ゲッベルスはゲーリングとともに第三帝国の初年度という重要な時期に、ヒトラーの首席副官の役割をはたし、まもなく自分の自由になる国家の財産を使って何が可能であるかを行動で示した。

2

ヒトラーはかねてから一つの目的を心に秘めて新たな選挙戦に打って出ることを主張していた。つまり、国会で過半数を占めることにより、勝手に法律を制定できる権限を内閣に付与する法案を通そうというのだ。だが、選挙の結果は思わしくなく、ヒトラーはこの全権委任法案を可決するのに、憲法が規定している三分の二以上の議席を得ることができなかった。しかし、ヒトラーは一瞬たりとも方針を変えなかった。国会議事堂放火事件後の大統領緊急命令により、三月五日の選挙で当選した八一人の共産党議員および六人の社会民主党議員は逮捕されるか、または逮捕を逃れて身を隠していた。しかし、ヒトラーは正式に憲法に則ったかたちで自らの権力を行使することをつねに願っており、議員総数六四七人の三分の二、すなわち四三二人の賛成を得たいと考え、同盟を結んでいる国家人民党だけでなく、カトリックの中央党と四分五裂している中産階級を代表する諸政党が二八八人のナチ党議員とともに賛成にまわれば、三分の二の多数を獲得できると確信していた。

ヒトラーには二つの利点があった。第一は、政治に無関心な多くのドイツ人の熱意と安堵感であり、それらの人びとは知識人を含めてあらゆる階級にまたがっていた。彼らは、政府がひさびさに断固たる姿勢をとり、将来への自信をもって行動するのを目にして、そうした感情を抱いたのである。しかも、政府がドイツの伝統的な美徳である権威主義的な色彩の濃い統治にたいする信念や、秩序と安全の尊重、道徳と宗教への尊敬などを否定せず、それを繰り返し主張したことが彼らを喜ばせた。第三帝国の初期の日々を、いわゆる党争の一時的停戦（ブルクフリーデン）が実現し、国家が一つにまとまり、国中に高揚感が満ちていた第一次大戦の開戦当時にたとえる人も多かった。彼らがなぜこんなことを信じられたのかという問題は、現在でも論議の的になるところだが、これはまぎれもない事実だった。もう一つは、ナチの運動には抵抗しがたいとの印象があったことだ。これは最初のものと矛盾するわけではなく、ナチ運動の性質についてより懐疑的な気持ちを抱く多くの人たちに影響をおよぼすことになる。オーストリアの小説家ローベルト・ムージルが醒めた調子で書いているように、「たぶん、こうした感情が意味するのは、国家社会主義には使命があり、その使命がはたされるときが到来したのであって、それは曖昧模糊としたものではなく、歴史の一段階だということ」なのであろう。[*13]

第二次大戦の前後にマルクス主義者がしきりに訴えることになる「歴史をつくる側に」立ちたいという願望が、今回はナチに有利に作用した。ナチはこうした願望を充分に利用しながら、テロ行為による宣伝効果も含め、ありとあらゆる手段を用いて宣伝活動に乗り出し、「未来の波」の力強さをいっそう大きく見せた。日和見主義、理想主義、恐怖、運命論などのすべてが呼び水となって、勝利者の列に加わろうとする志願者が殺到した。一九三三年の一月三十日から入党禁止の措置がとられる五月一日までのあいだに一六〇万人もの新たなナチ党員が誕生した（原注：党の古参の闘士たち（アルテ・ケンプファー）は、党が成功してから入党した人びとを「三月党員」（メルツゲファレネ）と呼んで軽蔑した）。これは、以前の全党員数の二倍だった。

ヒトラーとゲッベルスも驚いたのだが、ナチ党は最高の投票率を記録した一九三三年三月の選挙でさえ過半数を獲得できなかったのに、こうした根強い国民感情が浸透していたため、全権委任法はわずかな抵抗を受けることもなく可決され、ナチによる政権奪取がすみやかに達成されたのである。国家人民党および中央党の経験豊富な政治家たちは、全権委任法案が可決されたらどんな事態になるかを見越していてもおかしくはなかったが、いまだにヒトラーの攻撃の矛先が左翼陣営だけに向けられていると信じ、ひとたびこの法案が通れば自分たちも攻撃の的となり、ヒトラーから切り捨てられる運命にあることを理解していなかった。

わずか四八時間をへだてて二つの国家的な行事が催されたが、そこでナチズムの仮面が外され、その本音が明らかになった。最初は議会の開会式で、ゲッベルスはこれを「ポツダムの日」と名づけて、以後「合法性」と同じく、これが一種の呪文となる。舞台はポツダム兵営の付属教会で、そこはフリードリヒ大王の墓所でもあった。三月二十一日は、一八七一年にビスマルクがドイツを統合してから最初の議会を開いた記念日だった。教会の聖歌隊席と二階の回廊を埋め尽くしたのは、正装に身を固めた帝国陸軍と新生ドイツ国防軍の将軍、外交官、裁判官、政府高官など、旧体制を代表する人びとだったが、あとでわかるように、彼らがこうした晴れがましい舞台に上がるのもこれが最後だった。身廊に着席している政府首脳陣を支えるのは、褐色のシャツに身を固め、初めてこのような晴れの舞台にのぞむナチ党の議員集団だった。

主役は老大統領で、元帥の軍服を身にまとい、ゆっくりと自分の席に向かう途中で、主のいない皇帝の玉座に敬礼した。大統領と首相は、教会の階段の上で顔を合わせて握手した。それは古いドイツと新生ドイツのあいだの容認と和解を示すジェスチュアであり、この場面は絵葉書やポスターに使われ、無数にばらまかれることになった。

演技となると、どんな役者もヒトラーにはかなわなかった。黒のモーニングという正装で、地味な役まわりをこなすため、わざとぎこちなさを強調するかのように、国家の伝統を代表する人物である大統領の前でうやうやしく頭を垂れ、次いで一七五七年のロイテンの戦いで勝利を収め、再度シュレージエンをプロイセンの領土に加えたフリードリヒ大王の軍勢が歌った賛美歌『もろびとの歌』を参列者の全員が立ち上がって合唱するなか、大統領のあとに従って歩を進めた。

ヒンデンブルク大統領は演説のなかで国家が一丸となることを訴え、難題に取り組む政府を支持するよう国民に求めて、「この霊廟のいにしえの心により……誇り高く自由な統一ドイツに祝福を」と呼びかけた。ヒトラーの答辞も同様に厳粛にして敬意に満ちた調子で始まり、「理解ある決定」を下し、「古き偉大さの象徴と新しい力」を結びつけた大統領を褒め称えた。そして、今度は神に「この霊廟、つまりこの国の生んだ最も偉大な王が眠り、この国の自由と偉大さのために戦ったすべてのドイツ人を祭るこの場所でわれわれが感じる勇気と忍耐を」与え給うことを祈った。[*14] この国家主義的な祈りは、一九一八年の敗戦以来、幾多の屈辱を味わってきたあとだけに、すべての出席者に忘れがたい印象を与え、霊廟の外の通りを埋め尽くしていた人びと、この祈りをラジオ放送で聴いた人びと、映画で見た人びとなど、無数の同胞が同じ思いを抱いた。この国の保守派を安心させ、新体制を認めさせるうえで、これ以上に効果的な演出は考えられなかっただろう。

二日後の三月二十三日、新たに選出された議員がクロール・オペラハウスに急造された会場で顔を合わせるのだが、これが議事を処理する最初にして最後の国会となった。ヒトラーはまったく別の役まわり、つまりポツダムでの仰々しい儀式には我慢がならなかった忠実な党員にはより好ましく思える役割を担って登場した。会場のいたるところに鉤十字章の旗が立てられ、廊下や通路は褐色のシャツに身をくるんだ突撃隊員に埋め尽くされた。

ヒトラーもまた首相らしい正規の服装ではなく、ナチ党の党首の褐色のシャツを身につけていた。国会での最初にして最後の演説で、ヒトラーはまず国会の存在、大統領の権限、そして州の地位が全権委任法によって侵害されることはないと保証した。

しかし、政府が個々の法案について国会に諮り、その承認を求めるということになれば、国民革命の本義に反することとなり、その目的を阻害することになろう。圧倒的な多数を占めていれば、政府がこうした法令を適用する回数はかぎられるものであろう。

しかし、国民革命政府はいよいよこの法案の可決を求めるものである。政府は、議会各党に、ドイツの平和的な発展と和解の好機を提供している……しかし、政府の腹は決まっているし、また否決された場合の覚悟もできている。そのときは、反対声明が出されたものと受け取ることになろう。議員諸君、平和と戦争のどちらを望むのか、自ら決めてほしい。[*15]

この法案には五つの短い条項があり、それぞれ政府に憲法を改正する権利を保証し、内閣に立法権を与え、法律を制定する権利を首相に委譲して、内閣に外国との条約の承認権を与え、この法令を現行政府の存続を前提とする四年間の時限立法とするという内容だった。

各党が投票をどうするか協議しているあいだも、突撃隊員の一団が「全権をよこせ。さもないとひどい目にあうぞ」と、脅しのシュプレヒコールを繰り返していた。ヒトラーは中央党に約束は守ると保証し、内容を誓約書にまとめると約束した。だが、中央党のたび重なる要求にもかかわらず、誓約書はついに届かなかったのだが、ほとんどの者がブリューニングの反対を無視して賛成票を投じてしまった。それまで突撃隊の嫌がらせと嘲りに耐えてこなければならなかった社会民主党だけが、頑強に抵抗した。党首であるオットー・ウェルスがこの法案の否決を求める演説をすると、ヒトラーは怒り心頭に発した。パーペンの制止を振り切って、ヒトラーは熱に浮かされたように反論した。「どのみち、われわれが手にすることになる法案を承認してくれるよう」国会に請願したのは、正義のため、心理的な理由のためなのだ、と。そして社会民主党員にたいしてこう言った。「きみたちに言えるのはこれだけだ。私はきみたちの票など欲しくはない。ドイツは解放される。しかし、きみたちの力によってではない」[*16]。激情に駆られたヒトラーの演説に、聴衆は立ち上がっていつまでも拍手を送りつづけ、「万歳（ハイル）」の大喚声をあげた。そして賛成四四一票、反対九四票という投票の結果が発表されると、会場はまたしても喝采と喚声に包まれた。

ヒトラーがその本領を発揮したのは、国会の扱い方だった。一夜にして国会を廃止しようとはせず、二年後の一九三五年にユダヤ人迫害を謳うニュルンベルク法を可決したときのように、自分に好都合なときには立法機関としての国会を利用することもあった。しかし、国会はすでに大統領緊急命令の発動によって審議権を奪われており、ついに政府の前でまったく無力な存在となり、ヒトラーが演説したり、海外政策に関わる主だった声明を発するための演壇になりさがったのである。

表面上の合法性を保つという政策を反映して、全権委任法が成立しても、国会だけでなく州を代表する連邦組織であるドイツ帝国参議院の存続も認められていた。こうした譲歩をしても、ヒトラーが狙うナチ党による独裁の実現に支障をきたさないようにするため、すでに最初の措置が講じられていた。すべての州が、いまやナチ政権のもとに置かれ、州を代表する帝国参議院は議会と同じ晩に満場一致で全権委任法を正式に可決していた。三月三十一日に、州を同質化（グライヒシャルトウング）するための法律が公布され、州政府が州議会による拘束をいっさい受けずに法律を制定し、行政機関を再編成できるようになった。一週間後には、同じ名称の法律がまた新たに公布され、帝国地方長官を任命し、「帝国首相が掲げる政策に州が従う」ことになった。これは主として、突撃隊と親衛隊の指導者（レームとヒムラー）や党の大管区指導者の独断専横を防ぐことを目的とする緊急の措置であり、憲法上の問題というよりは政治上の問題であって、翌三四年のレーム粛清の伏線となるものであった。

そのころには、国家再建法（一九三四年一月三十日公布）というまた別の法律により州議会が廃止され、ビスマルク以来の連邦制に終止符が打たれて、州の主権はドイツ国家に移管され、州知事および州政府は中央政府に従属することになった。これは全権委任法の本来の規定を超えることだったので、ヒトラーは国会に諮ることによってうわべをつくろい、国会も進んで「改訂全権委任法」を可決し、「合法的に」帝国参議院の廃止を承認した。このとき、政府は憲法に新たな条文を自由に書き加える権利も与えられ、六カ月後にはその権利を発動して大統領の地位を廃止してしまう。

こうした憲法上の手続きを細心に変えていった目的は、新指導部の政治的な意図を阻む要素を取り除くことだけでなく、公務員の協力を確保し、政府の諸機関を円滑に機能させるためでもあった。

ドイツのほとんどの公務員が進んで新政権を受け入れ、協力的な姿勢を示す一方で、新政権の側も公務につく人間にたいし、国家主義的かつ反民主主義的、そして権威主義的な伝統に強く訴えかけた。最初に公職追放の対象となったのは、政治団体（たとえば社会民主党）に加入している者やユダヤ系の人間で、「職業的官吏復活のための法律」という婉曲な名称の法律（一九三三年四月七日公布）で、すでにこうした措置は合法化されていた。公務員は、ナチ党に入党することによって自分の地位と年金を確保しようとする人たちのなかでも目立つ存在だった。ヒトラーはただ、合法的な体裁を保ち、適当な行政上の手続きを経て国民革命を断行し、軍隊に保証したのと同じやりかたで、公務員にたいし、ナチ党には国家を乗っ取る意志はなく、党と公務員は第三帝国の二本の柱として共存していくことを保証すればよかったのである。

公務員たちもやがて――軍隊と同じく最後に――気づくことになるのだが、ヒトラーの甘い言葉は、公務員の活動領域に恣意的な介入をしないという保証を与えることで、公務員の側に利益をもたらしたというよりも、むしろ公務員の協力を勝ちえたという点で、ヒトラー自身に有利に働いたのである。しかし、ヒトラーも最初の数年間は彼らの力を借りなければやっていけなかったのだ。したがって、公務員の権利を侵害していく過程はゆっくりとしたものとなった。しかし政党の場合は、国家および州の議会政治が廃止されると、もはやその存在理由もなくなり、全権委任法の公布後、四カ月もしないうちにナチ党を除く全政党が解散させられることになる。

共産党の場合、活動が正式に禁止されたことはなかったが、同党に加えられた圧迫はすでに効果をあげていた。指導者は刑務所または強制収容所送りになっているか、あるいは亡命しているかのいずれかだったし、機関紙は発行を禁止され、事務所は占拠され、資産は没収されていた。したがって、共産党は国外あるいは地下組織を通じて活動することしかできなくなっていた。社会民主党は共産党とくらべれば合法的に活動できる期間が多少長かったけれども、指導部の一部を国外のプラハに移したため、かえって「ドイツ国家と国民に敵意をもつ組織」だとされ（一九三三年六月二十二日）、ドイツにおける活動を禁止し、その資産を没収する口実を与える結果となった。

その他の政党も圧力をかけられ、解散させられた。国家人民党と鉄兜団はナチ党のパートナーとして対等の立場を貫こうとしたが、ナチ党の力に抑えつけられたばかりでなく、脱党してナチ党に鞍替えする党員が続出したため、その努力は実らなかった。フーゲンベルクは抗議の意思表示として国家とプロイセン州をあわせて四つの省でつとめていた閣僚の職をすべて辞任するが、結局これは政府の崩壊ではなく、自党の解体につながり、主だった党員はナチ党に吸収された。中央党も同じく、離党者の続出と新政権と折りあいをつけようとする動きのために弱体化していたが、致命的だったのは、ヴァチカンが熱望し、ヒトラーも進んで応じた政教協定（コンコルダート）が締結されたことで、カトリックの司教と団体による政治活動を禁止するかわりに、教区学校の存続が認められることになった。中央党は七月五日に解散し、その三日後にコンコルダートの調印がなされた。

国家社会主義者は、一九三三年七月十四日に布告された新党結成禁止法により、ヒトラーの首相就任からわずか六カ月足らずのうちに単独政権による支配を確立した。この法律により、ナチ党はドイツにおける唯一の合法的な政党となり、ナチ党以外の政治活動はどのようなものであれ厳罰に処せられることになった。内閣でナチ党員が占める閣僚のポストは三から八へと増やされ、その地位にとどまった非ナチ党員の閣僚も他の政党を代表していたわけではなく、ヒトラーに気に入られていたために地位を保持できたにすぎなかった。十一月十二日には新たな議員を選ぶための選挙が実施されたが、これはドイツ国民に前もって用意されたたった一枚の候補者リスト、いわゆる「総統のリスト」をもとに投票が行なわれる選挙だった。これこそ、K・D・ブラッハーが、独裁政権において「好まれる、うわべだけ合法的で、うわべだけ民主的な自画自賛の手段」であると絶妙な定義を下した一連の「イエス」国民投票の最初のものだった。この国民投票では「ノー」と言ったり棄権したりすればどんな目にあうかわからないという恐怖感も手伝って、九五パーセントが賛成票を投じた。

一年前の一九三二年十一月の議会選挙で二〇〇万票も得票を減らしていたし、シュトラッサーの辞任という衝撃的な事件もあったため、ナチ党の勢いも頭打ちになると信じていた人が多かった。ナチ党が三三年一月に再びチャンスを与えられたとすれば、それはフォン・パーペンと大統領側近グループのおかげだったが、その機会をうまく生かしたことについては、ナチ党は誰の世話にもならなかった。

それは、どんな尺度で測っても舌を巻かざるをえない芸当だった。ヒトラーにはゲーリングとゲッベルスという有能な副官がいたが、下からの革命の脅威と「合法性」戦術とをうまく結びつけ、これを利用することによってついに反対派を無力化し、次々と障害を取り除いて、権力を唯一の政党と絶対的な力をもつその党首の手に集めていったのは、まさにヒトラーその人であった。

確かに、そうした過程で、ヒトラーはドイツがかかえる経済的、社会的、そして構造的な問題を何一つとして解決することなく、問題解決に関する自分の考えについても、きわめて曖昧にしか示さなかった。しかし、これは一九一七年当時のレーニンについても言えることである。レーニンは権力を獲得するために内戦を続行しなければならなかった。ところが、ヒトラーの権力奪取は内戦なしに半年足らずで完了し、一方では憲法の枠組みをきちんと守って、一九二九年に危機が始まって以来ドイツをおおっていた暗いムードを一掃することに成功したのは、まぎれもない事実である。ドイツ人がヒトラーの部下たちをどのように考えていた——彼らはヒトラーとナチ党をはっきりと区別していた——にせよ、大多数のドイツ人はビスマルク以来初めて、一九一八年の屈辱に始まるこの国の衰退と不統一を覆すことのできる指導者を得たと信じていたようだ。

3

ここで問題になるのは、ヒトラーがそれまでにたくわえてきた力をどのように使うつもりなのかということだった。それはロシア共産党が権力を獲得してから一〇年以上経っても統一見解を打ち出せず、その後にスターリンが解決を引き受けることになる問題でもあった。ナチの場合も事情は同じで、当時の資料によれば、その答をめぐって議論が百出する状況だったことがわかっている。この論争は第二次大戦後に成年に達した若い世代の歴史学者によって再び蒸し返されることになるのだが、それらの人びとが激しく反発する姿勢を見せたのは、第三帝国とは個人の支配と一人の人間の意志に従う一枚岩の社会だとする、人びとのあいだにある根強いイメージにたいしてであった。

ヒトラーの個人的な役割をめぐる問題を扱うのは次の章に譲るとして、まずは修正主義者がその主な議論のなかであげる最も重要なポイントをあげ、その一部を要約しながら第三帝国の第一段階を説明するのも意味なしとはしないだろう。

かねてから指摘されてきたことだが、ヒトラーは経済政策ないし社会政策をもっていなかったし、第三帝国はドイツ経済を再構築せず、またドイツ社会を革命的に変革することもなく、どちらについても基本的に前の時代から引き継いだものをそのまま踏襲していた。ナチ党の綱領のなかで反資本主義的な部分は無視されてしまう。つまり、大企業や銀行は国営化されなかったし、百貨店は閉鎖されず、広大な私有地は分割されなかった。ナチ党がまだ一つの運動にすぎなかったころに中産階級のあいだで多大な支持を集めていた協調組合主義の思想は、ナチ党が政権につくと切って捨てられる。労働組合は弾圧され、団体交渉は禁止され、賃金は抑えられた。それとは対照的に、資本家は経済の舵取りをまかされ、再軍備、戦争、ドイツ軍による征服で多大な利益を手にした。ナチ運動は革命ではなく、反革命であって、ドイツ版のファシズムだった。真の革命は第二次大戦におけるこの国の敗北であり、その後のドイツの占領および分断だったのである。

ワイマル憲法には恣意的な権力の行使を禁止する規定があったが、こうした規定の廃止に成功すると、ヒトラーはあえて新憲法を制定しようとしなかった。国会と同じく、内閣も廃止されなかったが、閣議の回数はしだいに少なくなり、ついにはまったく開かれなくなって、かたちばかりの連帯責任すら放棄されてしまう。

ヒトラー憲法というようなものがなかったのと同様、ナポレオン法典に匹敵するヒトラー法典というものも存在しなかった。彼は国家社会主義の原則にのっとって憲法をつくりなおすよりも、むしろ法律および司法体系を破壊し、無視するのをよしとしたのである。彼はまた、国家の行政府を再編成して責任をより筋道を立てたかたちで配分することにもまったく関心を示さなかった。自分なりにきわめて重要だと考えることを実行したいときには、国会の枠を超えた特別な機関を創設した。ゲーリングの四カ年計画がよい例で、その組織は少なくとも四つの省の管轄領域に影響をおよぼした。

国家とナチ党の関係も、同じく明確なものではなかった。ナチ党はソ連共産党のみごとな例にならって国家を取り込むという望みを達成できなかったが、公務員はヒトラーをはじめとするナチ党の指導者による正当な手続きを踏んだ絶えざる干渉を容認せざるをえなかった。ナチ党の指導者のなかで最も有力な人びとは、たがいに対立する独自の帝国を築き上げた。たとえば、ゲーリングの場合の四カ年計画と空軍、ゲッベルスの宣伝および文化面、ヒムラーの警察と親衛隊、ライの労働といった分野がそうで、おたがいに他の縄張りを奪おうと、つねにしのぎを削っていた。

歴史家が論争をつづけているのは、ヒトラーがあえてこうした事態がつづくのを許容したのは、それを制御できなかったからなのか（ハンス・モムゼンの言う「弱い独裁者」）、それとも「分割統治」することによって自身の地位を守り、誰もがヒトラーに裁可を仰ぐようしむけたからなのか、あるいはそれが彼自身の指導のスタイルと彼の無秩序で場当たり的な仕事のやりかたに合致していたからなのか、ということについてである。理由はどうあれ、この「僭主」国家には権力の中心がいくつかあって、それぞれがたがいに競いあっており、一枚岩の全体主義的な独裁政権という従来のモデルとはたいへん異なるものだった。

ヒトラーが個人的に最大の関心を示した分野である外交面でも、彼が首尾一貫してイデオロギー上の目的を追求したのか、それとも自らの進むべき道を定める明確な目標をまったくもたず、はったりと即興に頼る日和見主義者だったのかをめぐって、意見が分かれている。ビスマルクの時代以来、第一次大戦中とそれ以前のドイツの外交政策には、つねに拡張主義的な目標があったと強く主張してきた歴史家もいる。また、ヒトラーが外交面で成功を収めることができたのは、他の勢力が弱く、いくつにも分裂し、判断の誤りを犯したところにつけこんだからで、彼が権力を奪取するときにドイツの右翼および国家主義政党の無知と判断の誤りをうまく利用したのと同じだと主張する歴史家もいる。しかし、なかには、ヒトラーの外交政策や一九三九年に戦争の危険を冒したときのギャンブルを、ヒトラーが解決策を見出せなかった国内の社会的緊張と経済的な難問から国民の関心をそらし、その緩和を図るためにとられた方策、つまり十九世紀末の社会帝国主義の復活と見なした歴史家もいる。

歴史記述の背景となるこうした事柄は、今後ナチ政権の最初の二年間を理解しようとする場合に検討して答を出さなければならないところである。さらに銘記すべきは、ヒトラーの革命が「分割払いによる革命」であって、その性格は（スターリンの場合の「毒の投与」のように）、事態の進展につれて明らかになるものだということ、またヒトラーが自分の本当の考えと目的を隠そうと努力していた初期の時代についてはとくにそれが言えることである。

首相に就任してから一週間あまりしか経っていない二月八日に、ヒトラーは閣議でそれまで秘密にしていた優先事項を明らかにする。「今後の五年間は、ドイツ国民の再武装を可能にするために捧げなければならない」。労働大臣ゼルテが賛意を表しながらも、純然たる軍事上の仕事のほかにも決して無視できない経済に関わる重要な仕事があるとつけ加えると、ヒトラーはあらためてこう強調した。

政府が後援する雇用創出のためのあらゆる措置は、ドイツ国民が再び武装し、兵役につけるようにすることが必要か否かという観点から考慮しなければならない。いつでもどこでも、この考えを中心にしなければならないのだ。[*17]

最後に、結論として、ヒトラーはもう一度繰り返す。「今後四年ないし五年のあいだ、中心となる行動指針は『すべてが軍隊のために』ということである」

ヒトラーの「ドイツ国民の再武装化」という概念は、再軍備にとどまらず、さらに広範な影響をおよぼしていた。再軍備をはたすことはもちろんだが、第一にやらなければならないのは、ドイツ国民を心理的に動員し、国家の一体感と国民としての誇りを復活させることであり、これらがなければ、いくら物質面で戦争に備えたところで無駄だということだ。また、これをおろそかにしたために、一九一八年に第二帝政の崩壊を経験し、その後ワイマル共和国という分断国家の地位に甘んじなければならなくなった、というのがヒトラーの信念だった。

ゲッベルスは、ヒトラーが最初に設置した省である情報宣伝省の大臣をつとめ、ヒトラーのこの意向を実によくわきまえていた。就任後最初の記者会見で、ゲッベルスはこう語っている。

新政府がもはや国民に勝手なことをさせておくつもりがないというかぎりにおい

て、新たに宣伝省を創設したことは革命的な行為だと、私は考える。国民がわれわれの政権にある程度満足しているとか、われわれにたいして中立的な態度をとるということでは充分ではない。そうではなく、われわれは国民に働きかけることによって、われわれに降伏させたいのだ。今日のドイツの現状を受け入れなければならないし、また受け入れることが可能なのだ、とイデオロギーのうえでも理解してもらいたい[*18]。

党内のライバルを尻目に、ゲッベルスはヒトラーを説き伏せて、新聞、ラジオ、映画、劇場ばかりでなく、書物、音楽、視覚芸術などの芸術を統制する権利を手にし、これらのすべてをドイツ文化会議の管轄下においた。ゲッベルスこそ、一九三三年五月十日にドイツ学生連盟が組織した「焚書」を前にして演説した人物だった。「この行為は偉大であるとともに象徴的であり、十一月共和国の精神的な基盤が消滅したことを全世界に周知せしめるものである。まさにこの灰のなかから、新しい精神が不死鳥のようによみがえるであろう[*19]」

ヒトラーが掲げた目的の革命的な性質を伝えるのに、「宣伝（プロパガンダ）」という用語は充分なものではない。彼が求めたのは、国民の意識の変革にほかならなかった。そのことは、歴史にたいして決定的な力をもつのは経済や物質的な環境ではなく、政治であり信念と意志だという、彼がつねに繰り返し強調してきた所信にも合致するものだった。また、ヒトラー独特の大衆を扇動する能力にも沿うものだった。

これこそ、ヒトラーに見守られながら党が演じつづけた中心的な役割、つまりイデオロギーによる教育と動員という役割だった。ヒトラーが『わが闘争』のなかで記しているように、「なぜなら世界観とは不寛容なものであり……その排他的にして完全な承認と国民生活全体の完全な順応を要求するものだから」[20]である。「宣伝」という言葉と同じく、「同質化」という言葉も、ナチがドイツの生活を「政治化すること」に着手したときに示した攻撃的な精神を表わすというよりも、それをうまく隠す働きをしていた。すでに一九三三年以前に始まっていた活動を拡大しながら、ナチは党の手先となる団体や機関を使って社会に浸透していき、既存の業界団体や、スポーツ、慈善事業、教育、芸術、退役軍人や女性、農民、青年の運動に関わる多くのボランティア団体のなかに入り込み、次いでそれらを乗っ取るか解体するかした。ヨアヒム・フェストは書いている。

孤独だった青年時代に身につけたものだが、ヒトラーの基本的な洞察の一つに、人は何かに属したがるということがあった。ローベルト・ライが述べたように、すべての個人を、年齢や職業、さらにスポーツや娯楽の好みに応じて仲間として取り込み、寝ることだけが私事であるというようにしたのは、単に強制されたがためだと考えるのは間違いだろう。[*21]

ヒトラーとゲッベルスはその思いを伝えるのに演説や論文だけに頼ったわけではない。神話、儀式、式典も、同じように重要な役割を担っていた。当時の人びとが感銘を受けたのは、ハーメルン近郊のビュッケベルクで毎年行なわれた収穫祭や、ヒトラーの建築顧問アルベルト・シュペーアの提案によるサーチライトと、お気に入りの映画監督レニ・リーフェンシュタールの記録映画『意志の勝利』によって祝福した一九三四年のニュルンベルク党大会の演出ぶりであり、また参加者が新生の「民族共同体（フォルクスゲマインシャフト）」すなわちアドルフ・ヒトラーという神話的な人物に体現された民族共同体の、すべて包み込む「一体感」のなかに自分たちの個人的なアイデンティティを埋没させるときに経験する精神の高揚だった。ここには上からの操作以上のものがあった。つまり、指導する側と服従する側の双方が強く感じずにはいない共通の経験があったのだ。

大多数のドイツ人が共有していた国家主義的な感情はさておき、国民にナチの価値観を受け入れさせることに成功したとする主張は、幸福感にあふれた初期の時代にあっても誇張されたものだった。そのあたりの事情を最も明確に示しているのが、プロテスタント教会の分裂である。一九三三年の春にナチの信仰運動であるドイツ・キリスト教徒運動（「イエス・キリスト突撃隊」と自称していた）が、軍隊付きの牧師だったルートウィヒ・ミュラーを国家主教とし、彼のもとでプロテスタント教会の「同質化」を行なおうとした。つまり、指導者原理を支持するとともに、教会内の合議機関を全面的に廃止し、「人種的純化」計画を実施して、国家と教会が分離している状況に歯止めをかけようとする試みである。

これにたいする抵抗運動が、「国家からも、政治の圧力からも独立した」告白教会を求める声となって現われた。この告白教会の指導者は、ベルリンの二人の牧師で、一人は第一次大戦中にUボートの艦長をしていたマルティン・ニーメラーであり、もう一人は若いディートリヒ・ボンヘッファーで、代表的なルーテル派神学者だったカール・バルトの後ろ盾を得ていた。彼らの抵抗運動が高まりを見せたのは、まずバルメン宣言（第五条：われわれは国家が、人間生活の唯一かつ全体的な秩序となる……という偽りの教義をしりぞけるものである）が出された一九三四年五月のことであり、次いでナチのイデオロギー、ユダヤ人への迫害、ゲシュタポの無法な振る舞い、総統礼讃を激しく批判する覚書が出された一九三六年六月のことだった。

徹底的な抵抗運動がごく少数の勇気ある人びとの手でつづけられる一方で、多くの者が不安な気持ちで妥協したが、ナチ側も戦術の変更を余儀なくされ、教会を同質化する試みは断念されることになる。

ヒトラーは政権を獲得した当初の閣議で、ドイツ国民をナチのイデオロギーに転向させる作業を完了するには三〇年から四〇年かかると認めていた。そして、別の世界で独自の価値観を身につけてしまった年配のグループを「失われた世代」として切り捨ててしまう。こうして、ますます若年層にその努力が傾けられるようになる。

特徴的なのは、若い世代にナチの思想を植えつけることに関与していた諸機関のあいだには、対等な関係というよりも対立関係があったことだ。ドイツの教育は各地方当局の管轄から帝国教育省の管轄に移管されていたが、学校に関する指針をつくろうとする教育相ベルンハルト・ルストの試みは、ライやゲッベルスばかりか、党本部のヘスやボルマンまでが加わった主導権争いがつづいたため、棚上げされてしまう。

一九三四年十二月十八日に出されたルストの訓令によれば、「学校の第一義的な役割は、国家社会主義の精神によって国民および国家に仕える若者を教育すること」だった。同じくここで明らかにされたのは、国家社会主義教師連盟の役割の定義で、まもなく大多数の教員が、そして三七年までには九七パーセントの教員（教員で党員となる者の比率はつねに高かった）が、この団体に加入することになる。

国家社会主義とは一つの世界観であり、その合法性の主張は絶対的なもので、あれこれ勝手な意見を受け入れることを願うものではない……いわゆる客観性に関して自由だった時代とは異なり、もはやドイツの青年は、唯物論と唯心論、あるいは民族主義と国際主義、また宗教と無神論など、それぞれどちらの精神のなかで成長していくことを願うかという選択を迫られてはならないのであり、国家社会主義的イデオロギーの原則……に従って、意識的に形成されなければならないのだ。

この過程は、国家社会主義運動がこの国を征服してきたのと同じ方法、すなわち教化と宣伝によって遂行されつつある。[*22]

ナチのイデオロギーの影響がとりわけ顕著だったのは、歴史、生物学（「人種論」）、ドイツ語およびドイツ文学の授業においてであり、割当時間が目立って増えたのはスポーツおよび体育の授業だった。学校の外では、一九三三年七月にヒトラー・ユーゲントの指導者に任命されていたバルドゥア・フォン・シーラッハがこの団体の地位を党公認の唯一の青少年組織とし、三九年三月には法律により、十歳から十八歳までのすべての男女がヒトラー・ユーゲントへの加入を義務づけられることになった。

高等教育の世界では、すでに一九三三年以前にもナチへの賛同者がかなり存在していたし、三三年四月にはドイツ学生連盟（「焚書」を行なった団体）への加入が義務づけられた。学生は勤労奉仕四カ月および突撃隊キャンプにおける二カ月の体験を義務づけられたが、これは民族共同体(フォルクスゲマインシャフト)と体験(エアレープニス)（学問的に理解することを意味する認識(エアケントニス)ではなく）の二つを礼讃する活動の一環で、独立していたかつての青年運動からナチが受け継ぎ、いまやイデオロギー上の目的のためにうまく利用されていた。

大学へのナチの浸透が見られたのは、学生にたいしてばかりではなかった。一九三三～三四年には教師の追放が断行され、終身在職権をもつ七七〇〇名の大学教師のうちの一五パーセントに相当する人たちが解雇または辞職に追いこまれ、自然科学の分野では追放の対象となった教師の割合は一八パーセントだった。しかし、大学教授の大半は体制を支持し、三三年十一月には七〇〇人の大学教授がナチ政権の擁護を謳った宣言書に署名しているし、今世紀有数の哲学者の一人であるマルティン・ハイデッガーはフライブルク大学での学長就任演説でこう宣言した。「総統自身が、そして彼のみが、今日の、かつまた将来のドイツの現実であり、その法律なのだ[*23]」

一九三五年三月に、ヒトラーは一般兵役義務制度を復活させ、軍隊が国家社会主義の国家観に忠実でありつづけるのはもちろんのこと、将校の任官に際しては「法律による規制（すでにアーリア系の血筋を引いていることが必要とされていた[*24]）を超えて、きわめて厳しい人種上の基準を満たさなければならない」とし、予備役将校の任命も国家社会主義に積極的な姿勢を示す人間にかぎるという方針を明らかにした。「国家社会主義に反感を抱くような者は問題外だが、まったく無関心な者でもいけない[*25]」というわけである。

こうして国防軍は、ヒトラーの言葉を借りれば、「軍隊という国家の学校における教育者」[*26]になることを求められた。ナチの全組織のなかで最も急激な成長ぶりを示した親衛隊にはさらに多くのことが期待されており、親衛隊長をつとめていたハインリヒ・ヒムラーは生物学に根差した人種差別とひたむきに取り組み、人種的な基準、明らかに反キリスト教的なイデオロギー、そして命令にはすべて無条件で従うという隊員の姿勢のもと、ナチの新たなエリート層をつくりあげたのである。

4

ヒトラーはつねに政治こそ最も重要だと力説していたが、抜け目のない政治家として、大恐慌の影響と、大恐慌から抜け出すことは可能だとするナチ党の主張が強力な要因となって選挙での得票に結びついたように、何よりも経済的に成功を収めることが自らの望む国家の復興を促すという認識をもっていた。

ヒトラーはオットー・ワーゲナーのように急進的なエコノミストにも喜んで耳を傾けはしたが、あくまでもその意見を聞くだけだったので、政権についたとき、公約に縛られることはまったくなかった。もし彼が、公言していたように四年で失業問題にけりをつけたり、最優先課題だと内閣内でひそかに漏らしていたドイツの再軍備をできるだけ早い時期に実行したりすることを願うならば、既存の経済機構とできるだけ緊密に協力し、実際に試されたことのない急進的な計画を導入して経済を混乱状態におとしいれるようなことは避けたほうが得策だった。しかし、ヒトラーの態度には、ご都合主義以上のものが見られた。ハロルド・ジェームズがそのことを簡潔に説明している。

ヒトラーの経済政策には社会主義的なところがまったくない……ナチの集産主義は政治的なものであって経済的なものではなく、個人を経済の主体とするものである。工場ではなく人間を社会主義化するというナチの意図がたびたび宣言されたが、これは経済を支配するための国家の遠大なプログラムなど不要だということを意味した。[*27]

ジェームズがさらにつづけて指摘しているように、ヒトラーが意志の力を強調したことから、当時としては異例だったが、ポルシェやヒトラーが絶賛した航空機製造業者であるユンカース家の人たちのような革新的な設計者の重要性を説く声が生まれた。ヒトラーは、官僚化されたトラストに脅かされていたこうした個人企業家を技術革新の鍵になる存在と考え、技術革新こそが未来につながると信じていた。ナチ党の一部には、農業を重視し、工業化を邪悪だと考える向きもあったが、そうした人たちとは異なり、ヒトラーは科学技術の進歩を熱望しており、その結果、失業者が増えるかもしれないとの危惧はまったく抱いていなかった。彼は「労働力が半分ですむのであれば、倍の長さのアウトバーンを建設するまでのことだ」と言ってのけた。

ヒトラーはまた、経済的な成功を収めることは、「国家主義的な理想のために」ドイツの労働者階級を味方に引き入れるというイデオロギー上の目的を達成するのに役立つと信じていた。かつてウィーンで目にしたドイツ人労働者の疎外の様子や、彼らが民族的な連帯ではなく階級闘争というマルクス主義的なイデオロギーを選択したことが、彼の脳裏に焼きついていた。一九三三年三月の選挙でも、ヒトラーはいまだに全体の三〇パーセント以上を占めていた社会民主党と共産党の支持者の忠誠心を揺さぶることができなかった。そこで彼は、ますます「ユダヤ人マルクス主義者の巣窟」を破壊し、産業労働者階級をドイツの民族共同体に取り戻そうとの意志を強めた。

労働者階級を代表する二つの政党の活動を禁止すると同時に、ヒトラーは労働組合をつぶしにかかった。キリスト教系の労働組合は二、三週間あとまで命脈を保ったが、それもヴァチカンとのあいだに政教協定が締結されるまでだった。しかし、ヒトラーが目をつけていたのは、四五〇万人もの構成員をかかえる、もっとはるかに大きい社会主義系の組合だった。ナチの上昇気運に直面して組合員の脱退がつづき、政治的な抵抗運動も失敗に終わったため、その指導者たちは落胆するあまり社会民主党と袂を分かち、ヒトラー政権に協力すると申し出た。だが、そうすれば組織の維持が図れるだろうとの望みは、すぐさま打ち砕かれた。ローベルト・ライの率いる「ドイツの労働者を保護するための行動委員会」がひそかに将来の「ドイツ労働戦線」の設立に向けた計画を作成する一方で、ゲッベルスが「ポツダムの日」に匹敵する壮大な宣伝活動の準備を進めていたのだ。

労働運動の国際的な記念日である五月一日は、「国民の労働の日」と改称され、正式に国家の祝日とされた。ベルリンのテンペルホーフ飛行場で開かれた大集会には、一〇〇万人もの労働者とその家族が集まり、「製造にたずさわるあらゆる階級の労働者」に敬意が表される一方、時代遅れの社会的差別をなくすとともに、俗物根性と階級闘争を廃絶し、国家を形成するさまざまなグループが相互に尊敬しあう精神を育む運動として、国家社会主義が称えられた。ヒトラーは演説のなかで、肉体労働をさげすんだり、その価値を過小に評価したりする人たちを非難し、そのかわりにドイツ国民の勤勉さこそ国家の最大の財産であると称え、失業対策こそは政権の最優先課題であると宣言した。

ところが、その翌朝には、政権はまったく別の顔を見せた。午前十時に、突撃隊は警察の応援を受けて労働組合の事務所をいっせいに占拠し、資産を差し押さえたのである。一週間後、ドイツ労働戦線の第一回目の会議が開催され、まもなくドイツのすべての被雇用労働者が取り込まれることになる新しい団体が正式に発足した。

グレゴール・シュトラッサーが労資関係における急進的な反資本主義的政策を展開するために設立し、一九三三年八月には一〇〇万人の構成員をかかえていたナチ工場細胞組織（NSBO）は、この機をとらえて労働組合の機能を引き継ぎ、ドイツ労働戦線を乗っ取って、経営者側に対抗する労働者側の利益を代表しようと考えた。だが、ヒトラーは労働組合を活動停止にはせず、団体交渉はかたちを変えて存続した。NSBOはミュンヘンの党政治組織部の支配下に置かれ、その急進的な指導者たちは追放された。

一九三三年五月十九日の法律により、国家は総勢一二名の帝国労働監督官を任命し、それぞれに独立した地区を担当させることとして、賃金を調整する権限を労働者と雇用者の双方から取り上げたが、そのメンバーの実態は、役人と雇用主側の弁護士だった。

労働者がそれをどう考えたかはさておき、雇用主側はナチ党の労働政策の内容に胸をなでおろした。当初は、ドイツの大企業と新興の大物政治家たちとの関係はぎくしゃくしていた。ヒトラーが「最後になる」と約束した選挙を控えた二月二十日に、二五人の代表的な企業家がゲーリングに呼び出されてヒトラーと会見し、三〇〇〇万マルクもの選挙資金を調達するよう要請された。だが、彼らの最大の団体であるドイツ産業連盟（会長はクルップ・フォン・ボーレン）の独立の維持を許可してもらえるのではとの希望は無残にも打ち砕かれた。オットー・ワーゲナーの率いるナチの自警団が四月一日に同連盟のベルリン本部に侵入し、力ずくでこれを接収したからである。抗議したところでどうにもならなかった。五月に、同連盟は「自発的に」解散し、他の企業団体と合体し、ナチが後援する新たな組織に加盟した。

しかし、ワーゲナーのような急進派やNSBOの活動家が経済政策を牛耳るのではないかという不安は、まもなく杞憂だとわかった。労働組合や労使協議会が解散したため、再び企業の支配者になれた企業家たちは大いに満足した。雇用主と労働者の双方が態度を決めるうえでさらに重要な役割をはたしたのは、一九三三年から三六年にかけて経済活動が上昇に転じ、六〇〇万人もの失業者が姿を消して、逆に労働力の不足が生じたことである。

ナチ党内にくすぶっていた大企業にたいする敵意は、NSBOのなかばかりでなく、小企業経営者、職人、小売業者を代表する中産階級の利益団体のメンバーのなかにも見られた。こうした人たちは、すでにナチ党に吸収されており、ナチ党が政権をとれば、大きな百貨店や消費者の協同組合の閉鎖など、自分たちの要求が実現すると期待していた。こうした要求が党の綱領だけでなく、党の選挙運動のなかでも主要なテーマとなり、ヒトラーとしても無視するのは容易なことではなかった。

こうした事情から、オットー・ワーゲナーが帝国経済全権委員に任命され、大規模な企業にばかり所有権が集中している状況を打破するために、協調組合主義的な計画が導入され、大企業の牙城であるドイツ産業連盟の接収が図られたのである。地方では、上層部での決定を待つことなく、新政権が成立した直後の数日のあいだに党や突撃隊の手で多くの行動が起こされ、四月一日に開始されたユダヤ人企業にたいする全国的な不買運動でそれが頂点に達した。そして同じ日に、ワーゲナーはベルリンのドイツ産業連盟の本部を急襲したのである。

しかし、こうした攻撃的な戦術は、大企業や大企業の肩をもつナチの指導者、とりわけゲーリングの強い抵抗にぶつかった。ゲーリングはワーゲナーが経済相になるのを阻むため、ミュンヘンのアリアンツ保険グループの総支配人であるクルト・シュミットを経済相に任命するようヒトラーを説得し、さらに次官職をおいて元ワイマル共和国の官僚ハンス・ポッセを登用し、かってヒトラーの心をとらえたゴットフリート・フェーダーとともに経済省で働かせてはどうかと進言した。フェーダーは一九二〇年に「利子奴隷制を打破」することを目指したナチ党綱領の起草者の一人である。テストケースとなったのは、ユダヤ人が経営する大企業ヘルマン・ティーツ百貨店チエーンが借金の返済計画の見直しをめぐり、援助を求めてきた一件だった。ヒトラー自身は強く反対したのだが、援助が与えられないとなれば、ティーツをはじめ他の百貨店も倒産し、物価高騰の波が押し寄せるだけでなく、何万という雇用がなくなることにもなるという主張を前にして、譲歩せざるをえなかった。

一九三三年の夏に、ナチ中産階級商業闘争同盟が解体され、ついにオットー・ワーゲナーは表舞台から姿を消した。小企業家のための新団体として、ナチ手工業・商工業組織がへスおよび党の官僚機構による厳しい統制のもとに創設された。ヒトラーは七月六日に地方長官たちを前にして重要な演説を行ない、革命は終結し、もはや経済の分野にまで広げるわけにはいかないと宣言した。「革命とは、いったん成功したあとで安定し、そのままとどまるというケースよりも、第一撃で成功するケースのほうが多い。革命とは永遠につづく状態ではないのである」[*28]

しかし、イデオロギーが経済的・社会的な配慮に優先するとされる経済分野が一つだけあった。それは農業である。「今後は農民経済を資本主義的な市場経済から分離することが必要である」[*29]

減税と債務の減額を実施したことが、大恐慌で最も甚大な被害を受け、選挙の折りにナチ党の最大の票田になっていた農業地域には、速効性のカンフル剤となった。国家社会主義には農業のロマンティシズムを重視する雰囲気があり、それは都会の産業文明にたいする根強い不信感を表わすとともに、農民階級を「民族の血液を更新するための生物学的な源泉である」として保護することを求めていた。またそれは、ヒムラーの率いる親衛隊の幻想のなかでは、東方で征服される生活圏での人種にもとづく植民政策とも結びつけられていた。

党の農業政策の指導者だったワルター・ダレは、こうした理想の実現を図るにはまさに適任と言える人物だった。彼の指導のもとに、ナチ党は一九三三年以前からドイツ農業連盟のような農業の利益団体や農業会議所に確固たる足がかりをつくっていた。フーゲンベルクが経済関係閣僚のすべての地位を辞任すると、ヒトラーはダレを食糧農業相に任命し、ダレはナチ党員として四人目の閣僚となった。こうして、彼はナチ党の農業政策機構の支配と、農業の自治団体およびいまや自分の管轄下となった食糧農業省の管理を一元化することができた。その結果、土地の所有権の安定を目指す計画や、市場と価格の完全な支配、再定住計画を開始することも可能になった。

スターリンが富農を自らの近代化政策を進めるうえで最大の障害と考えたのにたいして、ヒトラーは農民を「ドイツ国家の永遠の基盤」と呼んだ。ナチ政府が農民を「国家の未来」を担う存在として重視していたことを示すために、「ドイツ農民の記念日」が一九三三年十月一日に制定されたが、これは五月一日の労働者の祭典に匹敵するものだった。毎年この日には、ビュッケベルクでデモ行進が行なわれるようになり、一九三三年には五〇万人、三五年には一〇〇万人の農民が動員されてヒトラーの演説に耳を傾けた。

指導者原理とヒトラー神話にもかかわらず、政権を獲得した当初、少なくとも一九三四年六月三十日まで、ヒトラーも他のあらゆる政治家と同じく、態度を急変させたり、矛盾する約束をしたり、好まぬ妥協を受け入れたりする必要がないわけではなかった。歴史家がつねに信じていたのは、政権につくためにこれほどさまざまな集団にこれほど多くの約束をしてきた政党は、政権を獲得したところでやがて崩壊するだろうということだった。だが、ナチ党の多くの支持者の期待は極度に高まっており、ヒトラーは首尾よくこの潮流に乗り、決して沈むことはなかった。多くの地域で、地元のナチ党および突撃隊の指導者がベルリンからの許可を待つことなく、自らの責任において行動していたし、地方長官を前にした一九三三年七月の演説からも、ヒトラーとゲーリングがいぜんとして統制を保つのに苦労していたことがうかがわれる。

しかし、混乱と戦術の変更は革命につきものだという事実を斟酌(しんしゃく)するならば、ヒトラーによる経済問題の処理のなかに首尾一貫した方針を読み取るのは難しいことではない。一時的にその方針から外れることはあっても、再びそこに戻っているのである。ナチ党員のなかには、一九三三年の上半期で権力の奪取をはたしたのちに経済の根本的な再編成に取りかかることを期待する人たちが相当数いたことは間違いない。ヒトラーはもちろんその一人ではなかったが、こうした根本的な改革を実行することが「できなかった」と言ってしまうと、それを実行する気がまったくなかったことをうかがわせる証拠を無視することになる。ヒトラーにとって、革命とはいぜんとして政治的な革命であり、国内の勢力のバランスに決定的な変化をもたらすものであって、その際、最も重要なのは、労働組合運動を含めて左翼の「マルクス主義」政党を打倒することだった。これを達成したあとでも、ドイツ国民を物質的・心理的に動員することによって、彼が五年を要すると閣内で語ったドイツ国民の再軍備の準備が整うまでは、自ら確立した地位を利用する意図をあらわにするわけにはいかなかった。

ヒトラーは経済を軽視していなかったが、それを道具として見ている面もあった。彼はベルヒテスガーデンの山荘の建設にあたっている労働者を前にしてこう語っている。

私企業経済かそれとも協同組合的な経済か、社会主義化された経済か私有財産経済かといった問題をめぐって、多くの議論が交わされている。どうか私を信じてほしい。肝心なのは、経済の理論ではなく、成果をあげることなのだ。[*30]

もし既存の経済機構のもとで経済がヒトラーの望む成果、すなわち短期的には経済の復興と失業の根絶、長期的には、といっても可能なかぎり早い時期にということだが、ドイツの再軍備を達成することができるならば、自分が適切でないと考える急激な変革を次々に打ち出して経済面での成果を危険にさらす理由などまったく見あたらなかった。ドイツ国民の未来は、経済的・社会的な改革によってではなく、ひとたび充分な軍事力を手にすれば、新たな生活圏を征服することによって保証される、というのがその理由だった。

5

再軍備と外交政策についても、ほとんど同じことが言える。ヒトラー政権は、ワイマル時代の政策と計画を踏襲し、産業界、軍隊、そして外務省における既存の権力機構との協力関係を保っていた。一九三三〜三五年の時期に限定して考えると、どの分野でも事情はほぼ同じだった。

ヒトラーの前任者であるブリューニング、フォン・パーペン、フォン・シュライヒャーたちの努力の結果、一九三二年のローザンヌ会議では賠償金の支払い延期が認められていたし、軍縮会議では軍備平等権の承認を引き出すことにも成功していた。一九二二年には、禁じられていた兵器（たとえば航空機や毒ガス）の生産がソヴィエト・ロシアで開始されており、ドイツ再軍備の計画も、二六年にはひそかに始まっていた。二八年には、国防省は三二年までに一六個師団の軍隊を編成することを承認した。そして三二年に、計画は再び拡大され、三八年までに二一個師団、三〇万人の兵力をもつことが目標とされた。当時、ヒトラーの東方への拡張という計画（この時期には隠されていた）にも、「ドイツの中欧(ミッテルオイローパ)」という一八九〇年代の汎ドイツ主義のプロパガンダで知られたテーマが取り上げられ、一九一七年に達成していながらブレスト－リトフスク条約で失うことになったドイツの東欧における覇権を復活させることが目標とされた。

首相に就任して四日後の一九三三年二月三日にドイツの将軍たちと会見したとき、ヒトラーが提示したのは新しい政策ではなかったが、「ヴェルサイユ体制の束縛から逃れ」てドイツの軍事力を再生するという、国家主義者なら誰もがもつ目標が達成されるのではないかとの期待をそそる内容だった。だが、軍事力を手にしたあと、それをどのように使うのかとの問いにたいして、ヒトラーはわざと漠然とした答えかたをしている。リープマン将軍のメモには、ヒトラーの次のような言葉が残されている。「それはまだ答えられない。たぶん新たな輸出の可能性を手に入れるためだろうし、たぶん、いや、おそらくもっとすばらしいこと、東方で新たな生活圏を勝ちとり、容赦なくドイツ化を進めるためかもしれない[*31]」

ヒトラーはドイツ国防軍に国内の政治への介入を求めることはないと約束した。しかし、国防軍の地位が突撃隊に侵されるのではないかとの不安は、いぜんとして残っていた。二九〇万人を数える突撃隊員は、非常時には予備兵力の母体となる存在だったし、突撃隊の幕僚長をつとめるレームは、義勇軍組織をもって、伝統を重んじる国防軍に替えようとの野心を隠そうとしなかった。こうした懸念が呼び水となって、一九三三年十二月に、平時には二一個師団とされていた兵力を戦時には三六個師団まで拡張するという新計画が国防軍の側から打ち出されたようである。この計画を実施するにあたっては徴兵制を導入し、国防軍が予備兵力を突撃隊に依存するという現状を解消する必要があった。

ヒトラーが最初に心がけたのは、再軍備の過程をいかにカムフラージュするかということだった。ヒトラーが二月三日に将軍たちに注意を促したことだが、ドイツが弱みにつけこまれるとすれば、その期間をおいてほかになかった。「この問題で、フランスに真の政治家がいるかどうかがわかる。もしいるとすれば、フランスはおそらく東方の同盟国とともにすぐさま攻めてくるだろう」。ヒトラーは外国人記者団との一連の会見を利用して、フランスとイギリスの不安を和らげることにつとめ、初めて外交政策に関する演説を行ない（五月十七日）、巧みな弁舌で平和を尊重する意向を表明するとともに、慎重に言葉を選んでヴェルサイユ条約の修正というドイツの「正当な要求」にも言及した。

この新生ドイツにおける現在の世代は、これまでに同胞が味わった貧困と悲惨と苦難を身をもって知っており、現代の狂気からあまりにも深い心の痛手を受けているため、他の民族を自分たちと同じ目にあわせようなどとは考えられないのだ。われわれは自分たちの民族的な伝統を愛し、またそれに忠実であるがゆえに、他の民族の主張をも尊重し、また平和と友好のうちに彼らと共存していくことを心の底から望んでいる……フランス人とポーランド人はわれわれの隣人であり、われわれは歴史がどのように展開しようとも、この現実を変えることはできないと承知している。

ドイツについてのこうした現実が、ヴェルサイユ条約のなかで正しく認識されていたならば、世界がより多くの恩恵にあずかることになったであろう。というのは、真に永続する条約の目的とは、新たな傷口をつくったり、傷口を開いたままにしておくことではなく、傷口を閉じ、癒すことであるべきだからだ……それにもかかわらず、ドイツ政府は条約の廃止がよりよい条約の締結につながるのでなければ、自らこれを破棄するつもりはない。

しかし、こうした条約の法的な精神は、全員の認めるところでなければならない。

勝者ばかりでなく、敗者も条約のなかで与えられている権利を主張できるのである。[*32]

一九三三年を通じて開かれていたジュネーヴの軍縮会議で、ドイツの代表団に強硬な姿勢をとらせ、脱退をちらつかせるよう指示していたのはドイツの国防省と外務省であり、慎重な言動を心がけていたヒトラーにはこの間の事情は知らされていなかった。三三年十月になってようやく、国防相のフォン・ブロンベルクが威嚇を実行に移すようヒトラーを説得することに成功する。ところが、いったん決心が固まると、ヒトラーは外交政策上のクーデタの第一弾となるようなことをやってのけた。ジュネーヴ軍縮会議からの脱退を決めた（十月十四日）だけでなく、日本が五月に示した前例に力づけられて、国際連盟からの脱退をも断行したのである。ヒトラーが最大限に活用したのは、他の列強が真剣に平等の原則を語るのであれば、列強が自らの軍備を縮小するか、ドイツの再軍備を認めるかのどちらかだという主張だった。その後すっかりおなじみになる手法を使い、ヒトラーは宣言を出すときには感情をこめた言葉を放送で流し、そのなかで攻撃の意志をまったく否定し、フランスを「われわれの古くからの、そして輝かしいライバル」と呼び、この両国のあいだに戦争が起こると考える者は気が触れているとまで言った。

ヒトラーは、ドイツ国民がヴェルサイユの列強と国際連盟の二枚舌のために何度も屈辱をこうむったと感じているので、かならずや自分の独立宣言を支持するだろうと判断して、十一月十二日に国民投票を実施することを要求し、またしても大がかりな宣伝活動を開始した。一九一八年から数えること一五回目の停戦記念日の翌日のことである。「われわれに名誉と平等を！」というスローガンが掲げられた。彼の政治的な本能は確かなものだった。国民投票でヒトラーがとった脱退という行為への支持率が九五パーセントに達したことや、同時に実施された帝国議会の選挙で三九〇〇万票がナチ党の「統一」候補に投じられたという事実から考えると、ナチの宣伝テクニックの一つである改竄と脅迫があったことは間違いないとしても、この結果が国民の大多数の気分を反映したものであることに疑問をはさむ者はいなかった。

西欧の民主主義諸国を混乱におとしいれ、その意見を四分五裂させることに成功すると、ヒトラーはそれらの国々の指導者は取るに足りないとの思いを強めた。平和を保証することにより、ヒトラーは国内で合法性を尊重すると約束したときと同じような成功を収めた。平和の再保証が欲しかったばかりに、イギリスとフランスは判断の誤りを犯し、ドイツの右翼と同じく国家社会主義の力を抑えることは可能だと考え、これが災厄を招くことになる。結果として、両国は宥和政策を容認することになって、ドイツの復権を阻むために築いておいたヨーロッパの安全保障システムを崩壊させ、そのあげくヒトラーにつけいる隙を与えて、ドイツが再軍備を断行し、ヴェルサイユ条約の制限条項を取り除くのを許し、拡張政策を再開する道をつけさせたのである。こうした目的を追求していくうちに、ドイツ民族は一つにまとまっていき、ヒトラーにとってはまさに一石二鳥の結果となった。再軍備は、ドイツがかかえる経済的な問題だけでなく、政治的な問題にたいする最良の答でもあり、ナチ党や一般人ばかりか、産業界、軍隊、国家主義的な志向をもつ官僚、外務省および外交団にとっても受け入れられる答だったのである。

皮肉なことに、ドイツの新体制を率先して国際的に認知したのは、一九二六年にワイマル共和国とのあいだにベルリン条約を結んで友好と中立を誓い、さらに三三年の五月に同条約の延長を決めたソ連と、七月に政教協定を結んだローマの教皇庁だった。同時に、批准こそされなかったが、イタリア、イギリス、フランス、そしてドイツのあいだで四カ国条約を締結しようとムッソリーニが尽力しており、暗黙のうちに大国による支配体制のなかにナチを受け入れる結果となった。

ヒトラーは外交の舞台では本心を隠しつづけながら、航空相ゲーリングに、ヴェルサイユ条約で禁止されている空軍をひそかに創設する許可を出した。国防軍から反対の声があがると、ゲーリングは空軍を国防省から独立させ、空軍省とすることを主張し、ルフトハンザ航空の代表で熱狂的なナチ党員の、有能なエアハルト・ミルヒを次官に任命した。

新たに創設された空軍の最も重要な役割は、一九一四年以前にドイツ海軍の拡張路線を正当化した海軍元帥フォン・ティルピッツの有名な「リスクの理論」の目的と同じだった。これは（ドイツの軍備を強化することで）いかなる仮想敵国といえども、（ドイツと）戦えばたいへんな危険にさらされるという状況をつくりだし、その結果、再軍備を進めているさなかにドイツが先制攻撃される危険を減少させることを狙う最も手っ取りばやい方法だった。公式には、ヒトラーは一九三五年三月までドイツ空軍の存在を認めなかったけれども、イギリスは早くも三三年の夏には非公式の報告書によってその存在を知り、不安をつのらせていたので、まさにこのリスクの理論が想定したとおりの結果が生じて、ヒトラーにイギリスとフランスのあいだに楔を打つ隙を与えてしまった。三三年十一月には、ヒトラーは「軍縮問題の代表」という肩書で、ヨアヒム・フォン・リッベントロープを特使としてロンドンに送った。リッベントロープは、東欧におけるドイツの自由裁量を認めてくれれば、ドイツは大英帝国の安全を保障するとのドイツの意向を示した。また、不可侵条約を結ぶ前段階として海軍協定の締結が提案されたが、同じ提案が十一月末にドイツ海軍最高司令官レーダーからイギリス大使館付き海軍武官に、また十二月にはヒトラー本人からイギリスの大使にも伝えられた。

こうした目的のためにリッベントロープを起用したことが、一つの指針となった。

ヒトラーは首相となった最初の年にはフォン・ノイラートを外相にとどめておいたし、外務省幹部の助言にもよく耳を傾け、また大使が辞任したワシントンでのケースを除けば、外交団の顔ぶれを変えることなく、ここでも前政権のやりかたを踏襲する姿勢をはっきりと打ち出していた。ところが、一九三四年になると、ヒトラーはしだいに独自の行きかたをするようになり、外務省はナチ党の内部に外交問題に野心をもつライバルが存在することに気づきはじめた。そうしたなかには、ゲッベルス、ゲーリング、リッベントロープ、ナチ党外国組織部の代表で大管区指導者だったボーレ、ナチ党外務部長をつとめていたローゼンベルクといった顔ぶれがあった。

リッベントロープはかつてシャンパンの輸入商で、ゲッベルスをして「彼は称号を買い、金と結婚し、詐欺を働いて役職にもぐりこんだ」と言わしめた人物である。リッベントロープはヒトラー（彼はリッベントロープが商人として身につけた外国についての広い知識と語学に堪能なことに強い印象を受けていた）を粘り強く説得し、自分を特命大使として海外に派遣するよう求めた。自前でリッベントロープ機関を設立すると、彼はイギリスと同盟を結ぶというヒトラーの持論を実現するために努力し、ヒトラーの歓心を買い、専門家の懐疑心をよそに、ヒトラーの希望をあおっていった。リッベントロープがヒトラーの信頼を得ることに成功し、一九三八年にフォン・ノイラートにかわって外相に就任すると、外務省自体は「手続き代行機関」としての役割しかはたさなくなった。これは次官だったエルンスト・フォン・ワイツゼッカーが外務省のこうむった屈辱について言った言葉である。

ヒトラーによる外交クーデタの第二弾は、一九三四年にポーランドと不可侵条約を締結したことである。これはドイツが伝統的に守ってきた外交路線を一八〇度転換する一大事件だった。ドイツの国家主義者にとって、存在そのものが目ざわりな国があるとすれば、ポーランドをおいてほかになかった。ドイツは第一次大戦後にポーゼン（訳注：現ポーランド領ポズナニ）、西プロイセン、上シュレージエンをポーランドに割譲していたし、ポーランド回廊のためにダンツィヒと東プロイセンは帝国本土と切り離されていたのである。そして、ポーランドはフランスが東欧に築いた対ドイツ緩衝地帯の鍵を握る国でもあった。

ヒトラー政権が誕生したとき、ユーゼフ・ピウスツキ元帥はドイツに先制攻撃をしかけてはどうかともちかけ、フランスの意向を打診した。フランスがその考えを支持しなかったため、ピウスツキはドイツの保証を得てポーランドを守るという、ヒトラーが提示してきた代案を受け入れる気になったのである。これは、ヒトラーにとっては非常にうまみのある条約で、ドイツ国防軍が長年危惧していたポーランドの脅威を解消し、フランスの同盟機構の価値を減ずることができ、またこの不可侵条約はボリシェヴィズムからヨーロッパを守るための防波堤だと主張することも可能になり、まさに一石三鳥だったのだ。しかし、ドイツ国内での評判は芳しくなかった。修正主義者にしてみれば、大戦終了時にポーランドに割譲した領土の返還こそが最優先事項だったからだ。しかし、ヒトラーの東欧への関心は、国境線の修正にはとどまらず、生活圏の征服というより大きな目的に向けられていた。そして、まだ機は熟していなかったのだ。一方、ヒトラーが見抜いていたとおり、彼が進んでポーランドとの条約に署名したことが海外に強い印象を与え、これが先例となって二国間条約が次々と締結されるようになり、ヒトラーは集団安全保障体制を組織しようとする試みをことごとくぶちこわすことができたのである。

実際、このころにはソ連との関係が悪化しており、宣伝戦が開始されているほどだった(一九二二年のラパロ条約に端を発する独ソの友好というワイマル共和国の伝統はここでも崩れていた)が、ヒトラーにしてみればそんなことは痛くもかゆくもなかった。ナチの選挙宣伝の主要なテーマだった反マルクス主義キャンペーンを強力な反ボリシェヴィズム運動にまで発展させたことにより、ドイツ国内だけでなく、保守的なヨーロッパ社会でも得るところは非常に大きかったのだ。一九三九年までは、ポーランドがこうした運動のパートナーになる可能性がまだ残されていた。

ポーランドとの不可侵条約の締結が深い読みのもとに実行されたのとは対照的に、ヒトラーによる外交クーデタの第三弾では手際の悪さが目だった。ピウスツキは、ヒトラーが伝統的にポーランド人への敵意をもっているプロイセンの人間ではなく、オーストリア人だという事実に心を動かされ、ヒトラーの申し入れを受ける気になったと言われている。だが、そのオーストリア人が、ドイツの首相にまで昇りつめたのだ。ヒトラーが、数ある政治的な目的のなかで最も長く胸に秘めてきた夢を実現し、オーストリア領内のドイツ人を併合して大ドイツを建設しようと考えたとしても、それはきわめて自然なことだった。オーストリアのナチ党は、すでにヒトラーを自分たちの指導者と認めており、ヒトラーの側でも同党への大々的な援助計画を練り、さらにそれを補強するために不買運動を行なった。オーストリア国内でクーデタを起こすことによりウィーンのエンゲルベルト・ドルフス政権の転覆を図ったのである。

ポーランドとの不可侵条約は計算ずくで締結したものだった。しかしオーストリアでは、ヒトラーの判断力は感情のために鈍っていた。ヒトラーはオーストリアのナチ党の力について正確な情報をもっておらず、オーストリアにたいして威嚇と不買運動という戦術をとった場合、フランスを孤立させるためにはイギリスとともに絶対に味方にしておきたいといつも考えていたイタリアとの関係にどのような影響が現われるか、また一九三一年に独墺関税同盟に強硬に反対していたフランスがどういう出方をするかについて判断を誤るという失敗を犯した。中欧に独自の野心をもつムッソリーニは、オーストリア首相のドルフスの後見人を自認しており、一九三四年二月にはフランスおよびイギリスとともにオーストリアの独立を維持する必要を説く宣言を出していた。実際、三四年七月二十五日にオーストリアのナチ党がクーデタを起こし、首相官邸に乱入してドルフスを殺害したとき、ドルフスの妻子はムッソリーニのもとに身を寄せていたのである。ところが、この反乱は失敗に終わる。オーストリア・ナチ党は敗走し、大挙して国境を越え、ドイツになだれこんだ。ムッソリーニはイタリア軍をブレンナー峠に進め、オーストリアの独立を守るための援助をオーストリア政府に約束した。

ヒトラーはこの反乱との関わりをいっさい否定し、ドルフスを殺害した党員に投降を命じるしかなかった。ウィーン駐在のドイツ公使は召還され、ヒトラー内閣の副首相で、カトリック教徒だったフォン・パーペンがウィーンに派遣されて、関係の修復にあたった。

一九三四年は、フランスの外相ルイ・バルトゥーが東欧におけるフランスの同盟国に新たな活力を吹きこみ、ソ連が国際連盟に加盟を認められ、常任理事国に選ばれるなど、ヒトラー外交にとっては散々な一年だった。ヒトラーは、以前にもまして外国人記者団との会見を数多くこなすようになり、そのなかで「平和」という言葉がヒトラーの口から発せられないことはなかった。ヒトラーは『デイリー・メール』紙のウォード・プライスにこう語った。「もし平和がドイツの出方しだいだと言うなら、戦争が起こることは断じてない。ドイツは他のどの国よりも戦争がもたらす惨禍をしっかりと認識しているのだ」[*33]

ヒトラーが引き継いだ修正主義的な計画ではワイマル時代の外交政策を踏襲することが強く求められていたことからも明らかだが、オーストリアでのこの大失敗からも、一九三〇年代前半の国際関係のなかでヒトラーが策をめぐらす余地がかぎられていたことがわかる。しかし、だからといって、こうした事実は、ヒトラーが『わが闘争』のなかで論じているような長期計画をもっていたことと矛盾すると考えてはならないだろう。まさに、ヒトラーがしばしば言葉巧みに平和のために尽力すると宣言していたことが、戦争に突入する危険を認め、その準備を進めていたという事実と相容れないと考えてはならないのと同じである。ユダヤ人にたいする威嚇と同じく、こうした長期計画にも「攻撃の青写真」とか予定表のようなものはなかった。つまり、ヒトラーは戦術のうえでもタイミングのうえでも徹底した日和見主義者であって、それは彼が決して味方につけることができなかったイギリスにたいしてしばしば態度を変えていたことからも明らかだ。むしろ、こうした長期計画は、彼が戦術の変更や計画の見直しをするたびに、いったん向きを変えた磁石の針が再び戻っていく磁極のようなものだったのである。

政権を獲得したあと、彼が最初の数年間においた里程標は、ドイツ－ポーランド不可侵条約であり、その時点ではポーランドが反ボリシェヴィズム運動のパートナーとなる運命なのか、それともソ連への侵攻の準備段階として——のちに独ソに分割されることになるのだが——破壊される運命なのかという問題に決着をつけずにおいたことは、いかにもヒトラーらしい柔軟性の表われだった。

6

ヒトラー革命の第一段階は、一九三三年一月の首相就任につづく一連の劇的な出来事で幕を開け、七月にナチ党が一党国家における唯一の政党になったことで最高潮に達した。その幕切れとなる三四年六月三十日のレーム事件はさらに劇的なものだったが、ヒトラーは自らをドイツ国民の至上の審判者であると主張して、この粛清を正当化してしまう。そして、ヒンデンブルクの死後、ヒトラーが大統領と首相兼総統の地位を一身に兼備するところでクライマックスを迎える。ヒトラー政権の初期には、「革命の続行と停止のあいだを揺れ動き」[*34]ながらも、その歴史のなかで運動と呼べる段階が終了していたので、政治とは一党国家において党がはたすべき役割に徹することだった。一九三三年七月に、ヒトラーは「党と国家の統一」というスローガンを掲げて事態の収拾を図った。「党がいまや国家となった。すべての権力は帝国政府にある」。しかし、これでは問題点を明らかにしただけで、それを解決することにはならなかった。

ソ連では一党国家の意味はきわめてはっきりしていた。つまり、党が政策を決定し、国家にたいして命令を発するという状況が確立されていたのである。ナチ党の内部でも、ひとたび権力を握れば、自分たちが国家を支配し、命令を下すのだと考える向きが多かった。しかし、一九三四年の夏までに、そうはいかないことがはっきりした。ドイツで展開された新たな統治形態、すなわち総統を頂点とする党と国家と総統の三頭体制はきちんと確立されたものでなく、絶えず変動していたのだ。

州や地方レベルにおいて帝国地方長官および特別全権委員をつとめる党と突撃隊の指導者たちによって自発的に行なわれた「下からの革命」が原動力となって、圧力と脅威が生まれ、それによってヒトラーの「上からの革命」が成就した。しかし、この上からの革命が完了すると、ブラッハーが述べているように、今度は「勝ちとった権力を党による野放図な侵害から守ること」[*35]が重要になる。

革命の続行については、実業界ばかりでなく、このまま粛清がつづけば官僚機構が崩壊することを恐れる幹部クラスの公務員からも、強い反対の声があがっていた。新政権としても彼らの反対を押し切って革命を継続することはできなかった。帝国内相フリック、プロイセン内相ゲーリング（帝国よりもはるかに大規模な官僚機構を従えていた）は、保守的な閣僚と結託して、「職業的官吏復活のための法律」の制定（一九三三年四月七日）を支持し、その月が終わらないうちに、ゲーリングは、国家の権威を傷つけ失墜させる恐れのある「多くの地方長官や全権委員」を排除してしまう。[*36] 同時に、ヒトラーはミュンヘンにある党組織の本部を維持し、党に関するあらゆる問題を自分にかわって解決させるためにヘスを総統代理に任命したが、これは党が政府にたいして直接、影響力をふるうのを防ぐためだった。ヘスは凡庸な男だったが、ヒトラーにたいする忠誠心にかけては一徹なところがあり、ヒトラーが首相になってからは、自分の秘書をつとめるボルマンの補佐を受けて、党内の各指導者からヒトラーを守る役割をゆだねられていた。

党員数が大幅に増えていたため、いまやナチ党はひと握りのエリートが指導力を発揮するというよりも、ヒトラーが予見していたように、広範な基盤をもつ組織として国民を動員し支配する任務を遂行する役割をはたすのにふさわしいものとなっていた。党はあらかじめ政府の主要な機能については、そのすべてを代行できる影の省庁を設置していたが、党と国家の官僚機構が合併することはなかったし、党の指導者としては、ゲーリング、ゲッベルス、フリック、そしてダレの四名が帝国政府の閣僚の座についていたにすぎなかった。一九三七年になっても、一二省のうち七省では大臣が非党員で、ナチ党員が占めていた閣僚のポストは五つにすぎなかった。[*37]

党以上に厄介だったのは、六月に国家主義を奉じる鉄兜団を吸収したために、やはり規模が大きくなっていた突撃隊の存在だった。国家のレベルであれ州のレベルであれ、党だけでなく国家の機構にも足がかりを得ようとした他のナチ党指導者とは異なり、レームは自分の率いる褐色シャツの軍団を故意に国家から切り離していた。そのため、彼は独自の権力基盤をもっており、それを背景として「国家社会主義革命を達成」し、正規軍である国防軍という「灰色の岩」を突撃隊という「褐色の濁流」に併呑することを公然と口にしていた。一九三三年六月には『月刊国家社会主義』に論文を寄せて、突撃隊と親衛隊は国防軍および警察と並び立つ存在であり、「特別な重責を担う新国家の第三勢力である」と述べた。

一九三三年一月三十日から三月二十一日にかけて起こった出来事の経過は、ドイツの国家社会主義革命の真意を示すものではない……

突撃隊ならびに親衛隊は、ドイツの革命が眠りについたり、その途上で非戦闘員による裏切りにあったりすることを許さないだろう……この褐色の軍隊は、わが国の最後の要であり、共産主義にたいする最後の砦なのだ。

もしブルジョワ階級のぼんくらどもが、国家機構は新たな合図を受ければそれで充分であり、国民革命はすでに長くつづきすぎたと考えるとしたら、今回にかぎり、われわれは同意しよう。しかし、いまや国民革命は終わりを告げ、国家社会主義革命となる絶好の潮時である。彼らがついてくるとこないとにかかわりなく、われわれは戦いをつづけていく。もし最終的に、彼らが国家社会主義の何たるかを完全に理解するならば、彼らと手を組む！　彼らが望まなければ、彼ら抜きでやる！　そして、必要とあらば、彼らを敵にまわしてもやる！[*38]

突撃隊はますます、自分たちが恩恵にあずかれるまで革命が継続されることを望む不満分子の一団を代表するようになっていった。

まさにこうした突撃隊の姿勢を念頭において、ヒトラーは一九三三年七月六日に地方長官の会議で革命を終結する必要があると言明したのである。[*39]フリックとゲッベルスも同じ趣旨の発言をしたが、とくにゲッベルスは「第二革命を語る隠れボリシェヴィキ分子」に警告を発するなかで「ナチ革命の終結」を宣言した。プロイセンでは、ゲーリングの命令によって警察補助隊が解散させられ、突撃隊と親衛隊の強制収容所を警察の管理下におき、テロ活動にブレーキをかける努力が払われた。

レームがこうした措置を苦々しく思っていたので、それ以前にゲーリングによって禁止されていたにもかかわらず、ヒトラーはレームにプロイセンにおける突撃隊の特別代理人を任命することを許可したが、その一方で、九月の地方長官会議では第二革命を唱えるものは敵であり、そのうちに不意をついて始末するつもりだと発言していた。しかし、まだ機は熟していなかった。その年の秋のヒトラーのいくつかの発言からも、どのようにことを進めるかについて明らかな考えをもっていなかったことがわかるし、フリックが起草した「党と国家の統一を支えるための法律」も混乱を静める役には立たなかった。「ナチ革命が勝利を収めたあかつきには、(党は)ドイツ国家という概念の保持者となり、国家とは一心同体となる」という声明は、半年前に出された「党と国家の統一」宣言の域を出るものではなかった。ヘスとレームは閣僚に任じられたものの、その結果、党と国家が揺るぎない絆で結ばれるのでなければ、この両名が正規の大臣の地位も行政上の権力ももたない国務相の立場で内閣という国家の指導機関に参加したところで、国家にとってはとくに利益になりはしなかった。

帝国の全域で世論調査が実施され、結果はヒトラーにも逐一報告されていたが、この調査によって一九三四年の上半期に国民感情がいちじるしく悪化していたことが明らかになった。[*40] 一九三三年夏の熱狂ぶりは、その年の秋に軍縮会議と国際連盟から脱退したとき、一時的に復活したけれども、このころには見る影もなくなっていた。新政権は国会議事堂放火事件を企んだとして起訴されていた共産党の指導者たちを裁判にかけたが、政権への支持を集めることはできず、かえって裁判は大失敗に終わり、オランダ人の青年ファン・デア・ルッベを除くすべての被告が釈放される結果となった。[*41] 公約されていた経済的な躍進もまだ実現していなかったし、ヒトラー個人は人気を保っていたものの、地方の党指導者の腐敗ぶりと傲慢な態度への怒りは高まるばかりだった。『ヒトラー神話』という研究書のなかで、歴史家のイアン・カーショウはその報告を次のように要約している。

何よりも、「第三帝国の容認しがたい一面」は、権力に飢えた突撃隊の傲慢な威嚇と乱暴きわまる行状のなかに反映されている。突撃隊の狼藉は――左翼の「トラブルメーカー」とその他の「反社会的な分子」が粛清されたいま――ドイツの中産階級にとって安寧を乱し公徳心に反する不快きわまりない行為だった。[*42]

レームと突撃隊は、まったく異なる二つの理由でヒトラーにとってはとりわけ厄介な存在だった。党の武装組織である突撃隊と国家の軍隊である国防軍の並立が、党と国家の関係の最も危険な部分となっており、権力と権力のぶつかりあいというレベルを超えて、実際に戦闘に突入しかねない状況があった。そして、レームとの関係ほどヒトラーにとって扱いにくいものはなかった。レームはミュンヘン軍管区の幕僚として、ナチス運動の勃興期からヒトラーに力を貸してきた人物である。突撃隊の役割をめぐる両者の対立――ヒトラーが突撃隊を政治組織と考えていたのにたいして、レームは軍事的な組織ととらえていた――は、いまに始まったことではなく、すでに一九二五年には論争の末、レームが解任される事態が生じていた。突撃隊の手に負えない行状と「合法性」の維持にともなう窮屈さに耐えかねて、ヒトラーは三一年にレームを呼び戻したのだが、政治家の思惑と義勇兵団指導者の思惑が衝突するという、かつての問題がまたしても表面化したのである。

ヒトラーが首相になってからも、レームは一九二〇年代のころと同じく、あえて口をつつしんだり、既存の権力機構と妥協するヒトラーへの軽蔑を隠したりすることはなかった。レームは、ヒトラーによって閣僚に任じられ、またこの年の暮れには格別に心のこもった礼状がヒトラーから届けられたため、「アドルフ」はひそかに自分の言い分を認めているとの思いを強くしていた。彼は自由にヒトラー政権とその政策に批判を加えたばかりでなく、全国で突撃隊のパレード、視察、デモをこれみよがしに実施し、兵器の備蓄を開始しており、そのなかには海外から調達したものさえあった。

まだ明確な目的がなかったとはいえ、突撃隊の行動は激しさを増しており、ヒトラーの権威への挑戦とも言える様相を呈していた。ヒトラーもこうした動きを看過することはできなかったし、また時期的にもそれは最も不都合だった。もしヒトラーがこの挑戦に応じることなく、レームに第二革命については公言するなと懇願するようなことがあれば、あるいはもっと悪いことに三〇〇万もの隊員をかかえる突撃隊の指導者が「実力行使」を求める隊員の声を真剣に受けとめ、国防軍との対決も辞さないと言って脅しをかけてくるとしたら、ヒトラー政権を支える基盤がそっくり危機にさらされる可能性があったのだ。国防軍が新たに徴兵制を計画し、突撃隊の切り崩しを狙ったのも、いたずらに傍観してなりゆきまかせにするつもりがないことの意思表示だった。また国防軍には、保守勢力という強い味方がついていたし、突撃隊の振る舞いにうんざりしている一般大衆の強力な支持もあった。ヒトラーは一九二三年のミュンヘン一揆から得た教訓を忘れてはいなかった。公然と国防軍と争っては絶対にいけないというのがそれであり、とりわけ国防軍の指導者の援助なしでは再軍備という最重要課題の達成もままならない以上、ドイツが外国からの干渉を受けやすい状況にあるいま、国防軍と対立することなどもってのほかだった。最後に、老大統領の健康状態が悪化していたため、その後継者問題に決着をつけるべきときが近い将来にやってきそうだという事情もあった。ヒトラー自身は国家元首になる人間が自分をおいてほかにはいないと思っていたけれども、突撃隊が反乱を起こし、あるいは反乱を起こす素振りを示すだけでも、大統領の地位を逃す恐れがあったし、とりわけ国防軍の支持を得ることが難しくなると予想された。そして、ヒンデンブルクのあとを受けて、大統領職だけでなく軍の最高司令官を兼務することになる人物を決めるとなれば、国防軍が大きな発言力をもつことになるのは必至だったのである。

一九三四年一月の初めに、ヒトラーはプロイセンのゲシュタポ（国家秘密警察〔ゲハイメ・シュターツポリツァイ〕）

長官のルドルフ・ディールスを呼び、レームの交友関係（レームを含め、突撃隊の指導者のなかには同性愛者がいた）を洗い出して犯罪の証拠を固め、また突撃隊のテロ行為への関与をつきとめるようにと命令した。「これはきみに与える最も重要な任務だ[*43]」と、ヒトラーはディールスに告げた。いぜんとして対決を避けたいと望んでいたけれども、戦うとしたらどちらを選ぶべきか、ヒトラーが心を決めていたことは間違いない。二月二十一日、イギリスの外相アンソニー・イーデンをベルリンに迎えたとき、ヒトラーは突撃隊を三分の二に縮小するとともに、武装せず軍事訓練をほどこさないことを保証する用意があると語った[*44]。一週間後、ヒトラーは国防軍の指揮官と突撃隊および親衛隊の指導者を国防省で開かれた会議に召集して、突撃隊の軍事的な機能を縮小し、その主要な任務を党のそれと同じく、国民にたいする政治教育とするという条件で両者の合意を求めた。そして、重大な時期でもあり、突撃隊の指導者に自分の邪魔をしないようにと念を押し、背く者があれば何人(なんぴと)といえども叩きつぶすとつけ加えた。

将軍たちは喜んだ。レームは人前では自制心を保っていたが、ひそかにそのような取り決めに応じることは絶対にできないと心に誓い、そのことをレーム側近の幹部将校だったヴィクトル・ルッツェが正式にヒトラーに伝えた。もう一つの報告は、国防相のフォン・ブロンベルク将軍からのもので、突撃隊は各地の本部周辺に武装守備隊を配置しているが、単一の軍管区だけで兵力は六〇〇〇〇人から八〇〇〇〇人にのぼり、ライフル銃ばかりか機関銃でも武装しているとの内容だった。

三月になると、反抗的な突撃隊を孤立させるための作戦が組織的に開始された。それまでレームとその側近の副官たちが横柄な態度をとってきたため、突撃隊は、国防軍、大管区指導者、党組織、ゲーリング、ヒムラーといった厄介な相手を敵にまわしていた。とくにゲーリングと、ヒムラーの率いる親衛隊はますます突撃隊と距離をおくようになっていた。ヒムラーはすでにバイエルンの政治警察の実権を握っており、まもなく他の諸州でも同様の実権を手中に収めていった。プロイセンもその一つで、内相のゲーリングが名目上はゲシュタポの指揮権をもっていたが、一九三四年四月一日にヒムラーが長官代理に就任して実権を握った。ゲシュタポが突撃隊を徹底的に監視しつづける一方で、何らかの異変にたいする準備は親衛隊と国防軍が共同で整えていた。

六月になると、ドイツには危機を予感させる不穏な空気が広がっていた。フォン・ヒンデンブルクは夏期休暇に出かけるとき、副首相にこう言い残していた。「パーペン、どうも事態は芳しくないようだ。できるだけのことはしてくれ」。八十七歳の大統領は衰弱しており、再びベルリンに戻れないかもしれないとの情報を得て、ヒトラーは六月四日にレームと長時間にわたって会談し、解決案を受け入れて戦闘を回避するよう最後の説得を試みた。レームはヒトラーの提言に応じ、七月中は突撃隊に休暇をとらせることを承知した。彼は幹部には休暇が始まる前にバート・ヴィースゼーで会い、運動の将来について話しあうことを約束した。しかし、隊員に一カ月の休暇を命じた日のレームの言葉を伝え聞いたとき、ヒトラーはレームを説得できたと信じられなかった。

もし突撃隊の敵が、われわれは休暇から戻らないだろうと考えるとしたら、せいぜいそうした幻想を楽しませておけばよい。その日がくれば、あの連中は必要に応じて、それ相応に処遇されるだろう。突撃隊はドイツの運命であり、それは今後も変わらない。[*45]

7

六月の残りの日々を費やして、ゲーリングとヒムラーは突撃隊が陰謀を企てており、現政権を武力で打倒し、国防軍、突撃隊、親衛隊をレーム個人の指揮下におくことを企てている――ヒトラー自身は、陰謀の中心人物であると噂されていたフォン・シュライヒャーを副首相として、首相の地位にとどめられる――とする「証拠」集めに奔走した。その証拠はいまなお不確かなものだが、陰謀への関与が噂された人間を逮捕し、銃殺することによって、こうした動きを未然に防ぐ準備を進めていたゲーリングとヒムラーの措置を正当化するという意味では目的にかなっており、昔の恨みを晴らす機会が訪れるたびに標的となる人物の名前を載せたリストはしだいに長くなっていった。

ヒトラーが報告の内容をどこまで信じていたかはさだかでない。いざ実行する段になって、ようやく意を決したのかもしれない。しかし、ヒトラーが決心を固める根拠となったのは、レームが実際に反乱を計画していたかどうかという問題ではなく、ヨアヒム・フェストが指摘しているように、突撃隊をもって国防軍に代えるという計画に執着しているかぎり、レームは国防軍に戦いを挑み、ヒトラー政権を崩壊させかねない「反乱を起こす可能性のある永遠の脅威」を代表する人物だという事実だった。

レームは強大な力をもっており、彼を解任することは容易ではなかったし、もし解任すれば、反乱を誘発する可能性が高く、ヒトラーもそれは避けたかった。他方、レームは多くのことを知りすぎており、国会議事堂放火事件の裁判のようなスキャンダルをでっちあげることもできなかった。残された道はただ一つ、強引に決着をつけること、この状況にふさわしいギャングの言葉を使えば、レームを**はめる**ことだった。

しかし、ヒトラーは簡単にこうした結論に達したわけではなかったし、それにはもっともな理由もあった。突撃隊を叩くことは、ヒトラーが政権を獲得するのに大きな役割をはたした運動を叩くことであり、最も古くからの同志と手を切り、ヒトラーがひそかに憎んでいた（この点でレームの推測は正しかった）ドイツの保守的な分子を安心させることでもあったのだ。折しもフォン・パーペンがマールブルク大学での講演（六月十七日）のなかで、保守主義者の代弁者としてこの問題に口をはさみ、革命は終結しなければならないと政府に警告を発し、その後のヒトラーとの会見で副首相を辞任すると言って脅した。レームと突撃隊による反乱に加えて、フォン・パーペンらの保守派が決起する可能性もあった。しかし、病床の大統領をノイデックの別荘に見舞い、オーバーザルツベルクにあった自分の山荘で三日間じっくりと考えをめぐらしているうちに、ヒトラーはこうした状況をいつまでも放置しておくわけにはいかないとの思いを強めた。ベルリンに戻った六月二十六日、ヒトラーはゲーリングとヒムラーの立案した計画を知らされた。二十八日には、ブロンベルクとライヘナウが国防軍に厳戒態勢をとるよう指示した。同じ日、ヒトラーは大管区指導者テルボーフェンの結婚式に出席するためエッセンに向かった。ゲーリングも同行したが、ヒトラーがラインラントで旅をつづけるあいだにベルリンに戻り、ヒトラーが符牒（蜂鳥（コリブリ））を出すと、ただちに突撃隊と保守派の双方を攻撃する万全の準備を整えた。

　これに先立って、ヒトラーはレームと突撃隊の幹部にバイエルンの保養地バート・ヴィースゼーに集まるよう命じていた。そのとき、彼らには恐ろしい事態を予感しているような素振りはまったくなかった。二十九日、ラインラントのバート・ゴーデスベルクに着いたヒトラーは、親衛隊二個中隊をバート・ヴィースゼーに向かわせるよう命じた。七月一日午前二時、ヒトラー自らがボンを飛び立ってミュンヘンに向かった。空港には大管区指導者のワーグナーと二人の将校が待ち受けていて、突撃隊がミュンヘンで反乱を起こしたが失敗に終わったと報告した。それは事実でなかったが、ヒトラーを激怒させた。ヒトラー一行がバート・ヴィースゼーのホテルに到着したとき、突撃隊の幹部たちはまだ眠っていた。寝室になだれこんだヒトラーらはレームを逮捕し、ほかの幹部全員をミュンヘンに連行するよう命じた。

ゲーリングとヒムラーが立案した計画にヒトラーがゴーサインを出したのは、おそらくベルリンに戻った六月二十六日のことだった。実際には、計画がすっかり進んでいて、いまさら引き返すわけにいかなかったということだろう。この週末、見せかけの裁判という手続きもなしに、ミュンヘンおよびゲーリングとヒムラーが作戦の指揮をとったベルリンで、処刑が行なわれた。ヒトラーがついにレームを銃殺する命令を出したのは七月一日日曜日の夕方のことだった。実際には、自殺を選ぶチャンスを認めたのだが、レームはそれを拒否した。

何人の人間が殺されたのかは、いまなお不明である。八七人が殺されたことは間違いないが、地方の指導者が私怨を晴らした多くのケースも含めれば、その数は数百という単位だったというのが通説となっている。レームをはじめとする突撃隊の指揮官が粛清されたのと同時に、前時代の大物にも追及の手が伸び、多くの人間が殺された。そのなかには、かつてレームと並ぶヒトラーの代表的な協力者だったグレゴール・シュトラッサー、前首相フォン・シュライヒャー将軍、その友人のフォン・ブレードト将軍、一九二三年のミュンヘン一揆当時にヒトラーの恨みを買ったフォン・カール、さらにマールブルク大学におけるフォン・パーペンの演説の原稿を書いたエトガル・ユングもいた。ブリューニングはシュライヒャーが無視した警告を受け入れて、国外に退去していたので命拾いをした。

ヒトラーは断固たる決意をもって行動し、じかにレームと顔を合わせたのだが、その動揺ぶりには神経の疲労が明らかに見てとれ、三十日に彼と会った者は誰もが気づいたほどだった。ヒトラーがまず本能的にとった行動は、事件の重大性を目立たなくすることだった。ゲーリングは警察に命令して「過去二日間の行動に関するすべての公文書」を破棄させた。新聞は死亡記事の掲載を禁じられ、その一方で、「六月三十日および七月一日と二日にとられた措置は、反逆行為の鎮圧を目的としており、国家による正当防衛として合法的である」という二行の布告が、七月三日に内閣で承認された二〇の布告のなかにそっと加えられた。

翌日、ベルリンで式典が催され、ヒムラー以下親衛隊の死刑執行人にいたるまで、関係者の全員が名誉の短剣を贈られ、その行為を称えられた。しかし、ヒトラー自身は珍しく、その後一〇日間も沈黙を守った。これはきわめて乱暴なやりかたで自分の過去を切り捨てたあとの嫌悪感とショックが原因だったのかもしれないし、大量殺戮を招く結果となったこの事態をどう説明するのが最もよいかを考えあぐねていたせいだったかもしれない。何しろ処刑部隊が発砲するよう命令を受けたとき、その言葉は「総統の命令により」というものだったのだ。

ドイツ全土から寄せられた報告書には、総統への批判はほとんど見られなかったばかりか、彼の力ずくのやりかたを賞賛する声すらあった。このことは、当時プラハに亡命していた社会民主党の指導部の手に渡った報告書によっても裏づけられている。実際に反乱の企てがあったかどうか疑わしいとする声はほとんど聞かれず、総統が断固たる態度で突撃隊を鎮圧してくれたことへの満足感が広く行き渡っていたことからも、突撃隊がいかに憎まれていたかがわかる。ゲッベルスの宣伝機関が政権に好意的なこうした反応をうまく利用したのだが、ヒトラー自身は自ら国民に呼びかけ、今回の事件についてもっとはっきりと説明したいとの思いをつのらせていた。

七月十三日にヒトラーが行なった国会での演説は不出来であり、言葉づかいは散漫でまわりくどかった。しかし、それでも大衆のムードに応える彼の才能は、レームをはじめとする突撃隊の指導者の不埒なライフスタイル、とりわけ彼らの同性愛を強調したことや、革命がいつまでもつづくという考えを否定したこと、また今回の行動は秩序と安全を確保するために必要なものだったとして正当化したことなどに発揮されていた。

演説が終わりに近づいたところで、ヒトラーは大胆に、そして言葉を濁すことなく、自分は法律の上に立つ存在なのだと主張した。

もし私を非難して、なぜ法の正規の手続きに訴えないのかとたずねる者があれば、私はこう答えるだけである。いまこのときにあたって、私はドイツ国民の運命にたいして責任をもっており、それゆえドイツ国民の至上の審判者となったのだ……

私は今回の反逆の首謀者を銃殺せよと命令した。さらに私は、わが国民の生命を脅かす病根に徹底的に灸を据えるよう命令を出した……国家の存在は国内の秩序と安全にかかっており、それを脅かす者があればかならず罪に問われることを国民に知らせるべきである。そして、国家に打撃を加えるために手を上げる者は、何人(なんぴと)たりとも、確実な死こそ、その者の運命であることを今後はつねに銘記すべきである。[*46]

西欧諸国の政界は、敵となりうる存在を排除するための手段として殺人が正式に認められることに驚いたが、法の上に立つというヒトラーの主張には度肝を抜かれた。

しかしドイツでは、ヒトラーの行動はもっと大規模な流血の惨事を未然に防いだとして広範な支持を集めたばかりか、彼が法律によって束縛されることを拒否したことや、当然の正義にもとづいて行動した勇気も賞賛されたようだ。「これまでの帝国首相だったら、彼のように断固たる行動には出なかっただろう、と人びとは満足げに語った」[*47]のである。

このように考えたのは一般人だけではなかった。ベルリン大学の教授で、公法の権威のカール・シュミットは、一九三四年八月一日発行の『ドイツ法律家ジャーナル』に「総統は法を守る」と題した論文を寄せ、大量殺人は「直接に法を」創造する「総統による裁判」であり、新しい秩序のもとでの「最高の法」であるとして賞賛した。[*48]九年後の四三年十月四日に、ヒムラーはポーゼンで親衛隊の指揮官を前にして、人種的に劣る民族や政敵を処刑する政策を正当化する内容の演説をしたが、彼はとくに一九三四年六月三十日の大量殺人を振り返り、法の尊重ということに妨げられずに、自らの原則を貫徹する政府の容赦のなさをはっきりと示した先例だと述べた。[*49]

ヒトラーは演説のなかで、国防軍こそドイツで唯一の武装集団であり、これを政治とは関係のない機構として保持することをあらためて約束した。将軍たちはライバルが排除されて大いに満足だった。フォン・シュライヒャーとフォン・ブレードという二人の仲間が殺されていたのだが、フォン・ブロンベルクが将校団を代表して述べた祝辞はそんなことをにおわせもしなかった。

さしあたって、ヒトラーは自分が党内の過激分子ときっぱり袂を分かったことに国防軍と保守勢力が安心しているのをよしとした。そして、国会での演説から三週間後にフォン・ヒンデンブルクが死ぬと、今度はヒトラーが喜んで保守勢力と国防軍の支持を受ける番になった。大統領の地位とそれに付随する軍の最高司令官の地位が、遅滞も異議もなく、円滑にヒトラーに委譲された。

こうして、すでに唯一の政党のリーダーであり、政府の首班であったヒトラーは、類まれな地位を占めることになった。そして、帝国大統領の地位を廃し、同時にフォン・ヒンデンブルクが代表していた過去とのつながりを断ち切ることにより、自らの地位を揺るぎないものとした。大統領に代えて、彼は独自の肩書きをつくりだした。すべての将校、兵士、そして官僚が求められたのは、憲法に宣誓することではなく、「ドイツ帝国とドイツ人民の総統であるアドルフ・ヒトラー」にたいして「神の前」で個人的に宣誓することだった。ドイツの歴史家マルティン・ブロスツァットが指摘しているように、「個人的な忠誠の誓いが復活すると同時に、君主制も部分的に復活することになった」のである。

しかし、ブロスツァットはさらにこう語っている。

実際にはヒトラーの権力は、いかなる君主のそれをもしのいでいた。「天与の権利」という概念に取って代わったのは、総統が神によって任命された救世主であり、同時に人民の暗黙の意志を体現し、伝達する存在であるとの主張だった。[*50]

平和的に継承の問題が片づいたことを祝うと同時に、六月三十日事件の体裁をつくろい、また革命の終結を示すために、ヒトラーとゲッベルスは、「ポツダムの日」の「再演」とも言うべき、いまは亡き大統領にたいする敬意を表わす荘厳な一幕を上演した。ヒトラーが国会での追悼式で演説をし、つづいてワーグナーの『神々の黄昏』の葬送行進曲が流れるなか、新しい最高司令官の前を国防軍が行進した。この式典の最後に、一九一四年の対ロシア戦争での勝利を記念して、ヒンデンブルクの亡骸はタンネンベルク墓地に埋葬され、ヒトラーがワーグナー風の告別の辞を読み上げた。「そして、いまこそワルハラに憩いたまえ」

憲法の改変を合法化するために行なわれた八月十九日の国民投票は、いつものようにヒトラーの思い通りの結果となったが、一九三三年十一月の投票にくらべると「賛成」票が減少した。これは投票に先立つ運動が控え目だったことと、ヒトラー自身が運動に加わらなかったことが原因だったのかもしれない。もしそれが理由だとしたら、翌九月のニュルンベルクにおける党大会はこの二つの点での失敗を補ってあまりあるものだった。建築家のシュペーアが一三〇基のサーチライトを使って演出した傑作「光のカテドラル」とともに、レニ・リーフェンシュタールが監督した一九三四年の党大会の映画『意志の勝利』ほど、ナチ党の宣伝のうまさを示す例として深い印象を残したものはない。この種の映画は、その前年の「勝利者の大会」で制作された『信念の勝利』ですでに試みられていたのだが、これはレームを大きく取り上げた内容だったためにつくりなおす必要があったのだ。新たな題名を選び、あらゆる障害を克服する意志と、総統、ナチ党、そして国民の一体化という二つのテーマを決めたのは、ヒトラー自身だった。この映画のなかではヒトラーのイメージが強烈に描かれているため、他の事物や人はすべて影の薄い存在となっている。冒頭のシーンは、天下るヒトラーの飛行機が行進する突撃隊員と通りに居並ぶうっとりとした群衆の頭上に十字の影を投じるというもので、「党はヒトラーである。しかし、ドイツがヒトラーであるように、ヒトラーはドイツなのである。ヒトラー！　勝利万歳（ジーク・ハイル）！」というヘスの呪文めいた言葉で幕切れを迎える。

ヒトラーは一つの神話、つまり無名の存在から一国の運命を左右する地位にまで昇りつめた指導者をテーマとする神話のための儀式を執り行なう祭司の役割を演じた。そのメッセージの一部はきわめて明快で、「革命的な力の過程としての国家社会主義革命は終了した」というものだった。ヒトラーが突撃隊を粛清し、ヒンデンブルクのあとを継いだことによって党と国家の両方を代表する存在になったため、党と国家の関係もすでに解決ずみだった。一九三四年九月の党大会で、彼はこう語って党を安心させる。「国家がわれわれを操るのではなく、われわれが国家を操るのだ。国家がわれわれを創造したのではなく、われわれが国家を創造したのである」[*51]

フリック内相はあわてて声明を発表し、このような発言をしたヒトラーの本心は、党が国家よりも優位に立つということではなく、「党の指導者が国家の要職につき、国を治めているということにすぎない」[*52]と言明した。しかし、ヒトラーが「今日のドイツの」指導者には「何でもできる権力がある」と宣言したあと、さらにつづけて「国家社会主義の権力の最終的な強化がなされたあかつきには、上から指示される国家社会主義のプログラムが実現される」と表明したときのヒトラーの本心については、フリックは何も言わなかった。

しかし一九三四年の危機については、ヒトラーは基本的に日和見主義者だとする考えにも、そして「上から指示されるプログラム」に言及したときのヒトラーにはある明確な目標があったに違いないとする考えにも、一理はあると言えそうだ。その理由はこういうことだ。一九三四年の危機について、ヒトラーがそのなりゆきを予見することはまずできなかったはずである。かりにその対処の仕方が日和見主義的だったとしても、その結果まで偶然の産物だと見なすことはまず不可能であり、そこには与えられた機会を自分の目的に合致させる術をヒトラーがまぎれもなく身につけていたことが見てとれるし、あげくに彼は自ら招いたはずの災難を個人的な勝利に変え、自らが党と国家の上に君臨する状況をつくりだしたのである。

同様に、ヒトラーが再軍備の計画や、ソ連との条約を締結したときのご都合主義につきまとう困難を見越していたのではないかと考える人はいないのだが、彼が突撃隊をひねりつぶした三週間後に、従来は突撃隊の下部組織だった親衛隊を、総統の意志への盲目的な服従という原則の上に立つ独立した組織に格上げしたときも、ヒトラーが先を読んでいなかったとするのは、ひどいこじつけというものである。こうした措置をとることで、ヒトラーは統制が緩んで頼りにならなくなった突撃隊を廃し、突撃隊の全機能に加えてほかにも多くの機能を備え、なかでも自分の究極の目的である東方に人種主義的な帝国を築くという任務をはたすことのできる、はるかに優秀な機関で置き換えたのである。こうした見方を裏づける事実として、国防軍こそドイツで唯一の武装集団であると約束してから一週間も経たないうちに、ヒトラーが親衛隊にも同じ約束をしたことがあげられる。その後のなりゆきからも明らかなように、当初は一個師団にすぎなかった親衛隊は、レームが突撃隊によってはたそうとしながら功を急いで実現しえなかった夢、すなわち正規軍に取って代わる革命軍の創設という夢を実現する可能性をもっていたのである。

第10章　スターリンとヒトラーの比較

スターリン　一九三四末（五四―五五歳）
ヒトラー　一九三四末（四五歳）

1

ヒトラーの首相就任に先立つこと一〇〇年前に、ゲオルク・ウィルヘルム・フリードリヒ・ヘーゲルはベルリン大学で有名な歴史哲学の講義をし、そのなかで神意による「世界精神の意志」の執行者としての「世界史的個人」の役割について指摘している。

彼らが英雄と呼ばれるのは、その目的や使命を、既存の体制によって正当化されるような、安定した秩序ある事態の動きから汲みとるばかりでなく、内容が隠されているように見える、かたちをもたない源泉からも汲みとっている場合にかぎる。その源泉とは、いまだ地下にひそむ内面的な精神とも言えるもので、この精神は種子の殻を叩くようにして外界を叩き、外界をこわす（アレクサンドロス、カエサル、ナポレオンのように)。彼らは実践的かつ政治的な人間である。だが、それと同時に思考の人でもあって、何が必要であり、何が時宜にかなっているかを洞察している。洞察されたものは、まさにその時代と世界の真理であり、時代の内部にすでに存在する次の時代の一般的傾向である……彼らの仕事は、世界の次の段階にかならず現われるこの一般的傾向を見抜き、それを自分の目的とし、その実現に全力を傾注することである。したがって、世界史的人間ないし時代の英雄とは、洞察力のある人びとだと考えるべきであって、彼らの言動はその時代にあって最上のものなのである。[*1]（訳注：ヘーゲルからの引用はほぼ長谷川宏訳による）

このような個人が、しばしば道徳を無視した行動をとり、他人を大いに苦しめるのではないかという反論にたいして、ヘーゲルは次のように答える。

世界史とは、個人の心情や個人の良心の支えとなる道徳が占めるのにふさわしい地盤よりも、一段高い地盤のうえで動くものである。見当違いの道徳的な要求をもちだして、世界史的な行為とその成果に文句をつけてはならない。世界史的な人物にたいしてつつましさ、謙虚さ、人間愛、寛容といった私的な徳目を並べたてってはならないのである。[*2]

このような偉人が〔と、ヘーゲルは他の個所でつけ加えている〕その途上で多くの無垢な花々を踏みにじり、行く手によこたわる多くのものを踏みつぶすのはしかたのないことである。[*3]

ヒトラーとスターリンのどちらかがヘーゲルのこの文章を読んだかどうかはわからない。だが、この文章は二人に共通する信念、つまり自分はこうした役割をはたすよう運命づけられており、それゆえ自分が人間の行動に課される通常の規範に縛られることはないという信念を、実によく表わしている。そして、この信念こそが、ヒトラーとスターリンを直接比較するときの基礎となるのである。

一九三四年末が、この二人を比較してみるのに好ましい時期だということには、二つの理由がある。一つは、突撃隊と国防軍との対立に片がつき、フォン・ヒンデンブルクの後継者に収まることができたために、ヒトラーの権力は安定し、このとき以降、ヒトラーとスターリンをより平等な条件で比較するのが可能になったことである。もう一つは、一九三四年が両者にとって転換点となる年であり、そのために同年末を境として過去を振り返り、それまでの両者の経歴を比較できるばかりか、その後の時代を見通して将来への指針となったものをはっきりさせられることである。

ヒトラーは自らを、神意を受けて敗戦の屈辱とワイマル時代の堕落からドイツ民族を救うよう求められている存在だと考えていた。つまり、ドイツ民族を再び歴史的に見て正当な地位、すなわち支配民族の座につけることと、新たなドイツ帝国を東欧に築くことによって、その地位を将来にわたって保持していくことを自らの使命と考えていたのである。スターリンが自分の使命と考えたのは、何世紀にもわたってつづいていたロシアの後進性に終止符を打ち、ロシアを農民社会から近代的な工業国に脱皮させると同時に、世界最初の社会主義国家を築くことだった。どちらの課題を達成するにも、物的ならびに人的に多大の犠牲を払わなければならなかったが、彼らが役者として登場した世界史という舞台では、そのような犠牲はまったく問題にならなかった。スターリンとヒトラー以前にも数々の例があったのだが、歴史は、成功を収めさえすれば彼らを正当化し、許してしまうのである。

スターリンとヒトラーがどのような過程を経てこのような信念をもつようになったのかは、いまだに謎である。スターリンは、その書斎で見出されるナポレオン三世の著書『ナポレオンの思想』のなかの次の一説に印をつけていた。「自分が非凡な人間であると信ずるにいたり、そのときまでは幻想でしかなかった、偉大なことをなしとげようとの野心にとりつかれたのは、まさにあのローディで過ごした夜のことであった」[*4]。しかし、スターリンもヒトラーもそれと似た啓示の瞬間を明示しなかった。第

1章4節（第1巻）で、私はこうした信念と自己陶酔症との関連について探ってみた。自己陶酔症とは患者が自分自身に夢中になるあまり、自分にくらべると世のなかのあらゆる人やものが本当のものと見えなくなる心理状態を表わす言葉である。自己陶酔的な人は、自分には特別な資質が備わっており、自分は他人よりもすぐれていると信じていて、批判されたり、恥をかかされたり、あるいは敗北を喫したりするというかたちでこうした自己のイメージが脅かされると、暴力的な反応を示したり、往々にして復讐心を抱く。

だが、たとえ彼らの信念と自己陶酔症とのあいだに関連があるとしても、自己陶酔が引き金となった症例が多々あるなかで、なぜこの二人の場合にかぎって自己陶酔症がこれほどに例外的な心理的衝動を生みだし、失望や失敗、罪や自責の念、懐疑や抵抗にも動じることのない歴史的な使命感を彼らに与えたのかということについては、やはり疑問が残る。とにかく、この使命感を生涯にわたってもちつづけた結果、二人は尋常ならざる成功の極みに立つことができたのであり、ヒトラーの場合には、この信念のおかげで敗北から立ちなおることもできたのである。

しかし、こうした信念が形成されるにいたった端緒については推測するしかないという理由で、この信念が二人の生涯できわめて重要な要素だったとする仮説が無効になるわけではない。証拠はふんだんにあるのだし、二人の気質も違えば、身を置いた環境も違うとか、二人が対立するイデオロギーの信奉者だったということで、この仮説が左右されることもない。

二人に共通していたのは、生まれながらにして何かに恵まれていたということがなく、ともにゼロからスタートした事実である。スターリンは二十歳になる前に人生の目的を見出しえた点で、ヒトラーよりもましなスタートを切った。とはいえ、彼はその後の一八年間のうち半分以上の年月を刑務所か流刑地で過ごすことになる。ヒトラーは三十歳を過ぎてから、芸術ではなく政治に自らの天職を見出し、人前で演説をする才能に恵まれていることに気づいた。かりに三十歳前のスターリンやヒトラーと出会い、二十世紀で重要な役割をはたすことになる人物だと聞かされたところで、いったい誰が信じただろうか。

スターリンの政治歴には、さまざまな物理的障害がついてまわったが、にわかに運が向いてきて、シベリアの流刑地から戻り、一九一七年の末に革命政府で役職につくと、そうした苦労が十二分に報いられることになる。だが、社会の底辺に暮らすことの多かった前半生での体験が、スターリンにとって心理的なハンディキャップとなり、彼は死ぬまでそれを克服できなかった。彼は乱暴で粗野で気難しい男として登場し、革命家を目指したそもそもの動機も、理想主義というよりは憎しみと怒りに駆られてという面が非常に強かった。人に信頼を寄せることもなければ、人から信頼されることもなく、トロツキーの言葉を借りれば「よく組織化された暴力は、二点を結ぶ最短ルートである」と信じているような男だった。もう一つ、たぶんカフカース人の血がそうさせたのかもしれないが、彼には執念深いところがあり、侮辱や非礼を決して忘れない記憶力と執拗に復讐をとげようとする粘り強さをもちあわせていた。スターリンにまつわる最も有名な逸話の一つに、セレブリャコーフが語ったものがある。同志が輪になって完璧な一日とはどういうものかについて議論していると、スターリンはこう言ったという。「俺にとっての完璧な一日とは、敵にたいして芸術的とも言える復讐の計画を立て、それを完璧に実行し、あとは家に帰ってそっとベッドに入るってところだな[*5]」

　レーニンが「決定的な意味をもつことになるかもしれない些細なこと」と評したスターリンの柄の悪さ、もしくは品のなさは、表面的には見られなくなるが、終生スターリンの性格から消えなかった。実際、ロシアの統治者に収まってからかなりの時を経ても、スターリンはやはり癇癪を起こすことがあり、彼に逆らったり、彼の気分を害するような人間には誰彼かまわず怒りをあらわにし、そうなるとその人はたちまちスターリンの信用を失って、逮捕され、あるいは追放されることが多かった。

　こうした野蛮な性格（「アジア的」というのがトロツキーをはじめとする政治局員

がスターリンを評するのに使った言葉だった）がことさら目立ったのは、彼の周囲にいた人たちの大半がヨーロッパで数年間の亡命生活を送った経験をもっており、どんな欠点があろうと、少なくとも洗練された品格を身につけていたからである。これがスターリンの不快感をつのらせる原因だった。というのも、スターリンは他人が自分よりもよい教育を受けていたり、外国の事情に通じていて外国語にも堪能であったり、また理論的な問題をやすやすと文章にまとめたり、議論することが得意だったりすると怒りをおぼえたからである。だが、自分と似たような経験をもつ次の世代の党員を相手にするときには、他の人とのこうした違いをうまく利用するようになった。

スターリンが直面しなければならなかったもう一つの障害は、個人崇拝のようなものに反対する体質が共産党に深く浸透していたことである。スターリンは自分が歴史的な使命をもつ人間だという信念を少しでもほのめかそうものなら、昇進の望みがなくなることを充分に意識していた。

スターリンは早くから秘密を漏らさずにいることができるようになり、一九二〇年代半ばに彼と顔を合わせる機会の多かった人たちは、彼がそのころすでに心に描いていた自己イメージをあとで知り、驚愕した。偽りの姿を見せ、一芝居うつことにかけては天才的だったスターリンは、自分の荒っぽい手法を批判したレーニンの言葉を深く心に刻み、口をつつしむとともに、その後の数年間は穏健な党員、良識ある代弁者として活動し、中道的な路線を唱えていた。彼はまた、他人を介して敵対行動に出ることを好み、トロツキーを攻撃するのにジノヴィエフとカーメネフに率先して当たらせる一方で、この両名がトロツキーを党から除名するよう求めると、それほど大きな路線の違いはないとして、自制するよう助言した。トロツキーが自分にとって最も危険な敵はジノヴィエフでもカーメネフでもなく、トロイカの三番目のメンバーであることを知るのは、もっとあとのことである。カーメネフがスターリンのもつ危険性を完全に意識し、一九二五年の第一四回党大会で「個人支配の理論」を非難すると、スターリンは冷ややかに「もちろん集団指導体制しか考えられない」と答えた。スターリンの言い分は、指導部の他のメンバーを追い出そうとしていたのは反対派だというもので、党のために欠かせない人物として五人の名前をあげたのだが、のちにそのうちの三人は処刑されてしまった。

スターリンが六年以上にわたってライバルと反対派を排除するのに用いた策略は、マキアヴェッリ流の政治を雛形としており、そこにはこのフィレンツェの大家が教えているすべての権謀術数が見られた。ヒトラーと同様、スターリンもまたタイミングに細心の注意を払い、敵の思惑や弱点を探ることには本能的にすぐれていた。性格的には欠点だらけで、癇癪もちではあったが、スターリンがオルガナイザーならびに指導者として傑出した能力の持ち主だったことは間違いない。たとえば、彼は細かいところまで理解する能力をもっていたうえ、とりわけ同志や忠誠を誓った人たちを本能的に疑ってかかることもできた。欺瞞と裏切りこそ、彼の第二の天性だったのである。スターリンは可能なかぎり、正面切って対立するよりも裏でこっそりと策略をめぐらすことを好み、まずは敵に先手を打たせておいてから不意打ちをくらわせ、第三者を介して油断している敵の背後を襲うというやりかたをした。

スターリンの作戦行動を図式化してみると、恐るべきパターンが浮かび上がってくる。そこには、直接手を下さず、機を見て退却し、騎士のごとくにふるまい、方向を転換するなど、日和見主義のあらゆる要素があるだけでなく、スターリン個人の地位の強化という目標を一瞬たりとも見失うことがない執拗さも認められる。スターリンが着々とその地歩を固めていることは、書記長——総統ではない——として、分派と偏向を非難したときに見せた自信たっぷりの態度に表われてはいたが、その一方で、彼は党の名において、そしてレーニンの権威のもとでのみ行動すると主張することにより、自身の策略を隠していた。一九二九年十二月に行なわれたスターリン生誕五〇周年式典において、スターリンは初めて自身の責任分担を明確にしたのだが、当初、党は試験的にこれを認めたにすぎなかった。ところが、その後の三四年一月の「勝利者の大会」(第一七回大会)では、党はスターリンに感謝の意を表し、彼が明言したことを完全に認めてしまう。権力を獲得するまでの過程でも、そして権力の頂点に立ったときにも、二〇年代に見られた秘密裏に力を行使するという、いかにも政治家スターリンらしい特質が表われており、ヒトラーが当初から公然と党内で独自の地位を求めていたのとは対照的だった。

この章の冒頭にヘーゲルの著作から引用したのは、十九世紀ドイツの思想と文学に反映され、チェコ生まれのイギリスの思想史家J・P・スターンが、「世界に自らの要求をつきつけ、自らのイメージで世界をつくりあげようとする強力な戦闘的個性」[*6]と述べた「英雄的な指導者」への根強い信仰の存在が、ヒトラーに有利に働いたことを指摘するためである。

フリードリヒ・ニーチェがこうした伝統を独特の表現で要約している。未来は、芸術家のような政治家、生活環境が変われば芸術家になれる政治家のものだ、とニーチェは指摘する。

こういう人間は予測できない。彼らは理由も道理も斟酌も口実もなく、運命のようにやってくる。彼らは電光のようにそこにあり、あまりにも恐ろしく、突発的で、説得力があり、あまりにも「異質」であるため、憎まれることすらない……彼らの内部では黄銅のごとくに輝く恐るべき芸術家のエゴイズムが支配しており、母が子において正当化されるように、自らがその「事業」において永遠に正当化されることを知っているのだ。[*7]

スターンはニーチェからの引用部分の結びに、もう一人の「黄銅のごとくに輝く芸術家」であるムッソリーニの言葉を引用している。それは「一般大衆が自分の思いのままになるとき、私が彼らの信念をかき乱すとき、あるいは私が彼らと混じりあい、彼らに潰されかかるとき、私は自分が彼らの一部になったと感じる」という言葉と「他の芸術家が大理石や金属を素材にして作品をつくったのにたいして、レーニンは人間を素材として作品をつくった芸術家なのである」[*8]というものだ。

敗戦の経験、戦後のドイツ社会の分裂、「民族的な志向をもつ」人びとによるワイマル共和制の価値の否定といった要因が、このような思想に新たな活力を与えた。イタリアでムッソリーニがこの思想を実際の行動に移す方法を具体的に示すと、ヒトラーは鮮烈な印象を受ける。そして、ひとたびヒトラーが自ら天職として芸術ではなく政治に目を向ける決意を固めたとき、たまたまドイツにはヒトラーの訴えを自然に受け入れる伝統と聴衆が存在していたのである。スターリンは個人による政治に反対するマルクス主義の伝統を前にして、自分の野心と個性を隠さなければならなかったが、ヒトラーのほうは自分の野心と個性を存分に生かすことができた。

ヒトラーが早い時期に「民族的な志向をもつ」人びとに訴えて成功したことは、一九二三年のミュンヘン一揆に失敗したものの、その後の裁判での活躍で敗北の屈辱から立ちなおることができた事実が示すとおりである。ヒトラーは二四年末に刑務所から出所したのだが、二〇年代後半という時期には、ドイツが一時的に繁栄と安定を享受していたこともあり、彼は不利な状況のもとでナチ党の再建をゼロから始めなければならなかった。こうした繁栄と安定の時期がすぐ終わるのかどうか、ヒトラーには見当もつかなかったし、この数年間が自分の「世界史における役割」への信念と意志の力をはかる試金石となったのである。

ヒトラーは人間の意志にこそ決定的な力があると信じるようになったが、その根拠をやはり十九世紀の思想家、とりわけ二人の思想家の教えに求めることができた。一人はアルトゥール・ショーペンハウアーで、秘書によれば、ヒトラーはショーペンハウアーの『意志と表象としての世界』の一節を暗唱することができたという。もう一人はニーチェである。ヒトラーはニーチェの著作集をムッソリーニに贈っている。ヒトラーにとって、ムッソリーニは「他に並ぶ者のない政治家」であり、彼のローマ進軍によってヒトラーは歴史的な衰退傾向を逆転することが可能だと知ったのである。ヒトラーはどんな困難も、問題となっている事象に本来的に備わっているものだとは認めなかった。彼の目に入るのは人間の無能さと人間の敵意だけだった。これはスターリンが、農業集団化の過程で数々の困難に直面することになったのは、地方レベルで党の役人が充分な決意をもって計画を遂行しなかったためであり、富農（クラーク）をはじめ、つねに自分を取り巻いている敵と破壊分子による悪意ある抵抗のせいだと信じていたのと同様である。

しかし、スターリンとヒトラーは、どちらも意志の力をもち、ひたむきに目的を追求することができたうえ、柔軟な戦術を駆使できた。スターリンが「集団指導」の原則を尊重すると繰り返しておきながら、実はその廃止をめざし、つねに自身による個人的な指導体制を確立しようとして躍起になっていたことは、ヒトラーが表面的には「合法性」という原則を唱えておきながら、裏では政治革命を断行し、法の支配を覆そうとしていたのと軌を一にしている。

スターリンには、すでに党の要職についていて、権力を一身に集めているという有利さがあった。彼は生涯を通じて選挙戦にのぞむことも、一般の選挙民に呼びかける必要もなかった。ヒトラーとは異なり、彼は一般大衆のもとに出向くことがまったくなかったのである。本来、人民の苦悩と貧窮こそ共産党の存在意義の根底にあったはずなのに、人民は相変わらず抽象的な存在でしかなかった。彼はオルガナイザー、政治指導者として努力を重ね、党の機構をその内部で自分のものにしていった。彼の演説のほとんどは党の何らかの会合で行なわれたもので、当然、批判を浴びせられたり、反対を受けたりすることもあったのだが、それらはつねにマルクス主義の枠内に収まる批判や反対であり、満員の聴衆はしだいに反スターリン派を野次り、その意見を否決するようになっていった。

ヒトラーも、スターリンと同じく、民主主義政治を無視していたが、いかに気が進まなくても、民主主義政治を廃止するための権力を手にするには、自分でも脅しの手段としてしか考えていなかった反乱をもう一度敢行するか、自分としては諸悪の根源だと非難していた民主主義の制度に参加して票を集めるしかないと認めていた。

政治家ヒトラーの非凡さは、伝統を重んずる右翼政党の弱点を認識していたところにあった。彼はオーストリアとドイツのマルクス主義者の例にならって国民投票に訴えることの必要性を悟り、民主主義に反対しマルクス主義を否定して国家主義的な綱領を信奉する人間を初めて大量に養成した。ゲッベルスと相談して、ヒトラーは彼らに民主主義の打倒をもくろむ自由さえ保障してくれる民主主義制度そのものを笑いものにする政治スタイルまで構築したのだ。ナチ党は自分たちのやっていることを隠そうとしなかった。ゲッベルス自身も一九二八年に国会議員選挙に立候補し、ナチ党が獲得した二〇議席のうちの一つを占めることになるのだが、その選挙の直前に『攻撃（デア・アングリフ）』紙に寄せた論文のなかで次のように主張している。

われわれが国会に入るのは、民主主義の兵器庫から民主主義の兵器を獲得するためである。われわれが国会議員になるのは、ワイマル体制をワイマル体制そのものの助けによって麻痺させるためである。民主主義が自らの仇となる情けをかけて、われわれに無料乗車券と食事を与えてくれるほど愚かであるとしても、それはわれわれの関知することではない……われわれは合法的なあらゆる手段に訴えて、現状に大変革をもたらすつもりである。われわれがこうした選挙戦でわが党の扇動家六〇名ないし七〇名を各地の議会に送りこむことに成功すれば、国家がやがてわれわれの闘争に必要な装備を供給し、資金を提供してくれることになるだろう……ムッソリーニも議会に参加したが、その後まもなく黒シャツ隊を率いてローマに進軍した……議会政治がわれわれのダマスカス（訳注：使徒パウロの回心の地）であると信じてはいけない。われわれは敵として乗りこむ！　羊の群れに狼が襲いかかるようにして乗りこむのだ。もはや諸君は群れをなしているわけにはいかない。[*9]

一九二八年には誰一人として注目する者はいなかったが、その二年後の選挙でナチ党が七〇〇万票を集めて一〇七議席を獲得し、国会の第一党になると、ゲッベルスの予想が文字通り現実となったのである。

ヒトラーは、自分の野心を隠さなければならなかったスターリンとは違って、自分の政党をつくるときに事実を歪曲するという手段に訴える必要がなかった。政策を決定し、命令を下す唯一の人間である総統という独自の地位について、自分を偽る必要がまったくなかったのだ。一九二〇年代の半ばにナチ党に入党した人たちですら、誰もがそのことを承知していたし、認めてもいた。スターリン時代の古参ボリシェヴィキが党の方針を自由に論議することができたレーニンの時代を懐かしみ、心のなかではスターリンがレーニンに匹敵する人物だともレーニンの後継者だとも認めていなかったのとは対照的に、ナチ党の古参の闘士（アルテ・ケンプファー）は不平を言うことはあっても、総統というヒトラーの地位に疑問をもつことは決してなかった。

その結果として、ヒトラーはスターリンとは違い、指導者としての地位を認めてもらうのに苦労することがまったくなかったし、ナチ党の側でも、スターリンが共産党の指導部にたいして行なった発作的な一連の粛清を経験することはついぞなかった。ヒトラーは分割統治のような策を凝らす必要もなかった。彼には恐れるべきライバルが存在しなかったのである。グレゴール・シュトラッサーもレームもヒトラーと対立したが、自分たちがヒトラーに取って代われるとはさらさら考えなかった。一九三四年のレームの粛清もそのことと矛盾していない。レームと突撃隊の不満は、彼らがヒトラーを拒絶したことに原因があるのではなく、彼らのほうがヒトラーに拒絶されるのではないかと恐れたことに起因していたからである。ヒトラーはヒトラーで、政治的な理由からしぶしぶ粛清に同意し、国防軍の支持を得てフォン・ヒンデンブルクの後継者となる道を選んだのである。

ヒトラーも、スターリンと同じく、怒りに燃えていた。彼の怒りが向けられたのは、ドイツを裏切った「十一月の犯罪人」、善良なドイツ人労働者をそそのかしたマルクス主義者、アーリア人種の優位を覆そうと企むユダヤ人、ウィーンで彼を見捨てたブルジョワ社会、シルクハットにフロックコートといったいでたちで、ナチのような騒々しい下品な連中とはとても手を組めないといって見下した態度をとる保守的な国家主義者のような相手にたいしてだった。彼はこうした人たちのすべてに復讐することを誓い、実際にその思いをとげた。しかし、ヒトラーが社会的にどれほど厄介な存在であろうと、そして彼が晴らしたいと願っていた恨みの数がどんなに多かろうと、彼は劣等感にさいなまれていたわけではない。むしろ、彼はこうした人たちのすべてを立派な業績をあげられない廃人と見なし、軽蔑していたのである。ヘルマン・ラウシュニングは書いている。「ヒトラーにとって、憎しみとはワインのようなものである。憎しみが彼を酔わすのだ。人びとは彼の攻撃的な演説を聞いて、彼がいかに憎むことを喜びとしていたかを悟ったにちがいない」[*10]

スターリンが最初に彼なりの使命感を抱いたのは、マルクス－レーニン主義が歴史的発展の法則を明らかにしたと信じて、その思想に傾倒したことからであり、さらにそうした法則を実現するための道具である党と自己を一体のものと見なしたことからだった。ヒトラーもまた、自分の運命は歴史の一部だと考えていた。「歴史観をもたない人間は耳や目をもたない人間のようなものだ」と彼は断言している。しかし、歴史観をめぐるヒトラーの解釈は、スターリンの解釈とはまったく異なっていた。彼の心は遠い過去にまでおよび、読書を通じて得た雑多な知識をまとめ、あらかじめ想定しておいた枠組みのなかに収めるという作業を行なった。ヒトラーは「私はよく、なぜ古代の世界が滅びたのかと考えることがある」と「食卓談話」のなかで思いめぐらしている。彼の持論は、聖パウロの名でよく知られるユダヤ人、タルソの人サウロが創始したキリスト教が、ちょうどユダヤ人カール・マルクスの創始したボリシェヴィズムがヒトラーの時代のヨーロッパで破壊的な役割をはたしたのと同じく、破壊的な役割をはたしたことこそ古代の世界が滅びた原因だというものだった。[*11]

こうした歴史観で自分をとらえていたため、ヒトラーは自分が、同様に危機的な時代、十九世紀の自由なブルジョワ社会が崩壊しつつあった時代に生まれたのだと信じていた。マルクス主義者の率いる一般大衆が抱く「ユダヤ-ボリシェヴィキ」のイデオロギーが未来を支配するのを防ぐために、ヒトラーがその育成を自らの使命だと考えた新しいエリート層にナチの民族主義的なイデオロギーを抱懐させてヨーロッパを救わなければならなかった。ローマ帝国を征服したゲルマン民族は野蛮人だったけれども、彼らは崩れかけていた体制を廃し、力強い新文明の基礎を築いた。ヒトラーは、ナチにも瀕死の西欧文明に取って代わるものをつくる責務があると考えていたのである。

スターリンとヒトラーに共通していたのは強烈な支配欲であり、両者ともに自説を曲げず、議論を挑まれたり批判されたりすると、怒りをあらわにした。しかし気質的には、この二人は似ても似つかぬ存在だった。

ヒトラーは政治の世界では意志の力が決定的な要因になるとつねに主張していたが、この意志の力を伝えようとするとき、彼にはスターリンの場合とは違って、自然な印象がまったくなく、無理しているように見えた。ヒトラーの物腰にはとってつけたようなところがあり、自然の発露というよりも、過度に強調される感じがあった。たとえば、彼のジェスチュアには芝居がかったところがあったたし、その動きはなめらかでなく、ぎこちなさが目立った。

いざ決定を下さなければならなくなると、ヒトラーは迷って逡巡することが多かった。決心するまでがたいへんだったばかりでなく、いったん決心しても心変わりすることがたびたびあり、そうした状態が数週間もつづくことがあると、側近たちは絶望の淵に追いやられた。彼は機が熟したことを自分に言い聞かせなければならなかったし、何か決定を下した場合、それが世論と総統のイメージにどのような影響をおよぼすかをいつも気にしていた。平価の切下げや何らかのかたちでの物価の値上げ、あるいは戦時における女性の徴兵のような提案をはねつけたときのヒトラーが、そのよい例である。決定を下したあとでさえ、結果を案じるあまり、自分を不安定な精神状態に追いこんでしまうことがままあり、それが癇癪、叱責、そして絶望となって表われた。危機に直面しても、スターリンの神経は落ち着いていたのにたいして、ヒトラーは過敏な神経のために右往左往した。

このように神経質な面が出るのは決意がしっかりと固まっていなかったせいだと断定するのは簡単だが、少し長期にわたる記録を見ればわかるように、その裏に隠されていたのは大きな決意と、絶えず敵に（ときには味方にたいしても）不意打ちをくらわせる大胆さ、負けを認めようとしない頑固さ、そしてスターリンと同じく、人が生命を失ったり苦しんだりすることなど何とも思わない冷酷さだった。

同様に、ヒトラーがお天気屋だったことも、われわれの判断を誤らせやすい。スターリンには自制心と自信が備わっていたとの印象を受けるが、ヒトラーは激昂しやすかった。スターリンは自分の感情を押し殺し、必要以上に口をきかなかった。ヒトラーは自分の感情のおもむくまま、話しだしたら止まらないところがあった。しかし、彼が隠していたのは、その計算高さである。ヒトラーは怒り心頭に発するとすっかりわれを忘れてしまったような印象があった。顔面を紅潮させ、あらんかぎりの声で叫び、悪態をつき、腕を振り上げ、拳で机を叩いた。しかし、ヒトラーをよく知る者は、彼が実際には――ヒトラーがよく自身を評するのに使う言葉を使えば――「氷のような冷静さ」を保っていると確信していた。

スターリンも、ヒトラーと同じく、一つの役割を演じていたのだが、そのことを悟らせはしなかった。スターリンの激情は内に秘められていただけに、なおさら強烈だったのである。のちに明らかになる偏執的な性向の片鱗が初めて公の場で示されたのは、シャフトゥイ裁判で声明を発表したときのことである。「同志諸君、内部にも敵がいる。外部にも敵はいる。このことを決して忘れてはならない」。このときには階級の敵としての富農に宣戦を布告することによって、この偏執的性向をようやく抑えることができた。

ヒトラーの場合には、この偏執的な性向こそ、まずは彼の国家主義的な意識を喚起し、次いで彼を政治の世界に足を踏み入れさせた要因だった。彼が心に描いていたのは、ハプスブルク帝国、スラヴ人、マルクス主義者、ユダヤ人による包囲網からドイツを救い出すことであり、そのためには一九一八年に祖国を裏切った内なる敵によるドイツ帝国への背信行為、ヴェルサイユ条約による調停の押しつけや、ドイツの外敵による賠償金の強制取り立てといった問題を解決しなければならなかった。政界に身を投じた当初から、ヒトラーが率直に呼びかけたのは、彼と同様に偏執的な感情をもち、自分たちは資本家、社会民主主義者、労働組合、ボリシェヴィキ、ユダヤ人、連合国など、見えざる敵による陰謀の犠牲者だと思いこんでいる多くのドイツ人にたいしてであった。彼らには、自分と同じ疑念をもつばかりか、そうした疑念をきっぱりと正当化してくれる政治家に応える用意ができていた。ナチ党の支持者となる可能性を秘めた多くの人びとが自分たちのエネルギーを解き放ち、それを一身に集約する救世主の到来を待ち望んでいたのである。

社会学者のシオドア・エイベルは、一九三三年以前にナチの運動に加わった六〇〇名近くの平党員との会見をまとめて、三八年にある書物を出版したが、彼らの反応はそのなかで繰り返し示される単純な感情に要約されている。「われらが指導者たるアドルフ・ヒトラーは、神がドイツ民族につかわされた救世主であり、かならずや暗闇に光明をもたらしてくれると信じている[*12]」

スターリンの場合には見られなかったことだが、ヒトラーの偏執的な性向にカリスマ性が結びつくと、彼の呼びかけはますます効果をあげることになった。本来、宗教指導者や予言者が備えている「神授の才」とは、たとえ世俗化されたかたちであっても(最初にこのことを明らかにしたのはドイツの社会学者マックス・ウェーバーだった）、慈悲深い行為に生かされることもあれば、破壊的な目的のために利用されることもある。二十世紀における前者の好例としては、ガンディーとフランクリン・ローズヴェルトがあげられる。そして、ヒトラーは後者の典型的な例である。[*13]

ヒトラーは自分が一般の人たちのなかから選ばれ、権力を授けられたという信念をつねに抱いていた。そして、カリスマ性を備えていたがゆえに、ヒトラーは支持者を集め、彼らにこうした超人的な才能と神の恩寵を認めさせることにより自分との絆を結びえたのである。彼らがヒトラーの言ったことのすべてを、ヒトラーがそう言ったからという理由で受け入れたことこそその才能の証拠であり、彼らはヒトラーが命令したというだけの理由で何の疑いももたずにその命令を遂行する覚悟だった。

こうした独特な主従関係と自分を劇的に表現できる才能のおかげで、ヒトラーの演説は驚異的な力をもち、たとえば熟達した雄弁家による伝統的な政治演説とはまったく趣の異なるものとなった。確かに、いわゆる雄弁家の基準から判断すれば、ヒトラーの演説に欠点があったことは間違いない。あまりにも長く話したし、同じことを何度も繰り返し、冗長でもあった。話しはじめはぎこちなく、終わりかたはあまりにも唐突だった。しかし、これらの欠点は、ヒトラーの声色だけで伝わる熱情、激しい憎しみ、怒りと脅迫といった感情の力強さと、それがじかに聴衆に届くという現実を前にすると、ほとんど問題にならなかった。先に引用したニーチェの著作のなかにヒトラーが生み出した効果を説明する一文がある。「人間は、強く信じられていると思われることを、すべて真実だと信じるものである」

ヒトラーには聴衆の胸の内を見すかす才能があった。演説の始めのほうでは、聴衆の気分を感じとるために、探りを入れながら明確でないものの言いかたをすることがよくあった。グレゴールの弟のオットー・シュトラッサーは、ヒトラーと袂を分かってから数年後にこう書いている。

ヒトラーは、人の心の動きにたいし、地震計か、はたまた無線受信装置のような感度で反応したが、その確度たるや、意識して得られるレベルのものではなかった。そして、この能力のおかげで、彼は拡声器のような働きをし、秘中の秘である願望、最も容認しがたい本能、苦難、そしてすべての国民が内的な衝動に駆られて蜂起するといったことを広言できたのである。[*14]

しかし、ヒトラーは単に聴衆の感情を利用しただけにとどまらなかった。ニーチェが一八七八年に出版した本の別の一節は、ヒトラーを念頭において書かれたようである。

すべての大詐欺師たちにあっては、彼らの威力の源となる注目すべきプロセスが働いている。恐ろしげな声、表情、ジェスチュアなど、すべてを準備したうえで行なわれる欺瞞行為そのもののなかで、彼らは自分自身への信仰に圧倒される。この信仰こそ、あれほど圧倒的に、そして奇跡的に聴衆に訴えかけるものなのである。[*15]

それは相互に作用する関係だった。ヒトラーは聴衆に安心と希望を与えただけでなく、彼自身もあらためて自信を取り戻し、自己のイメージを再確認することができた。その意味で、ヒトラー神話とはヒトラー自身がつくりあげたものであると同時に、彼を信奉する人たちがつくりあげたもの、すなわち彼らの無意識の欲求が体現されたものでもあった。

こうした才能を、スターリンはもちあわせなかった。もし彼にそのような才能があったとしても、彼が話しかけなければならなかったのは、人があふれた選挙運動の大集会ではなく、ソ連共産党の中枢機関という閉鎖的な世界だったので、その場にふさわしいものとは言えず、むしろ逆効果を生むことになっただろう。テルミドール派のクーデタにおけるナポレオン・ボナパルトのごとき役割を演じるのではないかとの疑いをかけられた人間がどのような抵抗にあったかは、トロツキーの例を見ればよくわかる。彼はレーニンの後継者のなかでただ一人、カリスマ性を備えた人物で、そのためにかえってひどい目に遭うことになる。

ヒトラーは自分が頼りにしていた伝統のおかげで、公然と自説を主張し、その正しさを証明することができた。それにたいしてスターリンは、こうした聴衆とのあいだの強い相互関係に恵まれなかった。その理由として、彼にはヒトラーのような弁説家としての特別な才能がなかったことがあげられるし、スターリンが身をおいていた伝統のなかにはそうした相互関係が存在する余地がなかったということもあるだろう。

地下活動としてのロシアのマルクス主義の歴史には、陰謀と迫害がはびこる土壌があったし、一八二五年のデカブリストの反乱以来、秘密結社への熱い思いを示してきたロシア史全般についても同じことが言える。しかし、宗教と関わりがあるとか、ドストエフスキーが描き、同時代のマルクス主義知識人が強硬に反発した、ロシアの生活における不合理な強い力と関わりがあるというだけの理由で、カリスマ的な特質を帯びたものはすべて怪しまれた。崇拝の対象となりえたのは、死後のレーニンただ一人だった。そのレーニンも、生前は崇拝につながりそうな動きには強く反対していた。

スターリンは賞賛や追従を受けるとうんざりし、苛立ったふりをしたが、ヒトラーの場合とは異なり、指導者としての認知を求めるスターリンの欲求は満たされないままだった。そこで、スターリンはどのような策を弄しただろうか。フルシチョフの回顧録にこんな記述がある。「彼は自分がレーニンについて公式の場で発表している声明とは異なる個人的な見解をもっているという考えを、慎重に側近の意識のなかに吹きこんだ」。ラーザリ・カガノーヴィチは例によってすばやくスターリンの合図をキャッチした。

カガノーヴィチは椅子の背にもたれて大きく伸びをし、大声で言ったものだ。「同志諸君、そろそろ人民に真実を話してもよいころだ。党内では、誰もがレーニンとレーニン主義について語りつづけている。われわれは自分に正直にならなければならない。レーニンは一九二四年に死んだ。彼がいったい何年のあいだ党で活動したというのか？　彼の指導下でどのような成果があがったというのか？　スターリンのもとでの成果とくらべてみるがよい！　いまや『レーニン万歳』のかわりに、『スターリン万歳』というスローガンを掲げるべきときなのだ」

彼がこんなことを話しているあいだ、われわれはみな押し黙り、目を伏せていた。カガノーヴィチと議論をするのはいつもスターリンだけと決まっていた。「きみは何を言っているんだ」。スターリンは反論しはじめる。「何ということを言いだすんだ」。しかし、スターリンの声の調子から判断すると、彼は誰かに自分の言葉を否定してほしいようだった。このようなやりとりは仲間うちではよく知られていた……

スターリンはよくカガノーヴィチを叱りつけた。「レーニンとは何か？ 彼は高くそびえる塔だ。そして、スターリンとは何か？ スターリンは小指だ！」カガノーヴィチはますますその気になった……カガノーヴィチとスターリンのあいだでこうした言い争いが生じることはますます頻繁になり、スターリンが死ぬまでつづいた。二人の話をさえぎる者はなく、いつもスターリンの言葉で論争は終わった。[*16]

2

スターリンが拭い去ることのできなかった疑念は、共産党の他の指導者が自分の政策を支持して拍手するときでさえ、自分をレーニンと並び立つ存在として認めていないのではないか、ましてやスターリン本人の自己評価どおりには見てくれていないのではないかということだった。この不信感のせいで、自信過剰で他人に頼らないという、駆け出し時代のスターリンと出会った人がすでに気づいていた性格が、さらに助長された。彼は誰かと会って感銘を受けることがまずなく（おそらくレーニンが唯一の例外だった）、人にどう思われようとほとんど気にかけなかった。スターリンと対立した人たちがすぐに気づいたのは、この男には人情味が欠けており、その一方で強い意志の力が備わっていることだった。この意志の力のおかげで、彼は酷寒のシベリアでさして人恋しさを感じずに三年も過ごすことができたのである。しかし、自分はある特別な運命のもとに生まれついているという意識と現実との乖離から長いあいだ不満を抱いていたため、彼はつねに不機嫌な気難しい人間になっていた。ところが、そうした意識がレーニンの後継者に収まろうという野心的な目的を得て満たされはじめると、意志の力はスターリンを駆りたてるすさまじい原動力となった。

ヒトラーの場合もそうだが、スターリンも冷酷無情こそは最高の美徳であり、冷酷にしないほうが得策だという場合にのみ抑制した。ロシア革命の伝統により、公正で平等な社会の実現を追求する過程では、人の生命にはまったく関心を払わないことが美徳となっていたのである。社会革命党（エス・エル）はこの美徳のなかに個人のテロ行為を正当化する理由を見出し、ボリシェヴィキはブルジョワ階級や富農などを標的とする集団的なテロ行為を正当化する理由を見出した。レーニンとトロツキーも公然とテロ行為を認めており、チェーカーの初代議長をつとめたあの清廉なジェルジンスキーですら狂信的な自己犠牲の精神でテロ行為を実行した。スターリンの心のなかに何らかの抑制が働いたとしても、例の使命感がそれを解いたことだろう。そして、この使命感があったからこそ、スターリンの行為はおのずと正当化され、スターリンは歴史的必然の代理人として自分が奪った無数の生命にたいして同情や罪悪感を抱かずにすんだのである。

容認しがたいかもしれないが、スターリンとヒトラーを理解するための鍵となるのは、彼らが自分たちの歴史的な役割について非常に真摯(しんし)だった事実を認識することである。彼らを疑ったり嘲ったりするのは、誰にせよ命がけの行為だったことは確かだ。彼らには冷笑癖があり、他人の動機や主張には懐疑的だったが、自分の動機と主張については疑いをもたなかった。彼らは自分が暴君や邪悪な人間ではなく、生涯を高尚な大義のために潔く捧げる指導者だと思っており、他人にも同調を求める資格があると考え、自分自身と自分の主張への賛同者に歪んだ道徳的エネルギーと過剰な自信を吹きこんだのである。

スターリンが権力を求め、権力を行使した動機が、権力のための権力を手中に収めることだったとすれば、左右両翼の反対派を封じた直後に、第二革命と変わらないほど危険な事業に乗り出すことは決してなかっただろう。彼が単に抜け目のない現実主義者だったとすれば、権力闘争でライバルたちを蹴散らすことに成功すればそれで充分だったはずであり、少なくともひと休みして勝利の快感に酔いしれたことだろう。しかし、スターリンをそのようにとらえた場合、彼には自分がレーニンと並ぶ偉大な指導者であり、その後継者であることを自分自身に証明するとともに、自分に屈服した相手にも認めさせる必要があった事実を見落とすことになる。

だからといって、ここで世界史的「偉人」論を蒸し返すつもりはないし、また無数の党員が熱狂的に――少なくとも後年のように進んで――協力しなかったならば、スターリン一人でこれほど大きな変革をなしとげることはできなかったと言いたいわけでもない。彼らは新経済政策（ネップ）の卑劣な妥協に不満を感じ、スターリンの計画こそ党の闘争心をよみがえらせ、社会主義社会への突破口を開いてくれると信じていたのである。この勢いを保つには、スターリンの側で並み外れた意志の力をふるうことが必要だった。そして、彼がその意志の力を保ちつづけえたのは、指導者としての個人的な資質を上まわるものによってであった。すなわち、歴史の力学がソ連共産党とその指導者である自分のために創造してくれたと信じる役割を、その信念と自分を劇的に表現する力によってはたしえたおかげだったのである。

「上からの革命」の経験は、スターリンの心から消えなかった。だからといって、疑念や悔恨が生まれることもなく、かえってすでに徴候が現われていた偏執的な傾向に拍車がかかる結果となり、アメリカの政治学者ハロルド・ラスウェルが「公共のものへの私情の転移」[*17]として描いた現象の典型的な例である一九三〇年代後半の裁判と粛清の嵐を招く一因となった。

スターリンが妄想症（パラノイア）であるとの診断が初めて記録として残されるのは、一九二七年十二月にモスクワで国際科学会議が開催されたときだった。この会議で、ソ連の神経病理学の第一人者、レニングラードのウラジーミル・ベフテレフ教授の発表が外国からの参加者に大きな感銘を与えたため、スターリンが関心をもち、教授を自分のところに招待した。十二月二十二日、スターリンとの会見を終えると、ベフテレフは助手のムヌーヒンに、スターリンは典型的な妄想症の重症患者だと告げ、危険な人物がソ連の頂点に立っていると語った。ベフテレフがホテルに滞在しているうちに病気にかかって亡くなったため、スターリンに毒殺されたのではないかとの疑いがもたれた。それが真実かどうかはわからないが、一九八八年九月にベフテレフの診断書が『リテラトゥールナヤ・ガゼータ』に掲載されると、ソ連の代表的な精神科医E・A・リチコ教授はその診断が正しいと判定した。リチコ教授は、経験から言えることは、妄想症の発作を誘発する要因は外的な環境と困難な状況であり、急に激しさを増したかと思うと再び落ち着くというパターンを繰り返すのが通例だとつけ加えた。リチコ教授によれば、スターリンの場合、こうした精神病的な発作が生じたのは、一九二九～三〇年のことで、これは富農撲滅運動のあとだった。次いで発作が起きたのは三六～三七年で、党や軍の指導部で粛清の嵐が吹き荒れたあとのことだった。「第二次大戦が始まって間もないころ、彼は国家の指揮権を放棄しかけたが、おそらくこのときも発作に見舞われたのだと思われる。最後は、その人生の最晩年で、『医師の治療を要する患者』になっていたころのことだ」[*18]

歴史心理学の妥当性という問題は別にして、まず反論の余地のないポイントを二つ指摘することができる。

一つは患者の能力を奪ってしまう精神病と、精神病的な徴候を示しているけれども本人の能力には何の影響もなく、自分の行為を理解し、自分の行動に責任をもちうるさまざまな性格異常とを区別するのが重要だということである。

スターリンとヒトラーの偏執的な傾向に該当するのが精神病ではなく、この二番目の症例であることは間違いない。精神医学のテキストとして定評ある『ハーヴァード現代精神医学入門』と『オックスフォード精神医学教本』という二冊の書物のなかでは、たとえばよく組織化されていて揺らぐことのない妄想体系というような、偏執的な性格の基本的な徴候についての記述がある。それによると、こうした症状が進行していくのは中年期のことで、その性格は他の精神機能が損傷を受けないようにカプセルで包まれたような状態になっており、基本的には何の影響も受けないまま周囲の状況に応じてきちんと機能しうるという。

もう一つは、妄想症（パラノイア）というような精神医学用語であれ、また日常的な言葉であれ、慢性的な猜疑心、自己陶酔、嫉妬心、過敏症、誇大妄想といった偏執的な症状は、スターリンと密接に関わった人たちのスターリン評のなかに実に頻繁に登場することである。

スターリンは、批判、反抗、好ましくないニュースなど、自分のイメージをかき乱し、自己反省や自責の念など不愉快な感情をかきたてるものにたいして過敏に反応した。こうした脅威から身を守るために、彼はさまざまな心理的な戦略を考え出した。ロバート・タッカーはその戦略を、「抑圧」「合理化」「すりかえ」という言葉でくくっている。[*19]

最初の「抑圧」は最も単純だった。スターリンは予期せぬ不都合な事実に直面すると、それらは真実ではないときっぱり否定し、そうした事実を指摘した人たちを破壊活動、悪質な誇張、その他の脅威となる罪を犯したとして告発した。これが効果的な見せしめとなり、他の人びとは同じ危険を冒そうとは思わなくなった。

「合理化」の最もよく知られている例としては、スターリンは粗暴だというレーニンの批判を自分から認め、同時に自分に熱意がある証拠だとしてその批判をうまく利用したことがあげられる。「そのとおり、同志諸君、私は粗暴だ。党に打撃を加え、その分裂を図るといった無礼な裏切り行為を働く連中にたいしては粗暴なのだ」[*20]

三番目の「すりかえ」を利用して、彼は自分のものとしては認めたくない動機や態度を他人に押しつけることができた。スターリンが友人や盟友を裏切っておきながら、自分がもくろんだ裏切り行為の犠牲者を裏切り者呼ばわりすることで、自分自身と他人に自分の行為の正当性を訴えた例は枚挙にいとまがない。スターリンが偽善者の役と嘘つきの役を、他のあらゆる政治的な技術のなかで示したのと同じ程度に演じられたことは、容易に証明できる。しかし、集団化の成功、五カ年計画の発展、ロシアの人民の状況についての彼の主張の大部分が真実でないことはあまりにもはっきりしていた――彼の言葉を耳にした人たちには真実でないことがわかっていた――ので、おそらくこうした主張は、彼が自分で信じたいと願い、また信じなければならなかったことは真実だという、無意識の自己欺瞞から出たものだっただろう。

しかし、妄想状態に共通した徴候は、誇大妄想と、自分は迫害と陰謀の犠牲者だという妄想を併発することであり、これが過度な猜疑心、他者への不信、敵に攻撃される前に攻撃したいという強い欲求を生み出す。同様に、こうした妄想が系統立っているということも特徴である。重要な細目に目をつけると、それをうまく調整できる論理の枠に組み込んで、その信憑性を守るのである。妄想の世界では、偶然に生じることなど一つもない。

もう二つほど特徴をあげられるが、これらはとくにスターリンとヒトラーの政治スタイルと関係がある。その一つは、妄想にかけらほどの事実が含まれていると、その妄想の力が増大することである。スターリンの場合、その背景には、ロシアにおける革命的な政治に陰謀の伝統があり、絶えず分派が形成され、激しい抗争が繰りひろげられていたという事情があった。スターリンにしてみれば、自分の地位を脅かす恐れのある人間をつきとめ、次いで話を大きくし、最後には相手の機先を制することなどいとも容易だったのである。

第二は、偏執的な性向が進行していっても、かならずしも能力が低下しないことである。妄想症であっても、演説者、オルガナイザー、指導者としてすぐれた政治的能力を発揮することが可能である。危機的な状況にあっては、かえって偏執的な性向が強力なエネルギーや自信の源泉となり、自分は正しいという信念、さらには冷酷に敵を追いつめていく動機など、プラスの要因をもたらすことがある。

スターリンにはつねに疑い深いところがあったが、集団化を進める過程での彼の猜疑心は度を越していた。うまくいかなかったことの非をすべて犠牲になった人たちになすりつけたのである。彼に言わせれば、失敗の原因は富農が抵抗したことであり、ずるがしこい農民が穀物を隠匿し、政府に納めなかったことであり、ウクライナの民族主義者が国家を裏切り、陰謀を図ったことだった。スターリンは自分以外には誰も信用できなかった。自分の妻の自殺ですら裏切り行為と考えたほどだ。彼の目についたのは、いたるところにいる敵の姿であり、最も親密な協力者ですら疑わしい存在となった。スターリンの娘のスヴェトラーナはこう書いている。

「事実」が明るみに出て、知りあいが結局「悪者」だとわかったとき、父の心のなかには大きな変化が生じた……この瞬間、残酷で執念深い父の性格が表に現われ、父にとって過去は消滅したのだ。長年にわたる友情と、共通の大義のもとに力を合わせて戦った経験は、初めからなかったも同然だった。父は過去など一撃で粉砕することができたのだ。そして、その人の運命は決まってしまう。「きみは私を裏切った」と父の内なる悪魔がささやいた。「きみのことなどもう知らん」[*21]

ヒトラーのように支持者の忠誠心を集め、それを保持していくだけのカリスマ性に欠けていたため、スターリンは人に恐怖感を吹きこむ力を頼りに、その地位を築き上げたのである。彼は自分こそ革命を最後までやりとげる力をもつ、共産党でただ一人の指導者だと信じていた。その根拠は、自身が人民の一人であり、知識人でもなければ亡命の経験ももっていなかったこと、ロシアの人民がつねに恐怖と苦痛によって支配されてきたこと、またロシアの人民はそういうかたちでしか支配できないと知っているのが自分だけだという信念だった。スターリン以前ではピョートル大帝とイワン四世（雷帝）がそのことを理解していたのだが、この恐怖政治の要諦は、政治機構そのものをそういう状況におき、次いで政治機構が人民を恐怖の状態に置くことだった。信念は変わることもあるが、恐怖はいつまでもつづいたのである。

ヤゴーダが秘密警察の長として四年の任期を終えると、スターリンはもはや粛清する潮時だとの判断を下した。ヤゴーダのあとを継いだのはエジョーフで、暗黒の大粛清時代は彼の名にちなんでエジョーフシチナと呼ばれている。エジョーフもまた恐怖を背負って生きた人間で、彼もまたスターリンに粛清されてしまった。

スターリンの行動原理の一つは、政治においては人を信用する余地などないというものだった。この点でも、ヒトラーとはきわめて対照的である。ヒトラーは自分の側近には厚い信頼を寄せていた。たとえば、ゲーリングとヒムラーにはかなり広範な権限を委譲していたが、その信頼が裏切られることはなかった（原注：ヘスがイギリスへ飛んだことも、その例外ではなかった。ヘスの動機はヒトラーの信頼を回復することであって、ヒトラーを裏切ることではなかった。第3巻16章3節参照）。だが、スターリンは党の指導部こそ最も疑わしいと考えており、ライバルたちをそこから追い出したあとでも、この考えは変わらなかった。一九二九～三〇年にスターリンのもとに馳せ参じ、第二革命の遂行に協力した人たちの多くは、自らを勝利のために闘うパートナーと考え、たがいに連帯し、独自の意見をもっているつもりだったのだが、モロトフやカガノーヴィチとは違って、スターリンがいなければ自分たちは虫けら同然だということがわかっていなかった。彼らのこうした姿勢を怪しいと感じると、スターリンはすぐさま彼らを自分にたいして謀反を企てる敵だと判断し、先手を打って彼らの任を解き、その後釜に自分の意志の執行人を自認する政治局と中央委員会のメンバーをあてなければならないと考えた。

スターリンの猜疑心を考えるときに忘れてならないのは、どんなに抑えつけても潜在意識のなかに存在しつづけ、心の平和をかき乱していた疑念と劣等感への一つの答として、つねに安心感をもつ必要があったことだ。表面上、スターリンは完全に自分の心をコントロールでき、どんなことにも動じない自信をもっているかのように振舞っていたが、実際には心の奥底に激しい感情を秘めていた。人に相談したり、人の意見に耳を傾けたりする必要のない独裁的な権力への熱望、燃えたぎる復讐心、反対派を絶対に許すまいとする決意、さらにこれまで見てきたように指導者として認知されることへの渇望といった感情である。

ひとたび権力の座について、党と官僚機構と軍隊を支配するようになると、誰かがスターリンの地位を直接脅かす心配はほとんどなくなり、スターリンは自分がレーニンの右腕であったことを証明するために革命の歴史を書き換える作業を開始することができた。スターリン崇拝の目的は、党の政治とは関係のないところにいるロシアの一般大衆に、スターリンがレーニンの後継者であると認知してもらうことだった。しかし、彼はまた自分に屈服した相手や古参ボリシェヴィキの残党、さらに中央機関のメンバーでスターリンが権力を獲得するのを近くで見ていた党内のグループからも認知されることを望んでいた。スターリンが望んだのは、単に彼が勝ったことを認めるだけでなく、その勝利は当然の結果であり、彼らが自らの意志でレーニンを指導者として認めたように、自分のことも認めてほしいということだった。それを求めていたからこそ、裁判が頻繁に行なわれた時代に、古参ボリシェヴィキの被告人たちに屈辱的な言葉で自らの非を認めさせ、つねにスターリンが正しかったと自白させるべきだ、とスターリンは執拗に要求したのである。

最初の裁判が開かれる直前の一九三六年初頭に、もはや政治局員の地位を失い、『イズヴェスチヤ』の編集にたずさわっていたニコライ・ブハーリンは、かつてのドイツ社会民主党の公文書（そのなかにはカール・マルクスの原稿もあった）を購入するためにパリを訪れた。ブハーリンはボリス・ニコラエフスキーとフョードル・ダンというこの売買に関係した二人の亡命メンシェヴィキと長いこと話しあった。ブハーリンは恐れを抱いていないようなふりをせず、実際、アンドレ・マルローをはじめとする人びとに自分はスターリンに殺されるだろうと語った。パリでのその言葉と、その二年後に彼が逮捕され、裁判にかけられた事実から判断して、他の犠牲者とは違ってブハーリンはスターリンの胸の内と、自分やその他の人びとが殺されるだけでなく、自白まで強要される理由がわかっていたにちがいない（原注：第12章参照）。

ブハーリンがスターリンについて言いたかったことは、ダンの未亡人が一九六四年に雑誌に発表している。

あなたは彼のことがよくわからないと言うが、われわれにはわかっている。彼は自分を含むすべての人たちに自分が誰よりも偉大だということを納得させられないのが不満なのであり、この不満こそ、彼がもつ最も人間的な特徴かもしれないし、ことによると彼の唯一の人間的な特徴なのかもしれないのだ。しかし、彼が人間というよりもむしろ悪魔のような存在であるとする根拠は、この不満ゆえに、彼が人びとに、すべての人びとに、とりわけ何らかの点で彼よりも高尚ですぐれた人たちに、復讐せずにはいられなかったということだ。もし彼よりも演説のうまい人がいれば、その人の運命は決まってしまう。その人がいるかぎり、スターリンは永遠にナンバーワンにはなれないのだから、スターリンはその人を生かしておかないだろう。[22]

ヒトラーに妄想症の傾向があったことは、彼の駆け出し時代や『わが闘争』のなかでもはっきりと見てとれる。しかし、彼が想定する敵は個人ではなく、ユダヤ人やマルクス主義者といった集団であり、スターリンが敵視した相手が個人だったのとは対照的である。スターリンが自分の党やともに働いている人たちに疑念を抱いたのにたいして、ヒトラーはそうした人たちを驚くほど信頼し、誠意をもって接した。一九三〇年の初めから事態がしだいに好転していくにつれて、ヒトラーはますます自信を深め、攻撃的になっていった。ヒトラーの妄想症の徴候が再び現われるのは、それまでの成功が一転し、一九四三年一月にスターリングラードで敗北を避けようとして悪戦苦闘し、ドイツの将軍や将校団を裏切り者だと考えるようになったときだけだった。四四〜四五年になると、ヒトラーは一歩後退するたびに裏切りがあったと思いこみ、自分の周囲に信頼できる人間がいないと考えるようになって、ついには最も身近な協力者すら信頼できなくなってしまう。

しかし、両者の行動の精神病理学的な要素に注意を払う一方で、ヒトラーとスターリンの政治家としての傑出した能力を認識すること——当時、非常に多くの人がそれを認識できずにいた——も大切である。二人とも秘密主義で、ヒトラーは側近のクルト・リューデッケに「私は必要なときに必要なことを必要な人にしか話さない」と語った。ヒトラーと激しい口論をしたことのある財政家のシャハトは、こう書いている。「彼の口から不用意な言葉がとびだすことは決してなかった。彼は話すつもりのないことは決して話さなかったし、秘密を漏らしもしなかった。すべては冷静に計算をし尽くした結果だった[*23]」。ヒトラーとスターリンはどちらも、指導者としてつねに人びとを張り合わせようとしていた。たとえば、ある人にあることを話し、別の人にはまったく反対の内容を話すといったぐあいである。二人とも権力をふるう手段として予測できない行動をとり、側近ですら彼らが何をするつもりなのか正確に判断することは難しかった。スターリンに呼び出された者は何を準備していったらよいのかさっぱりわからなかった。スターリンは予想もつかない質問で話を切り出したり、どうでもよいようなことを話題にしたかと思うと、手のひらを返すようにして威嚇的な態度で本題に入るのだった。彼はごく些細なことや相手が緊張のあまり思いつきで漏らした意見を聞き逃すことなく、それらを偏向、敵意、あるいは裏切りの証拠に仕立てあげた。

ヒトラーは専門家にたいして、とりわけ経済学者にたいして強い不信感をあらわにしたが、これもスターリンと同じだった。戦時中はこうした不信感が将軍たちにも向けられた。ヒトラーは問題の複雑さに怖気をふるうことなく、意志があればどんな問題でも解決できると主張した。スターリンとヒトラーはものごとを単純化する名人だった。それこそが、両者の独断的な主張とあいまって、留保や条件なしにはっきりとものごとの黒白をつけてもらいたいと望む人びとに強くアピールした資質だった。ヒトラーに助言を聞いてもらえなかったシャハトは、しぶしぶ認めている。「ヒトラーは他の人には解決不能だと思われる問題に、しばしば驚くほど簡単な解決法を見出した……その解決法はしばしば乱暴なものだったが、かならずと言っていいほど有効だった」[*24]。ヒトラーの単純化の例のうちで最も残酷なものが、最も効果的だった。ほぼいかなる状況においても、暴力をふるうか、暴力をふるうという脅しをかけるだけで、問題は解決したのである。スターリンなら決してそれに異議を唱えなかっただろう。

ヒトラーをスターリンと比較することに意義があるのは、スターリンもヒトラーと同じく、最初の成功が歴史的な状況のおかげだったと同時に、他の人間からの援助や運に恵まれたおかげだったからである。戦争とその後の敗戦という歴史のめぐりあわせがなかったら、ヒトラーと同じくスターリンも行動を起こすきっかけをつくれなかったはずである。ヒトラーとは違って、スターリンは自分で党をつくる必要がなかった。しかし、もともと反対していた革命の結果として要職につくことになったのだが、その革命ではレーニンやトロツキーとくらべればさしたる役割をはたさなかった。はみだし者にすぎなかったスターリンが、政府のなかで独自の地位を保ち、のちのキャリアの基盤となる地位を与えられたのも、やはりレーニンという後ろ盾がいたおかげだった。

土壇場で二〇〇万票も得票を減らし、グレゴール・シュトラッサーが辞任するなど、ナチ党の命運も尽きたかと思われた矢先に、ヒトラーはフォン・パーペンから新たな申し出を受けるという幸運に恵まれたわけだが、スターリンも同様に、レーニンがスターリンに矛先を向け、書記長の職からの解任を提案する準備を進めていたとき、そのレーニンが一九二四年に早々と死去してくれたおかげで救われたのである。しかし、必須ではあるが外的なこうした要因のゆえに、スターリン自身がはたした役割の重要性が減ずると主張する者はいないだろう。同じことは、ヒトラーについても言えるのである。

確かに、一九二九〜三三年という時代のヒトラーは、かつてバイエルンでそうであったように、彼にたいして好意的で、彼を喜んでパートナーと見なしてくれた「国粋主義的な反対派」が頼りだった。しかし、ここでもフォン・パーペン、フォン・シュライヒャー、そしてフォン・ヒンデンブルクの側近が犯した誤りの責任を問わないわけにはいかない。とはいえ、やはり注目すべきは、状況を把握し、巧妙に「合法性」を装う戦術をとることによって、その状況をうまく利用しつつ、その一方でつねに党内の支持者には時いたれば合法性の戦術はやめると信じこませたヒトラーの抜け目のなさである。これはスターリンが巧みに他の政治局員を張り合わせておく一方で、党内でつねに自分の支持者を育てていたのと同じである。この時期に、両者は自分の本当の目的を隠し、敵が隙を見せるのをじっと待っていたのである。

フーゲンベルクやフォン・パーペンのような政治家が鼻をつまみながらもナチ党と協力関係を結ぼうとした理由は、彼らがナチ党に魅力を感じていたからではなく、ヒトラーと手を組めば自分たちの望むもの、すなわち大衆の支持をあてにできたからである。大衆の支持は、ヒトラー自身がつくりあげたものだ。つまり、大衆にアピールする極右政党という発想——ヒトラーは最初、この考えを大戦前のウィーンで社会民主党から学んだ――も、実際にそうした党を組織することも、彼の創意によるものだった。選挙運動中に見られた独創的な宣伝や目新しい方法も、同じくヒトラーが考案したものだったのだ。一九三〇年代に選挙戦で成功を収める（そのために彼はあらかじめ組織をつくっていた）かなり前から、シュトラッサーとゲッベルスはヒトラーなくしてはナチ党が存在しえないことに気づいていた。

一九三〇年九月の選挙でナチ党がそれまでにない成功を収めたことからして、ヒトラーが過半数を獲得しようとして展開した急進的な選挙運動とその失敗に関心が集まるのも当然である。しかし、ヒトラーの傑出した判断力が見られるのは、宣伝のためのお祭り騒ぎのさなかにも失敗するかもしれないと考え、政権を獲得するには交渉を通じるほかないと認識していたこと――さらに、要求を下げず、首相よりも低いポストに就任するのを頑強に拒んだこと――である。首相に就任できれば、そのあとからすべてがついてくるとヒトラーは読んでいたし、実際にそのとおりの結果となった。これも、彼の先を読む能力が発揮された例である。

首相になったその日に、ヒトラーは主導権を握り、それを手放すことなく、六カ月後には同質化（グライヒシャルトウング）という言葉のもとに、彼の政治革命はその実態を明らかにすることなく完結する。その戦術には厚顔無恥と恐怖と安心が混在しており、「下からの革命」の圧力――突撃隊と地方の党指導者はやりたい放題だった――と、ゲーリングによるプロイセン乗っ取りとのあいだのバランスをうまくとり、その一方で「合法性」「継続」「国家の統一」「憲法の尊重」といった呪文を唱えて、保守的な連立パートナー、大統領、国防軍、行政機関をつねにだましつづけていたのである。

どんな革命でもそうだが、この時期にもひどい混乱、衝動的な行動、そして独断専行が見られた。ヒトラーは自分の部下の強力な援助、とりわけゲーリング、ゲッベルス、フリックの協力がなければこの革命を成就することはできなかった。しかし、混沌とした状況のなかで、自身の心も揺れていたのに、ヒトラーは決して方向感覚を失わなかったし、自分の限界を超えもしなかった。一九三三年の夏、彼は革命の終結を宣言し、その一年後にはこれを認めようとしない人たちを力で抑えつけた。ためらい、風聞、妥協、方針の転換、革命政治にはつきものの混乱状態といった要素にとらわれて、時機を逸することなく目的をはたす――ヒトラーはつねに大統領という地位の継承を念頭においていた――という彼の一貫した意志から目をそらしてはならない。こうした見方をすることは、一九一七～一八年当時のレーニンや、六年以上の歳月を費やしてライバルを粛清していったころのスターリン、あるいは二九～三三年に「第二革命」を遂行していた当時のスターリンについて考察する場合にも同様に重要である。

チャーリー・チャップリンの映画『独裁者』ですっかり定着してしまったヒトラーのイメージは忘れることとして、記録に目を転じてみよう。一九三〇年九月から三四年までの四年間におけるドイツ政治の流れを考察するとき、政治的な判断力と洞察力によりすぐれていたのは誰だったのか？　フーゲンベルク、フォン・パーペン、そしてフォン・シュライヒャーだろうか？　中央党のブリューニングとカース司祭か？　社会民主党と労働組合の指導者か？　共産党の指導者か？　フォン・ブロンベルクと国防軍か？　グレゴール・シュトラッサーとレームか？　あるいは他の人たちがこぞって見くびっていた男、ヒトラーだったのだろうか？

労働組合はもとより、ナチ党以外の政党もすべて解体させられていた。フーゲンベルクとカースは政界から追放されていた。フォン・シュライヒャー、シュトラッサー、そしてレームはすでにこの世を去っていた。ブリューニングについては、ドイツを脱出する時期を誤らず、終戦後まで国外にとどまるだけの分別があったという程度のことしか言えない。フォン・パーペンはヒトラーとナチ党の動きを封じるなどと大見得を切っておきながら、自分の演説の草稿を書いたエトガル・ユングが射殺されたのち、生きてウィーンに派遣されたわが身の幸運を喜ぶ始末だった。社会民主党と共産党の指導者は、自慢の組織を破壊され、刑務所にいるか亡命しているかのどちらかであり、共産党にいたっては、いまだに社会民主党との反目をつづけ、党の「正しい」綱領を掲げて、ナチ党の勝利は共産党が大勝利を収めるその前段階にすぎないと予言し、自らを慰めていた。突撃隊とナチ党内の反資本主義的な分子という根本的な脅威が除去されたため、ブロンベルクと国防軍、そして実業界のリーダーには喜ぶに足る理由があった。しかし、彼らが喜ぶのは、ヒトラーにとっても歓迎すべきことだった。ヒトラーはドイツの軍事力を再建し、失業問題にけりをつけるという最重要課題に取り組むにあたって、彼らの積極的な協力を期待することができたからである。

驚くべきことに、「ヒトラー神話」ほどヒトラーの政治的個性に見られる二つの面の関連をはっきりと示すものはほかにない。ここで言う関連とは、ヒトラーが人間のもつ情緒的かつ非合理的な部分に訴えかけるという一面と、その一方で想定しうる行動方針に思いをめぐらし、時間をかけて慎重に判断を下すという一面との関わりのことである。

「英雄的な」リーダーシップは、十九世紀ドイツのロマン主義的かつ民族主義的なカルトに見られる特徴的な要素の一つだった。一九一八年の敗戦以後、非常に多くのドイツ人が怒りと当惑を感じており、そこにいまや急進的な表現形式で、あるいはカリスマ的な言いまわしで「神のごとき運命の力と神の恩寵を与えられた人」としばしば表現される偉大な指導者を待望する気運を再燃させる土壌があった。こうした事情をよく物語っているワイマル時代の例を二つあげてみよう。

不幸な時代にあって、われわれは指導者を待望している。彼はわが民族が再び正直になるためにどのような進路をとり、何をするのかを教えてくれるはずだ。

指導者はつくられるものではないし、その意味において、選ばれるものでもない。指導者とは、自分の民族の歴史を理解しているがゆえに、おのずと生まれるものなのだ。[*25]

ナチ党内で自然発生的に「総統崇拝」が始まったのは、一九二三年のミュンヘン一揆の前年、ムッソリーニがローマ進軍を敢行した年のことだった。ヒトラー自身は、二四年の裁判における自分の奮闘ぶりに喝采を送り、士気を失った党ではなくヒトラー個人に希望の光を見出している人びとの声に応えて、ようやく太鼓叩きの役割ではなく、総統の役割というものに気づきはじめたところだった。事実、彼の指導力が、二五年以降のナチ党再建の求心力となった。ゲッベルスが宣伝局長に任命され、ナチ党が三〇年の選挙で大勝利を収めると、「ヒトラー神話」は順調に育ちはじめるのである。

首尾一貫した計画もないなかで、当時、ナチズムと対立する側からひどく過小評価されていたにもかかわらず、ヒトラーの個性こそが有権者と新参のナチ党員をひきつけた最大の要因だったことを示す確かな証拠がある。のちにゲッベルスはもっともな理由をつけて、ヒトラー神話の創造こそ自分が手がけた宣伝で最大の成果をあげたものだと主張する。だが、多くの面でナチの指導者のうち最もシニカルだったこのゲッベルスも、ヒトラー自身と同じく、自分がつくった神話の信奉者だった。ベルリンの地下壕で第三帝国が奇怪な終焉を迎える場面で、ゲッベルスはナチ党の指導者としてただ一人、ヒトラーと行動をともにし、自分の家族を殺害したうえで自殺することにより、忠誠の最後の証を示した。

ヒトラー神話が力を発揮することになったのは、この神話がまさに人びとの純粋な信条に巧妙な操作が結びついてできあがったものだったからである。ナチ党が政権を獲得すると、党員はもちろん、党外の無数のドイツ人も、ヒトラーをあらゆる党派の利害を超越したところに立つ「民族共同体（フォルクスゲマインシャフト）」の化身と見なした。つまり、ヒトラーは個人的な私利私欲をすべて抜きにしてドイツの復興を計画立案し、ドイツの名誉を守り、内外の敵からドイツの正当な権利を擁護することに熱中している偉大な人物でありながら、その一方では一人の市民であり、第一級鉄十字章をもらった伍長であり、ごく普通の兵士として前線で働いた体験をもつ男だったのである。その人気は絶えず変化したけれども、つねにナチ党への支持率をはるかに上回っており、たとえば一九三四年の突撃隊の粛清、三六年のラインラントの再武装化、三九年四月に五十歳の誕生日を迎える直前におけるプラハの占領といった出来事のあとには、ヒトラーの支持率は上昇した。その訴えは階級や地域ないし宗教の境界を越えて浸透し、年齢と性別を問わず感銘を与えた。それは、強さと弱さをあわせもつ訴えであり、その強さが人びとのあいだに熱狂と攻撃性を生みだし、弱さはわが身を捨てても総統を守ろうとする強烈な感情を呼びおこしたのである。

操作する側としても反応する側としても、ヒトラー自身ほどヒトラー神話を真剣に考えた者はいなかった。いかなる決定を下す前にも、彼はそれが世論と自分のイメージにどのような影響をおよぼすかを見きわめようとして、細心の注意を払った。「私は夢遊病者のごとき自信をもって神の命ずる道を進む[*26]」という言葉のとおり、ヒトラー神話の核心をなす使命感と現実主義の政治家としての「氷のように冷静な」計算がうまく釣りあっているかぎり、ヒトラー神話は大きな力を発揮した。しかし、成功が命取りとなる。ヒトラーはヨーロッパの半分を自分の支配下に置くという誇大妄想にとりつかれ、自身の無謬性を信じて疑わなくなっていった。ヒトラーが自分でつくりだしたイメージを利用するのではなく、それがひとりでに奇跡を実現することを期待しはじめると、もちまえの才能は錆びつき、その直観に狂いが生じてきたのである。自分には神に与えられた特別な力があると信じていたので、ヒトラーよりも疑い深いところのあったムッソリーニが尻込みするケースでも、ヒトラーは先に進むことをやめなかった。ヒトラーは自分の「世界史的な」役割をとことんまで演じきったのである。しかし、まさにこの信念が仇となって、彼は幻想にとらわれて現実が見えなくなり、ついには自分を人間を超えた存在だと信じて、ギリシア人が「神々にたいする傲慢さ」と呼ぶ罪を犯してしまう。アドルフ・ヒトラーは、まさに自分でつくりあげたイメージで自分の首を絞めることになったのだ。

一九三〇年代半ばには、終焉までにまだ一〇年が残っていた。当時ヒトラーは、一定の周期で劇的な成功を収めないかぎり、国民の熱意と犠牲をいとわぬ心は衰えると信じていた。一九四一年の末までは、ほぼこれといった挫折もなく次々にこうした成功を勝ちとることができた。自分の業績が国民に支持されていることを証明するために、ヒトラーは国民投票で圧倒的な多数を獲得しようとした。その投票結果が、ヒトラーの外交政策での成果と大戦の初期に勝利をもたらした作戦行動への国民の心からの賞賛として表われたこともまた事実なのである。

ヒトラーが大衆の支持をあてにできたことは、国外（スターリンも含めて）あるいは国内で、ナチ政権に批判的な目を向けていた人たちに影響をおよぼした。ナチ政権が短命に終わるだろうと予想していた海外の列強は、見方を変えなければならなかった。保守的な国家主義者のエリートは、一九三三年にヒトラーを連立政府内に迎えたときにはナチのラディカリズムに歯止めをかけられると高をくっていたし、一九三四年にヒトラーが突撃隊の指導部を粛清し、「第二革命」の危険が遠のくと、これに歓迎の意を表した。ところが、彼らはヒトラー神話の効果で、ヒトラーがいまや独立した地位についており、もはや彼らの援助など必要としてはおらず、圧力に動じもしない事実を認めざるをえなくなった。

注目に値するのは、イアン・カーショウが指摘しているように、ヒトラーが政府の首班となり、次いで国家元首に就任したあと、「ヒトラーのカリスマ的な指導力が制度化された」にもかかわらず、またその多くが一九三三年以前からの古参の闘士(アルテ・ケンプファー)たるナチ党の中堅指導者や大管区指導者のような「戦士たち」の心をヒトラー神話がいぜんとしてとらえていて、彼らがヒトラーに会う機会がめっきり少なくなっていたこともマイナス要因にならなかった事実である。ヒトラーは公務に没頭しており、その職務を遂行するうえで妥協したり突撃隊を粛清したりすることにより、第二革命への道を閉ざしたし、そのうえ国家を接収するという彼らの望みも満たされていなかったので、彼らが幻滅を感じ、大衆への宣伝のための道具を超えたものとしての総統神話に疑いをもつようになってもおかしくはなかった。ところが、実情はその正反対で、党や親衛隊の多くの若い活動家と同様に、神話どおりのヒトラーの姿がそこにあったからこそ、彼らも変わらぬ忠誠を誓い、ナチズムの「思想」の象徴を見出すことができたのである。その結果、党の統一が保たれ、ボリシェヴィズムとの対決、「生活圏」

の獲得、ユダヤ人の排斥といったヒトラーのイデオロギー上の計画が究極の目的として存在しつづけたのである。

ヒトラーとは対照的に、スターリンはロシアの人民とじかに接触することを意識的に避けた。彼は、自分が生命を狙われているという妄想にとりつかれていて、群衆のなかでは落ち着かなかったし、ヒトラーのように大群衆と心を通わせる能力をもたなかったので、自分が支配する人びとの前に姿を現わさなければ、それだけ自己の望むイメージをつくり上げるのが容易だと考えていた。そのイメージとは、はるかな高みにいて全能であるというものだった。したがって、スターリン崇拝はヒトラー神話の対極に位置するものであり、一面においては同じ機能をはたしたが、その性格においてはまったく異なっていた。

たとえば、一つの違いは、それがどの段階で現われたかということである。一九二九年にスターリンが五十歳の誕生日を迎えたころにそれが一時的に見られたけれども、はっきりと定着するのは三三年の末になってからだった。ヒトラー神話が生まれたのは、ヒトラーが政治活動を始めてまもないころで、彼は当時まだ三十代――スターリンの場合は五十代だった――で、ヒトラーが政権を獲得するよりかなり以前に党内で自然に生まれていた神話を、ヒトラーがあとで利用したのである。

スターリン崇拝には何ら自然発生的なところがなかった。それが始まったのは一九二九年十月であり、党の主導によることがありありと見てとれた。「われらが偉大なる天才的指導者かつ教師であるスターリンの賢明なる指導のもとに」といった題名の論文が書かれ、公式の伝記ではそれまでレーニンにしか用いられなかった称号を使うことによって、スターリンとレーニンとの一体化が強調された。

レーニン亡きあとは、スターリンこそがレーニンの大義を継承する最も傑出した人物であり、レーニンのあとを継ぐ最も正統な弟子であり、また社会主義を建設するための闘争を進めるうえで党の最も重要な施策のすべてを生みだした当人であり、そしていまや誰もが認める党とコミンテルンの指導者（ヴォーシチ）となったのである。*

第二の相違は、スターリンにはレーニンというスターリンの頭に手を置き、使徒継承を確立してくれた人物とつながりがあったことで、レーニンを通じてマルクス、エンゲルスともつながることになるのだが、ヒトラーにはこうした使徒継承の必要がなかった。

一九三三年の後半から——おそらくヒトラーがドイツで試してうまくいったことに触発されたと考えられる——一つの儀式が定着する。詩人や報道関係者ばかりか、画家、彫刻家、音楽家までが奉仕活動に駆りだされ、メダルが鋳造され肖像画が制作されて、さながらアウグストゥスの半身像があらゆる都市に置かれた当時のローマ帝国のような状況が生まれた。ほどなく、ソ連のすべての学校、役所、工場、鉱山、そして集団農場の壁にスターリンの肖像画が掲げられ、重要な記念日ともなればかならず「われらが最愛の指導者」に向けて大仰な敬意の言葉が捧げられるようになったのである。

党の指導部も協力した。一九三四年の「勝利者の大会」に先立つレニングラードの党大会では、ほかならぬキーロフが次のように宣言している。「スターリンほど崇高な人物は想像しがたい。この数年というもの、われわれが経験した職務上の変化、政策をめぐる偉大な指導、スローガン、命令で、スターリンが手がけなかったものは何一つとして存在しない」[*27]。同月、『プラウダ』にはスターリンを称える詩が掲載され、そのなかに目を引く対句が含まれていた。

＊　原注：これとは別に、やはり党の上層部に指示されて書かれた記事が『プラウダ』に掲載されたが、そのなかで、詩人のデミヤン・ベードヌイが次のように述べている。「それゆえ、われわれにはスターリンの描くレーニンの肖像〔荘厳なカフカースの峰のはるか上方を飛翔する若鷲の姿〕を潜在意識のなかで描かれた自画像だと考える権利があるのだ」。こうした主張は、スターリン本人の口から出たとしか思えない。（ロバート・タッカー『革命家としてのスターリン』ニューヨーク、一九七三年を参照されたい）

いまやわれわれがレーニンを語るとき ／ われわれはスターリンを語ることになる。

しかし、キーロフと他の政治局員が、早くも一九二七年に封建時代を思わせる言葉づかいでヒトラーとナチ党員の関係を君主と家臣の関係にたとえた（ほかならぬ）グレゴール・シュトラッサーと同じ感覚をもっていたかどうかは、たいへん疑問である。

君主と家臣である！　この往古のゲルマン民族の精神をもつ者にしか充分に理解することのできない貴族主義的かつ民主主義的な主従関係にこそ、ナチ党の構造の本質があるのだ……諸君、右手をあげ、誇りをもって私とともに叫ぼうではないか。[*28]戦うことを心から願い、命尽きるまで忠誠を誓おうではないか。「ハイル・ヒトラー！」

このように、公職にたいしてではなく、その公職についている当の人間と個人的な関係を結ぶことは、権威とは指導者にたいしてではなく党自体に付与されるものだとする社会主義の伝統や、マルクス－レーニン主義を標榜する政党の気風と簡単に折り合いのつくことではない。しかし、正統マルクス主義を捨てて社会主義とプロレタリアートの解放という理想からかけ離れたものにすりかえておきながら、この変節を認めなかったスターリンにとって、その事実をおおい隠すために、個人崇拝を醸成させることがどうしても必要だった。モシェ・ルーインは指摘する。「ともあれ、地方からやってきたばかりで、ツァーリ支配の伝統に従って生き、なおもおおむね地方人の心性をもつ人びとにとって、神格化された絶対権力よりも受け入れやすいものがほかにあるだろうか」（原注：『ロシア、ソ連邦、ロシア』ニューヨーク、一九九五年刊）。スターリン崇拝にはロシアに特有の民族主義的で半ば宗教的とも言える性質がかなり強くあったために、スターリンは、古くからこの国に存在していながら、帝政が終焉を迎え、東方正教会に圧力がかけられるようになって以来、地下に追いやられていた強力な感情を利用することができたのである。この感情が息を吹きかえしたのは、ここに党ではなく国家とその独裁者、すなわちツァーリの後継者にしてレーニンとその革命を受け継ぐスターリンという、新たな同一視の対象が与えられたからだ。ヒトラー神話の場合も同じだが、ピョートル大帝やイワン雷帝と同一視されることは、ロシアの労働者と農民ばかりか、スターリン本人の心にも強烈に訴えかけるものがあった。それは政府と人民のあいだの大きなギャップを埋めるうえで力があり、いまでは写真や名前でしかなじみのないスターリンは、大祖国戦争が勃発するや高揚するロシア人民の愛国心と誇りを一身に集め、奇跡を生む聖像（イコン）と化し、無数の人間がその名のもとに戦地へおもむき、死んでいったのである。

こうして、遅ればせながらスターリン崇拝が高まりを見せた結果、ヒトラー神話とスターリン崇拝は共通の要素でくくられることになった。どちらの場合にも、新たな宗教の誕生と指導者の衣をまとった救世主の到来を待ち望み、解決ではなく救済を求めるという強い願望が存在していた。イアン・カーショウは、一九三二〜三四年当時には総統とその側近を区別して考える傾向が強まっていたことを示す証拠をあげている。「『総統さえ知ってくれていたら』という神話は、すでに存在していた」[*29]のである。レーム粛清に関する多くの人びとの見方は、突撃隊の指導部がヒトラーに信頼されているのを笠に着て働いていた悪事の数々をヒトラーの側近が隠しきれなくなったとき、ヒトラーが自らの断固たる意志を証明してみせた結果だというものだ。ソ連でも、部下が働いた悪事の責任のたとえ一端でもスターリンには負わせたくないという、まさにこれと同じ現象が見られたのだが、国民の大多数を占める農民層ばかりでなく、知識人のあいだにもこの現象が見られたことは特筆に値する。イリヤ・エレンブルグはその回顧録のなかで、スターリンのことを旧約聖書に出てくる神のような存在だと思いこんでいたと語り、大粛清時代にスターリンと出会ったパステルナークが用いた「スターリンさえ知ってくれていたら」というヒトラー神話の信奉者が語ったのとまさに同じ表現を引用している。知識人でもこうなのだから、一般のロシア人民のうちで、スターリンが党員やインテリゲンチャを苦しめた粛清と裁判についての記事を読み、ヒトラーが突撃隊を粛清したのと同じく、スターリンも邪悪な助言者や人民の苦難の原因をつくった人間を始末しているのだと思いこみ、スターリンに喝采を送るという過ちを犯さなかった人がいったいどれほどいただろうか。それは知るよしもない。

3

近代的な科学技術の恩恵を受けて、ヒトラーとスターリンは自分の公の顔をいたるところに登場させるという、従来の政治指導者には不可能だった手段に頼ることができた。あらゆる掲示板、あらゆる事務所の壁、そしてニュース映画のなかにこちらを見つめる彼らの顔があったし、ラジオから流れる彼らの声には、全国民が耳を傾けざるをえなかった。しかし、個人として見た場合、彼らほど理解しにくい歴史上の人物はまずいないし、そのことは、一緒に仕事をしていて、彼らを間近で見る機会の多い人たちにとっても同じだった。軍部におけるヒトラーの最も親密な協力者だったヨードル将軍は、一九四六年にニュルンベルクで裁判を待ちながら妻に宛てて書いた手紙のなかに次のような記述を残している。

私は自らに問う。「これほどに長い年月、あの男のそばにあってあれほど困苦に耐えてきたというのに、いったい私は彼のことがわかっていたのだろうか」……今日でさえ、私は彼が何を考え、何を知っており、何をしたかったのかがわからない。たぶん、こうではなかったのかと推測しているにすぎないのだ。[*30]

スターリンの協力者でフルシチョフのように粛清の嵐を切り抜けた人たちにとって、スターリンもまたヒトラーと同様にかたくなで、どんな反応を示すのか予想しがたく、その心の内を「読むこと」ができない人物だった。

二人とも自分の個性を利用すると同時に、それを隠そうとして特別な努力を払っていた。二人が政治家として成功を収めえた理由としては、自分の考えと意図を敵だけでなく味方にも隠す能力に長けていたことがきわめて大きい。彼らはそのときの、あるいは将来に向けての自分の意図を隠そうとしたばかりでなく、過去における意図についても漏らすまいとした。ヒトラーあるいはスターリンの駆け出し時代を調査したり、当時を知る証人をつかまえようとしたりすれば、それが誰であれ邪魔が入ることが多かったし、彼らが権力の座についたあとでそんなことをすれば、危険ですらあった。二人が権力をふるうなかで中心的な役割をはたしたのは、ヒトラー神話とスターリン崇拝であり、慎重に構成された公式見解を否定しかねないものは何であろうと弾圧される運命にあった。

彼らは自分たちの公的なイメージを宣伝すると同時に、自分たちのあるがままの私生活を見せまいとした。たとえ私生活に立ち入ることが可能だとしても、どのような資格で立ち入るかが重要である。というのも、たとえばシュペーアの回顧録やスヴェトラーナ・アリルーエヴァの『友人への二〇通の手紙』を読んでみると、ヒトラーとスターリンの私生活を知ったところで、彼らの公務に関して理解しやすくなるわけではないとの印象を強く受けるからだ。もし私生活を知ることが役立つとしても、今度は彼らに人間的な感情が欠けていることや、総じて凡庸な印象に頭を悩ませることになるだろう。

一九二〇年代のスターリンは、党の書記長、そして政治局員として自分の影響力が大きくなっていくのを嬉しく思っていたけれども、まだ集団指導体制という足枷が外れたわけではなく、普通の人とほぼ同じような家庭生活を送っていた。当時は、スターリンの娘であるスヴェトラーナが最も幸福な日々であったと述懐した時代で、彼女の母であるナジェージダ・アリルーエヴァがズバロヴォに建てた住居には親戚や友人たちが集い（そのなかにはキーロフ、オルジョニキーゼ、ブハーリンといった顔ぶれもあり、いずれも母ナジェージダの友人でもあった）、屋外で食事をしたりパーティーを開いたり、父スターリンが農園づくりを楽しんだりすることもあったという。

一九三四年には、そうした日々がすでに遠い昔のこととなっていた。スターリンが農民にたいする闘争を開始したために破壊的な圧力が生じ、スターリンの家族にも犠牲者が出ていた。魔の手はスターリンの妻にまで伸びた。ナジェージダはスターリンよりも二十歳若く（享年三十一歳だった）、自らも熱心に党の活動に関わっていたので、結婚した当初は夫が彼女の理想そのものだった。しかし、彼女は夫の地位についてまわる権力と特権に苦痛をおぼえるようになり、一九二〇年代末から三〇年代の初めにかけての夫の変貌ぶりが気になりはじめていた。自分の人生を歩もうとして、工業大学に籍を置き、化学専攻の学生として合成繊維の研究をする生活を送ったときも、ナジェージダは公共の交通機関で通学すると言い張った。学友のなかに集団化運動を手伝わされた経験をもつ者がおり、彼らからウクライナの実情を知らされ、夫を責めたこともあるようだ。当時すでに、夫婦の関係はぎくしゃくしはじめていたし、妻が子供を連れて夫のもとを離れるという事件が少なくとも一度はあった。自殺しようとの思いは、当時から芽生えていたようだ。兄のパーヴェルが公務でベルリンへ出張するとき、理由を明かさずに拳銃を買ってきてくれと頼んでいるのである。

一九三二年十一月八日の夕刻、ヴォロシーロフがクレムリンで開いたパーティの席でナジェージダと夫のあいだに口論が起こった。スターリンは他の人びとの面前で彼女を侮辱し、ナジェージダは部屋から出て行った。友人のポリーナ・モロトフとともにクレムリンの中庭を歩きまわったあと、ナジェージダは自室に入った。彼女は別荘（ダーチャ）に電話をかけ、スターリンがいるかと聞いた。スターリンの主要な側近のひとりのヴラーシクから話を聞いたフルシチョフによれば、その日の警護の任務にあたっていたヴラーシクは、スターリンはいると言い、ナジェージダから彼は独りかとたずねられると、こう答えた。「いいえ、ご婦人と一緒です」（フルシチョフによれば、のちにその婦人がある党員の妻で、グーセフという姓だとわかったという）。それを知ったことで、ナジェージダがどれほど傷ついたかはわかっていない。しかし、その夜のうちにナジェージダは拳銃で自殺した。[*31]

スヴェトラーナの目には、母の死によって悲しみに沈むと同時に、激しい怒りをおぼえている父の姿が映った。「父はなぜこんなことになったのか理解できず、身をふるわせていた。いったいどういうことなのか、と」。彼女の死は自殺だとは公表されなかったし、彼女が残した遺書も処分されてしまった。スターリンは親類や友人とともに遺体を確認しにやってきた。黙りこくってしばらく立ち尽くしていたあと、彼は柩を押しやるようなしぐさをしたかと思うと、くるりと背を向け、「彼女は敵として私のもとから去った」と吐き捨てるようにつぶやいて、その場を去った。妻の死にたいして罪悪感や責任を感じるどころか、彼はそれを裏切り行為と受け取っただけだった。そして、葬儀にも追悼会にも参列せず、その後、墓参することもなかった。[*32]

妻を亡くしたからといって、スターリンの決意は揺らぎもしなかった（十一月二十七日に中央委員会で演説したが、非常に過激な論調で農民を脅す内容だったので、公表は控えられた）。しかし、どうしてもナジェージダの行動には納得がいかなかったし、彼女の自殺とともにスターリンの家庭生活も終わりを告げた。彼は妻が自殺したクレムリン内のアパートを他のアパートと取り換え、ズバロヴォの住居を使うこともやめて、新たにモスクワ郊外のクンツェヴォにダーチャを求めた。

妻の親戚とにわかに縁を切ることはなかった。妻の両親は、スターリンにとってはチフリス時代からの知己でもあり、そのままズバロヴォに住みつづけることも許された。しかし、スターリンは徐々に通常の人間関係とは距離を置くようになっていった。子供たちはスターリンとは別居して、クレムリンの新しいアパートに住んでおり、スターリンがそこに寝泊りすることはまったくなかった。スターリン本人および子供たちの生活の面倒を見るのは、秘密警察の仕事となった。スヴェトラーナにとって、そうした生活は監獄にいるようなものだった。住居全体を管理していたのは、ニコライ・ヴラーシクという人物で、内戦時代からスターリンのボディガードをつとめ、当時は内務人民委員部（ＮＫＶＤ）の少佐（最終的には中将にまで昇進する）だった。この男は、スターリンがごくたまに訪れるというだけの理由で、大勢の職員を配置した住居をほかにもいくつか自分の管理下に置くなど、スターリンの名のもとに職権を濫用し、一国一城の主を気取っていた。スターリンはものを所有することに興味がなく、関心をもっていたのは権力だけだった。その晩年に、彼はダーチャの隣に建てた小さい木造の家に移ったが、ヴォルコゴーノフによれば、死亡時の財産目録には高価なものはまったくなかったという。[*33] 家具は安物だったし、壁の絵は印刷の複製だった。彼は軍隊毛布をかぶって眠り、元帥の軍服のほかは、二着のありきたりなスーツ（その一着はキャンバス地のもの）と刺繍のあるフェルトのブーツが一足、それに農民が着る羊の毛皮の外套だけしかもっていなかった。

スターリンには、ヒトラーの場合にはあってもおかしくないような、性的に倒錯したところがまったくなかった。それどころか、スターリンはおよそ女性に関心を示さず、女性を一人の人間として評価することもなかった。ズバロヴァで給仕として働いていたヴァレチカ（スターリンの娘のスヴェトラーナはこの女性を「若くて、鼻が上を向いている、陽気で笑い声のよく響く人」だと評している）が、クンツェヴォでも家政婦をつとめることになった。彼女は「少々太めの女性で、よく気がつき、落ち着いたもの腰で食卓の世話をし、会話に加わることは絶対にない」など、ナジェージダとのあいだの息子ワシーリーの最初の妻――スターリンが「頭の良い女、頭の良いニシン、骨と皮ばかりのやせっぽち」と皮肉たっぷりに形容した――よりもはるかにスターリン好みの女性だった。ヴァレチカはスターリンが亡くなるまで仕え、その後はスターリンの思い出とともに生きた。[*34]

一九三四年までに、スターリンの生活には一定のパターンができあがっていた。起床はたいてい昼近くで、それから車でクンツェヴォを出てクレムリンに向かい、夜の六時か七時まで執務するのを日課としており、自分のオフィスの階下にあった子供たちのアパートで党の指導者たちと食事をともにすることもよくあった。夜遅くに政府の省庁の長官や党の事務所の代表に電話をかけて質問攻めにする癖があり、ことによるとそうした人たちの多くは不安な気持ちで深更まで仕事をしていたのかもしれない。夜は十二時より前にダーチャに戻ることはなかった。

夕食後の過ごし方としてはもう一つ、仲間とともに内外の新作映画を週に一、二度、鑑賞することもあった。ヒトラーもスターリンも、外国の生活を知るためには映画を見るしかなかった。スターリンの場合には、自国の事情を知ることすら映画を通じてだった。夏の休暇は黒海沿岸の保養地のソチで過ごすことが多かったが、それ以外にモスクワを離れ、旅をすることはめったになかった。フルシチョフによれば、スターリンは一九二八年一月以降、自らが荒廃させたロシアの農村を訪れたことが一度もなかったという。彼はまた、三四年十二月初めのキーロフ暗殺以来、レニングラードも訪問しなくなり、大戦中にレニングラードがドイツ軍による九〇〇日間の包囲から解放されたあとも同地を訪れなかった。モスクワで目にした光景にしても、そのほとんどは特別な防備をほどこしたアメリカ車パッカードのなかからカーテン越しに垣間見たものにすぎず、しかもボディガードの乗る車とともに疾走しているあいだはクンツェヴォとオフィスを結ぶ道路にはほかの車を走らせないよう命令が出されていたのである。彼が出席する会議のほとんどすべてがクレムリンで開かれ、とくに重要な会議にはスターリンのオフィス（レーニンのデスマスクが飾られていた）が使用され、スターリンは昔からの習慣に従って、自分以外の誰か――たいていはモロトフ――を議長にし、自分は歩きまわったり、椅子の肘掛けに腰をおろしたりした。

スターリンが自分に課した歴史的使命は緊張や妄想をもたらすことになったが、その結果、かつてのような個人生活がなくなったばかりでなく、家族の生活も崩壊した。息子は二人とも不幸な末路を迎えた。スターリンは最初の妻とのあいだに生まれた長男のヤーコフを軽蔑していた。ヤーコフを見ると、自分にもグルジア人の血が流れていることを思い出すというのが主な理由だったようだ。ドイツとの戦争が始まってからまもなく、ヤーコフが捕虜になると、父親はその息子を裏切り者だとして見捨ててしまったのである。「真のロシア人で投降する者はいない」というのが理由であり、のちにドイツが自国の捕虜とヤーコフとの交換を打診してきたが、彼はこれを拒否した。次男のワシーリーは空軍将校としてぱっとしない軍歴を終えたのち、アルコール中毒になり、四十一歳で世を去った。スターリンの二度の結婚による縁者も苦しめられた。最初の妻エカテリーナ・スヴァニーゼの兄のアレクサンドルは一時期、スターリンの親しい友人だったが、スパイとして処刑された。同時に、彼の妻も逮捕されて収容所で死んだ。二人のあいだに生まれた息子は「人民の敵の息子」としてシベリアへ送られた。エカテリーナの妹のマリアも逮捕されて獄死した。スターリンの二番目の妻ナジェージダ・アリルーエヴァの血筋では、妹のアンナがスパイ活動の嫌疑で一九四八年に逮捕され、一〇年の刑を宣告された。アンナの夫のスタニスラフ・レーデンスは「人民の敵」としてすでに一九三八年に逮捕され、その後銃殺された。ナジェージダの兄パーヴェルの未亡人のクセニア、ナジェージダの伯父の妻のイェフゲーニヤはともに第二次大戦後に逮捕され、スターリンが死ぬまで釈放されなかった。

スターリンが無骨なやりかたではあっても何とかその愛情をつなぎとめようとしたのは、娘のスヴェトラーナだけだった。母が自殺したあと、彼女はクレムリンの陰気で、人間味のない、そして息のつまりそうな環境のなかで少女時代を送った。スターリンは学校での娘の成長ぶりを見守ろうとし、自分の「世話係」と呼んで仕事がらみの夕食会では自分の右側に座らせた。夕食を終えてクレムリンのもう一方の端にある特設の劇場へ映画を見にいくときの様子を、スヴェトラーナは次のように書いている。

父はわたしを前に押しやり、笑いながらよくこう言った。「おまえが道案内だよ、世話係さん。おまえが案内してくれないと劇場まで行かれない」。わたしは長い行列の先頭に立って、人気のないクレムリンのいちばん端まで歩いていった。わたしのうしろには大勢のボディガードがつづき、装甲車のような車が這うようにゆっくりとついてきた。たいていは、映画を二本見たが、あるいはもっと多かったかもしれない。とにかく、夜中の二時までかかったのだ。[*35]

ときには趣向を変えて、スヴェトラーナをオペラや観劇に連れだすこともあった。ソチでの休暇中には、彼女に「わが愛しの雀ちゃんへ」とか「私の小さな世話係へ」といった短い添え状とともに果物を贈ったりもした。しかし、スヴェトラーナが少しでも自分の判断で行動しようとすると、スターリンは怒った。彼女が丈の短いスカートをはこうとしたときもそうだった。娘をどなりつけて泣かせたのち、スターリンは自分が子供だったころの女の子のような身なりをするようにと命じた。彼女が成長して、独り立ちしようとするにつれて、とくに彼女が自分の認めない男と交際しはじめたりすると、スターリンは理不尽に干渉するようになった。父の不寛容がもとで、一九四二年から四三年にかけて二人のあいだは疎遠になり、これが長く尾を引くことになった。それでも、彼女は次のように書き添えている。「わたしは子供のころに父から受けた愛情と優しさを決して忘れないだろう。わたしは父を心から愛していたし、父も同じようにわたしを愛してくれた」[*36]。彼女の手紙には、父が自分の殻に閉じこもり、自らに課した使命感にとりつかれるあまり人間的な情愛に反応できなくなってしまった様子を見て手をさしのべようとしたが、それがうまくいかなかった無念さが、悲痛な調子で書き記されている。

ヒトラーは典型的な「一匹狼」であり、家を離れてウィーンに出て以来、家庭生活をまったく経験しなかった。家庭生活のようなものがあったとすれば、腹違いの姉のアンゲラが一九二八年に二人の娘を連れてオーバーザルツベルクのヒトラーのもとに身を寄せ、家事を取り仕切っていたころのことだろう。彼はその他の親類縁者とはほとんど関わりをもたなかったのだが、一九三八年に作成した遺書のなかでは、アンゲラ、実の妹であるパウラ、腹違いの兄のアロイス、そして彼が何度か夏期休暇を過ごしたことのある母のふるさと、シュピタル村の二、三の縁者に遺産を贈ると書き記している。

スターリンにくらべると、ヒトラーは女性の目から見てずっと魅力的だったし、女性にたいする関心もスターリンより強かったようだ。彼が政治家として登場できたのは、多分にヘレーネ・ベヒシュタイン、ウィニフレッド・ワーグナーといった社会的な地位の高い既婚女性の援助があったおかげだった。女性たちの多くはヒトラーの催眠的な力に魅了されたのであり、また大きな集会ではヒトラーの演説を聞いているうちに、恍惚として卒倒する女性が続出したという確かな話も伝わっている。ヒトラー自身も女性票を重視しており、それを自分が結婚しない理由の一つとしてあげていた。彼は美しい女性と同席するのが好きで、そういうときのヒトラーを、シュペーアが回想録のなかで次のように記している。

ヒトラーはどちらかというと最後のパーティーにのぞむダンス教室の卒業生のようだった。はにかんだ様子で、へまをすまいとして緊張し、たっぷりお世辞を述べ、女性を出迎えるときや送りだすときにはオーストリア式に手を取ってキスしたものだ。[*37]

ヒトラーの前で女性が絶対にしてはいけないことは、頭が良いふりをしたり、彼と議論しようとしたりすることだった。ヒトラーにも、スターリンと同じく、自分の考えをもつ女性を軽蔑する一面があって、そういう女性は二度と招待されなかった。

ヒトラーがかりそめでない関心をもった女性は二人だけで、どちらも彼より二十歳若かった。彼が生涯でただ一人、愛しい人と言ったゲリ・ラウバルは、彼がオーバーザルツベルクに借りた住居で家事をみるために一九二八年から身を寄せるようになった腹違いの姉アンゲラ・ラウバルの娘だった。当時、ゲリは十七歳で、その後の三年間、ヒトラーはゲリに夢中で、ミュンヘンへ出かけるときにはかならず彼女を同伴した。ゲリは叔父と行動をともにするのが好きで、一九二九～三一年にヒトラーが政界で名を馳せるようになると、ますます叔父と一緒にいることが楽しくなった。しかし一方では、叔父が自分を独占したがり、また個人として行動すると嫉妬するのが苦痛でもあった。あるとき、ヒトラーはゲリが自分の運転手のエミール・モーリスの求愛を受け入れたと聞いて、彼女を詰問し、激しい口論になった。ヒトラーはゲリが自分以外の男と関わりをもつことを禁じ、彼女がウィーンへ声楽のレッスンを受けに行きたいと言いだしたときも許可しなかった。

一九三一年九月に、ゲリは拳銃で自らの生命を絶った。それは、ナジェージダの自殺がスターリンに与えたのと同じくらい衝撃的な影響をヒトラーにおよぼした。その後の数日間、ヒトラーの失意は慰めようもないほどで、彼がその後死ぬまで肉とアルコールに手をつけようとしなくなったのは、このときのショックが原因だったようだ。オーバーザルツベルクの山荘が改築されてベルクホーフとなったときも、ゲリの部屋は彼女が生きていたころのままに残された。ミュンヘンとベルリンのヒトラーの部屋の壁にはゲリの遺影が飾られていて、彼女の誕生日や命日など特別な日をヒトラーは決して忘れず、そこにかならず花が供えられた。

もう一人のエヴァ・ブラウンについてシュペーアは、「すべての歴史家が彼女にはがっかりすることだろう」と書き残している。エヴァは美人だが頭がからっぽのブロンド娘で、丸顔で青い目をしていた。彼女は受付係として働いていたホフマン美術写真商会でヒトラーの目にとまったのである。ヒトラーはエヴァに二、三度甘い言葉をかけ、花束を贈ったり、ときにはピクニックに誘うこともあった。だが、積極的だったのはむしろエヴァのほうだった。彼女はヒトラーの愛を勝ちえようとし、友人にはヒトラーが自分を愛しているので、どうしても自分と結婚するようにしむけるつもりだと吹聴していた。しかし、手を尽くしてヒトラーの気をひこうとしてもうまくいかず、彼女は一九三二年の秋に自殺を図ったが、未遂に終わった。この年は、ヒトラーにとって正念場と言ってもよく、ゲリの自殺から一年あまりしか経っておらず、スキャンダルは命取りになりかねなかった。出会いの日以来、ずっと二人の関係を見守ってきたホフマンは、「エヴァ・ブラウンがヒトラーの愛人に収まるという目的をとげるには、こうするしかなかった[38]」と語ったという。

しかし、エヴァには得るものがほとんどなかった。死後に発見された彼女の日記には、ヒトラーの冷たい態度や彼女が経験したくやしい思いについての不平が連綿と綴られており、一九三五年にはヒトラーの注意をひこうとして再び自殺未遂騒ぎを起こすことになった。ヒトラーは何とかして彼女との関係を隠そうとしていたので、ごく親しい仲間うちのほかは、エヴァは愛人としてさえ認めてもらえなかった。三六年にはエヴァはアンゲラ・ラウバルにかわってベルクホーフの家事をすべて取り仕切ることになり、ヒトラーが主人役をつとめる昼食会では、彼の左側の席に座るようになった。しかし、ヒトラーが彼女をベルリンに呼んだり、彼女を同伴して公の場に姿を見せたりすることはほとんどなかった。大きな歓迎会や晩餐会にエヴァがどうしても出席したいと言い張ると、ヒトラーは彼女を二階の自室に閉じこめてしまった。エヴァもまた、ヒトラーがゲリに示したのと同じ狭量な横暴さの被害者だったのである。彼女は煙草を吸うことも、ダンスをすることも、ヒトラー以外の男性と同席することも禁止されていた。そうした気晴らしにひたるには、ヒトラーにばれないようにこっそりと楽しむほかなかった。

ヒトラーが自己中心的で虚栄心が強かったうえ、女性を蔑視していたことを示す一節が、シュペーアの回想録に出てくる。それによれば、ヒトラーはエヴァ・ブラウンの面前で次のように断言したという。

高度な知性をもつ男は、素朴で頭の悪い女を選ぶべきなのだ。そうでなくてもいろいろなことがあるうえ、もしこの私が、私の仕事に口を出すような女を選んだ場合を想像してみたまえ……絶対に結婚などできないだろう。子供ができたときの厄介さを考えてみよ！　結局、まわりの者は私の息子を後継者にしようとするだろう。だが、私のような人間に有能な息子が生まれる可能性は非常に低い。ゲーテの息子の例を見よ。まったくの木偶の坊ではないか！

　私が未婚だから、私にひかれる女性は多い。とくに、われわれの闘争時代にはそうだった。映画俳優と同じことだ。俳優は、結婚したとたん、女性をひきつける何かを失うものだ。そうなれば、もはや以前のような偶像ではいられなくなる。[*39]

　戦争が始まり、社会生活がほとんど破綻をきたすと、エヴァの地位はようやく確かなものになるのだが、それでもヒトラーに会う機会はさらに少なくなった。だが、少なくともこのときほどヒトラーがエヴァと一緒にいて人間的になれた時期はなかった。もはや演技する必要もなく、ティー・テーブルの椅子にエヴァと並んで座ってのんびりしたり、うたたねをしたり、ベルクホーフのテラスで犬とたわむれたりすることもしばしばだった。ヒトラーの目から見たエヴァの最大の取り柄は、彼女が忠実だということで、最後に彼女のこの忠実な心は報いられることになる。エヴァのいちばんの願いは結婚してヒトラー夫人に収まるという名誉を手にすることだったが、二人が死を迎える二日前に、ヒトラーはベルリンの地下壕で彼女のこの願いを受け入れた。そして、四八時間足らずのうちに、今度はヒトラーの願いで、二人は心中することになった。

何の確証もないのだが、肉体的あるいは心理的な理由で、もしくはその両方の理由で、ヒトラーは正常な性交渉をもつことができなかったとする説がある。一九三〇年代の半ばまでヒトラーの親友の一人だったプッチ・ハンフシュテングルは、ヒトラーが性的に不能だったため、「ありあまる精力」には正常な捌け口がなかったと主張している。[*]

性的にどっちつかずの彼がもう少しで女性を見出すところまでいったのは一度きりで〔ゲリとの関係〕、彼に慰めを与える男すら見つけることはできなかった……私の妻は、彼を評して即座にこう言った。「プッチ、彼は中性だわ[*40]」

こうした証言を検討したのち、エーリッヒ・フロムは次のような結論を下している。「おそらく、彼の性的な欲望には、自分よりも劣った女性にたいしては覗き趣味的かつアナル‐サディスティックなところがあり、自分よりもすぐれた女性にたいしてはマゾヒスティックだったらしい[*41]」

ヒトラーは首相になるまでベルリンに住んだことがなかった。ベルリンを訪れると、彼はカイザーホフ・ホテルのスイートルームに滞在した。ミュンヘンでは、ナチ党がバーロウ宮を接収したころに、寝室と居間兼用の部屋を出てイーザル川の対岸の洒落た地域に移り、プリンツレゲンテンシュトラーセに贅沢な九部屋のアパートを借りた。しかし、彼の本宅はやはり、一九二〇年代の初めにディートリヒ・エッカートに紹介されたベルヒテスガーデンのそばの、ドイツ－オーストリア国境に近いオーバーザルツベルクのベルクホーフだった。

当初は、オーバーザルツベルクの下宿屋に住んでいたのだが、その後、一九二八年には山腹にあるハウス・ヴァッヘンフェルトという地味な山荘を借りた。三〇年代末には、その山荘を改築して、ずっと宏壮な豪邸、ベルクホーフが建設され、つづいてボルマンがその周囲に、道路、鉄条網のフェンス、兵舎、車庫、迎賓館など、この地の景観にまったくそぐわない一連の設備を追加した。しかし、何があっても、ヒトラーのベルクホーフを愛する気持ちは変わらなかった。死ぬまで、ベルクホーフこそが

＊　原注：戦後、ある放送番組で、私がハンフシュテングルにインタビューしたとき、彼はピアノの前に座り、自分がかつてヒトラーのために演奏したワーグナーの曲を思い出しながら、ヒトラーの性的な行状をちょっと類のない下品な言いかたで説明した。「まあ、彼にできたのは倒錯したセックスだけで、まともなセックスはできなかった」

彼の家だったのである。一九三六年に、ヒトラーはあるジャーナリストとのインタビューでこう語っている。「ここにおいて、いやここにおいてのみ、呼吸し、考え、生きることができるのです……私は昔の自分を思い出し、これからやらなければならないことに思いを馳せるのです[*42]」

ヒトラーが首相になったとき、シュペーアがヒトラーのために官邸(かつてビスマルクの官邸だった)の敷地内にすばらしいオフィスを新築していたし、その後、一九三八年一月には、新しい首相官邸の建設がシュペーアにまかされたが、それには昼夜二交替制で四五〇〇人の労働者が動員され、完成までに一二カ月を要した。

党首としてのヒトラーはすでに行政からは遠ざかっており、重要な決定を除けば、全権をヘスや党の出納長のシュワルツなど、ミュンヘン本部の人間にまかせていた。首相に就任して最初の一年ほど——つまりヒンデンブルクが生きているあいだ——は、ヒトラーも首相官邸で仕事に精を出し、規則正しい生活を送っているように見せかけていた。しかし、そのような生活は彼の性分に合わなかった。会議が嫌いで、閣議はしだいに間遠になっていった。一度に一人の人間と仕事をするのを好み、それすら可能なかぎり避けようとした。ヒトラーはニーチェの言う芸術家のような政治家という自分のイメージと、それにともなう常人とは異なる習慣にそぐわないという理由で、行政にはまったく関心を示さなかったのである。

ヒンデンブルクが世を去ると、ヒトラーは自分の以前の生活に戻り、いよいよ行政の場には姿を見せなくなって、問題の処理を二つの事務局、すなわちランメルスの率いる内閣官房とマイスナーの率いる大統領官房にまかせるようになった。最終的には、この二つの官房にボルマンの率いる党官房と総統官房が加わり、合計四つの部署が懸案の処理にあたった。大臣や党の指導者がヒトラーと連絡をとることは難しくなった。ヒトラーは一ページ以上の公文書に目を通すことを拒否する一方で、相変わらず重要な決定は自分が下すと主張していた。第三帝国における政治の運営は、任官を求めたり公式の討議に加わったりすることとは関係がなくなり、ヒトラーが最も関心をもたないものでしかなくなってしまった。いまや非公式に、時と場所を選ばず、ヒトラーが「よろしい」と言ってくれることを願い（たいてい、もっともな理由があった）、ヒトラーが何を認可したかは、閣僚、役人、党の指導者の判断にまかされていた。

スターリンと同様、ヒトラーも夜型の人間だった。新聞を読み終えてから姿を現わすのはたいてい昼過ぎだったし、床につくのは夜半過ぎの一時か二時だった。官邸の昼食は二時と三時のあいだにようやく始まり、終わるときはたいてい四時半をまわっていた。シュペーアによると、ヒトラーとの昼食に同席できる人間が四〇人から五〇人いて、同席者のなかにはたいてい大管区指導者が一人か二人、あるいはたまたまべルリンを訪れている党の指導者、閣僚二、三人、ヒトラーの側近といった人たちがいたが、軍の将校やその他の職務に従事する者が招かれることはなかった。

ヒトラーは徹底した菜食主義者であり禁酒主義者だったうえ、喫煙を禁じ、簡素な料理を好んだ。集まった顔ぶれのほうはどうかと言えば、著名人の姿がまったく見られなかったことと鋭敏な神経の持ち主もいないということが特徴だった。ヒトラーはせっかくなじみの連中を集めて天下をとった気分でいるのに、それを乱す人間を仲間に加えることには慎重だった。会話の中味はどうでもよいようなことで、ときたまゲッベルスが話の輪に加わって、わざと党の他の指導者をさかないにした毒のある噂話をしてヒトラーを笑わせると、一座が明るくなった。シュペーアはさらにこうつづけている。「しばしば思い浮かべたのだが、平凡な人たちが寄り集まっている同じ場所で、かつてはビスマルクが友人や政治家と談論風発していたのである」[*43]

オーバーザルツベルクでの生活は、気晴らしをする場所もなく、ベルリンでの生活に輪をかけて退屈なものだった。毎日同じことをして、同じ逸話と噂話が繰り返されるばかりだった。昼食と夕食のあいだに、ヒトラーは何人かを引き連れてよく四阿（あずまや）へ出かけた。「同行者はきまって同じ言葉で、みごとな景色に驚いてみせた。ヒトラーもまた、いつもほとんど変わらぬ言いかたでそれに応じるのだった」。ここでは、ヒトラーのいつ終わるともしれぬ独白が始まることも多く、それがつづくあいだ、誰もが眠りこむまいとして必死になった。ときには、ヒトラー自身が話しながら眠ってしまうこともあった。二時間後に、まったく同じ集団が夕食の席に現われ、そのあとには深夜の映画鑑賞がつづくのだが、すでに見たことのある映画が映写されることも多かった。[*44] シュペーアは書いている。「私はよく自問してみた。いったいヒトラーはいつ本当に働くのだろうか、と」[*45]。しかし、長期にわたる怠惰な暮らし、とりわけオーバーザルツベルクでのそれも無駄ではなかった。ヒトラーはそのあいだに決断を下す準備をし、自分の考えをまとめ、大きな演説に備えてエネルギーをたくわえていたのである。充電期間が終わると、彼は突如として行動しはじめるのだが、エネルギーが尽きることはないようだった。

ヒトラーは誰もが普通に会話を交わせる相手ではなかった。総統が話し、他のすべての出席者が聞き手になるか、他の人が話し、総統はもの思いにふけり、何が話されていようといっさい無視するかのどちらかだった。他人の話に耳を傾けることができず、議論に加わることも嫌いだったので、ヒトラーは他人からは知的な影響を受けなくなっており、いまでは若いころに身につけた信念のなかに閉じこもって、自分の信念が批判にさらされると、本能的に抵抗する態度を示した。したがって、彼はつねに歴史に関心があると語る一方で、歴史家の結論が新しい証拠に照らして改められ、あるいはさらに検討の余地を残しているという事実をまったく理解していなかったようである。歴史家はいっさいヒトラーの仲間に入れてもらえなかったし、科学技術を除く分野の専門家についても同様だった。こうした人たちは、ヒトラーの世界観というものは「堅固な基盤」を揺るがしかねないというのがその理由だが、その世界観なるものは実際には二十世紀初頭にドイツとオーストリアで広まっていた人種差別的かつ擬似科学的なものの見かたをもとにしたものでしかなかった。

しかし、ヒトラーが確信していた——あるいは自分を納得させようとしていた——のは、独創性こそ自分に課された使命をはたすために欠かせない要素だということである。こうした信念がよく表われているヒトラーの典型的な独白について、ラウシュニングが解説している。

彼は際限なく話しつづけることで、独創性らしいものを手に入れようとした……彼の考えかたはニーチェの思想の曲解と広く流布していたその時代の哲学思想をまぜあわせたものだった。これを、まるで予言者か独創的な天才のように吹聴してまわったのだ。彼はその思想を自分で紡ぎだしたものだと思いこんでいたようである。彼にはそれらの本当の出典などわかっておらず、自分が一人で考え出したものであって、山中にこもって暮らすなかで得られた天来の着想だと考えていた。[*46]

自信たっぷりに演説すれば、多くのナチ党員と有権者にはそれで充分だった。彼らはヒトラーの言葉を聞いてわかったふりもしなければ、とくに謹聴もしなかった。総統が、自分は歴史の秘密をあばき、党の政策にイデオロギー的な裏づけを与えたことからして、マルクス主義者に対抗しうる独創的な思想家だと主張するのを無条件で受け入れるだけだったのである。

こうしたことのほとんどについて、スターリンはヒトラーとまったく対照的である。スターリンは雄弁によってではなく、党機関の上に確立した支配力をもとにその地位を築き上げたので、行政の重要性を過小に評価することなど夢にも思わない人物だった。もちろん、ここでいう行政とは、小役人が考えそうな行政のための行政といったものではなく、自分の支配力の源となる行政のことである。これは、本章の最初でも触たことだが、当時ヒトラーの権力基盤が以前にくらべてより安定しており、一方、スターリンのほうは統制を加える傾向が強まっていたという事情から生じる違いで、いわば総統と書記長の違いでもあった。ヒトラーと違って、スターリンは自分の仕事のために生きていた。毎日机に向かって長い時間を過ごし、絶えることなく送られてくる書類や提案の草稿を読んできわめて短い指示を書き添えたのである。その生涯の終わりまで、彼はごく些細な争点に人の意表をつくような介入をして興じていた。とくに、それが下層官吏の任命や彼らの不品行に関わる事柄であれば、彼は個人的な電報を打つ機会を得ることができ、ソ連邦に起こることにはつねに警戒を怠らぬ書記長の目を逃れうるものはないのだという印象を与えられるのであった。

ロシアは広大であり、また通信設備が貧弱だったので、スターリンが信じ、あるいは願っていたほどには、その支配がおよばない地域が多かったことは間違いない。しかし、これはスターリンの側の関心と努力が足りなかったせいではなかった。実際、地方の書記の側では自分の管轄下にある地域でどれほど力をもっていようと、またその土地がモスクワからどんなに遠く離れていようと、スターリンの右腕のような存在——モロトフ、カガノーヴィチ、ヴォロシーロフ——が不意に来訪して、組織全体を一掃し、ある者は流刑に処せられ、ある者は収容所送りとなり、なかには銃殺される者も出るといった事態が起こらないと自信をもって言える者はいなかった。

一方、ドイツでは、レームと突撃隊が粛清されたのち、ほとんどこうした粛清は行なわれなかった。だが、第三帝国をさらにうまく治めるには、粛清を継続して多くの大管区指導者が築き上げた依怙贔屓と腐敗のネットワークを一掃するべきだったし、省庁がかかえる二つの問題、すなわち権力闘争と非効率を叩いておくべきだっただろう。そうしていれば、ゲーリングやライのような指導者が築いた独自の勢力圏にたいしてはかなり有効だったと思われる。しかし、ヒトラーは将軍や名ばかりの党員である閣僚（たとえば経済相のシャハト）の首を切る覚悟はあっても、ナチ党の古参党員を粛清するとなるといつもためらった。レームを粛清するときにも気が進まなかったのである。彼らにどのような欠点があろうと、ヒトラーにとってはどうでもよいことで、むしろヒトラーは彼らの忠誠心と信頼性を評価しており（ヒトラーのほうがスターリンよりも人間味があったことを示す一つの証拠ではある）、驚くほどの誠意と度量を示して彼らに報いていたのである。

スターリンは感謝の念を評価しなかったのと同じく、忠誠や信頼といった特質を重んじもしなかった。彼の猜疑心は収まることがなく、古参ボリシェヴィキこそまさしく彼が最も不信感をもって接する相手だった。政治局や中央委員会のメンバーをつとめ、第二革命を遂行する過程で彼と密接に関わった人たちですら処刑されたり、自殺に追いこまれたり、あるいは強制収容所で非業の死をとげたりしたのである（原注：第12章参照）。第三帝国の歴史ではこれに相当するような事態がまったく見られず、ナチ党が結成された当時のメンバーの大部分は最後まで変わることがなかった。

スターリンには個人的な友人や親しくする人間がまったくいなかったようで、彼が夕食をともにしたのはいつも同じ顔ぶれの側近であり、ときたまこれに来客――たいていはモスクワに滞在しているウクライナやカフカースの党役員や書記だった――が加わるくらいだった。仕事の話がほとんどだったが、酒を飲むことも非常に多く、映画を見ないときには、皮肉まじりのユーモアのセンスがあったスターリンは同志をからかい、酔っぱらわせては悦に入っていた。

こうした晩餐会だけが彼の気晴らしとしてお決まりのものだったようである。フルシチョフは書いている。「スターリンほど責任のある指導者で、あれほどディナー・テーブルのまわりに座って飲み食いに時間を浪費した人はいないと思う」[*47]

ヒトラーとは違って、スターリンは他人に自分の個性の強さを印象づけるために癇癪を起こしたり、大げさに振る舞う必要はなかった。スターリンも怒ると手がつけられなくなることがあったが、別に効果を狙って癇癪を起こすわけではなかった。それは、話しつづけたりどなったりする必要がないと考えていたのと同様である。肉体的には見栄えのしない男だったのに（身長は一六三センチしかなく、スターリンの写真を撮影する者はみな、彼がそれを気にしていることを念頭に置かなければならなかった）、スターリンがいかなるグループをも威圧できたのは、自分が「首領」だという自信をもっていたからであり、また彼が冷酷無情に行動しうる男だと万人が認めていたからでもあった。

スターリンは自分の抜け目のなさを誇りに思っていた――「このスターリンをだますのはそう簡単なことではない」という言葉でもわかる――ので、ヒトラーの人種や国家の興亡をめぐる途方もない空想について耳にしたところで軽蔑するだけだったと思われる。たとえ年をとるにつれて亡霊やゴヤの絵に出てくるような妖怪がスターリンにとりつきはじめたとしても、彼はそれを人に知らせず、また自分の考えが悟られないように細心の注意を払った。

スターリンもヒトラーも、芸術が重要であること、また国民の考えかたや感じかたを変えたいと思うならば芸術に統制を加えることが大切だと気づいていた。しかし一九三四年までは、二人とも政治に専念していたので、他人と個人的につきあうのがままならなかったのと同じく、芸術を芸術として楽しむ余裕がなかった。

映画に加えて、スターリンの数少ない楽しみの一つに劇場通いがあった。彼のこの趣味は妻に負うものであり、二人はよく演劇やオペラやバレエの公演に連れだって出かけるところを見られている。スターリンは妻が死んだあとも劇場――とくにボリショイ劇場――に通いつづけ、たいていは一人で、客席の照明が消えてからボックス席の後方に陣取った。舞台で演じられることには鋭い関心（批判的なものであることが多かった）を示した。それは出版についても同じだった。

スターリンは死ぬまで芸術家と作家には尊敬の念を抱きつづけ、特定の個人を処刑したときにも、この思いが変わることはなかった。彼の書斎の調査が行なわれたのだが、その結果、書物の数と下線がほどこされている箇所の数から、ヒトラーよりも読書家だったことがうかがわれる。[*48] スターリンの蔵書のほとんどは、政治、マルクス主義、歴史に関係するものだったが、その会話の内容から判断すると、ロシア文学にも造詣が深かったことは間違いなく、ヒトラーのドイツ文学に関する知識をはるかに凌駕していたと思われる。スターリンが名前をあげたとされている作家には、チェーホフ、ゴーゴリ、ゴーリキー、そして風刺作家のシチェドリン（本名サルトゥイコフ）、トルストイといった人たちがおり、ドストエフスキーやプーシキンの名前を口にすることもあったという。

ヒトラーは終始ワーグナーに傾倒しており、一九三〇年代にはいつもバイロイト音楽祭に姿を見せた。それ以外の音楽にはあまり魅力を感じなかったのだが、例外はオペレッタで、『こうもり』、フランツ・レハールの『メリー・ウィドウ』が好きだった。映画に関しても、同じく肩の凝らない軽い娯楽ものを好んだ。ヒトラーが自分で大成することができたと考えていたのは美術、なかでも油彩画と素描の分野であり、偉大な業績を残すことができたと考えていたのが建築の分野で、建築には当時も熱烈な関心をもちつづけていた。そして、これらの分野については誰にも自分の判断に文句をつけさせなかった。

絵画に関心をもっていたことは、ヒトラーがドイツの美術館から気に入らない絵画を徹底的に排除したことと（原注：本章6節参照）、絵画の収集ぶりに表われている。美術についてのヒトラーの趣味は、その歴史観と人種主義的な世界観と同じく、陳腐で硬直していた。この硬直した世界観と芸術観はどちらも、第一次大戦前のウィーンにいたころに芽生えたものである。ヒトラーは古典芸術とイタリアのルネサンス期の芸術を高く評価していたが、本当に傾倒していたのは十九世紀ドイツのロマン派の絵画で、その関心は「ひどく感傷的な」風俗画——たとえばエドゥアルト・グリュッツナーが酒宴の場面を描いた作品——から英雄を描いた作品、牧歌的な作品、寓話を扱った作品、歴史および愛国的な主題を扱った作品など、ワーグナーから非凡な才能を抜きにしたような者の手になる視覚芸術におよんでいた。彼が最も高く評価していた画家にはハンス・マーカルト、カール・シュピッツヴェーク、アドルフ・メンツェルなどがいた。ヒトラーはすでに一九二五年にドイツ国立美術館の構想を明らかにし、一九三〇年代には十九世紀ドイツの作品を収集しはじめ、美術館の設立に備えていた。建設予定地はオーストリアのリンツで、ヒトラーが初めてワーグナーと建築の魅力にとりつかれた土地だった。

ヒトラーは一九三八年にイタリアを訪問して目にしたものにすっかり魅了されてしまい、ドイツに戻ると、リンツの美術館を「世界一の美術館」にすることによってローマやフィレンツェに対抗しなければならないと決心した。しかし、戦争が起こり、その後ヨーロッパ大陸の半分が占領下に置かれたため、ヨーロッパ芸術の枠を自国に集める機会が得られた。ドレスデン美術館の館長だったハンス・ポッセとその部下たちの意見をもとにして、ヒトラーはあるときは強制的に買い上げ、またあるときには没収するという方法でコレクションを増やしつづけ、戦争が終わるまでには一万点以上の絵画を集めたほか、素描、版画、ゴブラン織り、彫刻、家具なども収集した。ポッセの意見を入れて、ヒトラーは選択の幅を広げ、自分の好きな十九世紀の作品だけでなく、さらにそれ以前の作品も集めた。アルト-アウスゼーの岩塩坑に収められた六七五五点の絵画のなかには、以前はベルギーのヘントの教会に飾られていたファン・アイク兄弟の絵もあったし、ルーベンス、レンブラント、フェルメール、レオナルド・ダ・ヴィンチ、ミケランジェロの作品もあった。[*49] 大戦の末期にヒトラーの総司令部から、収納庫を爆破して収蔵品を破壊せよとの命令が出され、それに従わない場合は死刑に処するという条件までつけられたのだが、この命令が実行に移されなかったのは幸運なことだった。

しかし、ヒトラーが自分にあると信じていた芸術的な才能があと少しで花開くというところまでいったのは、建築の分野だった。シュペーアら建築家たちの援助により、ヒトラーが建物のアイデアを練ってスケッチを描くと、それをもとに設計図が引かれ、次いで大型の模型がつくられたのだが、ヒトラーはこうした模型をいつまで見ていても見飽きなかった。それこそヒトラーが創作した作品だったのだ。そして彼は、これらを実際に建造することにより、自身が最も高く評価している、十九世紀に建てられたパリとウィーンのオペラ劇場、ブリュッセルの裁判所、ウィーンのリングシュトラーセといった、ドイツ皇帝ヴィルヘルム二世が好んだのと同じ、「凝った装飾がほどこされ」、「ローマ帝国の衰退とともに興隆した様式[*50]」とシュペーアが評した建物を凌駕しようと心に決めていたのである。

ヒトラーは自分が高く評価しているすべての建造物については細部の寸法まで暗記していた。誇大妄想にとりつかれて、彼は自分が設計する建物の大きさを二倍、三倍、四倍と、どんどん拡張しなければ気がすまなくなっていく。その結果、大きさを求めるあまりに様式美が犠牲になるという弊害も生じた。まさしくファラオに始まる専制君主のように、ヒトラーも自分の権力が「不滅であることを証明する」ためにピラミッドのようなものをつくろうとしたのである。

アルベルト・シュペーアについて、ヒトラーはかつての自分もそうなる可能性のあった才能ある若い建築家だと考えていた。シュペーアは「私は二十八歳のころ、何かを完成させたくてうずうずしていた」と回想録に書いている。「ファウストのように、ついに私のメフィストフェレスに出会ったの魂だって売ったことだろう。そして、ついに私のメフィストフェレスに出会ったのだ[*51]」。ヒトラーとシュペーアを結びつけた絆は、ヒトラーが他の人間と結んだどの関係よりも親密なものだった。シュペーアと一緒にいるとヒトラーはくつろいだ気分になり、かつて若かったとき、たった一人の友人だったクビツェクを相手にしたときと同じように話をした。回顧録のもっとあとの部分で、シュペーアは次のように書いている。「結論として、ヒトラーは、偉大だった時代をわれわれに思い出させてくれるものは、それぞれの時代の記念碑的な建造物なのだ、と哲学者のように語ったものだ。後世の人にローマ帝国の皇帝を想起させるものとして何が残っているか？　彼らが建てた建造物が現存していなかったら、かつて彼らが確かにこの世に存在したことを何が証明してくれるというのか？」[*52]。こうしたヒトラーの考えかたをそのまま受け入れて、シュペーアは特別な素材と建築方法を駆使して、「数百年（これがわれわれの数えかただ）あるいは数千年を経て崩れかけた状態でも、ローマ時代のそれと同じような姿を保ちうる建造物を建てる[*53]」ための計画の準備まで進めていた。

ヒトラーがシュペーアに依頼した仕事の一つに、毎年ニュルンベルクで開催される党大会の会場として、スタジアムをはじめ一連の建造物をつくるという大がかりな計画があった。柱廊だけでも、ローマのカラカラ浴場の二倍の長さになるはずだったが、ヒトラーは一九三六年にはさらに途方もない計画を練った。それはベルリンの中心部をそっくりつくりなおそうというもので、ジョルジュ・オスマンがパリでやった仕事にもまさり、「古代のエジプト、バビロン、ローマに匹敵する」規模の壮大な計画だった。長さが五キロになろうかという大通りが高さ七〇メートルあまりの凱旋門と一八万人を収容できるドーム型の講堂を結ぶことになっていた。講堂のドームの部分は約二七〇メートルの高さがあり、その形状はローマのパンテオン神殿を模してつくられることになっていて、違いといえばドームのてっぺんに直径四六メートルの天窓がつくことだったが、この天窓だけでパンテオン神殿やサンピエトロ大聖堂のドーム全体よりも大きかった。総統官邸の敷地は五五万平方メートルにおよぶものだった。こうした建造物をつくるのにかかる費用はまったく問題にされなかった。ヒトラーは長さ三〇メートルほどもある新しいベルリンの模型をつくらせ、気に入った客がくると得意になってこれを見せ、実際の寸法をよどみなく説明してみせた。ヒトラーはベルリンにいるときはいつでも自分の傑作を眺めていて、さらに検討が必要だと思うと、昼夜おかまいなしにシュペーアを呼び出したものである。

ヒトラーの楽しみに水を差すことが一つだけあった。レーニンの功績を称えるためにモスクワに建造物群をつくる計画がソ連で進められていたのだが、この建物がドイツのものより高さで上まわることがわかったのである。スターリンは自分に芸術的な才能があるとは思わなかったし、建築家くずれでもなかったが、ヒトラーと同じく、建築物が政治権力の表現となり、政権の力と価値を印象づけるうえでユニークな効果をもつことを明らかに認識していた。さらにヒトラーと同じく、彼の芸術趣味は偏狭かつプチブル的で、モダニズムよりは記念碑的な建造物を好み、その本質的な特徴は規模の大きさだった。

スターリンもまた首都を造営しなおすことに熱心で、一九三四年にロシア建築アカデミーを設立し、自分の望むものを手がける若い建築家を養成させた。彼のお眼鏡にかなった者がもらう褒美は、特権的なエリートの仲間入りをして、「巨額の報酬と豪華なアパートとスタジオ」を手に入れることだった。建設の作業はしばしば強制労働によってまかなわれ、彼らが用いる道具はつるはしとシャベルだけであり、これもかのピラミッドを想起させることであった。

スターリンは、このソヴィエト宮殿の建設委員会の会議には欠かさず出席していた。この宮殿は完成すると世界最大の建造物になるはずで、最上部には高さ三〇メートルあまりのレーニン像が安置されることになっていた。クレムリンに面した場所に用地を確保するため、スターリンはモスクワで最も大きい聖堂の取り壊しを命じたほどだった。首都の改造については、ル・コルビュジエなど一流の革新的な建築家の建議を却下して、ありきたりな案のほうを採用した。これは一九三六年に承認され、一〇年の工期で完成させることになっていた。その一方で、カガノーヴィチとフルシチョフが建設の責任者をつとめていたモスクワの地下鉄については、一九三五年に最初の路線が開通し、新しい首都の将来の姿を充分に予想させる出来栄えのものとなった。

しかし、その後、戦争になり（「これでロシアの例の建物は永久に完成しないだろう」と言って、ヒトラーはほくそ笑んだ）、ヒトラーのドーム型の講堂もソヴィエト宮殿もついに建設されなかった。しかし、ヒトラーが廃墟と化したベルリンで自らの生命を絶ったのとは対照的に、スターリンは生きながらえ、宮殿が六つの高層ビルに化けるという変更を余儀なくされたが、モスクワの町並を刷新する計画がさらにつづくのを見ることができた。しかし、モスクワ大学のウェディングケーキのような建物がレーニン丘に完成した年、彼は世を去った。[*54]

マルクス主義体制においては当然ながら神の存在は否定されており、スターリン自身もチフリスの神学校に籍を置いていた時代から宗教的な信条をばかにしていた。ヒトラーはカトリック教徒として育てられ、教会の組織と権威に感銘を受け、人間の性格と対処する秘訣を教会から学んだと語っていた。しかし、彼はプロテスタントの聖職者には我慢がならなかった。「奴らは下らない人間で、犬のように従順だし、話しかけられると困惑して、冷汗をかく。彼らには真剣に考えることができる宗教もなければ、ローマのような守るべき聖地もない」。[*55]ヒトラーが敬意を表したのは、カトリック教会の「聖地」にたいしてであり、聖地が長きにわたって存続してきたという事実にたいしてであった。だが、キリスト教の教義については、奴隷にのみふさわしい信条であるとしてこれを軽蔑し、キリスト教の倫理を嫌悪した。「論理的につきつめて考えれば、キリスト教とは人間の欠点を組織的に育てるものだということになろう」[*56]というわけである。

ヒトラーは、良心とは「ユダヤ人が考え出した概念で、割礼のごとき汚点」だと断言し、（指導者の同性愛を理由に突撃隊を粛清したケースのように、政治的な目的にかなう場合は例外だったが）ユリウス・シュトライヒャーなる人物のみだらな行為をめぐる苦情や、党の大物の腐敗や権力の濫用など、彼らの忠誠とナチ運動への貢献ぶりにくらべればものの数ではないとして、これを無視するのがつねだった。一方、スターリンはすべての党員について寄せられた情報をファイルに収め、内務人民委員部にそうした情報を流す必要が生じる日のために備えていた。

ヒトラーは異教の神話と儀式を再現しようとしたヒムラーや占星術と星まわりを読むことに助けを求めたヘスのような連中の、そうした熱心な努力を軽蔑していた。このような問題に関しては、ヒトラーもスターリンと同じく、唯物論者のような見方をしていたが、その根底には、科学の進歩によりすべての神話は崩壊し、すでにキリスト教の教義は不合理であることが判明したとする十九世紀の合理主義者が唱えた信念があった。他方、ヒトラー自身の神話については、少なくともそれを守らなければならなかったので、彼はナポレオンのようにしばしば神という言葉を口にしたが、それは自分を正当化するとともに絶対化してくれる運命的な感覚を、それとは意識させずに浸透させることが必要だったからだ。あるとき、ヒトラーはこう述べている。「ロシア人には自国の聖職者を攻撃する資格はあっても、至上の力の意志を攻撃する権利はない。われわれが弱い生きものであり、われわれ以外に創造的な力が存在しているというのは事実なのだ[*57]」

スターリンはロシアの農民を攻撃したが、農民の所有財産が目当てだっただけでなく、農民のあいだに流布していた伝統的な信仰も標的だった。そして、農民が抵抗しようとしたのはこうした信仰を守ろうとの思いに駆られた部分が大きく、とりわけ女性のあいだでその傾向が強かった。スターリンはロシアの民族主義を育てる気になったとき、やっと東方正教会への攻撃の手を緩めはじめた。ヒトラーは政治的な理由から自らの反教権主義に歯止めをかけ、ボルマンを筆頭とするナチ党の指導者の願いとは裏腹に、教会の攻撃には公然と関わらないようにした。だがヒトラーは、時いたれば、カトリックとプロテスタントの別を問わず、聖職者への恨みを晴らそうと心に期していた。そして、ひとたび行動を開始すると、良心の呵責といったものに縛られることなどなかった。

スターリンとヒトラーは宗教を否定したことだけでなく、人間性に無感覚だった点でも唯物論者だった。彼らが人間と見なすのは自分だけで、残りの人類は自分の目的をはたすための道具であるか、排除すべき障害物にすぎなかった。二人とも政治と権力という観点からしか人生を考えなかった。それ以外のすべて——人間関係、感情、知識、信念、芸術、歴史、科学——に価値があるのは、それが政治的な目的に利用できる場合にかぎられていた。

スターリンとヒトラーが特筆に値するのは、両者が担った役割についてのみである。そして、それ以外では、彼らの私生活など無意味で、貧弱なものだった。彼らの個々の役割は、二人のあいだで大きな違いはあったけれども、同じように非人間的だった世界のビジョンにたいして捧げられたものだった。その世界では、国民を追い立て、住む場所を変えさせることができた。一つの階級をそっくり排除し、民族を奴隷化し、あるいは絶滅させることができた。戦時中はもちろんのこと、平時においても無数の生命が犠牲にされた。個々の人間は、国家、人民、党、軍隊、巨大な工業コンビナート、集団農場、強制収容所のような大規模かつ画一的な組織のなかに埋没する無意味な存在だったのである。

4

ヒトラーとスターリンは党を足がかりにして権力の座についた。つまり、スターリンの場合で言えばソ連共産党であり、ヒトラーの場合で言えば国家社会主義ドイツ労働者党である。イデオロギーと公式に掲げた目標については、この二つの政党はまったく妥協の余地がない対立関係にあったわけだが、その構造と機能に関しては共通点も多かった。たとえば、両党とも民主主義政党とはかなり異質な政党だった。民主主義政党は政権をめぐって開かれた合法的な競争に参加することにその存在意義があるが、ソ連共産党とナチ党が目指していたのは、こうした競争を廃し、永遠に権力を独占することだった。両党とも、もっともらしい理屈をつけて新しいタイプの政党であることをアピールする一方で、指導部の命令を実行するにあたっては、党員に過酷な要求をし、厳しい統制を受け入れるよう求めていた。

ソ連共産党とナチ党の最も重要な相違点は、それぞれが歴史的に異なる道を歩んできたことに由来する。ナチ党とは異なり、ボリシェヴィキは一九一七年に政権を奪取する直前まで野(や)にあったばかりでなく、合法的な組織ですらなかった。前衛的な革命政党をつくり、変革しようとする社会にその細胞を潜入させるというレーニンの考えは、十九世紀のロシア人民主義者(ナロードニキ)の流れを汲むものだった。彼らの思想に手を加えることにより、非合法政党としてのボリシェヴィキの実情に合わせるとともに、革命は職業革命家の手で組織されるべきで、歴史的な力の流れや労働者階級の自発的な行為にまかされてはならないというレーニンの信念とも食い違いが生じないよう工夫がなされたのである。

レーニン主義者は伝統的に前衛の党を目指しており、大衆の支持を集めようとしながら、一方ではつねに大衆とは一定の距離をおき、党の指導的地位や党の政策が大衆の意向に左右されることを許さなかったのだが、その特徴はソ連共産党が一国の政府を構成し、ライバルを排除してからかなりの時を経ても色濃く残っていた。

それとは対照的に、ナチ党は非合法政党だったことがなく、ヒトラーが「合法性」の政策をとっていたこともあり、つねに公然と活動することができた。ナチ党はつねに国民とともにあるという姿勢を明らかにし、一九三〇年代の初めには大衆政党となって（三二年末の党員数は八〇万人）、単一の政党としてはドイツ史上で最高の得票率をあげていた。

二つの党が歴史的に異なる道をたどってきたことは、スターリンおよびヒトラー個人の地位にも影響をおよぼした。一九三四年末の段階では、ソ連共産党には集団指導体制を尊重する伝統がいまだ根強く残っており、スターリンは少なくとも表面的にはこれを廃止できなかった。集団指導体制を維持した理由の一つとしては、社会民主主義というヨーロッパ的な伝統を放棄することに非難の声があがっていた事実をあげることができる。亡命したメンシェヴィキや西欧における社会主義の指導者がそのことをつねに指摘しつづけていたため、そうした非難はレーニンの指導のもとでも叫ばれていたのである。

一九三〇年代の初めに強制的な集団化運動を進め、ソ連が西欧の社会主義政党とは異なる道を進むようになるにつれて、またソ連の支配下にあるコミンテルンが「社会ファシスト」への攻撃を強めるにつれて、表面的には従来の手法を踏襲し、(巧みに批判をかわすための)魔除けとなる言葉を使って、マルクス主義の伝統を守る真の後継者としての立場を強化するほうが、スターリンとしても得るところが大きくなっていった。スターリンと党との関係に急激な変化が生じるのは一九三四年以後のことだが、三〇年代の初期にあがった個人崇拝を非難する声にたいしては、「党への崇拝」という概念をもちだし、自分はその監視人にすぎないと反論するのが最も賢明なやりかただった。

ヒトラーは先人に負うところは何もなかったので、一九二〇年代にはすでに総統というユニークな地位につくことをナチ党に要求し、それを認めさせていた。政策や戦術をめぐって論議する余地などなかった。こうした問題についての決定は、票決によるのではなく、総統に一任されていたのだ。ヒトラーは委員会に関心がなかったのと同様、幹部を投票で選ぶことにもほとんど関心がなかった。つまり、総統が独自の判断で彼らの任免を行なっていたのである。シュトラッサーとレームが粛清されると、反対派と呼ばれる人たちも党内から姿を消してしまう。ナチ党員が誇らしげに主張したように、党は行動するために存在するのであって、話しあいをするために存在するわけではなかったのだ。

ヒトラーとナチ党はつねに革命政党をもって任じていた。合法政策をとったからといって立憲政治に転向する意図など毛頭なく、むしろワイマル憲法によって保証されている民主主義的な自由を利用して、ワイマル共和制の打倒を図ろうとしていたにすぎない。その目的が達成されたからには、ヒトラーは、党首である自分が政権をとったのち、党はどのような役割をはたすのかという問いに答えなければならなかった。

ソ連では、この問いにたいする答はきわめて単純だった。つまり、共産党がそのまま政権の座につくのである。政権を獲得してからの一七年間、国家の行政だけでなく、経済、国営産業、集団化された農業、そして軍隊などのすべてが党の直接指導のもとで動いてきた。権力を握っているのは人民委員会議（のちに閣僚会議と名称が変わった）ではなく、党の政治局であり、実際には政治局のメンバーが人民委員会議のなかで議長、副議長、主要な人民委員などのポストを兼務しており、政治局が決定した政策が行政の側で確実に履行されるよう監督するという構図が存在していた。ソ連の最高実力者が国家元首や政府の首班、あるいは人民委員会議のメンバーではなく、党の書記長、政治局員といった立場にあって権力をほしいままにする人びとだった事実を考えれば、こうした事情はよく呑みこめよう。

ソ連がかかえる最大の問題は、国家の運営にあたるべき人材——充分な訓練を受け、経験も豊富な人びと――が不足していることだった。長年にわたり、共産党は国家を運営するうえで「ブルジョワ専門家」に依存してきた。彼らは帝政時代からの生き残りだったり、外国から雇い入れた人たちだったりしたが、新体制に敵意を抱いているのではないかとつねに疑われる存在だった。そこで一九二八年に、スターリンは彼らを追放する運動に着手したのだが、三年後にはこれを撤回し、ブルジョワ専門家に働いてもらうことは不可欠だとして、彼らの存在を容認するよう命令せざるをえなくなった。党内にも有能な人材はいたが、その数が充分ではなかった。党が断行した粛清――内戦時代から一九三四年までのあいだに四回行なわれた――では、「偏向者」と「反対派」ばかりでなく、腐敗分子、無能な人間、日和見主義者がその対象とされた。そして、党員数の推移にもこのことが影を落としている。一九二一年三月には、当時の人口が一億二〇〇〇万人という状況のなかで、党員数は七三万人（党員候補を含む）にすぎなかった。それが、三三年の初頭には三五〇万人までふくれあがるのだが、三四年末には粛清の影響を受けて二三五万人、三七年にはかろうじて二〇〇万人というように激減する傾向を示し、もはや大衆の政党というよりはエリートの政党という性格が強くなっていた。「幹部（カードル）がすべてである」というスターリンの言葉は、若い世代の党員を大量に採用し、訓練をほどこすことによって穴を埋めることが第一の目標だったことを裏付けている。

ヒトラーが「権力の獲得とは終わりのないプロセスである」と宣言していたこともあり、ナチ党が政権を独占すると、党員のうちでも政権の獲得のために尽力し、闘争時代には多くの苦労をしのんだ古参の闘士（アルテ・ケンプファー）たちは、ソ連の共産党と同じように政府そのものを、そして高度に組織化された国家では政権とワンセットになっている役職と特権をも党の所有物にすることを望んだ。もっと過激な党員は、さらに多くのことを望んだ。レームの率いる突撃隊は自分たちが国防軍に取って代わることを望んだ。協調組合主義の国家を樹立しようとする人びとは、経済活動を進めるうえで、大企業および銀行と手を切ることを望んだ（そのことはもともと公約として党の綱領にあげられていた）。また、「ナチ工場細胞組織」は労働者の利益と資本家の利益とのバランスを調整しようとした。

大混乱をきたした一九三三年の春には、一時期、これらの人びとが実際に行動しはじめるかと思われた。だが、三四年七月にはそうはいかないことがはっきりする。ヒトラーにとっても難しい決断だったが、ひとたび決意を固めると、彼はきわめて残忍に、そして断固たる態度で、独立した軍事組織としての突撃隊を粛清し、革命もしくは革命のその段階が終結したことを明確に示した。

こうした行動を求める政治的な論議は充分な高まりを見せていた。もちろん、その裏にはフォン・ヒンデンブルクの後継者の問題や、国防軍の態度ということもあった。

しかし、ナチ党に関するかぎり、最も重要な動機となったのは、党には国家の運営という職責を担う能力をもつ人間が不足しているとヒトラーが判断したことである。これはソ連が学んだのと同じ教訓ではあったが、決定的な違いは、ドイツには多くの諸外国の水準を上まわる職業的な官吏や企業経営体、さらに軍隊がいぜんとして存在していたことである。長期的な視野に立って考えたとき、ヒトラーはドイツの財産とも言えるこうした組織を解体したり、あるいは教育、専門的な知識、経験という点で明らかに劣るナチ党員の支配下にそうした組織を置いたりすれば、経済の復活、ドイツの国力の復興という当面の目標の達成が大幅に遅れることを悟ったのである。

しかし、ヒトラーはいかにも彼らしく、党が将来はたすべき役割については何も明らかにしなかった。いつものように決定を下すことを避け、いくつもの選択肢を残したままにしておいて、（たとえば）役職と権限に関して官吏側と党の双方が満足するようなかたちで、両者の関係はかくあるべしなどと明言することは絶対にしなかった。

党員は新政権の成功をわがことのように感じることができたし、また年に一度の党大会で総統と再会し、その演説を聞けばやはり士気も高まった。ヒトラー神話はいまだに有効で、ヒトラーが今後はたすべき偉大な事業についてほのめかすと、さらに希望を抱きつづける者が多かった。地方の大管区指導者は地元での権力をあらかた握っていたが、なかでも重要な権限として、官職の任命に力をふるっていた。ほとんどの党員が仕事にありついたけれども、高い地位につけたのは党指導部のほんのひと握りの者だけで、他の人びとは行政または党の肥大化した末端組織で低いポストを手にしただけだった。高い地位についた人たちには、いかにも大臣や政府高官らしい風格が備わってきた（ゲーリングが好例である）。だが、その他の人たちには、もはや自分たちが新たな支配者階級を輩出するエリート集団だというような幻想にひたる余裕がなかった。一九三四年七月を最後に、粛清が行なわれることもなく、党員数は増えつづけていった。当時のドイツの人口はソ連の人口の半分に遠くおよばなかったのだが、党員数は三四年末までに二五〇万人に達し、エリートの政党というよりも大衆政党のおもむきが強くなっていた。党が権力を掌握したあとの党員の任務は、基本的には以前と変わらず、大衆を動員し、教化して、ヒトラーが宣言する目標を支持させることにあった。

ヒトラーは決して党と袂を分かとうとはしなかった。ナチ党は彼がつくりあげたものだったし、政権を獲得するための手段でもあったからだ。しかし、ヒトラーはもはや党に依存してはいなかった。ヒトラーは唯一の政党の党首であったばかりか、いまや国家の元首であり、政府の首班であり、そして何よりも「ドイツ帝国とドイツ国民の総統」だった。これこそ、ドイツが単一政党国家から独裁政治の国へと移行していく過程の第一歩だったのである。

共産党はソ連でナチ党よりもはるかに強い立場にあったにもかかわらず、当時、漠然と「反対派」と呼ばれていた政治局員と中央委員会のメンバーが危機感をもつのを尻目に、一九三三年から三四年にかけて、スターリンはそれまでの寡頭政治を廃し、ヒトラーと同じく独裁政治へとスタンスを変える動きを見せはじめた。違いといえば、ヒトラーの場合、ナチ運動の本来の理想を裏切ったとなじる者が党員のなかにもいるにはいたが、ドイツではもはや党や突撃隊から抵抗運動が生じる気づかいがなかったことである。しかし、ソ連では真の反対派が実際に存在したかどうかは別として、スターリンはその存在を確信して、ヒトラーがレームと突撃隊を粛清したのと同じやりかたでこれを弾圧した。しかも、その規模はドイツの場合とくらべてはるかに大がかりだった。

独裁政権を築き上げ、さらにそれを維持していくためには、一人の人間にのみ責任を負い、命令されたらいっさい疑問を抱かず、法を無視し、何ら躊躇せずにそれを実行するよう組織された特別な機関が必要だった。そして、ヒトラーにとってもスターリンにとっても、自分の目的をはたすうえで、もはや党は満足のいく存在ではなくなっていた。たとえば、スターリンの目的の一つには、党内に残るレーニン時代の遺物を破壊するということもあったからだ。党にかわってこうした役割を担ったのが秘密警察で、スターリンの場合にはNKVD（内務人民委員部）、ヒトラーの場合にはSS（親衛隊）がそれだった。

ソヴィエトの秘密警察は、一九一七年十二月二十日に人民委員会議の決定により創設された。当時はチェーカー（反革命・サボタージュ取締非常委員会）と呼ばれており、モスクワの保険会社の建物だったルビヤンカを接収し、本部とした。臨時政府が帝政時代にひどく評判の悪かったオフラーナ（革命防圧機構）を撤廃してから、まだ一年と経っていないころである。オフラーナはボリシェヴィキの指導者にはよく知られていた組織で、実際、ボリシェヴィキの内部にもそのスパイが巧みに潜入していた。*したがってレーニンは、ボリシェヴィキの内部にオフラーナと同様の機関を設けるにあたり、まったく良心の呵責を感じなかった。そして、フランス革命のさなかに人びとの恐怖をかきたてたジャコバン派のやりかたを高く評価しており、すでに一九〇五年にはロシアでもやがて同じ手法をとる必要が生じるだろうと予見していたのである。レーニンとトロツキーはともに、革命には不可欠の要素だとして恐怖政治を正当化していた。チェーカーが最初に裁判なしの処刑を実行したのは、一九一八年二月二十四日のことだとされていたが、ジェルジンスキー時代の記録によると、もっと前のことだったという。

チェーカーは名目のうえでは一九二二年二月に廃止されるが、一連の改組――GP

U（国家政治保安部）→NKVD（内務人民委員部）→KGB（国家保安委員会）――が行なわれても基本的な性質は変わることなく、組織そのものは存続した。秘密警察が大きく変わる契機となったのは、集団化‐反富農運動だった。これらの運動が進められるのと時を同じくして、令状なしの逮捕や裁判なしの処刑が当然のこととなり、一九一八～一九年当時からすでに存在していた、いわゆる強制収容所に送られる囚人の数が激増したのである。一九三〇年代には、強制収容所網を大幅に拡張することを決定した法令が三〇年四月七日に可決され、強制収容所の管理総局であるグラーグが創設された。このグラーグの初代の責任者に任命されたのがヤゴーダで、当時はOGPU（統合国家政治保安部）の副長官でのちに長官となった人物である。ヤゴーダは内戦時代にチェーカーに加わり、ツァリーツィン（現ヴォルゴグラード）でスターリンの知遇を得ていた。三〇年当時、収容者の数は六〇万人だったと見積もられている。三一～三二年に「留置場」に収容されていた囚人の数は二〇〇万人近くに達し

＊　原注：オフラーナのスパイとして有名なロマン・マリノフスキーは、ロシアでレーニンに信頼される側近となり、第四国会（一九一二年十一月十五日～一七年十月六日）ではボリシェヴィキの議員の先頭に立っていた。一九〇八～〇九年にはボリシェヴィキのペテルブルク委員会の五人のメンバーのうち四人がオフラーナのスパイだった。スターリンにもオフラーナの息がかかっていたという根強い噂があったが、事実かどうかは確認されていない。

ていたのだが、その多くは強制収容所に送られた人たちだった。しかし、これは大粛清時代よりも前の話で、三〇年代後半に粛清と裁判の嵐が吹き荒れるころには、その数は三倍から四倍に増えていった。

ドイツでは、ヒトラーをはじめナチの他の指導者も、政権を獲得するずっと前の、ナチの運動を開始した当初から、暴力と恐怖という手段に訴えることの有効性を充分に理解していた。ナチ党が政権をとると、とりわけ国会議事堂放火事件が発生したあとには、恐怖政治の矛先は共産党と社会民主党に向けられた。突撃隊は、過去二年間に街頭で起こった小競り合いでの恨みを晴らそうと、ここぞとばかりに多くの人間を逮捕し、暴行を加え、さらに拷問にかけることも多かった。一九三三年の夏になると、彼らの行き過ぎた行動にはヒトラーも困惑をおぼえるようになり、突撃隊員を警察補助隊に採用することは中止された。しかし、たとえば令状なしでは逮捕されない権利など、三三年に廃止された基本的な人権は回復されなかった。

一九三四年の夏にレームの率いる突撃隊を粛清するうちに、ヒトラーは突撃隊よりもはるかに統制がとれていて訓練も行き届いているエリート武装集団、いわばソ連の内務人民委員部と同じように自分にたいしてだけ責任をもち、自分の命令には絶対に服従する組織の必要を痛感するようになった。大衆組織である突撃隊や党では、こうした必要を満たすことができなかった。しかし、突撃隊の指導者たちを処刑するのは親衛隊の諸部隊の手にあまると考えられたので、ヒトラーは親衛隊のなかに自分の望むものを見つけなければならないと確信した。これが一九三四年四月にゲシュタポを吸収したことと結びついて、ヒムラーの立場は大いに強化された。

一九三四年四月には、ヒムラーとラインハルト・ハイドリヒは政治警察であるゲシュタポを（ゲーリングから）譲り受け、その年の夏には、ついに親衛隊の武装班が突撃隊の指導者の粛清を実行するまでになった。ヒムラーの功績が認められて、親衛隊は独立した組織として承認され、SS戦闘部隊（フェアフューグングストルッペ、つまり第二次大戦中の武装親衛隊〔ヴァッフェンSS〕の前身）を結成する権利を手にし、さらには強制収容所を管理する任務も与えられた（強制収容所の担当部隊であったSS髑髏部隊〔トーテンコップフフェアベンデ〕の前身）。

したがって、一九三四年七月は二つの点で重要な意味をもった。一つは、突撃隊が古参兵の団体に格下げとなり、政治的な革命が断行されるや何の任務ももたない存在とされたことであり、もう一つは、親衛隊のなかにヒトラーが必要としていた総統国家の代行をつとめる実行部隊が創設されたということで、以後、親衛隊は党からも国家からも独立し、ヒトラーだけに責任を負い、憲法をはじめとする法律の制約すら受けない存在となった。

一九三四年の段階では、ヒトラーは一〇〇パーセント自分の思惑どおりにことが運ぶとは考えていなかっただろう。しかし、ヒトラーの進む方向、つまり自分の使命は自分の地位にではなく、神によって与えられたものだとして個人的な権力を求める衝動は、すでにナチ党内で示されていたように、当初から彼が心に抱いていたものだった。たとえヒトラーが、こうした衝動のおもむくまま、自分がどこまで進んでいくのかわかっていなかったとしても、進むべき方向だけは本能的に承知していた。三〇年代の半ばになると、親衛隊の勢力の伸長もゆるやかになる。三七年には、三つの主要な強制収容所に一万人足らずの囚人が存在したにすぎず、その監視にあたる人間も四〇〇〇人しかいなかった。しかし、大戦の勃発とともに、親衛隊の勢力は飛躍的に伸びることになる。四四年のピーク時には、武装親衛隊は三八個師団という、国防軍に匹敵するほどの陣容を誇り、しかもそのほとんどが自動車化、装甲化されており、九一万人の兵力を擁していた。一方、三七年当時の三つの強制収容所は、親衛隊の支配のもとでいまや東方におけるナチの奴隷帝国へと発展し、その規模と恐怖に関して、スターリンと内務人民委員部がソ連に構築した収容所群島に匹敵する存在となっていた（原注：第3巻16章図13参照）。

5

諜報活動と治安維持以外にも、スターリンとヒトラーが支配権を独占しようとした重要な分野がいくつかあった。そのほとんどは両政権に共通する分野だったが、経済の舵取りということになると、両政権のあいだには大きな違いが見られた。

スターリンはマルクス主義者であり、当然のことながら誰が経済を牛耳るかという問いにたいする答が、他のすべての社会的および政治的な問題への鍵になると考えた。彼はレーニンの後継候補としてライバルを倒し、争点となっていた新経済政策(ネップ)による妥協を切り捨てた。そして、レーニンの後継者の座に収まるや、産業や通商だけでなく、農業においても生産と流通と売買の手段を完全に国有化することを目指して努力し、レーニンが一九一七年には完全に掌握しきれなかった権力を確実なものにしようとした。スターリンは巨大な発展途上国の指導者であり、産業の基盤を築き上げ、ソ連人民をその後進性から脱却させるためには、上からの計画経済政策を採用するしかなかった。

ひとたびスターリンが五カ年計画を導入してこの目的を達成しようとすると、それを成功させることが最優先とされ、あとのすべてが二の次とされた。消費財ではなく、資本財を生産する重工業への投資の集中、飛躍の第一歩を踏み出すのに必要な管理部門の幹部と熟練労働者の育成、そして生産性の向上が最優先されたのである。

しかし、当時スターリンがソ連で目指したものは、ドイツではすでに十九世紀に達成されており、それが第一次世界大戦におけるドイツの経済力と軍事力の基盤となっていた。ヒトラーの狙いは、そのようなかつての国力を再興し、東方に進出することによってドイツの将来を安定させることにあったのだが、それはいわば帝国主義という古典的な手法への回帰にほかならなかった。そのためには、ヴェルサイユ条約で課された制限を撤廃することが前提だったたし、真っ先に実行しなければならないのは再軍備だった。

ヒトラーは、新政権への支持率を高めるには経済を立てなおし、失業率を下げるのが最も効果的だと抜け目なく見抜いていた。しかし彼は、首相に就任した当初の閣議で、経済の復興はそれ自体が目的なのではなく、ドイツ国民の再武装化という真の目的をはたすための手段であり、雇用創出のための措置はすべてこの基準に照らして判断しなければならないと主張した。

結果として、再軍備と経済の復興を同時に目指すことは可能だというヒトラーの信念が正しかったことが証明された。ドイツの経済は復興し、ドイツは再軍備をはたした。この二つの関連、つまり再軍備がどういうかたちで経済の復興に貢献したかについては、経済史家の判断を待つことになろうが、はっきりしているのは、ヒトラーが経済を手段でしかないと考えていたことである。そう考えたからこそ、ヒトラーはナチ党内の反資本主義的な運動を抑えたのであって、決して資本主義に好意を寄せていたわけではない。彼が下した決定は、現実的なものだった。最も手っ取りばやく再軍備と経済の復興を達成するには、既存の経済界と協力するべきであって、強い抵抗運動を招きかねない、結果のわからぬ過激な改革を実施して経済界を混乱させるのは得策ではないと判断したのである。しかし、国防軍の将軍たちを相手にした場合にも言えることだが、ヒトラーが既存の経済界と手を組もうとしたからといって、彼に企業家や銀行家（シャハトのような）に長期的な政策を決定させる用意があったわけではない。国防軍にせよ経済界にせよ、一九三〇年代を通じてヒトラーとの関係には変化が生じることになる。そしてヒトラーが三六年にドイツ独自の四カ年計画を導入すると、ヒトラー政権による経済の支配という問題にはまた別の答が寄せられることになる。

外交および防衛政策という第二の分野でも一九三四年を境に大きな変化が見られた。たとえば、スターリンがナチの脅威に気づいたのもこの年のことだった。これが四〇年代を席捲した両政権の関係の第一段階であり、その余波はヒトラーの死後、冷戦時代にまでおよぶことになる。

スターリンは国内で着手した革命に専念しており、一九三四年を迎えるまで外交政策にはさして大きな関心を寄せていなかった。二八年のコミンテルン第六回大会でスターリンは世界の共産主義運動の指導者という地位を確立したけれども、ソ連の立場からしかその地位を見ていなかった。その大会では次のことが決議された。「国際的な共産主義は、運動に関わる地域の利害および特定の利害を従属させるというかたちで表現されなければならないし、コミンテルンのなかの指導組織が決定したあらゆる事項を無条件に実行することによって表現されなければならない」[*58]。実際には、ここで言う指導組織とは、モスクワに置かれ、当初はモロトフが議長をつとめ、のちにスターリンの取り巻きとしてはやや格下のマヌイリスキーが議長をつとめたコミンテルンの執行委員会のことである。コミンテルンの役割は、ドイツ、フランス、イタリアなど各国の共産党への命令を仲介することにすぎず、議論する必要などまったくなかったため、コミンテルンの世界大会は一九三五年の第七回大会まで開かれなかった。そして、この第七回が最後の大会となった。

コミンテルンの第六回大会で、全世界の共産党はこぞって社会民主主義政党を攻撃することに専心すべしという決議が採択されたのは、スターリンの強い求めに応じた結果だった。当時、社会民主主義者は「プロレタリアートにとって危険きわまりない敵、略奪をこととする帝国主義の信奉者を自認する人間よりも危険である」と非難されていた。

こうした決議がなされたことは、とりわけドイツで重要な意味をもつことになった。

ドイツの共産党はソ連共産党に次ぐ規模をもっており、一九三二年の選挙では五〇〇万票もの票を獲得していたからである。もし共産党と社会民主党が手を組んでいたら、三二年七月の選挙ではナチ党の一三七〇万票に迫る一三二〇万票もの得票を背景として堅固な連合体が形成されたことだろう。さらに、同年十一月の選挙では、ナチ党の得票が一一七〇万票だったのにたいし、共産党と社会民主党の得票数の合計は一三二〇万票で一五〇〇万票の差をつけていたのである。しかし、共産党は社会民主党と手を組むどころか、スターリンに押しつけられた政策に従って、もっぱら社会民主党を「社会ファシスト」呼ばわりして攻撃し、三二年にベルリンで行なわれた交通ストライキには、社会民主党に対抗するため、ナチ党と手を組むことまでしたのである。

スターリンの心をとらえ、その判断力を鈍らせたのは、産業資源と熟練労働力に恵まれたドイツが親ソ的な共産主義国家となった場合、ソ連の近代化にどれほど寄与できるかという期待だった。これは一九一七〜一九年にレーニンが抱いたのとまったく同じ幻想である。こうした判断の誤りを犯したために、スターリンはナチ党の勢力が拡大すればドイツの大衆はそれだけ急進的になり、ドイツ共産党のもとで結束を固める結果、最終的には共産主義が勝利するという楽観的な信念をもちつづけていた。

ソ連が外交であげた大きな成果は、一九二二年にラパロ条約を締結し、ワイマル共和制下のドイツと特別な関係を築いたことである。その背景には、当時の独ソ両国がはみだし者的な存在で、一九一八年以降に戦勝国側が確立したヨーロッパの体制に両国がともに反感を抱いていたという事情があった。政治的には、ラパロ条約によってソ連が孤立から脱し、資本主義諸国が反ボリシェヴィキを旗印として団結するのではないかとの危惧は薄れることになった。両国は、一九二六年に独ソ中立条約（ベルリン条約）を結び、さらに三一年にはそれを更新した。経済的に見れば、ドイツはソ連にとって最も重要な貿易相手国となり、ソ連の全輸出入量のうち四分の一がドイツ絡みのものだった。軍事面でも、ひそかに協力体制が整えられ、ドイツが航空機や戦車といったヴェルサイユ条約の軍備制限条項で禁止されている兵器の生産とその実験をしたりソ連領内で軍事演習をしたりすることを認めるかわりに、ドイツがもつ軍事に関わる専門的な知識と技術をソ連に供与することが取り決められた。

貿易および軍事面における両国の協力関係は、一九三〇年代の初めには最高潮に達し、スターリンはそうした特別な関係がその後もつづくことを願っていた。スターリンはドイツで共産党が解散させられたときですら抗議しなかったし、介入する気配も示さなかった。また、ソ連の代表団（リトヴィノフ、クレスチンスキー、モロトフ）は、ナチ政権が発足して数カ月しか経っていないころ、ドイツ国民にソ連の外交路線は不変だと保証したうえ、両国が一九二六年に締結したベルリン条約の更新を歓迎すると表明した。

一九三四年を迎えると、戦争の危険がいよいよ高まっていることに気づき、スターリンは第一七回党大会で次のように語った。

われわれはもちろん、ドイツのファシスト政権を決して歓迎しているわけではない。しかし、ファシズムが問題なのではない。たとえば、イタリアのファシズムはわが国が同国と最良の関係を結ぶうえで妨げとなっていないではないか。[*59]

まさにスターリンがこの演説をした日に、ヒトラーはポーランドと不可侵条約を結んだ。これは単にプロイセンの伝統的な政策の放棄を意味したばかりでなく、ソ連への対抗策でもあったというのが一般的な見方である。スターリンが自らの誤りを認めることはなかったが、一方の前線ではいまや敵となったナチ・ドイツ、そしてもう一方の前線では一九三一年以来満州を占領し侵略国家になった日本というまぎれもない脅威にさらされては、たとえ気が進まなくても政策を変更せざるをえなかった。彼が行動するにあたって最優先したのは、ソ連の権益、とりわけソ連経済の発展を支えることであって、コミンテルンでも世界革命でもなかったし、ヒトラーがオーストリアで大失態を演じたような危険を冒すことでもなかった。一九三四年一月の同じ報告のなかで語られた「平和を望み、われわれと実際的な関係を結ぼうとする者はいつでも歓迎する」という言葉には、スターリンの真情がこもっていた。もっとも、いまや彼は「無謀にもわが国を攻撃してくる者には、決定的な一撃をお見舞いし、豚のような鼻をこのソ連の庭先に突っこむ気にならないようにしてやる」[*60]とつけ加えることを忘れなかった。

経済面でもそうだが、外交政策や防衛という問題になると、ヒトラーはスターリンとは異なる態度を見せた。ヒトラーにとって最も大切なのは外交と防衛であり、経済の回復がドイツの国力の復活にどう貢献するかという観点から経済をとらえていた。一方、スターリンの経済観はまったく違っていた。スターリンにとって最も重要なのはソ連の経済と社会構造の近代化を図ることであり、外交政策と防衛政策については、自分が推進していた第二革命を達成するうえで、当然とるべき防御の手だてを講じるのに必要かどうかという観点から判断を下していた。

ヒトラーはまた、一九三三〜三四年には対外的な安全保障についても不安を感じていた。ユダヤ人、社会主義者、共産主義者への迫害、大量の逮捕者、強制収容所、拷問にまつわる報告、ユダヤ人商店にたいする不買運動、労働組合への弾圧、そして焚書といったことのすべてが広く海外で報じられ、また五万人もの難民が発生したこともあり、西欧の民主主義諸国には強い衝撃が走るとともに、ナチの狂信主義と国家主義が醸し出す不穏な空気にたいする不安が広がっていた。フランスとポーランドの連合軍が武力介入してくるのではないかと真剣に案じていたのは、ヒトラーばかりでなく、国防軍も同じだった。フランスがルール地方を占領してからわずか一〇年、ラインラントから撤退してわずかに三年しか経っていなかった。万一、ヴェルサイユ条約の遵守を求めて、ドイツの再軍備がまだ充分な成果をあげていなかった一九三三〜三四年にフランスが介入に踏み切っていたら、ヒトラーの計画は大打撃を受けたことだろう。

経済の分野と同じく、外交政策の面でも、ナチ党内には保守的な外務省を廃止し、ナチ党員ではないフォン・ノイラート外相の解任を求める人びとがいた。ヒトラーはローゼンベルクとリッベントロープが党内にそれぞれ独自の組織をつくって競いあうのを許していたが、ポーランドとの不可侵条約の交渉にあたったのは、当時外交に首を突っこんでいたもう一人の人物、ゲーリングだった。この条約の締結は、政権についた当初の二年間でヒトラーが外交面であげた最大の成果となった。

しかし、こうした初期のきわめて重要な段階において、さらに急進的なイニシアティブをとることがいかに危険かということをもののみごとに証明したのが、状況を深く読まないでオーストリアのドルフス政権の転覆を図った事件だった。この事件を契機として、一九三四年の末にはドイツが外交的に孤立することが決定的になった。ポーランドとの条約締結によって手にした成功も、フランスが東欧の同盟国（小協商国）（原注：第3巻13章1節参照）と関係を回復することに成功したため、いまや帳消しになってしまった。一方、軍縮会議と国際連盟からの脱退をちらつかせると、ドイツの国家社会主義的な国民感情は大いに沸いたのだが、ソ連が従来の政策をひるがえして国際連盟に加盟すると（一九三四年九月）、これまた効果が相殺されるかたちとなった。

スターリンが教訓を得たとすれば、ヒトラーも同様だった。一九三五年には、仏ソ相互援助条約が結ばれ、スターリンの指示を受けた共産党が全力をあげて阻止しようとしたにもかかわらず、コミンテルンは人民戦線政策を採用し、広範囲にわたる反ファシスト連合を結集しようとした。しかし、この年にはまた、ドイツがヴェルサイユ条約を破棄し、再軍備宣言をするとともに、英独海軍協定も結ばれた。これらは西欧の民主主義諸国のあいだに広まっていた戦争への恐怖と反共感情を巧みに利用することによってヒトラーがあげた最初の成果であった。

ヒトラーは、さしあたってフォン・ノイラートとドイツ外交団をそのままにしておいたほうが得策だと判断した。その一方で、彼は思うままにリッベントロープやゲーリングに特別な使命を与えることができたし、大管区指導者のボーレが率いるナチ党外国組織部を使って国外のドイツ民族団体、世界中に二三〇〇万人いたドイツ系の人びとを組織することもできた。これはまさにスターリンがコミンテルンを使って世界各国の共産党を組織したのと同じやりかただった。やがてヒトラーは、もはやノイラートを外相に据えたままにして体裁をつくろわなくても内外の保守派を安心させておけるようになった。そのころまでには、ドイツの国力がかなり充実していたので、ヒトラーは本性を現わすことができたのである。

さらに重要なのは、ヒトラーと将軍たちとの関係だった。一九三四年末に、国防軍は自らの意志によって行動すると画期的な主張をしたのだが、ヒトラー側からは横槍が入らなかったようである。これは国防軍の同意を得ることがヒンデンブルクの後継者の座を射止めるうえで重要な意味をもっていたためで、ヒトラー自身も次のようにそのあたりの事情を認めている。「もし国防軍が革命時代に味方になってくれていなかったなら、今日のわれわれが存在していないということを、みな充分に心得ている」[*61]。のちにヒトラーは、政権を獲得したあと、当初の数年間に国防軍との対立を避けたのは、ひとえに徴兵制を導入することによって得られる効果に期待していたからだと述べた。

ひとたび徴兵制が実現されれば、一般大衆が国防軍に流入し、国家社会主義的な精神と国家社会主義運動のとどまるところを知らぬ勢いがそこにもちこまれる結果、国防軍の内部の、とりわけ将校団のなかのあらゆる反対勢力を排除することが可能になると私は確信していた。[*62]

これが本当だとすれば、ヒトラーの抜け目のなさを示すよい例だろう。一九三三年当時、ドイツ軍の将校の数は四〇〇〇名であり、国防軍全体が四年間で四倍の規模にふくれあがっていたことを考えると、まったく充分な人員とは言えなかったからだ。新たに二万五〇〇〇人の将校が任命されたけれども、その多くはフォン・ライヘナウの世代とは異なり、ナチの運動に強く共感する若い世代に属していた。その結果、将校団の団結力と伝統的な保守主義は稀薄になっており、かりにヒトラーから攻撃された場合、独自の地位を保つことすら望めないような状況が生まれていたのである。ここで重要なのは、ヒトラーが一九三五年三月十六日に再軍備と徴兵制の導入を高らかに宣言したとき、軍の最高司令部や幕僚会議には事前に何の相談もなかったし、平時に一二個軍団と三六個師団を常備するという目標が彼らにとってまさに寝耳に水だったことである。

ヒトラーはそれまで国防軍に再軍備の機会を与えれば、あとは軍のほうで熱心にことを進めるだろうと考えていた。しかし、一九四一年の夏に、彼は幕僚会議の席上、政権についてから最初の五年間に味わった幻滅を苦い口調で語った。

首相になる前は、軍の幕僚は万人をおびえさせるので、しっかり首輪をつけておかなければならないマスチフ犬のようなものだと考えていた。しかし、首相になってから、幕僚が決してそんなものではないと認識せざるをえなかった。彼らは私が必要だと考える行動にことごとく横槍を入れてきた……そこで、私のほうがマスチフ犬を棒で突っついてやらなければならない始末だった。[*63]

一九三四年末の段階では、まだ突き棒を使用すべき時期ではなかったが、同年の夏にヒトラーと交わした取り決めが有効でありつづけると信じた将軍たちは、誤解していたことになる。二つの新しい事実が生まれたとき、彼らは警戒態勢をとるべきだったのだ。一つは、ヒトラーがゲーリングに空軍の創設を進めるよう指令し、さらにゲーリングがその空軍を国防軍とは別組織の空軍省にしたいと要求すると、国防軍の反対を押し切って、ヒトラーがこれを認めたことである。そして、もう一つは、ヒトラーの後ろ盾を得て、ヒムラーの率いる親衛隊の勢力が急速に伸びて、かつてのレームの突撃隊とはくらべものにならないほど、国防軍の独立を脅かす存在になりそうな気配があったことである。

赤軍はもはや、スターリンが初めて接した内戦当時の赤軍ではなかった。内戦当時には、帝政時代からの将校が四万八〇〇〇人も残っており、全将校の四分の三を占めていたが、一九三〇年には、これが全体の一〇パーセントにあたる四五〇〇人にまでしぼりこまれていた。三四年になると、上級司令官を含めて全将校の六八パーセントを共産党員が占めるようになっていた。常備軍の規模は、兵力五六万二〇〇〇であり、最も力が入れられたのはカードルの部隊で、全体の一〇分の一ないし六分の一を占めていたのだが、とくに技術部門ではその割合が高かった。残りは徴兵制度によって入隊してきた兵士で、二年間の予備訓練ののち、二年間の軍務につくというシステムになっていた。さらに、それ以外の兵士が配属された民兵組織については、そのほとんどが歩兵部隊であり、予備役として軍務につくのであった。

もはや農民の軍隊ではなかったが、やはり農村から召集された人間が多く、兵士としての訓練とともに、政治教育と思想の教化が重視された。赤軍が政治的に信頼できる存在であるかどうか、その試金石となったのは、農業の集団化が進められた時代である。スターリンと党指導部がこの時代を切り抜けることができたのは、赤軍の力を得て農民の反乱を鎮圧し、ウクライナを封鎖できたからだった。現在わかっているかぎりでは、赤軍内部での規律は充分に保たれていたため、重大な問題は何も起こらなかったようである。大粛清当時のデータが、そのことを証明している。一九二九年には、国家の組織全体では一一・七パーセントもの党員が粛清されたのにたいして、赤軍内の党員はその三・五パーセントが粛清されたにすぎない。三三年には、全体の一七パーセントにたいして、赤軍では四・三パーセントという記録が残っている。

しかし、赤軍がドイツの国防軍のような独立した地位に置かれたことは一度もなかった。一九一八年にトロツキーが起草した法令にあるように、いかなる機関も陰謀の巣窟と化することがないようにとの配慮から、また政治教育という仕事を組織化することを目的として、政治委員制度が確立された。そのため、基地や部隊には軍に属さない政治委員が配属されることになり、彼らは党中央委員会の赤軍政治総本部に直接責任を負うことになっていた。

一九二〇年代には、当初の二重の指揮系統という形態に変更が加えられ、司令官が全権を握り、政治委員は政治面で司令官を補佐することになった。しかし実際には、政治委員が軍部での位階制から外れ、政府内の上司とのつながりを維持していたため、摩擦が絶えず、とりわけ司令官の多くが内戦に従軍した経験をもつ古参軍人だった上層部でその傾向が強かった。しかし、スターリンが政治委員制度の廃止に同意したのは事実であり、その機能はそっくり統合国家政治保安部（ＯＧＰＵ）による支配というかたちで引き継がれることになった。ＯＧＰＵは軍の内部の安定を図ることを任務としており、軍のあらゆる階層に諜報網を張りめぐらしていた。活動するうえでは、軍の司令部と政治委員からいっさい影響されず、逆に両者の忠誠ぶりに鋭い監視の目を向けていた。

赤軍の最大の弱点は、機甲化された近代的な装備が不足していたことと、兵士が技術的に充分な訓練を受けていなかったことである。スターリンが夜に日を継いで工業化を進めなければならなかった理由の一つは、高い技術水準をもつ軍需産業を育成することが急務とされていたからである。第一次五カ年計画の実施で、こうした軍需産業の基盤を築くことには成功していたし、スターリンがドイツと日本という外憂を意識するようになるにつれて、赤軍の装備を充実させることが何よりも優先されるようになった。第二次五カ年計画が実施されるあいだ、ソ連の軍需産業はその工業全体にくらべると二・五倍もの速度で急成長をとげたのである。

スターリンは、ソ連の軍隊とドイツの軍隊との親密な協力体制が存続することを願っていた。事実、こうした関係があったために、ドイツ国防軍の再軍備も可能になったのだし、赤軍としても多大な恩恵をこうむったのである。やむなくヒトラーの要求を容れて条約を解消したのち、スターリンはドイツ国防軍の増強に対抗すべく、赤軍の拡張に乗り出すことになる。一九三四年に赤軍の兵力は五六万二〇〇〇人から九四万人に引き上げられ、さらに翌三五年にはこれが一三〇万人まで増強されるとともに、三九年を目途にしてカードルだけで構成される部隊をつくる計画もあった。それにともない、陸軍および海軍の予算も、一九三三年には一四億二〇〇〇万ルーブルだったものが、三八年には二三二億ルーブルまで引き上げられ、さらに四〇年にはこれが二倍以上に増額された。とくに力が注がれたのは、大砲、戦車、戦闘機といった装備の開発と、兵器を自給自足することで、そのためにウラル山脈の東方に兵器工場がいくつも新設された。

内務人民委員部（NKVD）と同様、赤軍と海軍もスターリンの政策の恩恵をかなりこうむった。たとえば、兵士の給与が引き上げられたり、将校の地位の向上が図られたりしたために、士官学校には入学希望者が殺到した。同時に、内務人民委員部による監視とともに、政治委員制度が導入されたため、ヒトラーが対応に苦慮した排他的な職業軍人意識にも歯止めがかかったようである。一九三四年末には、独ソ両国の状況を比較する機会を得た人なら誰でも、軍部にたいする指揮系統を確立することではスターリンのほうがヒトラーよりも一歩先んじているという評価を下したことだろう。しかし、三七年に意表をつく行動を起こしたのはスターリンのほうだった。赤軍の代表的な指揮官たちを反逆罪のかどで処刑したのである。この事件が、最高司令部全体とソ連の将校団にたいする徹底的な粛清劇の幕開けとなった（原注：第12章5節参照）。

ヒトラーも、一九三八年には国防軍を意識して自分の地位を固めていたが、スターリンの粛清のような思い切った行動には出なかった。しかしヒトラーは、数年後の四四年に自身が標的となる暗殺未遂事件を経験してから、スターリンの先例にならってもっと早くドイツ国防軍の司令部にたいして徹底的な粛清をしておくべきだったと悔やむことになった。

6

ほかにも、マスコミの統制とさまざまな集団および組織の統制という二つの重要な分野があり、これらはたがいに緊密なつながりをもち、両政権の中心的な特徴となっていた。

一九三四年末には、ヒトラーとスターリンはともに一枚岩を誇る国民の指導者を自称するようになっており、これに異を唱えることはいっさい許されなかった。どこの社会でもそうだが、ドイツでもソ連でも、政府は野心や立身出世主義や既得権益だけでなく、政治的な無関心、信じたいという願望、長いものには巻かれる習慣を利用することにより、最低限の協力を得ることができた。しかし、両政府とも何かを偶然や自発性にまかせはしなかった。どちらも、基本的に、率先して行動する個人あるいは集団を信用しておらず、大衆の支持を集めつづけることを最優先事項の一つとしていた。両政権が最も似通っていたのはこうした一面においてである。

もっとも、両政権が置かれていた環境に大きな違いがあったことは言うまでもない。

ナチが対処しなければならなかったのは識字率が高くて教育程度も高い国民だったので、ラジオ、出版、映画、演劇を通して容易に感化することができた。一方、スターリンの率いるソ連共産党は、文盲率が高く教養もない国民を相手にしなければならず、新聞、ラジオ、映画といったメディアによって教化しようとしてもあまり効果があがらなかった。スターリンはソ連の国民を経済的・文化的に遅れた状態から強制的に現代という時代に送りこむため、大衆の文盲と戦い、都市部に流れこんでいた無数の農民の古くさい生活習慣を撲滅する運動を展開しなければならなかった。そうしないことには、きわめて初歩的な宣伝のメッセージですら訴求力をもたなかったのだ。労働規律を定着させ、生産性の向上を図るとともに、共産党は基礎教育にも率先して取り組まなければならなかったが、ドイツでは工業化政策の一環としてすでに前世紀に基礎教育が普及していた。教育水準が高く、社会および産業界の規律もしっかりしていたので、ヒトラーとゲッベルスは技術的に進んだ手段を用いてドイツの大衆に働きかけることができた。

スターリンにとってさらに厄介だったのは、地方に住む最大の階級である農民を高圧的に処遇したため、彼らのあいだに反感が生じていたことである。そこで、ソ連の扇動宣伝担当者は農民の利益を口にせざるをえなくなった。ヒトラーは、それとは対照的に、経済の復興とヴェルサイユ体制の打倒につながる政策を推進するために国民の熱意をかきたてることが容易にできた。

共産主義者にとっても利点はあった。ソ連は広大な国土をもっていたうえ、ドイツにくらべてヨーロッパの他の地域からは遠く離れたところに位置していた。そのため、ソ連はヨーロッパの政治的・文化的な伝統の本流とのつながりがドイツにくらべるとつねに稀薄だったし、教育のある階層もずっと少なかったうえ、革命とその後の内戦を経てその数はさらに減少していた。しかも、その多くは西欧にたいしてアンビバレントな態度をとるところがあった。こうした歴史的・地理的な事情のために、ソ連はいとも簡単に外部との接触を断つことができた。ソ連の宣伝機関はそこに活路を見出せたのである。

こうした背景に照らして考えなければならないこととして、ソ連が貧しく、資源が不足していて、技術的にも遅れていたことがあるほか、訓練されている人間の数が足りず、そのために宣伝ばかりでなく、党にたいする焦眉の要求に応じられる人間をそれほど多く割けなかった事実がある。ソ連人民に呼びかけるとき、マスメディアが不備で使いものにならなかったため、指導部はアジ演説と党員の個人的な宣伝活動に頼らざるをえなかった。つまり、勧告をし、工場、鉱山、集団農場といった現場での個人的な例をひきあいに出して直接訴えかける方法をとらざるをえなかったのである。

ドイツは、ソ連よりもずっと経済的に発展しており、文化的な水準も高かったので、ナチ党は間接的な方法を大いに活用できた。そのために、他のさまざまな活動を通じて、宣伝のメッセージをひそかに盛りこんで伝達することができた。しかし、こうした条件の違いにもかかわらず、両政権が社会統制とそれをはたすための手段を重視するという共通点をもっていたことは、それなりに注目すべきだと言えよう。

ソ連とドイツのどちらも、警察および治安維持のための巨大な組織が「強制的な説得」をするうえで大きな役割をはたした。こうした組織が逮捕や強制収容所送りを免れていた人たちにおよぼす影響力は、実際に追放された人びとにとってと同じくらい重要な意味をもっていたのである。ナジェージダ・マンデリシュタームの回想によると、大粛清時代に誰かが不意に姿を消しても、人びとは彼らのことに触れず、あるいは強制収容所の存在を知っていても、それを友人に漏らすことすらなかったという。このように口をつぐんでしまうことは万人が関与する共同謀議のようなもので、そこから生じた恐怖感が広く行き渡り、人びとの信頼関係が崩れたばかりでなく、自分たちの力ではどうすることもできないという諦めの気持ちが生まれる原因となった。[*64]

ドイツではナチ党の支持者が増えており、逮捕者の数は少なくなっていたが、原則は変わらず、ナチ党による支配体制から抜け出す自由はなく、脱退する者は身に降りかかる危険を覚悟しなければならなかった。早くも一九三三年三月二十一日（ポツダムの日）には、悪意ある無駄話を禁止する法令が出され、口頭による政府批判については禁固刑もしくは懲役刑に処すると定められた。

しかし、いかなる社会も、そして少なくとも現代の先進社会は、怖気づき、びくびくした国民をかかえながらまともに機能することはできない。消極的な支持を得るだけでも充分とは言えない。「もしも……すれば、強制的に……」という状況がひとたび確立されると、ナチ党はありとあらゆる手段を使って国民の積極的な協力を勝ちえようとし（原注：ソ連では、これは「自発的に、そして強制的に」という原則として知られている（A・L・ウンガー『全体主義政党』ケンブリッジ、一九七四））、もし協力してくれればどんなことも可能になると国民を説得し、仕事のうえばかりでなく、教育的・社会的あるいは文化的な活動でも機会と報酬を与えると申し出た。唯一の条件は、こうしたすべての活動は国家あるいは党が主催したものか、あるいはその管理下にあって公認されているものにかぎることだった。こうして、恐怖、宣伝、組織という三つの要素が相互にからみあう関係が構築されたわけだが、一九三〇年代には、スターリンは恐怖、ヒトラーは宣伝に頼る度合がそれぞれ高く、組織を重視する点では両者とも同じだった。

歴史上、ナチのそれほど心理的な要因に多くの注意を払った政治運動は存在しない。このことこそ、一九二〇年代にヒトラーがその特異な才能を発揮した分野で、三〇年代の初めにナチ党が躍進した主たる要因もそこにあり、これがやがてヒトラー政権の特徴となっていく。一九三四年の党大会で、ゲッベルスは「総合的な宣伝（トータル・プロパガンダ）」という概念を規定して、次のように断言した。

> 人びとに訴えかける手段は数多くあるが、宣伝はその最上位に位置するものだ……大衆国家においては、宣伝なくして偉大な事業を進めることはほとんど不可能に近い……国民の生活において、宣伝の影響を受けない部分はまったく存在しないのだ。[*65]

一九三三年三月に、ヒトラーとゲッベルスはすでにラジオを利用して前例のない選挙運動を展開していた。通信社を一元化し、情報宣伝省で毎日記者会見を行ない、次々と指示を出し、また使用すべき用語を定めることによって、ゲッベルスは統制の手をラジオから新聞に伸ばしていった。ナチ党系以外の新聞、たとえば『フランクフルター・ツァイトゥング』などが存続を許されたのは、少しは毛色の変わった新聞を残し、どれを読んでも同じだという退屈な状況を避けることにより、読者を失ったり、宣伝メッセージの効果を損なったりしないようにするためだった。ゲッベルスがあらゆるメディアに向けた指示は、「表現はさまざまであっても、言わんとするところは一つとせよ」ということだった。

党が国家を支配していたソ連でドイツの情報宣伝省と同じ役割をはたしたのは、単一の省ではなく、スターリンが書記長として統括する中央委員会書記局に所属する六つの部局のうちの二つ、すなわち扇動・大衆キャンペーン部と文化・宣伝部だった。ロシアにおけるマルクス主義の父であるゲオルギー・プレハーノフ（一八五六〜一九一八）の教えに従って、ソ連では宣伝（プロパガンダ）と扇動（アジテーション）を区別しており、前者は「多くの思想を少数の人たちに提示」し、マルクス－レーニン主義をより理知的に解説することに関係するものであり、後者は「一つあるいは少数の思想を多くの人間に提示すること」を意味し、いくつかの単純な主張やスローガンを伝えるものだった。一九三四〜四五年には組織が再編成され、この二つの部は一つ（クリトプロップ）にまとめられたが、その後また五つに分けられる。すなわち宣伝・扇動部、報道・出版部、学校部、文化・教育事業部、科学部である。

計画を立案し、指示を出し、資料を用意することとは別に、誰が実際にそれらを実行するかという問題があった。この問いに答を出したのは、恐怖、宣伝、組織という三つの要素のうちの三番目、つまり組織だった。ドイツでもソ連でも、組織化を進める原動力となったのは党であり、労働組合、職能団体、青年組織（ヒトラー・ユーゲント、共産主義青年同盟（コムソモール）など）、文化およびスポーツといったさまざまな関連団体を通じて間接的に、そして党独自の下部組織を張りめぐらすことによって直接的に、組織化を進めていった。

　これが、単一政党となったのちにナチ党がはたすべき役割は何かという問題にたいして、ヒトラーが出した答だった。国家を支配したいという党の野心には歯止めをかけながらも、ヒトラーは党なくして第三帝国は存在しえないと主張した。「権力の獲得とは、終わることのないプロセスである」と彼は一九三五年の党大会で宣言している。そして「重要なのは、権力を奪取することではなく、人民を教育すること」[*66]であり、この点を理解していなかったために過去の革命は失敗に終わったのだとも語っている。ここで言う「教育」とは、ドイツ国民を一つにまとめる絆として、彼らの心に新しいイデオロギーを刻みつけることを意味する。こうした役割をはたしつづけていくうえで、ヒトラーは人口の一〇パーセントを占める大衆政党を心に描いていた。そして、一九三九年に党員数が五〇〇万人を超えたとき、この一〇パーセントという目標をほぼ達成できたのである。

　一九二〇年代末には、ナチ党は職能団体を乗っ取るか、もしくは自ら創設する作業に着手した。一方、ソ連共産党はかなり以前からあらゆる自治組織を何らかの方法で接収するか、その活動を停止させていた。例外は東方正教会で、共産党はこれを迫害した。数ある補助団体および関連団体のなかで最も重要な意味をもっていたのは、青年組織と労働者の組織だった。

ヒトラー・ユーゲントが初めて党の組織として登場するのは一九二六年のことで、バルドゥア・フォン・シーラッハの指導のもと、三三年には他のすべての青年運動がこれに吸収された。三四年末には、その構成員が三五〇万人になり、三六年には十歳から十八歳までのすべての男女が加入することを義務づけられたため、ヒトラー・ユーゲントはヒトラー政府の一部となり、財政面ではまだ党を頼みにしていたけれども、その指導者は総統に直接責任を負うこととなった。

コムソモールは、一九一七年にペトログラードで発足し、一八年に第一回大会が開催された。コムソモールは集団化運動や五カ年計画で重要な役割をはたし、特別作業隊の指導者の多くがコムソモールの出身だった。構成員の数は、一九三一年の三〇〇万人から三六年には四〇〇万人に増えていた。その後、コムソモールの主たる任務は、非常時における経済活動から、若者への共産主義思想の教化へと広げられ、多くの文化的・社会的あるいはスポーツに関する活動にもたずさわるようになり、三九年には九〇〇万人ものメンバーを擁するまでになった。コムソモールおよびその児童部門であるピオネール（十歳から十五歳までの男女が加入）の組織は、党の組織にならって構成されており、党と同じく州や地区を単位としていた。公式には自治団体だとされていたが、実際には党がその実権を握っており、次の世代のカードルを養成する機関となっていた。

青年組織の役割を考察するにあたっては、共産党とナチ党が教育制度を思うがままに操っていたという事情を考慮しなければならない。学校制度や教師の研修が刷新されたり、教科書が書き換えられたりし、あるいはカリキュラムの整理が実施されて、マルクス＝レーニン主義の歴史観やマルクス主義経済、ドイツの場合は人種主義的な歴史観と人種主義にもとづく生物学を教える時間が確保された。一九三三年以前にナチが学生運動に浸透していき、多くの大学生がナチによる新秩序を進んで受け入れたため、ドイツの大学の伝統的な批判精神は息の根を止められた。一方、ソ連でも、ロシアの教育とヨーロッパの教育の双方の伝統を意識的に断ち切ろうとの決定が下され、それまでの高等教育制度は姿を消してしまった。

こうした変化による影響に、さらにつけ加えなければならないのが、徴用労働制と義務兵役制度の影響であり、どちらも政治教育的な要素を帯びていた。これらのすべてが合体して初めて、両政権のそれまでの努力が実を結ぶことになる。つまり、若い世代の心をとらえ、忠誠心を育んで、他のすべての価値観や信念と対立し、それらの存在を否定する一連の価値観と信念をもつ「新人」（両国で共通に用いられた言葉）を、ソ連あるいはナチのために育成することが可能になったのである。

共産主義国のソ連でも、ドイツと同じく、労働組合は賃金と労働条件の交渉にあたるという本来の機能を奪われていた。ソ連では労働組合は名ばかりの存在となり、与えられた仕事としては労働者階級の人たち（とりわけ農村から連れてこられた新規採用者）を組織して経営側が掲げる目標に向けて努力させることや、職場での訓練を通して彼らの教育にあたり、福利厚生を管理することなどがあったが、第一の任務は生産性を向上させることだった。ドイツでは、労働組合はナチと右翼から敵視されて解体させられ、「ドイツ労働戦線」がこれに取って代わっていたが、その労働戦線も一九三四年には独自の経済・労働・社会政策をもつという野心を最終的に放棄せざるをえなくなった。ソ連の場合と同様、ドイツでも「労働手帳」が再び導入されたことは、またしても労働運動が管理されることを意味したわけで、それは団体交渉の権利を放棄するのに匹敵する大事件だった。その見返りとして、労働戦線は肉体労働者の地位を向上させ（「労働貴族」と呼ばれた）、マルクス主義に傾倒していた労働者を取り戻し、階級の団結ではなく国家レベルでの団結を基盤とする民族共同体（フォルクスゲマインシャフト）のなかで平等な地位につけるという職務を与えられた。

　被雇用者ばかりでなく雇用者側もこの巨大な「労働戦士」の組織に加入することが義務づけられ、ついにはドイツの全人口の半分に近い二五〇〇万人のメンバーをかかえるまでになり、党の関連団体の一つにすぎないのに、党よりも大きな組織となり、党よりも多くの財源を必要とするようになった。労働戦線は階級による差別の撤廃を目指す計画のなかで、労働者の余暇を統制する事業にまで手を広げていく（一九三〇年代のソ連ではまだ余暇は問題とされていなかった）。つまり、モデルとなる住宅の建設や有給休暇制度（一九三八年には全労働者の五分の三にあたる一〇〇〇万人が「喜びを通じての力（クラフト・ドゥルヒ・フロイデ）」という組織が主催した休暇旅行に参加した）を導入したり、また大がかりな文化活動やスポーツ事業にも乗り出したのである。

スターリンとヒトラーは政府への支持を集めるうえで、文学と芸術の利用価値が高いことに注目した。彼らはまた、自治団体としての体裁を整えた組織を通じて文学と芸術に統制を加えるのが得策だとも考えた。一九三三年五月に、ゲッベルスは劇場の責任者の会合に出席して、新政府は「文化的な生活のすべてを意識的な政治的‐イデオロギー的な宣伝と結びつけ」、ワイマル時代の「ユダヤ的‐自由主義的」な方針はとらせないと語った。ゲッベルスの統括下に設置された「帝国文化院」のもとには、新聞と放送だけでなく、文学、演劇、音楽、造形芸術を担当するそれぞれ別個の文化院が置かれた。

野心家、日和見主義者、そして二流の人間が、自分の職業あるいは専門とする分野の芸術を新しい主人の希望に沿うものにするため、競って奉仕活動をさせてくれと申し出た。出版業者、技術者、製造業者も含めて、こうした文化活動に従事するすべての者が、適当な分科会に加入するよう法律により定められた。加入を断られたり、追放されれば、本を出版したり、自分が専門とする芸術にたずさわる道が完全に閉ざされることを意味した。作曲家のリヒャルト・シュトラウスは帝国音楽院の総裁を引き受けたが、ドイツが二十世紀の文化をリードする原動力となった多くのドイツ人あるいはユダヤ系ドイツ人の芸術家、音楽家、作家、科学者が活動を禁じられ、自ら亡命する道を選んだため、ドイツはいまだにその痛手から立ちなおっていない。

二十世紀の初頭、革命後の最初の一〇年間には、ソ連人もまた文学や芸術の分野でめざましい活躍ぶりを示していた。*それが、一九三〇年代の半ばには、一流の作家と芸術家のほとんどが世を去るか（なかにはマヤコフスキーのように自殺した人もいた）、亡命するか、あるいは沈黙せざるをえなくなっていた。二〇年代の後半、第二革命に着手した当初、コムソモールやラップ（RAPP＝ロシア・プロレタリア作家同盟）の若い世代が旗振り役をつとめたいわゆる文化革命を奨励し、活動の自由を保証したほうが好都合だとスターリンが判断した時期が短いながら存在した（ブハーリンに言わせれば、こうした世代は「革命的前衛主義」に毒されていた）。そのためにスターリンは、「上からの革命」は下からの意欲の高まりに応えるものだと主張することができたのである。しかし、三〇年代初めになると、スターリンは自ら知的・文化的な活動に介入し、ますます自分の意のままになりつつあった党の方針に沿うものにしていった。

一九三〇年十二月、スターリンは赤色教授養成学院に自ら足を運んで、次のように語った。「われわれは哲学および自然科学について溜まりに溜まっている汚物溜めをひっくり返し、掘り返さなければならない」、とくに「メンシェヴィキ化しつつある観念論」という異端邪説がそうだ、と。一九三一年に中央委員会の理論機関紙『ボリシェヴィキ』がそれに応えて、ソ連の哲学に新たな展望を与え「マルクス、エンゲルス、レーニン、スターリンの著作にもとづき、弁証法的唯物論をさらに深めること」が必要だとした。かねがね本格的な思想家として認知されたいというスターリンの望みが、ついにかなったのである。

ちなみに、たいへん興味深いのは、スターリンのその願いがいかに真剣なものだったかということである。左翼反対派との抗争が最も激しかった一九二五〜二八年に、彼はマルクス＝エンゲルス研究所の副所長で哲学者のヤン・ステンに週二回の個人教授を受けたほどだった。授業は弁証法とマルクス主義の哲学的背景であり、そこには

＊　原注：アレクサンドル・ブローク、シャガール、ディアギレフ、ナウム・ガボ、カンディンスキー、カジミール・マレーヴィチ、ウラジーミル・マヤコフスキー、メイエルホリド、パステルナーク、プロコフィエフ、スクリャービン、スタニスラフスキー、ストラヴィンスキーといった人たちがいた。

ヘーゲルとカントの著作が含まれていた。ステンは、スターリンが抽象的な理念にこだわる哲学者を軽蔑していることを知ってがっかりしたばかりでなく、彼との政治絡みの会話やそうした会話の端々に見え隠れする野心にも気が滅入ってしまった。

一九三〇年十月、スターリンは演説のなかで「メンシェヴィキ化しつつある観念論」を批判したが、それが向けられたのはアブラム・デボーリン（一八八一～一九六三）の学派であり、そこには自分が教えを受けたステンも含まれていた。

デボーリン一派によって書かれたものはすべて粉砕しなければならない。ステンとカーエフは黙らせたほうがいい。ステンは自慢たらたらだが、本当はどうしようもない怠け者だ。彼にできるのはしゃべることだけだ。

研究所は哲学のどんな問題に取り組むべきなのかと問われて、スターリンは答えた。

叩くことが重要課題だ。すべての面を叩き、これまで叩かれたことのないところを叩くのだ。デボーリン一派はヘーゲルを聖像のように崇めている。プレハーノフについては、その仮面を剝がさなければならない。エンゲルスにもおかしなところはある。エンゲルスの誤りは、ブハーリンの著作のどこかと結びつけることができるのではないか。[*67]

スターリンの演説は、彼がわざと乱暴な言葉づかいをして威嚇するような雰囲気を醸し出そうとする場合の好例である。だが、その威嚇はただの脅しではなかった。一九三七年に、ステンはスターリンじきじきの命令で逮捕され、同じ年の六月十九日にレフォルトヴォ監獄で銃殺された。

一九三一年十月、『ボリシェヴィキ』と歴史学者の機関誌である『プロレタリア革命』にスターリンの署名入りの論文が掲載され、今度はソ連の歴史学者たちに非難の矛先が向けられることになった。その理由は、彼らが偽りの客観性と「堕落した自由主義」に毒されているというものだった。「旧態依然とした腐敗分子でもなければ、政党や指導者をその言葉ではなく、その行動によって評価しなければならないことくらいは理解できるはずだ」。歴史学者に要求されたのは「共産党の歴史をボリシェヴィキの科学的な基準にもとづいて学習し、党内のトロツキストをはじめ、歴史を歪曲するすべての者への警戒を強め、そういう連中の仮面を次々に剝ぐこと」[*68]であった。スターリンの論文が発表されると、共産主義アカデミーに驚きの声があがった。彼は、歴史学だけでなく、経済学、法学、工学などの分野の学会およびその機関誌においても「メンシェヴィキ＝トロツキスト的な」禁じられた思想をいっさい扱わないようにすることと、こうした異説を唱える者の発見に全力をあげるよう求めたのである。カガノーヴィチが赤色教授養成学院で威嚇的な演説をしたが、そのなかで次のようなことが明らかになった。つまり、スターリンがこうした論文を書いた意図は、ソ連の全知識人にたいして、若い世代の党員やコムソモール員へのマルクス＝レーニン主義の教化に全精力を注ぐよう命令するとともに、党は多くの支流が合わさる地点だとしたカール・ラデックの説は誤りであり、党は行く手の障害をことごとく呑みこむ「一本の流れ」だということを理解させるところにあった、と。

まず歴史学者が命じられたのは、党の歴史から「卑劣な中傷」を一掃することだった。これまでの党の歴史からわかったのは、一九一七年以後にスターリンがはたした役割にほとんど関心が払われず、逆にトロツキーの業績は「はなはだしく誇張されている」ことだというのだ。歴史学者の多くは党のおかげで仕事と住居と特権を得ていたので、彼らは先を争ってこの命令に従おうとした。こうした状況は、同じような共産主義政権が樹立された中国のような国でも見られた。

ヒトラーとスターリンに共通して見られたもう一つの特徴は、実験的な試みをひどく嫌うことで、芸術におけるモダニズムの運動や、教育、家庭、犯罪者の処遇といった問題をめぐり、ワイマル共和制下のドイツと一九二〇年代のソ連でさかんに唱えられた「進歩的な」思想にたいしてはとりわけ強い拒否反応があった。ヒトラーが「文化－ボリシェヴィズム」を非難すれば、スターリンは「形式主義（フォルマリズム）」と「ブルジョワ的個人主義」を攻撃した。ヒトラーが「ユダヤ人の思想」であるとしてモダニズムを非難すれば、スターリンは堕落した資本主義社会による汚染が広がっていると訴えた。一九三四年には、両者とも政治的な検閲制度ばかりでなく、学問と芸術の分野にも検閲制度を設けようとしはじめた。次にあげるマルティン・ボルマンの文章は、両者の意向を代弁しているようである。「文化的な事業は政治的な事業であり……政治から外れるものではなく、国民に直接、そして深く語りかけるというのは、この最も効果的な分野において実際的に指導する職務を遂行することなのである[*69]」

スターリンは政権を支持する同時代の作家の仕事に影響力をおよぼすことが重要だと考えた。そして、存命中のロシア人作家のなかでは最もすぐれており、社会主義に強く共鳴していた小説家マクシム・ゴーリキーを説得してイタリアからソ連に帰国させることに成功すると、彼を効果的に利用した。一九三二年には、文学芸術団体の再編成に関する法令を施行するため中央委員会内に設置された委員会の会合にスターリンも出席し、三四年にはゴーリキーの唱えた「社会主義リアリズム」というスローガンが承認された。これを要約すれば、「十九世紀の芸術、小説、演劇の手法を用いて、手本とすべきソ連人（「肯定的な英雄」）とバラ色の将来（「前向きの結論」）を描く」ということである[*70]。前述の委員会が設立したソ連作家同盟と作曲家同盟は、同時代の作家や作曲家の作品が党の方針に沿うよう規制する役割を担っていた。

しかし、スターリンはそれでも満足せず、個々の書物、芝居、オペラ、さらには科学理論にまで、じかに口を出しては、賞賛したり非難したりした。有名な例を一つあげると、当時二十九歳だったショスタコーヴィチの力強いオペラ『ムツェンスク郡のマクベス夫人』をスターリンはこきおろした。『プラウダ』に「音楽ではなく混乱である」という無署名の論文が掲載され、この作品は耳ざわりで、堕落しており、非常に多くの近代音楽ないし現代芸術の特徴とも言うべき「左翼偏向による腐敗」に毒されているとして非難したのである。『ムツェンスク郡のマクベス夫人』は即座に上演を中止され（ショスタコーヴィチは二度とオペラを書かなかった）、党は会議を開いて、ショスタコーヴィチの誤りを糾弾し、他の芸術家への見せしめとした。

スターリンはソ連の生活をありのままに描くのではなく、彼が望んだとおりに――必要だと考えたように――また自分がそうと信じたように描く芸術を求めていた。それは単に彼の政策を表現するだけでなく、現実と彼の理念とのあいだのギャップを埋めたいというスターリンの内的な衝動の表われでもあった。ソ連の生活と成果を賞賛するという「一般的な方針」に従おうとする作家と芸術家はまもなく、ソ連人民を約束の地へと導き、人びとに感謝される偉大な指導者という役割を至上のものとしてスターリン崇拝に手を貸せば、間違いなく高い評価を与えられることに気がついた。

ヒトラーは文学と芸術を統制する仕事を進んでゲッベルスと帝国文化院にゆだねた。彼が個人的に口を出すのは、自分が権威者をもって任じている分野、すなわち視覚芸術と建築の分野にかぎられていた。ヒトラーの趣味も、スターリンと同じく、一八八〇～一九二四年の因襲的な様式から先へは進まなかった。ヒトラーはモダン・アートと名のつくすべてのものを毛嫌いし、西洋世界が精神的に病んでおり、堕落していることの表われだと考えていたが、それはスターリンも同様だった。一九三三年にヒトラーが礎石を据え、三七年に開館することになっていたミュンヘンの「ドイツ美術の家」に展示する絵の選択をめぐって、ヒトラーはひどく怒り、最初は開館を取りやめると言いだしたが、その後おかかえの写真家ホフマンに、新しい絵を選ぶ作業を委任することにした。そのホフマンがモダン・アートの作品をもっと集めて一つの展示室に収めるよう進言したのだが、やはりヒトラーは譲らなかった。そのかわりに、ヒトラーは「頽廃芸術展」と称して同時にモダン・アートの展示を行なうこととし、そこにはゲオルゲ・グロス、パウル・クレー、ピカソ、マティス、ファン・ゴッホ、セザンヌといった画家の作品七三〇点が含まれた。一九三七年七月から十一月にかけてミュンヘンおよびその他の都市で開かれたこの展覧会には二〇〇万人が入場し、それまでで最も成功した美術展となった。訪れた人の一部は、それが自分たちの好きな作品を見る最後の機会だと考えて足を運んだのかもしれない。しかし、多くの人びとがモダン・アートにたいする歪んでいて醜く、こけおどしにすぎないというヒトラーとナチの意見に共感して嘲笑するために見物に訪れたという公算は高い。ヒトラーがドイツの画廊から、今日ではヨーロッパ芸術の最も偉大な時代の一つと目されている近代の芸術運動の成果である絵画や彫刻作品のすべてを（一九三八年五月に頽廃芸術作品の没収に関する法律を公布して）一掃しようとしたとき、この頽廃芸術展によって一般の人びとに何が芸術であるかの判断をゆだねるとの公約を、ある程度まではたしたと言えるかもしれない。

ソ連共産党もナチ党も独自の下部組織を通じて大衆とのあいだに直接的なつながりを保っていた。ソ連共産党は、工場、事務所、集団農場、軍の部隊といった職場を単位として、ナチ党は居住地を単位として組織化を図った。

ソ連共産党は、不法行為が発生する危険性を小さくするには職場を通じて大衆と接触するのが最もよいとする革命以前からつづくボリシェヴィキの伝統を踏襲していたのである。一九三〇年代には、もっぱら生産性の向上に努力が払われたため、こうした下部組織の数も一九二七年の三万九〇〇〇から一〇年後には一〇万二五〇〇に増えた。大企業や官庁では、こうした組織の下にさらに数多くの下部組織が置かれ、多くの被雇用者が小集団に分割されることになった。

「すべてのボリシェヴィキ党員を扇動家に！」というのが初期のスローガンで、党はこのスローガンを強調しつづけた。大勢の扇動家が党員やコムソモール員および非党員活動家のなかから集められ、下部組織で働いていた。彼らが選ばれたのは、人を論破する能力をもつことだけでなく、より重要だったのは、個人としてお手本を示せることだった。したがって「生産活動に熟達して」おり、党の路線に従うとともに、五カ年計画の要求にも応えられなければ、一流の職工あるいは職長にはなれなかった。扇動家は自分のグループのすべてのメンバーについてよく知り、彼らとともに働きながら、工場や集団農場での彼らの勤務ぶりだけでなく、彼らの個人的な問題にも関与することを求められた。長きにわたってこうしたやりかたが踏襲されたのは、すべての人たちと接触するという共産党の目標を達成するには、これが最も効果的な方法だったからである。

数百万人もの党員をかかえていたナチ党も、やはり個人的な宣伝のもつ価値に気づいており、党員はしばしば「いつでもどこでも総統の言葉の伝達者をもって任ずること」が彼らのつとめであると教えられた。顔と顔をつきあわせて行なう宣伝では、マスメディアではできない方法で人びとに訴えることができたし、公認のスローガンの焼き直しではなく、個人的な意見として提示されると宣伝の効果は倍増した。党員は破壊的な見解や悪意ある発言を耳にしたとき、沈黙せずに反論する——そして耳にしたことを報告する——よう命令されていた。密告には、人びとのあいだの信頼関係を徐々にむしばみ、破壊していく作用がある。秘密警察はそうした効果を充分に知っており、密告者がもってくる情報そのものが目当てだったばかりでなく、そうした効果も念頭において彼らを募っていた。ソ連では、密告が国民的な悪癖だと証言する人が多いが、実際にそれは恨みを晴らしたり、他人の仕事やアパートを奪うときに使われる常套手段だった。

ナチ党はソ連共産党ほど生産性の向上に血眼になっていなかったので、四〇戸ないし五〇戸の家からなる居住「街区」を下部組織の単位としていた。そして「街区監視者」はつねに自分の担当する街区の人たちと個人的な関わりをもつことを求められていた。定期的に個々の家を巡回し、政府のスローガンや要求が周知徹底されているかどうか、あるいは党の会合に出席しているかどうか、党の運動に貢献しているかどうかを確認する義務があった。街区監視者は党の鞭であると同時に番犬であり、すべての人間の行動を注意深くチェックし、目にしたこと、不審に思ったことを報告した。彼らはゲシュタポに次いで地域社会で忌み嫌われる存在であり、したがって彼らと一緒にいて安心できる人などいなかった。まさに、それがナチ党の狙いだったのである。

7

首尾一貫した信念の集合体という一般的な意味でのイデオロギーは、たいていの政党が主張するものだし、あるいはイデオロギーという言葉そのものは嫌っていても、そういうものがあることは認めるのである。しかし、スターリンとヒトラーが樹立した政権は、より独特のかたちでイデオロギーを前面に打ち出していた。つまり、当時のソ連およびドイツでは、万人が一連の信条を受け入れるよう義務づけられており、それに従わなければ生命さえ奪われかねない状況が存在したのだ。

ナチズムのイデオロギーを信奉する者にとっても、共産主義のイデオロギーを信奉する者にとっても、両者のイデオロギーが対立関係にあることは火を見るよりも明らかだった。ナチ党員だということは、反マルクス主義者であることを意味し、共産主義者であれば反ファシストに決まっていた。妥協はいっさいありえなかった。しかし、第三者の立場からは、その当時でも同様の印象を受けたかもしれないが、現在では間違いなく、この二つのイデオロギーが機能的に同じような役割をはたしたことが、対立する信念であったことと同じくらいに重要だと思われる。

こうした考え方を展開したのはジョルジュ・ソレルで、一九〇八年に発表した著書『暴力論』（ムッソリーニばかりかレーニンもこの本を読んでおり、ソレル自身もこの二人を賞賛していた）は、「社会的神話」という概念を詳述したもので、各方面に影響をおよぼした。ソレルはこの「社会的神話」を計算された実行計画と見てはいなかったし、科学にもとづく予言あるいは理想家の描く青写真だとも考えていなかった。

実際、彼はその三つのいずれも信じていなかったのだ。そうではなく、「社会的神話」とは、大衆を鼓舞し、ふるいたたせて行動へと導く可能性をもつビジョンだと考えていた。彼があげた例として最も有名なものに、ゼネストがある。彼自身はゼネストなど絶対に行なわれはしないと考えていたが、ゼネストという概念があるだけで、労働者階級の人たちに、自分たちには集団的に行動する力があることを理解させるうえで、多大な効果をあげえた。つまり、「目標などものの数ではなく、運動こそがすべてだ」というわけだ。

内容ではなく機能という観点からすると、共産主義とナチズムとのイデオロギーには明らかに似たところがある。「人種」「階級」「ブルジョワ」「ユダヤ人」などは、社会学的な区分というよりも、神話的な象徴の役割をはたしている。「民族」や「プロレタリアート」のように大衆が自信をもって自己と同一視できる象徴、あるいは「資本家」や「富農」の場合と同じく、拒絶できる象徴としての機能をはたすのである。激動の時代（ソ連で集団化が進められた時代）や、不安が渦巻く時代（大恐慌によりドイツが再び危機に見舞われた時代）には、象徴が絶大な効果をあげ、とくにそれが恐怖と憎悪の対象を表わす場合にそうだった。第一に、ヒトラーとスターリンはともに歴史とは闘争であるとした。こうして資本主義の世界でも共産主義の世界でも、ユダヤ人が二重の役割をはたすようになった。第二に、ヒトラーにとっては人種間の闘争こそが歴史であり、またスターリンにとっては階級間の闘争、もしくは「革命」と（革命の成果を破壊して旧秩序を回復しようともくろむ）「ソヴィエト権力の敵」「外国勢力の手先」「資本家」との闘争が歴史だった。

すべての革命運動には、現状への挑戦を肯定する正当な理由が必要だ。それが得られると、次には伝統的な形式による政府が享受してきた既成の権威に取って代わる合法的な存在になることを求めるのである。すべての革命的なイデオロギーがはたす主な機能は、この二つである。一方で、ヒトラーがアーリア人を人種的な汚染から守り、ヨーロッパ文明をボリシェヴィズムから守る総統およびその使命という、個人に関わる言葉によってこうした要求を提示することを当然と考えたのにたいし、スターリンは自己と同一視していた「党」と「革命」を賞賛し、国内に存在する階級の敵や、ファシストや資本家のような国外の侵略者から党と革命を守ることを要求したという違いがあるけれども、前述の二点が革命運動にとって必要不可欠な要素であることに変わりはない。

イデオロギーのもう一つの目的は、動員である。ヒトラーの場合でいえば、五度の選挙が実施された一九三二年に、党をあげて有権者にナチ党を支持させることであり、スターリンの場合でいえば、共産党の力を結集して集団化を推進し、五カ年計画を四年で完了させることだった。どちらの指導者も国家主義の感情に訴えたわけだが、ヒトラーは敗戦国に下された理不尽な評決とヴェルサイユ条約で受けた屈辱への怒りを引き出そうとし、スターリンは「一国社会主義」という目標を掲げて、後進国であるロシアが資本主義諸国に追いつき、その人民を立ち上がらせることによって祖国を新たな干渉戦争から守ることを求めたのである。

ナチ・ドイツとソ連のイデオロギーにはそれぞれ独自の要素が二つあった。ナチズムのイデオロギーは、第一に国家主義的かつ保守的な性格を帯びており、そのことは公言されていた。そしてもう一つは、人種主義的かつ急進的な性格で、こちらは秘密にされていたわけではないが、実際にこれを知っていたのは主として党の指導部と、ナチ党が創設された当時からの党員にかぎられていた。ソ連の場合は、世界にたいして、そして実際には共産党にたいして示されたイデオロギー戦線がマルクス－レーニン主義のそれだったことが一つであり、第二は決して公の場では認められなかったが、スターリン主義にもとづくイデオロギー運動が存在したことである。ナチ・ドイツの場合とソ連の場合では、二つの要素の関わりかたが異なっており、それは両政権を比較するうえで重要なポイントになる。

ヒトラーが大量の票を集め、右翼連立政府の一員として政権に近づけたのは、ワイマル共和制とヴェルサイユ体制を否定する保守的－国家主義的な伝統が、この国に広く行き渡っていて、ヒトラーがそうした伝統の一翼を担う人物と見なされ、またそうした伝統の力に依存できたからにほかならない。このように、ヒトラーにとって順風が吹いたのは、ヒトラーが民族共同体を称え、階級にもとづく政治以上に国民の統一を訴えたことが支持されたからであり、また彼の反マルクス主義、モダニズムにたいする憎悪、あるいは意志、規律、秩序、位階制など、かつてのドイツの隆盛を支える要因となった権威主義的な価値を復活させた点が受け入れられたからだった。

二つのきわだった特徴が、ナチを他の右翼政党と峻別していた。第一に、ナチ党は政治面でも文化面でも科学技術による近代化に熱心だったことである。戦争を経験してドイツの若い世代が気づいたのは、科学技術がかならずしも「魂のこもっていない、非人間的な」ものではなく、彼らが大切にしていたロマンチックで反合理主義的な他の価値観とも折り合いがつきそうだということだった。ヒトラー自身は科学技術の進歩に魅了されていて、それを「アーリア人の意志」の表われと考えていた。アウトバーンの建設が新政権の文化的な象徴となり、一九三九年のベルリン自動車展示会の開会式典で、ゲッベルスはナチズムのイデオロギーのもつこうした側面を要約して次のように述べた。

われわれの生きている時代はロマンチックであると同時に、鋼鉄のようでもある。

ブルジョワ階級は科学技術を認めるどころか、これに反対しており、現代の懐疑論者はヨーロッパ文化の崩壊をもたらした原因の大本が科学技術にあると思いこんでいる。その一方で、国家社会主義は科学技術のなかで魂のこもっていない部分を選びだし、そこにわれわれの時代に息づくリズムと熱い感情を吹きこむ術を心得ているのである。[*71]

ドイツ国民が目を奪われたもう一つの特徴は、ナチのイデオロギーではなく、その政治スタイルにあった。つまり、ナチには第一次大戦前のドイツに存在した堅苦しさと上流階級志向が見られなかったし、進んで大衆のもとに出向いて機嫌を取ることもいとわなかった。しかも、そうするために、さまざまな新しい工夫とテクニックを大胆に駆使したのである。

教養があって資産をもつ旧世代の人たちは、ナチ党が票をかき集めたことへの代償として、しぶしぶナチ党のこうした側面を受け入れた。彼らは同質化（グライヒシャルトゥング）による衝撃を受けたあとでさえ、ヒトラーが突撃隊を粛清し、経済の改革を要求する党内の急進分子を支持しようとしなかったのは国家社会主義の革命的な段階は終了したというヒトラーの言葉が嘘ではないからだと、自分たちに都合のよい解釈をしたのである。その点で、彼らは判断を誤った。ナチ党の政治スタイルは単なる集票マシーンではなかった。そこに示されていた急進的なムードと目的は、社会と経済の領域で満たされなければ他の方向に捌け口を求めていくものだったのだ。

しかし、民族主義的かつ保守的だという理由で、ヒトラーに投票した人たちが不満を抱くことはなかった。一九三九年四月に、ヒトラーは自分の手柄だと自負していた業績の見直しをした。民主制を廃して権威主義的な支配体制を復活させたこと、経済の復興と失業問題の解決、再軍備、「一九一九年に奪われた領土」の奪回、そしてオーストリアを併合し、チェコスロヴァキアを分断することによる「一〇〇〇年の統一の歴史を誇るドイツの領土」の再現という成果についての見直しである。こうすることにより、「国家主義的な」計画の実現が真実味を増してきて、ドイツ人の大多数をナチ党支持で結束させることになった。一九三三〜三四年当時には、こうなるとは誰も予想していなかった。

一九一四年にヒトラーを感激させた熱狂がほとんど見られぬまま、ドイツ人は三九年の後半に戦地へとおもむいたが、四〇年にかけてドイツ軍が次々と電撃的な勝利を収めるさまは驚異的であり、そのうえ自軍の損失は最小限に食い止めたため、国家を再建する時代は終わり、ドイツ史上未曾有の大勝利が決定的になった。さらに、大ドイツ構想という国家主義者の夢が現実のものとなり、ヨーロッパにおけるドイツの覇権が確立された。ドイツはフランスを破り、イギリスに屈辱を味わわせて、これを孤立させていたし、ソ連は中立を宣言していた。これほどの成功を収めたのに、なぜヒトラーは停止するよう命じる気にならなかったのか。あるいはなぜ停止するよう命じることができなかったのか。この問いにたいして、暫定的にもせよ答を出さないことには、三〇年代にナチズムのイデオロギーが発展していった過程を明らかにすることはできない。

一九二〇年代に書かれた『わが闘争』のなかで、ヒトラーは人種主義的な世界観について述べているが、この世界観こそ、ナチズムが形成されていくうえでヒトラーが大きな役割をはたすことになった要因であり、またナチ党のイデオロギーとドイツの国家主義的な伝統の本流および他のファシスト運動とのあいだに一線を画する特徴だった。

ソ連を侵攻したのち、一九四〇年代に多大な努力が注がれたのは、ヒトラーが当初から抱いていた構想だと思われるが、ドイツに隷属する帝国を東欧に建設する事業だった。

勝馬に乗るかたちで入党してきた人たちの多くは、ヒトラーの人種主義的な考え、ないし反ユダヤ主義をあまり真剣に考えていなかった。この点は、それまでヒトラーについて書いてきた人たちの多くも同様であり、ナチズムという現象を、階級間の利害、資本主義、国家主義、軍国主義、あるいは権力のための権力の追求といったおなじみの理由をあげて説明するほうが、政治的に重要なもの、あるいは個人の特異性ということでは説明しきれないもの、ヒトラーの想像力を刺激した奇怪な人種主義的神話として扱うよりも簡単だし、受け入れやすいと考えた。このような見方をすれば、ソ連への侵攻と東方に新しいドイツ帝国を建設する試みは、ドイツ社会と、ドイツ社会が制御できなかったドイツ経済のかかえる矛盾が解決されなかったために生じたと考えられる。こうした状況にけりをつけるために、政府は戦争に活路を見出そうと考え、戦線を拡大しつづけていった結果、ついに国家の崩壊を招いたとする考えかたである。

しかし、こうした二者択一的なものの見方は、私には何の裏づけもないように思われてならない。ヒトラーにはやむをえず無理して動く気などなかったし、袋小路から抜け出す道を探していたわけでもなかった。むしろ、社会政治的な議論を歓迎する用意があったか、もしくは経済がもたらす恩恵により、当初から抱いていた目標の実現が近づくことに気づいていたのである。ヒトラーの構想と、その実現のために彼が利用できた社会的・経済的な力の相対的な重要性を論じることは可能だが、私はやはりその両方が重要なのであって、どちらか一方だけが重要なのではないと信じている。

「人種イデオロギー」は、ヒトラーが死ぬまでの二〇年間にわたり、その想像力と長期的な目標の指針でありつづけた。政権を獲得したあとでも、いつどのようにして実際に目標を達成する機会が得られるのか、あるいははたしてそういう機会が到来するのかどうかということすら、ヒトラーにはわかっていなかった。詳細な計画や予定表といったものが初めて登場するのは、一九四〇年から翌年にかけての冬季にソ連を侵攻するバルバロッサ作戦を立案したときだったし、三〇年代にはヒトラーは自分の健康状態に不安を感じはじめており、「自分の使命をはたし終える」まで生きていられるかどうかを危ぶんでいたのである。

ある構想を実現しようとしても、機が熟さないうちは無駄だと、ヒトラーはしばしば言った。一九三〇年代の初めに選挙運動を展開するなかで、ヒトラーはナチズムのイデオロギーの中核をなす人種主義的な原則では票を集められないと悟り、二〇年代初めのマルクス主義の脅威を口実にした鮮明な反ユダヤ主義を引っこめることにした。政権につく前に、ヒトラーはオットー・ワーゲナーなど何人かの側近との私的な会話のなかで、次のように主張している。「われわれだけが人種問題について明確に考えられるのであり、またそうでなければならない。われわれにとって、この問題は鍵となり、指標となる。しかし、一般大衆にとっては毒にもなるのだ[*72]」

ヒトラーの人種イデオロギーは、多くの人が不可解だと思っていたもう一つの矛盾を説明するのにも有用である。ヒトラーが政治的な指導者でありながら、気質的には典型的な革命家であり、狂信的な思想を唱えて、思い切った手段に訴えることを求め、結局はそうした手段を実行に移したにもかかわらず、一九三〇年代に政権を獲得すると、政治面ではたした革命を、経済的・社会的な分野にまで広げることをどうしても認めなかったという矛盾である。

もちろん、当初――一九三三～三四年――は戦術的に慎重を期することが必要だった。当時、ヒトラーはまだ自分の足場を固めつつあった段階で、ドイツの保守的 - 国家主義的な勢力による支持が必要だったし、少なくともそれらの勢力を容認しつづけなければならなかった。しかし、その後に自信を強め、経済相のシャハトを解任し、四カ年計画を発表して、一九三八年の初めには外務省と国防軍の保守的な指導層を更迭するわけだが、しかしこれは、広範にわたる国内の改革に乗り出して、初期のナチ党が唱えていた目標、すなわち大企業の解体、同業組合の再生、労働者にたいする統制の復活といった目標を達成することによって協調組合主義国家を目指そうとしたわけではなかった。

ヒトラー自らオットー・シュトラッサーに語ったように、こうした考えはマルクス主義と何ら変わらなかった。それは、マルクス主義の場合と同じく、国家を統一して、攻撃性を外部に向けるのではなく、国家を分断し、攻撃性を内部に向けるものである。ヒトラーがかわりに選んだ方法は、こうした考え方よりも革命的ではなかったが、革命的だったことに変わりはない。ドイツ社会の活力を、スラヴ人の住む東方に新たな帝国を建設することに注ぎ、古代のローマ帝国、あるいはインドにおける大英帝国――情け容赦なく搾取することではるかに上手だった――を再現しようというのである。その狙いは、支配民族となることにより、国内でどれほど革命的に行動したところで望むべくもない物質的な恩恵と心理的な満足を得ることにあった。

一九三〇年代を通じて、ヒトラーは、国家の再興を唱えるイデオロギーあるいは人種主義的な計画ではなく国家主義的な計画を利用してドイツの国力を復活させることにすっかりとらわれていた。しかし彼は、一九三三年から四〇年のあいだに外交政策であげた成功それ自体を目的だとは決して考えていなかった。こうした成功が引き金となり、ドイツが将来かかえることになる難問についても、独自の急進的な方法で解決の糸口が見つかるだろうという、さらに遠大な野望を抱きつづけていたのである。だが、こうしたことは決して公然と語られなかった。一九三九年までは、ドイツの政策も、ヴェルサイユ体制を打倒し、積年の夢である大ドイツの実現を目指すという枠組みのなかに収まっていた。また、国家主義的なイデオロギーが人種主義的なイデオロギーに取って代わることもなかった。もっとも、東方におけるドイツの政策を決定していく要因としていよいよ強くなっていたのは人種イデオロギーであり、とりわけソ連侵攻を決定したあとには、その傾向がさらに強まった。ただし、勝利に次ぐ勝利を収め、ドイツ軍がモスクワとレニングラードを目前にするところまで迫り、さらにカフカースまで進軍したあとでさえ、占領した地域を人種主義的な原則にもとづいて再編成することに多大な努力が注がれていることは秘密にされていた。

しかし、ナチの指導部内では、東方における生活圏と人種主義的なアイデアがヒトラーの想像力を刺激しつづけていたことは周知の事実になっていた。それ以外のナチ——たとえばダレ、ヒムラー、ローゼンベルク、東プロイセンの大管区指導者エーリヒ・コッホ——は、東方に新生ドイツ帝国を建設することがナチ革命の最終目標だと考え、一九四〇年代にその計画に深く関与した。

ナチが政権を獲得する前年の一九三二年夏に、ダレが、ヒムラーによって与えられた任務、すなわち新たな優等人種を計画的に培養するため、ナチ党のエリート、わけても親衛隊員の生物学的な優秀性に関する詳細な記録を作成するという任務について、ヒトラーを含む党指導部内のごく少数のメンバーに報告したと言われている。北はバルト諸国から南は黒海およびカフカースにいたる「東方生活圏政策」の概要を述べたあと、ダレはドイツが劣等人種の人口を減らし、優等人種の入植を進める政策を採用しさえすれば、生活圏の建設はうまくいくと主張した。[*73] そして、社会的・経済的な改革を目指す動きとは異なり、これにはヒトラーも反対しなかった。

二年後の一九三四年七月に突撃隊を粛清し、第二革命を起こしたいという彼らの望しみを絶ったのと同じ週に、ヒトラーは親衛隊を格上げし、独立した組織として承認した。それを基礎として、ヒムラーとハイドリヒは親衛隊を人種主義イデオロギーの執行機関とする作業に着手した。そして、同年九月四日の閣議で、ゲーリングがドイツの再軍備は「ソ連との対決が不可避であるとの基本的な発想から始まった[*74]」と説明したのである。

以上のような解釈を裏づける事実として、ヒトラーが憲法、行政、経済といった分野では、敵対する勢力や権力ブロックによる抗争を真剣に収拾しようとしなかったこと、また自分が関心を寄せていて、人種主義イデオロギーとも関連する外交、再軍備、戦略といった分野には強引に介入したことがあげられる。このことはまた、ナチの指導者たちのあいだでは、能力と権力の問題をめぐる論争と陰謀が最後まで尽きなかったのに、指導部内にイデオロギーをめぐる争いがまったく存在しなかったという事実とも符合する。最後まで総統の権威とそのイデオロギーは安泰だったのである。

総統の権威と総統のイデオロギーは実際に同じもので、ヒトラーは両者を同一視することを自らの指導体制の基盤としており、そのことは一九二〇年代に党を改造し、一般のナチ党員が「アドルフ・ヒトラーこそわれらのイデオロギーだ」と語るようになったころから一貫していた。アルトゥール・シュヴァイツァーが指摘したように、イデオロギーとカリスマ性を融合させることにより、ヒトラーはマックス・ウェーバーがカリスマ的な権力者のなかに見出した最大の欠陥、つまり不安定さを克服できたのである。さらに重要なことは、ヒトラーがナチの運動に一つの構想をもたらし、それが至福千年説を思わせる響きをもつ言葉となって現われた事実である。たとえば、文字どおり至福千年を意味する「千年帝国」、十二世紀のイタリアの神秘家ヨアキム・ダ・フィオーレの「第三時代」をまねた「第三帝国」、そして中世における至福千年説の主題の一つだったユダヤ人の陰謀というような表現である。この構想に則った道徳にもとづく命令が下されたので、親衛隊員は、たとえ人を殺すことを命じられても、自分は「道徳律」を執行する者として、命令に従って行動しているのだと思いこむことができた（チェーカーの初代議長だったジェルジンスキーのケースと同じであり、レーニンとトロツキーもテロリズムは正当な行為だと信じていたのと似ている）。ヒトラーのこうした構想により、忠実、従順、正直、自己修養、同志の交わり、そして勇気といった、ヒムラーが絶えず親衛隊への入隊者に鼓吹していた「内面的な価値」は、拒絶されるどころか、逆に非人間的な理想の実現のために悪用されるようになったのである。[*75]

ヒトラーの人種主義イデオロギーは、ドイツの国家主義と矛盾するものではなく、それを拡充し、さらに極端にしたものだった。東部戦線で戦端が開かれてからも、ドイツのほとんどの軍人と国民にとって重要だったのは、やはり伝統的な国家社会主義がもつ魅力だった。しかし、東方の占領地で働く親衛隊員やナチ党員を一枚岩にしてヒトラーと特別な関係を結ばせたのも、そして彼らが人類にたいして犯したおぞましい犯罪を正当化する理由を与えたのも、人種主義イデオロギーだった。こうして、彼らは無数の先住民族（ポーランド人、ロシア人、ウクライナ人）にたいして、強制的な追放や大量虐殺といった犯罪行為を働き、ついにはヨーロッパに住むユダヤ人にたいする意図的かつ計画的な大虐殺であるホロコーストという大罪を犯すにいたるのである。ドイツにかぎらずヨーロッパにはヒトラー以前にも人種主義的な言辞を弄する人たちがいた。しかし、人種主義イデオロギーを実際の行動に移したのはヒトラーだけだった。一九三〇年代に親衛隊の育成と教化を手がけることから始めたヒトラーは、絶頂期にあっては、ついに自らの空想を実現するための破滅的な試みにドイツの将来をそっくり賭けてしまった。ヒトラーの独創性は、その思想にあったのではなく、思想を文字どおり実行に移したところにあったのだ。

8

ドイツでヒトラーが国家主義的‐権威主義的な伝統の継承者をもって任じていたのとまさに同じく、ソ連ではスターリンがマルクス‐レーニン主義の伝統の継承者をもって任じていた。ロシア社会民主労働党に入党すると、スターリンはマルクス主義の洗礼を受け、それ以後、一連の独特の概念と、何かを考え、考えた結果を表現するのに使うことになる言葉を身につけた。スターリンは、ボリシェヴィキ党の他のメンバーたちとともに、党の役割やレーニンの帝国主義理論といった、レーニンがマルクス主義の根本原理につけ加えた考えを採り入れた。そして、スターリンがライバルとの競争に勝てた理由として最も重要なのは、レーニンの思想の権威ある解説者という立場を確立したことである。

ヒトラーとは異なり、スターリンはたとえ非公式の場でも、自分のイデオロギーの独自性を主張したことはなかった。会見者に自分の思想を語るよう求められると、スターリンはきまって、自分の思想はマルクスとレーニンが最終的に確立したもので、自らつけ加えるところは何もないと答えた。スターリンがいかに自己主張の強い人間だったかを考えると、この予想外とも言える謙虚さについては説明を要する。

スターリンはヒトラーには無縁だった悩みをかかえていた。その一つは、メンシェヴィキや西欧の社会主義の指導者たちから、マルクス主義および社会主義の後継者どころか、裏切り者呼ばわりされたことである。当初、レーニンがこうした批判にさらされ、その後はスターリンが標的とされるようになった。さらにその後、トロツキーからはレーニン主義を裏切ったと非難されるのである。これは、一九三〇年代を通じてスターリンについてまわった批判である。こうした声は第一に、民主主義、社会正義、自由、平等といった伝統的な社会主義の用語で表現される公認のイデオロギーと、ソ連における生活の実態との落差をついた批判であり、第二にマルクス主義あるいはマルクス－レーニン主義と称される共産主義イデオロギーと、その名称のもとにスターリンが独自の解釈をほどこして展開したイデオロギーとの矛盾を指摘する批判であった。スターリンがでたらめな言葉を並べたて、共産党を巻き込んで組織的にイデオロギーを曲解したことが知的かつ道徳的な堕落につながり、共産党は二度とそこから抜け出すことができなかったのだ。

ナチズムにもそれなりに腐敗が生じていたが、ソ連の場合ほど異常ではなかった。権力を獲得していく過程で、ヒトラーは「合法性」「継続性」「反資本主義」、伝統的なキリスト教の価値観を尊重するというように、自分の目的にかなうものならどんなスローガンや言葉でも進んで採り入れた。政権についた当初には、平和を愛する心、他国の権利の尊重といったスローガンまで使ったほどである。しかし、ヒトラーが日和見主義的な戦術を求めるあまりにイデオロギーの一貫性が損なわれるということはなかった。たとえ、戦術上の理由から公式の場では国家社会主義的な目標を強調し、ナチズムの人種主義的な目標については小さく扱うことが望ましい場合でも、決して後者を秘密にはしなかった。つまり『わが闘争』を読めば、誰でもそうした目標の存在を知りえたのである。スターリンおよびソ連共産党の場合とはきわめて対照的だが、ヒトラーとナチ党の場合には、彼らが掲げた目標と、一九四一～四五年にそうした目標を達成する好機が到来し、彼らが実際に用いた手段とのあいだには、少しもずれがなかった。ナチズムの核心にあって腐敗していたのは、その目的だった。独裁、奴隷化、虐殺は、それ自体邪悪なものであり、それらを目的とする運動が腐敗したところで、何ら不思議はない。

共産主義のイデオロギーの核心にあって腐敗していたのは、（目的ではなく）その手段だった。社会正義、自由と平等の拡大、搾取と疎外の廃絶は、きわめて高尚で人間味あふれる目的である。そうした目的を決定的に汚したのが、それらを達成するために用いられた非人間的な手段だった。これはスターリンだけでなく、レーニンやトロツキーにも当てはまることだ。自らかつてポーランド共産党員だった経歴をもち、マルクス主義の哲学者だったレシェク・コワコフスキがそのことをうまく説明している。

もし不平等を拡大することによって平等を築こうとするならば、不平等を手にすることになろう。もし大がかりな恐怖政治をもって自由を達成したいと願うならば、結果として残るのは大がかりな恐怖政治だろう。恐怖と抑圧によって公正な社会を築きたいと思うならば、同胞愛が広まるどころか、恐怖と抑圧が残るだろう……

「階級の敵」にたいする弾圧と市民の自由の停止、そして間違いなく恐怖も、新たな社会の実現に先立つ必要悪として認められていた。今日のわれわれにしてみれば、どのような手段を用いるかによって目的の価値が決まるのは明らかなことだが、共産主義の世界ではその反対で、目的のためには手段を選ばずというのが真実だとつねに考えられてきたのである。[*76]

一九一七年に権力を奪取したとき、レーニンの考えの基盤にはある種の賭けがあり、ロシアの社会的・経済的な発展が、ボリシェヴィキの政治的な先制攻撃の成果にやがて追いつくだろうと踏んでいた。したがって、革命がヨーロッパに拡大せず、ボリシェヴィキが孤立して、国外からの援助もないことが判明した段階で、レーニンのこうした賭けは失敗に終わったと考えられるだろう。内戦が起こったために気づくのが遅れたという事情はあったが、内戦が終結すれば、共産党の指導部は資本主義の洗礼を受けて変化した経済および社会――マルクスはこれらを社会主義革命を成功させるための前提条件だと考えていた――を引き継ぐのとはまるで異なるさまざまな事実に直面しなければならなかった。彼らの目の前にあったのは、貧しく、後進的で、疲弊しきっていて、このような変化をとげる力を内部から生み出せない経済および社会だったのである。

レーニンは残されたわずかな時間のなかでこの問題を解決する方法を見出せなかったが、きわめて対照的な二つの指針を残していた。一つは、革命に関する指針で、一九二〇年十一月にレーニンはこう書いた。

旧秩序を根底から破壊する変革であって、徐々に旧秩序を改造していくとか、つとめて壊す部分を少なくするように配慮するのではない。

戦時共産主義の時代にはこちらの方針が採用されていたのだが、多くの共産主義者が心残りに思ったのをよそに、新経済政策（ネップ）が導入されると、にわかに放棄されてしまった。もう一つは、改革論者のそれであり、新経済政策と、長期にわたる漸進的な文化革命のもとに、文盲の克服をはじめとして人民を啓蒙し、協同組合的な社会主義にたいする人民の自発的な支持を勝ちえるというものだった。それは歴史の一時代がそっくり費やされるか、少なくとも一〇年ないし二〇年という年月を要する事業だった。ブハーリンの言葉を借りれば、これは最晩年に書かれた「レーニンの政治的な遺書」だった。レーニンが健康を回復していたら、新経済政策についてどちらの見解を採用したかは、誰にもわからない。

すでに見たように、その決定を下したのはレーニンではなく、スターリンだった。

スターリンが権力を築くことができたのは、三、四年のうちに革命を完了するという夢——一〇年前にはレーニンを含めて誰もがそう願っていた——を捨てたくないのであれば、かつての革命的な方針を再開するしかないと、共産党のほとんどの指導者に思いこませることができたからである。スターリンは国家が限定的に介入するだけで必要な変化をもたらしうるという考えを捨てなければならないと主張して、彼らの支持を集めたのだ。代案として、スターリンが唱えたのは、国家の総力を動員して、必要なかぎり大規模に、そして情け容赦なく既存の枠組みを破壊し、社会——すなわち無数の人びと——を新たな生活形態のなかへ強制的に押し込む作業を、二〇年や三〇年ではなく、四年ないし五年の短期間で実行しなければならないことを意味した。国家による社会への攻撃を最短の時間内に凝縮することと、農業に攻勢をかけると同時に、工業の分野でも攻勢をかけるというのが、よく考えたうえでの戦術だった。そうすることによって、生活のあらゆる面を巻き込む全面的な危機が到来したと思わせ、動揺をかきたてる効果を狙ったのである。その結果、それまでの時代を象徴する事物がそっくり一掃されたため、混乱状態となり、抵抗運動が生まれても容易に弾圧できた。

コワコフスキは、この猛烈な攻勢を「たぶん国家が自国の市民にたいして行なった軍事行動としては最大級のものだ」[*77]としているが、あながち誇張とは言えない。こうした動きは、ソ連のイデオロギーにも影響をおよぼし――決して公に認められることはなかったが――スターリン主義にもとづく独特のイデオロギーが出現するにいたる。これこそ逸脱のなかでも、その最たるものだった。

　このプロセスが始まったのは、それ以前に「一国社会主義」というスローガンを掲げて、マルクスとレーニンがマルクス主義のイデオロギーの根幹をなす要素だと考えていた国際的な視点を放棄したときだった。しかし、スターリンはレーニンの言葉尻をとらえ、部分的に引用して、この「一国社会主義」というスローガンをレーニンが言い出したように見せかけた。[*78]さらに、スターリン主義のイデオロギーの中心をなす他の二つのテーゼも、同じやりかたで正当化してしまう。一つは、社会主義の実現を阻む最後の壁に近づくにつれて、階級闘争と搾取する側の抵抗が激化するため、勝利を収めるにはいよいよ厳しい措置を講じなければならないとする自らの信念を、避けて通れない歴史の法則だと主張したことである。「歴史上、滅びゆく階級が自ら進んで姿を消していった例はない」[*79]と、スターリンは一九二九年四月に宣言した。ブハーリンにこれが理解できなかったのは、マルクス主義から逸脱した低俗な方法で階級闘争にアプローチしたからだともつけ加えた。

　スターリンのテーゼが発展していく可能性は、本人も言っているように、集団化を実施する過程でとられた強制的な措置と、農村部における階級闘争のなかに示されていた。一方、ヒトラーは『わが闘争』のなかで「リーダーシップの要諦は、国民の関心を単一の敵に集中させ、さまざまな敵がみな同類であるように見える状況をつくりだすことだ[*80]」と語っている。ヒトラーはユダヤ人を「単一の敵」に仕立てあげ、スターリンは富農を、そしてのちには一人一人が打倒しなければならない「邪悪な勢力」の象徴とされた「人民の敵」を「単一の敵」とした。

スターリンとヒトラーに共通しているのは、ヒトラーの場合には「人種汚染」、スターリンの場合には「階級闘争」というようなスローガンを、実際に虐殺を断行する根拠にしたことである。その後の四半世紀というもの、ソ連が、あるいは第二次大戦後にはその他の共産主義諸国が抑圧政策をとったり、抵抗運動の弾圧に乗り出したりするときにはきまって、階級の敵という概念を「客観的に」ひきあいに出すことが可能だった。集団化運動に抵抗し、あるいは抵抗しているとの告発を受けた者は誰でも、「富農」の烙印を押された。スターリン自身も、ソ連の全人口のなかで富農の占める割合が五パーセントを超えているとは思っていなかった。それにもかかわらず、農民を強制して集団農場に収容するときの暴力行為はすべて、「階級としての富農の清算」という旗印のもとに実行されたのである。富農を倒さないことには、農業の社会主義化を実現できないという論理が適用されたのである。

もう一つのテーゼは、一九三一年六月にスターリンが宣言したもので、目にあまる労働移動率に歯止めをかけるには一律の賃金体系を廃止する必要があるというものだった。ソヴィエト体制下では、平等の原則が適用されるべきだと考える現場の管理者や労働組合の運動家にたいして、彼らこそマルクス－レーニン主義と袂を分かとうとしている張本人だという非難が浴びせられた。スターリンは次のように述べた。

熟練工と非熟練工との差は、社会主義のもとでも、階級が廃絶されたあとでも、消えることはないだろう。共産主義のもとで初めてこうした差異は解消されるのだ……社会主義のもとでは、賃金は出来高に応じて支払われるべきであって、必要に応じて支払われるべきものではない。マルクスおよびレーニンと平等主義者のどちらが正しいのだろうか？[*81]

こうして不平等の原則が認められると、生産性の向上がすべてに優先するという状況が生まれる。その結果、労働者に課されるノルマは絶えず引き上げられ、ついには国内旅券制度が導入されて、労働者は仕事に縛りつけられることになった。これは西欧の労働組合が勝ちとろうとして闘争をつづけてきた原則の放棄を意味する。マルクスは、十九世紀ロシアの革命家ネチャーエフの著書『将来の社会主義構造の根本原理』のなかで、「人民はできるだけ多くのものを生産し、できるだけ消費を控えなければならない」とか、あらゆる個人的な関係を厳しく管理しなければならないといった——のちのスターリニズムとよく似た——思想に出会ったとき、「仮設共産主義の雛形としてはみごとなものだ！」[*82]と語り、怒りをあらわにした。しかもスターリンは、ソヴィエトの社会主義政権のもとで搾取と疎外は姿を消したと、絶えず繰り返していたのである。

最も重要な作業は、ソヴィエトのイデオロギーを修正し、スターリン革命の主な特徴と見合ったものにすることだった。つまり、国家の権力を動員すること、国家の建設をもって社会主義社会の建設に換えること、しかも福祉国家ではなく、ロバート・タッカーが述べているように、「強大な力をもち、高度に中央集権化された官僚制にもとづく、ソヴィエト・ロシアによる軍産国家を建設する」[*83]といったことをその内容としていた。

集団化のプログラムを推進し、巨大な強制収容所網を管理するにあたって、スターリンが頼みとしたのは、国家の保安部門であるOGPUと軍部の力だった。一九三〇年代に完成された本格的なスターリン主義国家に見られる二つの特徴は、秘密警察と収容所が強制力をもち、人びとの恐怖をかきたてたことと、虐げられ無気力になった市民社会を犠牲にするかたちで、党‐国家という官僚組織の力と特権が大きくなったことである。

これを、「国家の衰退」というマルクス主義のよく知られている教えとどう折り合いをつけたのだろうか？　ここでもまた、スターリンは臨機応変なところを見せる。一九三〇年の第一六回党大会で、彼は次のように宣言するのである。

われわれは国家の衰退という考え方に賛成である。しかし同時に、われわれはプロレタリア独裁を強化して、これまでになく強大な力をもつ国家権力を構築することにも賛成だ。国家権力の衰退に備える環境づくりのために最高の国家権力を築くことこそ、マルクス主義の教えなのである。このことは「矛盾」するだろうか？もちろん「矛盾」する。しかし、世のなかにはこうした矛盾があって当たり前であり、これはまさにマルクス主義の弁証法に則っているのである。[*84]

階級闘争が激しくなっていくにつれ、階級が廃絶される日が近づく。そして、その結果、国家の衰退に備えるため、まずは最高の権力をもつ国家を築かなければならない。どちらもマルクス主義の弁証法に沿う考え方ではあった（原注：第3巻15章1節参照）。

一九三四年一月の「勝利者の大会」に参加した党員のなかで、彼らが魅力を感じ、入党を決断するきっかけになった本来のイデオロギーが、スターリンの力でより厳格なものに置き換えられていることに気づいたのは、ブハーリンばかりではなかったはずである。もっとも、その点を突かれたところで、スターリンは巧みに自己弁護することができただろう。どのようにしたら社会主義社会を、そして最終的には共産主義社会を建設できるかについては、マルクス自身、はっきりとした構想をもっていなかった。とりわけ、ロシアのようにまだ資本主義も満足に育っていない後進的な農業国家を工業化の進んだ社会主義社会に変革していく方法については、マルクスもエンゲルスも何ら示唆するものを残していなかった。革命の指導者としてはあれほど大胆な人物であったにもかかわらず、レーニンもまたこの問いへの答を見出すことができなかった。そして、スターリンは自らその答を見つけたと信じていたし、ほかにとるべき道はないと思いこんでいたのである。しかし、実際にとるべき手だてがなかったかどうかについては、議論の余地があろう。

スターリンは、ソ連が自分の指導のもとでマルクスのプログラムのなかで最も重要な二つの事柄を実現した、世界で最初の国家になったと主張することができただろう。工業と商業はおろか、土地と農業についても私有財産を廃絶したこと、そしてブルジョワ階級、自分の土地をもつ資本家、そしてもちろん農村の資本家である富農を排除することにより、伝統的な階級を廃絶したことである。また、さらに言葉を継いで、たとえ彼が用いた手法と、それがもたらした結果がマルクス主義者の予想に反していたとしても、多大な苦難と多くの生命の損失をともなわずに革命を達成できると考えた共産主義者などいない、少なくともレーニンがそんなことを考えていなかったことは間違いないと主張することもできたろう。今回のスターリンによる革命が、一九〇五年および一九一七年の革命と異なっていたのは、それが過去とは完全に訣別し、後戻りすることを許さない革命であり、ロシア人民をまったく未知の世界へ送りこむきっかけとなったことだった。

しかし、一九三四年一月に、スターリンはそんな主張をしなかった。そのかわりに、まさしく、かつてマルクス主義が息の根を止められたとされたその国で、そして地球の「六分の一強を占める国で、完全なる勝利を収めた」のがマルクス主義だと宣言したのである。

わが党がすぐれているのは、何のおかげであろうか？　それはわが党がマルクス－レーニン主義を標榜する政党だからだ。それはわが党が、マルクス、エンゲルス、レーニンの創始した考えかたに則って党務をこなしているからにほかならない……同志諸君、われわれはマルクス、エンゲルス、レーニンの旗印のもとに働き、戦ってきたからこそ、成功を収めたのだ。[*85]

スターリンにとってたいへん重要な意味をもっていたのは、復党を許されたかつての反対派のメンバーを含めて党全体に、自分のあげた成果——これはすでに認められていた——を認めさせることはもちろん、その成果が社会主義社会についてのマルクス主義の本来の構想を実現したものだと認めさせることだったようだ。

もちろん、政治的な好条件に恵まれていたことは間違いない。スターリンが生きた時代には、理想社会の実現を求める運動として、マルクス主義ほど多くの信奉者を迎え入れることに成功したものはなかったし、革命運動の規範として、マルクス－レーニン主義ほど万人受けするものもなかった。スターリン自身、マルクス－レーニン主義のイデオロギーの必然性にたいする人びとの熱意をうまく利用し、第二革命を成就したのである。こうした熱意は、ソ連の国内だけにとどまってはいなかった。ソ連がもつ社会主義の庇護者としてのイメージにたいして、世界中の労働者階級と知識人が忠誠を誓っており、スターリンはそのおかげで国際的な共産主義運動の舵取りをソ連が一手に引き受けるという状況を維持できたし、スターリンのソ連が将来への最良の希望を体現しているという信念を何がなんでももちつづけたいと願う西欧の左翼シンパの積極的な支持を集められたのである。

しかし、これらのことは重要だったが、問題の核心ではなかった。問題の核心は、共産党という政党の性質にあった。その根本にあるのは、歴史と社会に関わる一連の命題のなかで、科学的に証明されたと信じられているものにもとづく、誰もが知っているイデオロギーであり、（カトリックへの）改宗者がカトリック教会の教義のなかに見出したのと同じ程度の確かさを備えたものだった。

ヒトラーにとってもイデオロギーは大切だったが、それがナチ党内で論議の的になることはなかった。大多数の党員が喜んで「アドルフ・ヒトラーこそわれらのイデオロギーだ」と語り、イデオロギーの何たるかを公然と語る役割については、総統であるヒトラーに一任していたのである。この「総統神話」にあたるものを共産主義に求めるならば、「党への崇拝」、つまり議論の余地のない独創的かつ不変の教えの守護者としての党、そしてそうした教えの解釈と運用に関する権威を体現するものとしての党にたいする崇拝がそれだろう。スターリンが正統的な路線を踏襲しているとの評価を得られたのは党を通じてであったし、党が体現し、保護した教え、すなわちマルクス主義のイデオロギーのもつ「神秘性」を通じてであった。だから、スターリンはそうした教えの権威に挑戦状をつきつけることはおろか、イデオロギーに修正を加えて新たにスターリニズムという名称をつけることでそうした教えのもつ神秘的な力を弱めようとする――もしこれを実行したならば、彼が濡れ衣を着せて敵をおとしいれるのに使った逸脱ないし偏向の罪にあたろう――ことはもちろん、マルクス主義のイデオロギーのうわべには手をつけぬまま、実体に変更を加えていることを自らと党にたいして認めることも絶対にできなかった。トロイカ体制が敷かれていた当時、自分とその一派がトロツキズムなるものをでっちあげて、党内におけるトロツキーの立場をひどく傷つけたことが頭にあったため、スターリンは他人が同じ手法を用いてスターリニズム攻撃をしかけてくるのを許すまいとして、絶対につけいる隙を見せなかった。ヒトラーの場合には、総統である彼がイデオロギーだとしたものがイデオロギーだった。スターリンの場合には、マルクスとレーニンがイデオロギーだと言ったと、書記長であるスターリンが認めたものこそがイデオロギーなのであった。

第11章　総統国家

ヒトラー　一九三四—一九三八（四五—四九歳）

1

一九三四年の秋、ドイツではヒトラーが突撃隊の粛清をすませ、ソ連でも共産党の「勝利者の大会」につづいて締めつけが緩む徴候が現われて、革命の時期が終わり、生活は落ち着いて日々の営みもより正常なレベルに戻るだろうとの希望が生まれた。

こうした希望は、理由こそ異なれ、いずれも裏切られることとなった。ヒトラーとスターリンはどちらも、現状がそのままつづくことに満足できなかった。ヒトラーは現代ドイツ史に個人として前例のない地位を獲得した。しかし、彼はそれを利用して自分の真の目標を達成しなければならなかった。スターリンは「第二革命」を成就したが、それを遂行した手段と、またそこから生じた大変動のために、党内の敵にたいする猜疑心にとりつかれ、彼らを滅ぼす決意を固めたばかりか、ヒトラーのように並ぶ者がなく、かつ「歴史」にのみ責任を負う存在として認められたいという大きな野心をもつようになった。

ヒトラーは軍と官僚と経済界の伝統的なエリート層と協調しなければ、経済の再建とドイツの再軍備をはたす望みはないと認識していた。しかし、彼は自身が「一時的な和解」と考えていたその状態を永続的なものにするつもりなどなかった。多くの保守派がそれを望み、かつそうなると思いこんでいたのだが。したがって、一九三四年から三八年までの時期をめぐる興味は、彼がこの協調のもたらす利点をどうとらえ、それを最大限にどう利用したかにある。しかも彼は、自身とナチの運動がそうした動きに呑みこまれないようにしたばかりか、かえって一九三八〜三九年までには自分の立場をさらに強化して、自分以外の誰にも頼らず、思うままに革命的帝国主義のプログラムを実行できるほどになったのである。

スターリンはまったく異なった方向から同じ目的に向かって進んだ。上からの革命を推進するうえで頼りにした党の代表的な幹部と妥協するのをやめ、それに代わるものとして自分個人への無条件の忠誠を要求し、自分の権力を確立しようとしたのである。これを強行するにあたって、彼はレーニンがつくったままのかたちでボリシェヴィキ党に残っていたものを効果的に破壊するという、前例のない大がかりな粛清を行なった。それゆえ、同じ時期のソ連をめぐる興味の焦点は、党にたいするこの異常な攻撃を、彼がどのようにして、「第二革命」による変革を犠牲にしたり自身の地位を揺るがしたりせずに実行したかである。それどころか、彼もまた全ロシアの独裁的な君主の地位を継承する者として、自分以外の者に頼るのをやめたが、しかも同時に、世界で成功を収めた唯一のマルクス主義－社会主義国家の指導者であるとの主張に疑惑をさしはさませないことができたのである。

ヒトラーの場合、外交政策――彼にとってそれはつねに権謀術数と軍事力の結びつきを意味した――が、一九三八年の初めから彼の注意を全面的に引くようになった。しかし、そこに達するまでには、国家と経済および社会という三つの分野について十二分に考慮しつつ、準備期間を置かなければならなかった。

いまやその手に集中していた権力を考えると驚くべきことだが、ヒトラーは最初、ほとんど動かなかった。一九三四年の夏に「第二革命」への期待を絶つために自ら介入した段階では、国家と党のあいだで、また国家の内部において機能の再配分をめぐって生じた争いと矛盾のほとんどが、未解決のままになっていた。しかし、その後につづく時期、彼は混乱を打開しようとする試みに手を貸すどころか、かえってそれに背を向けた。彼が自分自身の行動によって、どのようにその混乱をつのらせたかは、二つの実例が示している。

第一は、国家再建法（一九三四年一月三十日成立）を実施しようとしたことである。

それは数行の法令によってドイツ政府の連邦組織を廃止し、各州の主権を帝国に移して、帝国地方長官ばかりでなく、州政府の首相と州政府の両者をも中央政府に従わせるものだった。かつての官僚でいまは帝国内相に収まっているフリックの起草したこの法律の目指すところは、ドイツ全体のために統一され、中央集権化された政府組織をつくり、自身の「数世紀にわたる夢の実現」を図ることだった。だが、それは帝国とプロイセン州の諸省の大部分を合体するところまで進んだところで、行きづまった。原因は、他の州における帝国地方長官が抵抗したことだった。彼らは、そのうちの一人を除いて全員が各州におけるヒトラーの個人的代理人として任命された大管区指導者で、その特権的な地位を守る決意を固めていた。フリックは譲らず、双方がヒトラーに訴えた。

ヒトラーとしては大管区指導者たちの意向に逆らうつもりはなかった。そして、次のような裁定を下した。「おおまかに言って」、各州のいずれかにおいて中央政府と帝国地方長官とのあいだに意見の相違が生じたとき、新しい法律の求めるとおりにこれを解決しなければならない、と。しかし彼は、「政治的にとくに重要な問題については、これを例外として扱わなければならない」とつけ加えた。ほとんどが党の古参闘士である帝国地方長官たちはすみやかにその言葉を利用した。

各州の首相（これも大管区指導者の多くが兼任した）を従属させ、帝国をほぼ同じ大きさの地域と大管区に再分割しようとするフリックの試みは、古い党員たちからの同じような抵抗にぶつかった。彼らは自分たちが仕事を奪われ、あるいは自分の支配している領域を取り上げられてしまうのではないかと危惧したのである。ヒトラーは紛争がたび重なるのに業を煮やして、「帝国の改革、とくに行政区画の再編成に関する問題についての公の論争は、書面であれ口頭であれ、いっさいやめなければならない」と命令した（一九三五年三月）。この命令があっても、チューリンゲンの帝国地方長官で大管区指導者のフリッツ・ザウケルはためらわず、三六年一月にヒトラーに宛てて三六ページにおよぶ覚書を提出し、次のように主張した。

党人は、帝国地方長官であれ州の首相であれ、また州の大臣であれ、ますます行政から締め出されている。このやりかたは、すべての権威を独占し、党の代表の威光を消そうとして行政官僚閥が執拗につづけるきわめて巧妙かつ隠微な努力を裏書きするものである[*1]……

その結果として、帝国の改革は中止され、帝国地方長官、プロイセンのオーバープレジデント（プロイセンの諸県で帝国地方長官に相当する地位）、州首相など、いずれも党に独占されていた役職と中央政府との関係は未解決のまま残った。そして、折りあるごとに、また決して絶えることのない権力闘争のバランスが崩れるたびに、内部抗争が繰り返された。

第二の例は、帝国内相としてフリックが新しいドイツ官吏法を通過させて帝国と諸州の公務員に行動基準と同一の権利体系を導入しようとした試みである。草案は、一九三四年には財務相の同意をすでに得ていたが、ヒトラーとヘス（後者は総統の副官として党の意見を代表していた）の反対によって二年以上も棚上げにされていた。議論は、一つの箇条が終わると次に移ったが、根本的な問題はいぜんとして終身在職権、昇進、年金を含むさまざまな権利を外部の干渉から守らなければならないとする公務員の不偏不党の原則と、「政治的に信頼できない」と判明した者を保護すべきではないというナチの見解を優先させ、公務員だからといって他の組織以上に干渉を緩めるわけにいかないとする党の主張（同時にヒトラーの主張）との衝突だった。

一九三七年一月末、ヒトラーはやっとその法律の公布にしぶしぶ同意した。しかし「反動的な」公務員にたいする党の攻撃はつづき、ヒトラーはそれに同調した。それでも、彼は公務員制度を利用し、彼らの職業意識から利益を得た。しかしフリックは、公務員を管轄する大臣として、また古参の闘士として、両者間の溝を埋め、「国家社会主義の特性のみならず、古いプロイセンの義務の観念をも行政組織のなかで育成する」努力をついに断念した。その戦いを始めたばかりのころ、ヒトラーに宛てた手紙に、フリックは書いている。

これまでの事態の進展ぶりからして、私の努力はどう見ても成功しているとは言えません。行政組織のなかでは、不当に無視されているばかりでなく、能力と仕事にふさわしく評価されていないという苦い感情がますますつのっています。[*2]

ヒトラーは既存の省庁を無視し、特別な機関をつくりだすことによって、政府機構を一体化する原則をさらに掘り崩した。ヒトラーによって優先権を与えられた仕事をまかされた特別機関は、最高の権威をもつようになった。一九四二年までには、さまざまな規模と重要性をもつそうした機関が一一を数えた。最初のものはトート機関（一九三三年）であり、最もめざましかったのは四カ年計画（一九三六年九月）であって、最も重大な意味をもったのは、すでに親衛隊隊長に就任し、一九三六年六月からはドイツ警察長官も兼ねていたヒムラーのもとで、警察と親衛隊が合体したことだった。

ヒトラーは運輸相に相談せず、アウトバーン計画の責任をフリッツ・トートにゆだね、運輸省の管轄外で首相たる自分に直接責任を負う、ドイツの道路に関する総監にした。これを基盤に、トートは国家のあらゆる建設事業（西部国境の守りを固める西部要塞線も含めて）を一手に引き受け、巨大な帝国の創設にとりかかり、一九四〇年にはさらに帝国の軍需相も兼ねるようになった。トート機関の特殊な性格は、建設産業にたずさわる多くの民間企業と国家の建設機関の力を結びつけたことであり、建設部門における労働力の斡旋と徴用の国家による統制もそこに含まれた。総統との直接的な関係のおかげで、それは正規の国家行政の支配を脱し、親衛隊と警察のように、昔からの政府機構と並立する代替執行機関の一つとなった。

次の例の四カ年計画についていえば、これは、ゲーリングに個人的な権力の基盤を与えた。プロイセンの首相および内相としての彼の元来の地位は、フリックのもとで帝国とプロイセンの内務省が合併したために、またヒムラーとハイドリヒが警察にたいして独占的な支配を築き上げたために、しだいに侵食されていた。彼が手放さなかった唯一の実質的な財産は、電話の盗聴と無線電信の傍受に依拠する個人的な情報調査機関で、これがあったために、彼は自分のライバルであるナチの高官たちにたいして大きな優位を占めることができた。しかし、ゲーリングは外交政策と軍事面で自分が望んだ指導的な地位を確保できず、また党内ではヒムラーとゲッベルスおよびライと張りあえる地位を占めていなかった。この三人はいずれも、党における権力を政府の官職と結びつけていた。

一九三三年五月、ゲーリングはヒトラーから承認されて帝国の最高機関として設立された帝国航空省の領分を広げることによって、自分の立場を立てなおした。そして、新しい空軍とその巨大な軍備計画を支配下に置こうとする軍と国防省の試みをくじき、その軍備計画を経済の分野への参入を図るために利用した。さらに、そこで指導的地位を手に入れただけでなく、ヒトラーの信任を回復して総統の後継者と目されるまでになった。

政府の既成の枠組みを外れたところに権力の中枢を確立するというパターンの第三のバリエーションは、親衛隊と警察の融合であり、これがやがては他のすべてのものの影を薄くする親衛隊「帝国」の核心となった。警察を帝国内相の支配から外す処置は、フリックの強い反対を受けた。一九三六年六月にヒムラーが警察長官に任命されたとき、ついに敗北を認めるのだが、フリックはそのときですら、なおもヒムラーの称号を「帝国親衛隊指導者兼帝国内務省内のドイツ警察長官」とすべきであると主張した。第二の資格のドイツ警察長官として、ヒムラーが「帝国およびプロイセンの内相に個人として、かつ直接従属する」とした規定は、親衛隊指導者たる第一の資格においてヒムラーが直接ヒトラーに責任を負うという事実により、意味をなさなくなった。フリックは公務員の仕事に肩入れしすぎたことから不利な立場におかれ、その権勢が弱まるにつれて、ヒムラーは関係を逆転して、ついには警察ばかりか内務省までも乗っ取ることに成功した（一九四三年八月）。

「警察国家」というのは誤解を招く表現である。一九三六年六月にヒトラーとヒムラーが実現しようとしたのは、警察――伝統的に法を執行する手段だった――を国家による統制から外し、総統が法の外で任意に権威をふるう組織と見なされていた親衛隊と合併することだった。ヒムラーがドイツ警察長官として別のオフィスを設立しなかったのは意味深長である。それによって、無条件に総統の意志を実行に移すことに専念する精鋭と自ら考える親衛隊に、警察を合体させるというおのれの意図をはっきりと示したのである。警察を二つの部門――治安警察（つまり制服を着用した正規の警察）と保安警察（つまり秘密警察）――に分けると、ヒムラーは次に政治警察（ゲシュタポ）と刑事警察の両者を、軍でいえば中将の階級に相当する親衛隊大将のラインハルト・ハイドリヒにゆだねた。

情報宣伝省は閣僚の一人である大臣が統轄するという伝統的なかたちをとって設立されたが、すでに述べた特別な機関のいずれにも劣らぬ攻撃的な性格をもち、既存の手続きと利害関係を無視していた。これは主として、大臣自身の性格によるものだった。ナチの多くの指導者たちとは異なり、ゲッベルスは自分の省の主要な活動に傑出した能力を発揮し、自信をもってもいたが、それは彼本来の過激で攻撃的な態度と過度の野心と結びついていた。彼には将来の宣伝省のための申し分のないモデルとして、一九三〇年以来党の宣伝機関をつくりあげてきたという強みがあった。

ゲッベルス個人の立場と影響力は、大臣としての権能と党における指導的な地位を結びつけたことによって、大いに強められた。それは、帝国指導部のメンバーとしてばかりでなく、ベルリンの大管区指導者として、また権力獲得を目指す闘争の過程でヒトラーの最も身近な協力者の一人だったことからくるものでもあった。ヒトラーの支持を得て、ゲッベルスはドイツのラジオと新聞の管理を一本化したばかりでなく、文学、演劇、映画、音楽および造形美術のそれぞれに個別の部門をもつ帝国文化院を設立して、文化活動の全領域におよぶ支配を確立することに成功した。ゲッベルスの管理のもと、宣伝省と帝国文化院は、ゲーリングの四カ年計画やヒムラーの親衛隊と同じように従来の執行機関に代わるものの一つに数えられた。

ヒトラーが、フォン・ヒンデンブルクの後継者となったあと、政府の日常的な業務から個人として手を引いてしまったことはすでに述べた。このことは、包括的な改革によって行政の混乱と矛盾を一掃することにヒトラーが難色を示したこととあいまって、ナチの指導者たちがそれぞれ張りあって自分の帝国をつくろうとする動きをさらに助長したばかりでなく、おたがいに反目し、また既存の省庁がそれぞれ相手の領域を侵食しようとしてしのぎを削る傾向をさらにあおることとなった。その結果は、ヒトラー自身の気まぐれな介入によっていっそう悪化し、「独裁主義の無政府状態」「永遠の一時しのぎ」「行政の混沌」などとさまざまな説明がなされた。だが、どう説明しようと、競いあう権力の中枢がいくつもあるこの僭主国家の実体は、ドイツらしく能率的に運営される一枚岩の全体主義国家という、外の世界に映るイメージとは非常に異なっていた。

この状況は、行政のみならず政府の政策立案と立法の機能にもおよんだ。ワイマル憲法は決して正式に廃棄されたわけではなかったが、一九三三年三月の全権委任法の「臨時」規定のもとで、帝国内閣は法律を制定する権限を与えられた。法律は首相によって準備され、（多数決を求められることなく）ひとたび内閣を通れば、ただ『官報』で公示されるだけだった。事実、このために法律と行政命令の区別がなくなった。象徴として、ワイマル憲法による国会は廃止されず、その権限も解消されなかったが、これ以後はたった七件の法律を通すことを求められたにすぎなかった。同様に、大統領は行政命令に署名する権限を失わなかったが、これもすでに必要がなくなっていた。フォン・ヒンデンブルクはそのあとわずか三件に署名したにすぎなかった。これ以後は、行政命令も法律もともに、首相の権限にもとづいて発せられたのである。

ヒトラーは討議するのをひどく嫌い、閣議では絶対に採決をとらなかった。閣内にはいぜんとしてナチ党員ではない閣僚がいたからだ。そして彼は、閣議の回数を減らしていった。一九三五年を通じて一二回、三六年には四回、三七年には六回というぐあいである。最後の閣議が開かれたのは三八年二月五日だった。ヒトラーの権限には疑問の余地がなく、彼が介入しようと望めばいつも決着がついた。しかし、彼はますます閣僚との討議を避けるようになり、内閣官房を帝国の独立した最高機関とし、その長官で生え抜きの役人のランメルス（一九三七年十一月からは無任所大臣の地位についた）に政府の仕事を取り仕切らせた。法律を制定し、行政命令を出す権限はますます各省の大臣にまかされ、行政職の数が増えた。ヒトラーは、関係する諸省のあいだで合意に達したとき、署名するために法案を自分のもとに提出するだけでよいと指示した。閣議が開かれなくなったので、法案は口頭で討議されることもなく、異論のある問題が片づくまであちこちへたらい回しにされたのである。

　こうした手間のかかるプロセスを避けるため、法律（ゲゼッツ）のかわりにヒトラーの署名がすみやかに得られる訓令（エアラス）が使われるようになった。ヒトラーに個人的に会うにしてもめったにその機会のもてない多くの大臣たちにとって、これはランメルスを通じてものごとを処理することを意味した。しかし、ゲーリングとゲッベルスおよびヒムラーは、他の大臣たちと相談したり協調したりすることなく、直接、総統に接見して、行政命令にその同意を得ることができた。ヒトラー自身の発議も同じように、協議の過程を欠くことがその特徴となった。ナチ国家に関するドイツの権威者マルティン・ブロスツァットは次のように要約している。

総統の独裁的な意志が表現されるのは、ごくまれな場合にかぎられ、それも系統立ったものではなく、首尾一貫してもいなかった……

……内閣では政治に関する定期的な討議が行なわれなくなり、総統の意志についての信頼できる情報が閣僚のために定期的に供されることはなかった。ときたま唐突に伝えられる総統からの命令は、しばしばその意図と狙いが曖昧なうえ、往々にして信用できないさまざまな仲介者を通じて届くありさまで、政治的に重要でない立法の計画などは、どうにもならないほど不明確なものとなった……

結果として、政府が解体してばらばらの省となり、それを僭主が支配するという一種の僭主政治へのプロセスが加速された……そして、省が行政命令を作成する動きを広めたことは……ますます多くの中央機関が総統に直接従属するようになったため、いっそう重大な意味をもつにいたった。[*3]

2

政府首班および国家元首としてのヒトラーの行動のパターンは、彼がナチ党を支配したやりかたによって決定された。ヒトラーが法にかなった規則や官僚的な手続きをいかに軽視したかを、フリックと同じように知るべくして知るにいたったナチの指導的な法律専門家ハンス・フランクは、回想録に次のように書いている。

ヒトラーは党人だった……彼の意志が党の法となった。彼は国家社会主義ドイツ労働者党の絶対的な独裁者でもあった。しかし帝国、わけても正規の専門分野に分かれた管轄権と命令系統の階層性によって結ばれた国家の政治機構は、彼にとっては未知のものであり、かつ異質なものだった……法の秩序が整い、専門家が運営し、形式的にも独立していて法的に統制されている国家の伝統的な行政府のありかたを党に移すのではなく、彼が国家社会主義ドイツ労働者党で占める独立した地位とその内部構造を国家に移すことが、彼の目標のすべてだった。一九三三年一月、彼はこの目標を国家にもちこんだ。[*4]

指導者原理――ヒトラーが党の基礎にした原理――とは、いかなる委員会にも拘束されることなく、誰に相談する必要もない総統の手に、あらゆる権限をゆだねるものだった。それは、権威についての階層的かつ官僚的な概念にも、民主的な概念にも、同じように対立するものだった。ヒトラーの権威は、その職務からくるのでもなければ、いかなるかたちであれ選挙に由来するものでもなかった。党の全員が認めて受け入れた、彼の個人としての比類ないカリスマ的な天分に由来するものだったのである。

総統とその主要な協力者との関係を律していたのも、同じ概念だった。彼らは、ヒトラーによって任命された。そして、彼らの地位を左右するのは、彼らがいかなる地位にあろうとその職務ではなく、総統と個人的に関係をもち、接触を保っていけるかどうかであった。「義務」といえば、軍隊と同じく官僚のあいだでも、最高の位をも含むすべての階層を拘束する没個性的な規則および規制を受け入れることを意味するのだが、ここでは「忠誠心」、すなわちすべての党員が首領にたいして負う忠誠の義務に置き換えられた。このことは、フランクの言う党の「内部構造」が、組織図における明瞭な区分や下位区分に対応しないで、個々の人間のあいだで絶えず変化する相互関係のネットワークに、そしてあらゆるレベルにおける個人的な上下関係のありかた、競争や反目などに対応していることを意味した。

自らこの独特な権威をもつ地位をつくりだしたあと、ヒトラーはそれが制度化されないようにしようと考えていた。彼は党の管理という日常の業務、そしてできるかぎり管轄権についての議論——誰が何をする権利をもつか——を、ヘスとミュンヘンにある事務局の他のメンバーにゆだねた。これは規則正しく仕事をしない彼の習慣、文書を読むことや、委員会に時間を費やすことや、面会の約束を守ることなどを嫌う彼の性格に合致していたばかりか、直観を重んじ、霊感に従う指導者として、党内の派閥抗争から距離を保ち、方針に関する論議にはいずれの側にも肩入れを拒む彼の政治のスタイルにも好都合だった。

ヒトラーは組織が必要なことを認め、党員の数が増えるのに先立ってそれに備えた。しかし、党員が増えて財務を管理することが必要になっても、彼は運動の指導部を党の官僚組織に変えようとするのに抵抗し、責任の分担を決めたり異なった部局の活動を調整したりする必要を認めなかった。

大管区指導者たちと中央組織のさまざまな部門との関係は絶えざるいさかいの種だった。ヒトラーが財務管理を中央に一本化する法的な権限を与えた党の財務担当者シュワルツでさえ、大管区指導者および大管区財務担当者と絶えず争っていた。彼らが党の資金や党費を勝手に濫用したことがいざこざのもとだったのだが、彼らはしばしばヒトラーの個人的な認可を得ていると主張した。ヒトラー自身は党の階層組織の外にとどまって、大管区指導者とはじかに接触し、自由に新たな任命を行ない、時と場所を選ばず勝手に介入した。権力についてのヒトラーの考えは個人的だったばかりでなく、恣意的でもあり、誰にも予測できなかった。

ヒトラーが首相になった目的が、党における自分の独立した立場とその内部構造を国家に移すことにあったとするハンス・フランクの説が正しかったとすれば、ヒトラーはほどなくこれが実行不可能なことを知った。突撃隊に軍を乗っ取って動かすだけの才覚や経験がなかったのと同じく、党にも国家を乗っ取って切りまわしていくだけの能力や経験がないことを認めざるをえなかった。それとは異なるケースだが、国の保守的な勢力との同盟関係を維持していく必要があったからだ。そして、彼らとの協定は、彼らがヒトラーをフォン・ヒンデンブルクの後継者と認めるにおよんで更新された。

ヒトラーが国家に移したのは彼自身の立場であり、党の立場ではなかった。その地位を占めるのが大統領であれ皇帝であれ、国家最高の官職という伝統的な概念は、個人的な指導権という彼個人の概念と置き換えられた。フォン・ヒンデンブルクが死去した直後、ドイツ帝国の国家元首に関する法律（一九三四年八月一日）により、帝国大統領と帝国首相の職を合わせて、「ドイツ帝国と人民の指導者（フューラー）」という新しい地位がつくりだされ、それはやがて省略されて「総統（デア・フューラー）」と呼ばれるようになった。

憲法理論は当然それに順応した。代表的な憲法学者E・R・フーバーは一九三九年に刊行した権威ある著書『憲法』に次のように書いている。

> 総統の地位は国家社会主義運動に由来する。元来、それは政府の職ではない。現在の情勢を理解しようとすれば、この事実を見過ごしてはならない。
>
> 国家と運動の両面における公的な権威は、すべて総統の権威から生じる。「人民

の帝国」における政治的な権威を表わす正しい用語は、それゆえ「国家の権威」ではなく「総統の権威」である。これは、政治的な権威を行使するのが非個人的な国家というものではなく、人民の一致した意志の執行者としての総統であるから、そのようになるのである。[*5]

総統国家は、並立する二つの異なったタイプの権威から成り立っていた。伝統的な国家の官僚組織と、憲法および法律を超越した執行機関である。この二つのあいだに矛盾が生じた場合には、ヒトラーはかならずと言ってもいいほど後者を優先した。初めてこのような分析をしたのは、エルンスト・フレンケルが亡命中に書いて、一九四一年にニューヨークで出版した研究書『二重国家』である。フレンケルは総統国家を記述するにあたって、確立された規範と規則にのっとる「規範国家」と、ヒトラーが歴史にのみ責任を負う至上の権威を主張した「大権国家」の融合であるとした。だが、「融合」はとても正しい表現とは言えなかった。ヒトラーはいっさい、両者のぶつかりあう活動や管轄権の衝突を調停しようとしなかったからだ。実際問題として、彼はどちらも自分の望むがままに利用した。

それ自体ではどちらも完全なものではなかった。警察の支配権を親衛隊に奪われたので、国家の官僚には自由に使える強制的な力がなかった。他方、もう一つの執行機関は、別個の機能を任意に寄せ集めたものとして始まったので、それ自体の予算および財政担当部門をもたず、財務省に頼ったが、最初の連立内閣における非ナチ党員の閣僚だった財務相のシュウェーリン・フォン・クロージクは、一九三三年から四五年までその地位にとどまった。また、この二つの「国家」の関係はまったく安定せず、後者がしだいに前者の地盤を侵食してゆき、最後には完全に取って代わるつもりでいることは疑いなかった。

ヒトラーが法および法の正当な手続きという考えに反対し、法律家を軽蔑したことは、ドイツの伝統から断絶するという点で、彼が民主主義を攻撃したことよりも大きな役割をはたした。民主主義の理想はドイツにしっかりと根を下ろさなかったが、法の支配と司法の独立を保証する法治国家ないし立憲国家という概念は、十八世紀末からプロイセンと他のドイツ諸州に原則として受け入れられ、十九世紀を通じて実践され、強化されていた。

一九二〇年のナチの最初の綱領の第一九条が「唯物的な世界秩序を支えるローマ法は、ドイツの普通法に置き換えるべきである」と主張していることは、しばしば忘れられている。ハンス・フランクのようなナチの法律家は、独自の司法制度をもつ民族主義の総統国家において、彼らがドイツ的な法の原則と見なしているものを取り戻したいと望んでいた。これは民族主義的かつ権威主義的な憲法をつくりたいというフリックの望みと同じように、空しい望みであることがわかった。ヒトラーはいかなるものであれ、法体系と憲法に疑いの目を向け、ドイツ国民の意志を表わすために、運命が自分に授けたと主張する役割、つまり指導者(フューラー)としての自らの意志にまかされた権威に制限を加えるものだと考えた。だが彼は、本能的に、既存の憲法に手をつけなかったのと同じく、既存の法体系をそのままにしておくほうを選んだ。他方、緊急命令を行使し、また必要なときには取って代わるべき特別な手段をつくりだして、その両者を踏みにじり、むしばんでいったのである。

民法(と私有財産の原則)は、ヒトラーのこうした態度に最も影響をこうむらなかった分野だった。そのような問題では、ナチ党が一九三三年以後に法廷で特例を認められることもほとんどなかった。しかし、公法と刑法の分野では、ヒトラーの意図は権力の座についてから最初の数週間で明らかにされた。国会議事堂放火事件の翌日に公布された「ドイツ国民防衛のための大統領緊急命令」は、個人の自由の保障を停止し、結果として永続的な緊急事態をつくりだした。これによって与えられた権限を、ゲシュタポはナチ政権がつづくあいだずっと行使しつづけたのだが、それはいかなる個人をも「保護拘禁」の対象とし、裁判を受けたり抗告したりする権利を与えることなく無期限に留置することができたのである。同じ日(一九三三年二月二十八日)に出された第二の行政命令「ドイツ国民にたいする反逆罪と反逆活動に備える法令」は、刑法典の規定を超えて反逆罪の概念をさらに拡大するものだった。

他の三つの命令は、一九三三年三月二十一日（「ポツダムの日」）にフォン・ヒンデンブルク大統領が署名して公布されたものだが、「ドイツ国民の国家再生を求める闘争のさなかに」（ナチ党が）犯したすべての罪（ポテンパ村での殺人を含めて）（原注：第1巻7章5節参照）に大赦を与え、悪意あるゴシップを罰すべき罪とし（これは密告者が隣人をおとしいれるためさかんに利用した）、特別法廷を設けて国会議事堂放火事件の行政命令に関わるさまざまな犯罪の審理に「簡略化した」手続きがとられるようにした。さらに「国家と党への悪意ある攻撃」にたいする規定をさらに強化する命令が、一九三四年十二月に出された。

国会議事堂放火事件のあと、ナチの三人の閣僚、ヒトラーとゲーリングおよびフリックは、法律に放火の罪にたいする死刑の規定がないこと、国会議事堂放火についてファン・デア・ルッベと共犯関係にあるとして告発された共産党が、証拠不十分のために最高裁判所から無罪の宣告を受けたことに激怒した。彼らは放火罪に絞首刑を導入し、それをさかのぼってファン・デア・ルッベに適用するよう要求して、「法律なくして犯罪なし」という自然法の原則を踏みにじった。彼らはこれにつづいて、反逆罪の裁判を最高裁判所から新しい民族裁判所に移した。それはナチ政権に忠誠を尽くすよう慎重に選ばれた二人の判事と、法曹的な資格をもたない判事として選ばれた五人の党職員から構成された。

こうしたさまざまな措置は、政治的危機に対処するために講じられたものだが、その効果は、すでにトラブルが多発していた一九三二年にそうした罪状で告発された人間の数（二六八人）と、革命の年となった三三年に告発された一万一一五六人――うち九五〇〇人以上が有罪とされた――とを比較してみれば明らかである。これらの数字にはもちろん、ゲシュタポと突撃隊の警察補助隊によって逮捕され、いかなる裁判もなしに投獄され、しばしば拷問を受けた人びとは勘定に入っていない。[*6]

法律にたいするナチの考え方の基本は、民族共同体の味方と敵をナチの定義によって区別することだった。ヒトラーは全権委任法について国会で演説したとき（一九三三年三月二十三日）、明快にそれを説明した。

国民革命の政府は……意識的かつ意図的にその利益に反する分子が国家に影響をおよぼすのを防ぐことをその義務と見なす。法の前の平等という理論に準拠して、法をないがしろにする者にまで平等を認めることを許すわけにはいかない……しかし、政府はこの危険にたいして国民戦線の形成に参加し、国益を支持し、かつ怠りなく政府を支援するすべての者に、法の前の平等を保証するつもりである。

われわれの法体系は、この民族共同体の維持に役立つものでなければならない。判事を罷免できないのだから、社会の利益をおもんぱかり、判決に融通性をもたせることによって、バランスをとらなければならない。個人ではなく国家を、法律問題の中心と見なさなければならないのだ。[*7]

例によって、ヒトラーは自分が言ったことの意味をはっきりさせなかった。ナチの法典はいつになってもつくられず、既存の法典が使われつづけたが、行政命令や特別に発布された法律によって修正され、法の解釈を求められる判事にとっては重い負担となった。終身官で免職になることはなかったが、判事は専門職の公務員であり、その多くが「国民革命」に好意的だった。そうでない者は、新しい正統説に従わなければならないとするプレッシャーに絶えずさらされた。とくに彼らは、当局から、また自身の所属するナチ法律家同盟から、解釈のよりどころとするべきは判例ではなく、ナチのイデオロギーおよび総統の演説と決定であり、また「健全な国民感情」であると繰り返し聞かされていたのである。

法廷がゲシュタポの立場から見てあまりにも寛大に事件を処理した場合、放免され、あるいは刑期を終えた者を、ゲシュタポはいつでも予防拘禁し、強制収容所に送りこむことができた。そうした行為を制限し、あるいは規制しようとすれば妥協するほかはなく、ゲシュタポを制止するのに失敗する一方で、法廷は意識的に法の圏外で活動する機関との共犯関係に深くはまりこんでいった。

なお答えるべき疑問が残っているが、それは政府の多くの分野にいつまでもつきまとった権限の不分明と矛盾を、ヒトラーがなぜ真剣に解消しようとしなかったかということである。

その答には、三つの要素がからんでいる。

すでに示唆したとおり、第一の要素は既存体制のエリートとの「和解」にたいするヒトラーの態度だった。彼はそれを絶対に永続させまいと決心していた。そうなるのを阻止するため、彼は全権委任法を新しい憲法上の取り決めに、また緊急命令を新しい法典に置き換えることに同意せず、すべてを流動的なままにしておくのがいいと考えた。そうしておけば、恣意的に介入することができ、既存の官僚組織に自分の意図するところをはっきり悟らせないと同時に、自らが緊急と考える仕事のために特別な機関を設立して官僚を出し抜くことも思いのままにできたのである。

第二の要素は、ヒトラーが自身の立場をどう考えていたかということと、その立場を守りたいと思ったことだった。彼は自身を、すでに引用したニーチェの言葉を借りれば、芸術家のような政治家、すなわち民族の思想と感情をかたちづくり、それをまとまりのある偉大なビジョンにまで高める霊感を授かった指導者であると見なしていた。彼が何よりも重要だとしたこのイメージは、政府の日常の業務である行政問題や議論、利害の衝突、異論のある決定などと関わりあうことによって傷つけてはならなかった。

こうした役割の分割は、政治家としてのヒトラーの強さと弱さに対応していた。一方で、彼にはつねに自分自身と聴衆とのあいだに一定の距離を置かなければならない弁舌家ないしすぐれた演技者としての才能があった。他方で、問題の解決にあたって、芝居がかった振る舞いや意志の力よりも討論と忍耐強い調査が必要になる状況においては、自分がかならず不利になるという本能的な認識があった。

自分が行政府の首長としての役割を演じようとしなければ、他の者にその仕事を引き受けさせなければならなかった。ヒトラーはこれを容認し、スターリンの場合にはとても考えられないほど、ナチの他の指導者——たとえばゲーリングとヒムラー、ゲッベルスとライ——が、彼ら自身の帝国を築き上げて油断なく目を光らせるのを許す覚悟を決めていた。自分の立場を守るために、彼は責任を分担させるとともに、それらを厳密に規定しないようにし、またそれらを相談なしに取り消して他の者をその分野に任命する権利を決して放棄しないようにした。決定にさまざまな解釈を許したり、決定をいつまでも先送りする彼の習慣が競争と不信をあおり、結果として容易にナチの一人のボスを別のボスと対抗させて漁夫の利を得ることができ、また彼らを一人残らず自分に依存させておくことができたのである。

第三の要素は、権力と国家について、ヒトラーがきわめて狭い考え方をしていたことだった。政治家として匹敵する者こそ稀だったが、ヒトラーは政府というものを理解せず、理解する能力ももたなかった。そして権力を純粋に個人的な観点から考えた。過去のドイツから受け継いだ官僚制度と特定の法典ばかりでなく、いかなるかたちの官僚制度にも、また法それ自体にも反対であり、権力を行使するにあたっては自分以外の誰にも説明しないですむ権利に制約を加えるものとして、それらを拒否した。複雑な現代の国家で権力を効果的に行使しようとすれば、それを明確に説明し、制度的なかたちを与える必要があることなどまったく念頭になかったのである。

これと軌を一にしていたのは、国家についての同じように未熟な考えかただった。ヒトラーは国家を主として国内の敵と国外のライバルにたいする威圧の手段として評価した。国家は目的を達するための手段にすぎないと、彼は繰り返し語っている。そして、その目的は、東方にさらに生活圏を獲得することと、人種の純血を守ることであるとし、それにはユダヤ人の絶滅も含まれると言った。「国家は容れものにすぎない。人種はその中身である……容れものに意味があるのは、中身を入れて保護するときにかぎってのことだ。それ以外に価値はない」[*8]。ヒトラーの頭のなかでは、ナチ政権（何よりも彼自身の地位）の維持と征服戦争の準備が第一で、国家の他のあらゆる目的は、経済によって供給される他のすべての必要と同じく、その下に置かれたのである。それは古代の歴史を通じて見られる、野望を抱く支配者たちの古典的なプログラムといささかも異ならなかった。

一九三〇年代に、彼はそのようなプログラムがドイツのあらゆる問題に答を出してくれると確信するとともに、ナチの他の指導者をも納得させることができた。しかし実際には、それは問題の解決を不確定な未来に先送りしたにすぎなかった。彼が大ドイツ帝国について漠然と述べたことのなかには、それをつくりだすときに必然的にともなう諸問題を少しでも理解していたとか、たとえ戦争に勝ったとしても、力にものを言わせる行き当たりばったりの方策を考え出す以上のことができたと思わせるものは何もない。

3

経済面で見られるのは、すでに政府の行政と法律の分野で述べたことのバリエーションでしかない。[*9]

ナチは、経済改革に急進的なプログラムを掲げる党内グループの強い期待を担って、権力を握った。「ナチ工場細胞組織」および「中産小売商闘争同盟」の解体によって、これらの期待は事実上潰（つい）えた。その後、小売業での消費者協同組合と百貨店のシェアを抑制したり、手工業にたずさわる者は誰でも加入を義務づけて——入会を管理する——中世のギルドの現代版を職人につくらせたりして、中産階級の利益グループに多少の譲歩がなされた。しかし、これらは工業化した経済にとって末梢的な部分にすぎず、新政権が大企業と協調していくうえで何の妨げにもならなかった。

ヒトラーは、これらの決定のいずれにも本当の関心を示したことがなかった。だが、農業は別問題だった。東方における将来の生活圏のために描いた人種および植民の計画と関連があり、農業地域においてナチ党への投票率が高いことから、農業は最初、他のどの経済部門よりも優遇された。これがいっそう目をひくのは、イデオロギーが経済の実態と衝突したとき、譲らざるをえなかったのがイデオロギーのほうだったことである。

農民を保護し、農地からの逃亡を阻止するため、一九三三年五月十五日にドイツ限嗣相続農地法（エルプホーフゲゼッツ）が制定されて、通常一八〜一二五エーカー（訳注：一エーカーは約四〇〇〇平方メートル）の家族農場単位がつくりだされた。それは抵当流れのないように保護されていて、売ったり抵当に入れたり、相続人のあいだで分割したりすることができなかった。ナチのプロパガンダはこれを大いにもてはやしたが、この法律は一九三三年につくられた単位のせいぜい三五パーセントにしか適用されなかった。もっと多くをつくるために用意されていながら、少ししかつくられなかったことにはもっともな理由があった。農民（バウアー）という栄誉ある言葉は、限嗣相続農地を所有する者にかぎられたにもかかわらず、裕福な者を除いて、その身分と保証は、農民が土地に縛られ、その土地を自分の望むように処分する自由がないという現実の埋め合わせには、ほとんどならなかったからである。

第二の新機軸は、一九三三年九月の帝国食糧生産階級（ライヒスネールシュタント）の創設であった。これは、手工業者の組織と同じ協調組合主義の用語を使いながら、実際には農業生産物の輸入のみならず、生産、販売および価格に国家の統制を導入するものだった。最初は価格を引き上げる働きをしたが、一九三五年に再軍備に必要な工業の拡大を支えるために安い食糧が欠かせなくなったとき、それは逆方向に作用しはじめて、価格は低いままに抑えられ、欠かせない資源が効率の劣る農業部門から効率の高い工業部門へ移動させられることになった。

その結果、利益幅が減り、農場の負債が大きくなった。とくに小規模ないし中規模の農場でそれがいちじるしかった。農場にとどまれば、長く働けば働くほど収益が減少することになった。一九四〇年当時の調査によると、全農場の六五パーセントに水道がなかった。農地からの逃亡が多くなり、農場労働者がますます集めにくくなったのも驚くにはあたらなかった。[*10] 人力に代わるものとしての機械化は、しだいに小規模農業者にとって手の届かぬものとなった。

このような状況にあって、ダレの農業計画の第三の要素となる、第三帝国によってつくりだされた自作農場の数は、ワイマル共和国でつくりだされたものの半分をわずかに上まわったにすぎなかった。[*11] 皮肉なことに、最もよく生きのびたのはエルベ川の東方流域にある地主貴族（ユンカー）の農園だった。第一の理由は、助成金を利用して農作業を合理化するだけの規模の大きさがあったからだ。イデオロギーとして、農民にそれまでにない優遇措置を講じようとする政権が、その努力にもかかわらず、経済の他の部門で生み出されたプレッシャーから彼らを守ってやれないという結果がやがて明らかになるのである。[*12]

ナチは、ドイツの他の既成エリート層からかけ離れていたのと同じように、法人企業と銀行からも遠く隔たった存在だった。首相になったとき、ヒトラーが企業と金融関係の指導者たちに進んで協力する態度を見せたのは、軍の指導部の支持を求めるにいたったのと同じ、実際的な理由からだった。彼の焦眉の目標である再軍備を達成し、あわせてドイツ経済の復興をなしとげうる方法はこれしかなかった。ドイツの軍事力の再建に優先権を与えて将校団に見られた疑念をすっかり排除できたのと同じく、労働組合と団体交渉に歯止めをかけることで企業家の、そして保守的な財政方針を進んで踏襲することによって銀行家の冷淡な対応を打破することができたのである。少なくとも一九三六年まで、ドイツ経済は三三年以前と変わらない、産業資本主義という制度的な枠組みのなかで機能しつづけた。

新政権の初期に経済が復興したことについては疑問の余地がない。世論に最大の感銘を与えた数字をあげれば、一九三三年一月から三五年六月までのあいだに、雇用者数は一一七〇万から一六九〇万に増えて(五〇〇〇万以上の新しい雇用が創出された)、失業者数は六〇〇万から一八〇〇万に減少した。三六年になると、失業者数がヨーロッパで最悪だった状態から、一転して労働力不足になったのである。

だが、これは経済の奇跡であり、その手柄はすべてナチに帰せられるというヒトラーの主張には、さまざまな留保をつけることができる。他の工業諸国もその奇跡にあずかっているので、それが一つには通常の景気循環のおかげだったことがわかる。大恐慌が終わる徴候は、すでにヒトラーが首相になる前に認められていた。ドイツの国際的な負債問題の解決を図るための交渉をまとめた手柄はブリューニング政府のものであり、賠償を終わらせた功績はフォン・パーペンのものだった。他方、採用された経済政策の多くはワイマル時代に作成されており、ナチ独自の政策ではまったくなかった。戦間期を通じて、ドイツ経済が一九一三年以前、または一九五〇年以後の時期の経済成長率に匹敵しえなかったことも事実である。ドイツの復興が、ヨーロッパのドイツ以外の経済の復興を凌駕したのは、他の地域よりも大恐慌の打撃がひどく、再上昇の出発点が低いところにあったからだ。一九一三～三七、八年という長期にわたって、ドイツ経済の実績を他の工業諸国と比較した場合、アメリカばかりでなく、スウェーデン、イギリス連合王国、そしてムッソリーニのイタリアの実績とくらべても見劣りがするのである。[*13]

しかし、これは事後になされた高度な議論である。当時は、百聞は一見にしかずで、人びとが目にしたのは（ナチの宣伝機関が強力に売りこんだこともあったが）、ヒトラーが政権の座について以来、経済が好転したことだった。

経済の復興に貢献したさまざまな要因の相対的な重要性については、いまなお経済史家のあいだで議論の分かれるところである。腹をくくって行動する政府がドイツにまた生まれたという印象によって全体に計り知れない自信がみなぎるようになったことは別にして、非常に重要だと見られる要因がほかにも三つあった。住宅やアウトバーンの建設のような雇用創出計画と再軍備、そしてインフレを抑制して賃金と物価を引き下げるための措置である。

第一の要因の重要性は、おそらく誇張されてきたようである。計画は、ヒトラーが政権につく前に作成されていた。一九三二年から三五年までのあいだに、中央政府によって総額で五二億マルクが建設と道路の整備に費やされたが、これは一九二〇年代には多額だった地方自治体の支出を削減して帳尻が合わされた。道路を例にあげると、一九二七年よりも三四年の投資のほうが総額としては少なくなっている。住宅投資の水準にしても、ワイマル時代の水準よりも低いままだった。多額の資金がアウトバーンに投入されるのは、三五年以後にすぎなかった。

第三帝国が疑いもなくワイマル共和国よりもはるかに多額の費用を投入したのは、再軍備にたいしてだった。国防軍は、一九二八年にすでに一六個師団の軍隊の編制を計画しはじめ、そのときから三三年までに五〇〇〇以上の会社が訪問を受けて、軍の要求にかなうというお墨付をもらっていた。とくにその初期においては、隠蔽する必要があったことから、軍備の支出と公共事業を区別するのが困難だったが、ヒトラーのもとで（空軍と拡張した海軍のみならず、陸軍二一個師団の装備のために）計画は規模をさらに拡大して実施された。ハロルド・ジェームズは、一九三六年三月までに再軍備に費やされた額の最も低い見積もりとして、一〇四億マルクという数値をあげている。これは三三〜三五年の時期にわたるGNPの五・二パーセント、または雇用を創出するために費やされた額の二倍以上に相当した。[*14] そうした支出は、道路の建設と異なり、工学技術を要する熟練労働者の仕事への注文ということになるので、経済にとってとくに大きな刺激となった。

ナチのプロパガンダが「取り巻きたちに仕事」を与えるとしてワイマル政権を攻撃したにもかかわらず、ナチ・ドイツの投資で最大の増加を示したのは、公共の行政部門だったことが判明している。これは国家と党の官僚組織のなかにつくりだされた仕事の多さを示している。一九二八年には、ドイツの総投資の一九・三パーセント、三二年には二五・九パーセントだったのにくらべて、三四年にはこれが三五・七パーセントに上昇した。しかし、違いが一つあった。ワイマル時代の後期には、公務員の規模が増大しなかったのに、労働組合のおかげで給料は上がった。国家社会主義のもとで官僚組織の規模は急速に増大したが、給料はブリューニング時代の低い水準に保たれたのである。

これは賃金全般についても当てはまることだった。団体交渉を国家による統制に代えた結果、賃金水準は一九三二年以後ほとんど動かず、賃金が国民所得に占める比率は、三三年の五六パーセントから三六年の五三・三パーセント、三九年の五一・八パーセントへと下がった。建設現場でよく起こったように、賃金をめぐるトラブルがあれば、すぐにゲシュタポが呼ばれた。「われわれの通貨が安定している第一の原因は強制収容所である」と、ヒトラーは銀行家ヒャルマール・シャハトに語った。物価にも同じことが適用された。「物価が安定することを、私は保証する」と、ヒトラーはラウシュニングに言い切った。「そのために突撃隊がある。価格を上げる男に災いあれ！　法的な措置は何もいらない。党の力だけでこれをやってのけられる」[*15]

ワイマルの経験があっただけに、ヒトラーはインフレの抑制をきわめて重要だと考え、しかも平価切下げは考えもしなかった。一九三三年に、彼は嫌っていたシャハトを国立銀行の総裁に、三四年にはさらに経済相に任命した。インフレを防ぐのに最適の人物だと信じたからである。財政政策は安定していた。税制改革は先送りされ、税率はブリューニング時代からほとんど変わらず、減税によって経済に刺激を与えようとする試みが本気でなされたことはなかった。政府の赤字は増えたが、保守的な手段で資金が調達された。一九三三年から三九年までは、五六パーセントが税と公的収入によってまかなわれ、短期のローンによるものは一二パーセントにすぎなかった。

フォン・パーペンとフォン・シュライヒャーの時代の先例に従って、雇用創出計画の主要な部分は、将来、税金の支払いに利用でき、それまでは銀行で割引きできる証券でまかなわれた。同じようなトリックが再軍備の資金を調達するために考え出された。これは冶金研究有限会社（メタルルギッシェ・フォルシュングスゲゼルシャフト）という平凡な名前をもつ組織で、契約会社に手形を発行するために設立されたものだった。その頭文字をとったメフォ手形は、一九三四年にシャハトがブリューニング時代の前例にならって導入したものである。それは公共支出のための資金を調達する一つの方法で、最終的にはインフレ圧力の原因になったが、一九三五年まではその弊害が現われず、それまでにはヒトラーは約束をはたして大恐慌を終わらせたと自慢することができた。三〇年代後半の経済問題は、もはや資源が充分に利用されていないことではなく、資源が足りないことであった。

復興には、賃金と物価の統制のほかに、外国為替と外国貿易の統制も必要だった。これらは世界恐慌の影響からドイツ経済を防衛するために欠かせない措置として、一九三一年に導入されていた。しかし、三三～三四年にかけて経済復興にともなってさらに輸入が増え、とくにドイツ産業が大きく依存する原材料の輸入が増える恐れが生じたので、統制はまだ必要だった。輸出にはいぜんとして困難な状況がつづいたのは、世界貿易が崩壊して海外の保護主義に直面したこと、ポンドにつづいての平価切下げを拒否した（そのためライヒスマルクは過大評価された）こと、また国内市場の魅力が高まったことなどが原因だった。その結果、外国貿易の不均衡が危機的な水準に達し、一九三四年六月には金と外貨の準備高が一億マルクを割るまでになった。

国立銀行総裁と経済相を兼ねてまもないシャハトの対応策は、一九三四年の新計画に盛りこんだ包括的な対外経済統制制度だった。広く宣伝されたその特徴は相互貿易協定のシステムで、三八年まで二五カ国との貿易を対象としてドイツの外国貿易の半分以上が規制された。各国にたいして個別にマルクの為替レートが決められ、「自由な」外国為替取引は最も緊急な輸入だけに厳しく制限された。

シャハトは、金融と財政を操作してそのような統制システムを動かすことに長じており、したがって自身を国にとってかけがえのない存在だと考えていた。しかし、そのシステムがうまくいくかどうかは、ドイツ国内のさまざまな利益集団が経済のバランスを保つために自らを抑制するのもやむをえないと考えるかどうかにかかっていた。少なくとも大会社はその背後にある経済的な論拠を理解できたが、多くの産業資本家はこのシステムが要求する複雑な規制に腹を立てた。ヒトラーとナチの指導者たちは、政治およびイデオロギー的な観点から考え、経済的な観点からは考えなかったのだ。

一九三六年に論争が起こって、シャハトは敗北し、四カ年計画が実施されることになるのだが、その発端は三五年末に食用油と食肉が不足したことだった。食糧不足は国民の士気に影響するので、政府は、ことにヒトラーは事態を深刻に受けとめた。シャハトは危機が生じたのはダレの農業省の計画がまずかったせいだとし、農業政策を経済省の管轄に戻すべきだと主張した。ダレは食糧の輸入にもっと外貨を割り当てるよう要求して、これに反駁した。ヒトラーはそれにたいし、ゲーリングを指名して仲裁させた。だが、人びとの驚きをよそに、ゲーリングはダレの肩をもち、シャハトに反対した。

だが、食糧への外貨割当という表面的な争点の背後にあったのは、再軍備計画のために原料をどう手当し、資金をいかに調達するかという大きな問題だった。経済復興が失業を解決するにおよんで、再軍備がヒトラーの予定表のトップに残った。それは他のすべてが成り立つための前提条件であり、何にもまして考慮すべき事柄だった。

一九三六年までに、シャハトと経済省および主な工業会社がこの考えに同調しないことが明らかになっていた。いまやドイツは完全雇用に近づいているので、より正常な経済状況に戻ることを期待したのである。彼らにとって、これは経済成長と利益の追求を意味し、ひいては政府支出と投資を減らし、輸出を拡大することを意味した。輸出を増やせば、もっと外貨を稼ぐことができ、そうなると新計画の統制を外すことができる。いまや統制は緊急事態への一時的な対応と見なされ、それも終わりかけていたのである。

再軍備計画への足枷になりそうなこれらの経済目標に代えて、ヒトラーは政府支出の拡大を優先した。これは、消費者の需要と外国貿易を抑制するという犠牲を払っても、再軍備のために産業の基盤整備に投資するという目的には必要だった。輸出は、ドイツに欠けている石油や鉄鉱石やゴムのような戦略的な原材料を輸入するために必要な外貨を稼ぐかぎりにおいて重要だった。すべての外国貿易と外国為替取引に統制がつづけられ、統制は輸入に代わる計画によってバックアップされることになる。それは国内生産を拡大し、たとえ経済的に引きあわなくても合成の代用品を開発することを意味した。一九一四〜一八年の教訓を念頭において、ヒトラーは外国の供給に依存しなくてもよい経済、当時ドイツに深刻な打撃を与えた封鎖と経済戦争が繰り返されるのを避けられる経済を望んだのである。

ヒトラーの周辺で自給自足という考えと経済の自立を最も熱心に支持したのは、ウィルヘルム・ケプラーだった。ケプラーは南西部で化学の同族会社を経営する小企業の出身という特異な経歴の持主で、一九二〇年代末にナチ党に加わっていた。三二年の初めにヒトラーから経済顧問に任じられたが、自薦または他薦により同じ地位についた他の者と同じく、ヒトラーに自分の助言を受け入れさせたり、大企業との結びつきを固めたりすることには成功しなかった。だが、他の者とは異なり、彼は耐えぬいた。そして、病身のためにクルト・シュミットの後任の経済相になれず、その地位はシャハトにまわったが、外国貿易よりも自給自足を優先させるべきだとの自説を執拗に説いて、ヒトラーのみならずゲーリングとヒムラーをもアウタルキー政策に転向させるうえで力になった。

そのような政策がアピールしたのは、大規模な法人企業やシャハトの専門である国際金融と世界貿易との結びつきにたいして、まだナチ党に敵意がわだかまっていたからだった。シャハトはアウタルキーという「原始的な」考えを軽蔑し、実行不可能だとしてしりぞけたが、ヒトラーは一九三五年のニュルンベルク党大会でアウタルキーを支持した。

一九三六年の初めに、また一連の騒ぎがもちあがった。そのときシャハトは、外国為替をめぐる難題が絶えないのは、ナチの指導者たちが規制を無視するからだとして非難した。誰かを任命して外貨と原料問題を調査する特別な任務につかせてはどうかという考えが、すでに浮上していた。ヒトラーはゲーリングに白羽の矢を立ててその仕事を命じたのだが、その人選はシャハトと国防相のフォン・ブロンベルク将軍がともにゲーリングを推薦したので、いっそう実現しやすくなった。しかし、ゲーリングが経済については何も知らないと率直に認めていたので、それは意外な人事でもあった。シャハトとフォン・ブロンベルクがゲーリングを推薦した理由も、まさしくそこにあった。経済界と政界に有力な人脈をもつが、関連する技術的問題については知識がまるでないゲーリングの任命に党が満足する反面、ゲーリングを名目だけの長に奉っておけば、自分たちと部下の専門家は自由に決定を下すことができると信じたのである。

士官候補生として教育を受け、戦闘機のパイロットとして傑出した戦歴をもつうえ、厚かましいほどにものおじしない社交家でもあったゲーリングは、ナチの要人のなかでは、ドイツ社会の上流階級に属する人びとに接しても気おくれしたり場違いな感じを与えたりしない数少ない人間の一人だった。ゲーリングはナチ党では一度も重要なポストについたことがなかったが、いつもヒトラーに重宝がられたのは、その社交性と堂々たる押し出しのためであって、体制側の保守的な人びととの仲介役になるとき、それが明らかに彼の強みになっていた。その結果、彼はそうした交際関係のなかで穏健な人物と見なされるようになったが、当人はその評判をあえて否定しなかった。彼は、軍の将校団やシャハトを含む実業界の人びとから、ヒトラーよりもずっと気楽につきあうことができ、また一九三四年に成立した伝統的な支配階級との「和解」を維持していくうえで、ヒトラーへの影響力を利用できそうな人物と見られていたのである。

だが、これはとんでもない見込み違いだった。ゲーリングはヒトラーにたいしてこのうえなく忠実だったばかりか、ヒトラーにすっかり依存していた。ヒトラーのリーダーシップを天与のものとして受け入れ、その過激な人種主義にもとづく世界観をわがものとしていた。また、派手で外向的な外面のかげには、破廉恥な陰謀をめぐらす腹黒さを秘めていた。経済に無知であることを吹聴しながら、生来の政治的な狡猾さと際限のない野望、そして自分の邪魔をするすべての者にたいする容赦のなさを隠しもっていたのである。

ゲーリングはプロイセンで失った強力な地位に代わるものをまだ見つけていなかった。そしていま、これまでナチの有力者が一人として入りこめなかった、経済統制という重要な領域に足がかりを与えられた。彼は、まさしくその足がかりを大きな突破口に広げるのに要するさまざまな資質をもちあわせていた。最初の会議のとき、彼は自分の意図を明らかにして、こう断言した。「何かの調査委員会を率いるのではなく、必要な統制の責任を引き受けるつもりである」。シャハトがフォン・ブロンベルクと自分の犯した誤りに気づいて、閣議で「着実に繁栄する経済を追求し……党の抱く他の不合理な考えと目標の実行を断念して」穏健な政策を継続するよう求めたとき、ゲーリングはその訴えをしりぞけた。彼自身が経済政策を律するべき指針と考えたものは、まさにヒトラーの受け売りだった。「政治的に何よりも必要なのは、再軍備を進めることである[*16]」

ゲーリングの個人的な野心のなかにはもう一つ、世界最強の空軍を創設したいという強い動機があった。ヒトラーが政権をとり、無任所相および帝国航空長官として入閣した日から、ゲーリングはさまざまな策をめぐらして強引に行動した。まず、国防省内に設置された航空局を乗っ取ったが、これはドイツがひそかに進めていた空の再軍備を取り仕切る組織だった。次いで、それが認められたとき、航空機と兵器を調達するための独立した組織を国防省と国防軍から統制されないところにつくった。一九三六年四月は、ゲーリングが原材料の状況を「調査する」地位に任命された月だが、その同じ月に彼は軍の統一とバランスのとれた再軍備計画を守ろうとしたフォン・ブロンベルクの最後の試みをくじいた。

空軍をほとんどゼロからつくるとなると、コストの高い技術や飛行場への巨額な支出が必要で、途方もなく金がかかった。一九三五年には、ゲーリングはすでにヒトラーを説得して空軍力を倍増することについて同意を得ていた。これはシャハトとフォン・ブロンベルクおよび財務相が思いとどまらせようとしたにもかかわらず、強行されたものだった。さらに経済の分野に入り、そこで支配的な地位を確保できれば、彼が要求して手に入れられるものにはまったく制約がなくなり、それは再軍備全般のみならず、自分が肩入れしている特別な兵科にまでおよぶのである。彼の希望は裏切られなかった。ドイツの軍事費の総額は一九三四〜三五年の一兆九五三〇億マルクから、三七〜三八年の八兆二七三〇億マルクに増大して四倍になったが、その総額に占める空軍のシェアは三二・九パーセントから三九・四パーセントに上昇したのである。

そのすべては、まだこれから戦いとられるものだった。だが、経済専門家の経済にたいする支配力と国防軍による再軍備および軍隊にたいする統制の独占を打破するという二重の展望があったからこそ、ゲーリングは最初の足がかりを拡大するのに努力を傾け、かつヒトラーの支援を当てにできたのである。ヒトラー自身は、将軍たちの助言に逆らってラインラントの再占領（一九三六年三月）に成功したことから大いに自信を強め、軍および経済界の保守的な指導者たちにたいして苛立ちをつのらせた。

長い目で見れば、ゲーリングが任命されたことは経済にとっても空軍にとっても大きな災いとなった。しかし、短期的には、それはヒトラーに三つの大きな目標を約束してくれた。経済的な意志の決定を政治化すること、戦時経済への移行を準備すること、そして軍隊のナチ化に着手することである。空軍は三軍のなかで最も新しく、最も魅力があった。いつも軍事技術に魅了され、かつ次の戦争では空軍力が決定的な武器になるというゲーリングの予測を進んで信じたヒトラーは、プロイセンの軍事的伝統という枠を破り、それよりも国家社会主義の精神にずっと近いドイツ空軍（のちには、これに近いケースとして武装親衛隊がある）が生まれたことを喜んだ。

シャハトと軍の指導者は、ゲーリングの力がこれ以上大きくなるのに反対したが、その根拠は異なった。シャハトは、ゲーリングが高水準の再軍備を主張しつづける場合、インフレの危険が生じ、ドイツは輸出を増やして食糧と戦略的原材料を輸入するうえでさまざまな困難にぶつかるという暗い状況を描いてみせた。他方、軍は再軍備を支持した。しかし、ゲーリングの役割に制限を加え、戦争の準備を国防省による一元化された軍事統制のもとに置きつづけたいと望んだのである。

調査部の盗聴活動のおかげで、ゲーリングは反対派の動静を細大漏らさずヒトラーに伝えることができた。二人は、夏のあいだ多くの時間をともに過ごした。そして八月、オーバーザルツベルクに滞在していたとき、ヒトラーは四カ年計画の基礎となる覚書を作成した。スペインの内戦が勃発したとき、彼はすでにゲーリングに委嘱して、セビーリャに原料の調達と貿易のための委員会を設立していた。「ヒスマ－ロワク」

と称して、フランコの国家主義スペインとの経済関係を処理し、ドイツがスペインから供給される鉄鉱石を安全に入手するためのものである。そしていま、ヒトラーは自分の新しい計画をゲーリングに担当させることにし、例によってゲーリングがシャハトおよびフォン・ブロンベルクと責任の分担をめぐって徹底的に争うようにしむけた。ゲーリングはゲーリングで、その難題と取り組むことを喜んだ。

九月四日、ゲーリングは自分が引き受けた新しい仕事を内閣に知らせ、ヒトラーの覚書を読んで聞かせた。それによると、再軍備と自給自足の達成に絶対的な優先権が割り当てられていた。「現実に、いますぐ動員がかかる段階にきているような気持ちで、あらゆる措置を講じなければならない」とゲーリングはつけ加えた。[*17]

ゲーリングに自ら行政命令を発する権限と「あらゆる公共機関に指示を出す」権限を与える行政命令が、十月十八日に公布された。そして、一〇日後、ゲーリングはベルリンのシュポルトパラストで盛大に拍手するナチの群衆に語りかけた。

総統は、私に重い任務を授けた……私はそれに取り組むが、エキスパートとしてではない。総統が私を選んだのは、ひとえに、ただひとえに、私が国家社会主義者であるからだ。私はいま諸君の前に立ち、国家社会主義の戦士として、総統から全権を付与され、かつナチ党から全権を付与された者として、この仕事をまっとうするつもりである。[18]

4

四カ年計画が策定されたことは、経済政策の変化を明らかにしただけではなかった。それはまた、ドイツにおける勢力のバランスが移行したことをも表わしていた。古参の闘士を自称する党員たちが銀行家や実業家や軍の代表にかわって、ドイツの経済とドイツの再軍備を監督する地位についた事実は、一九三四年に再確認されたナチの指導層と伝統的なドイツのエリート層との同盟の条件が、ヒトラー側の一方的な行動によって相談もなしに変更されたことをはっきりと示していた。このことを何よりも明らかにしていたのは、フォン・ブロンベルクが四カ年計画に関する陸軍の意見を述べて、三七年二月にヒトラーに送った覚書にたいするヒトラーの扱いだった。

陸軍は、次の三つの条件を認めてもらいたいと要求した。国防相として、フォン・ブロンベルクが戦争の準備と戦争経済の運営に責任を負わなければならない。平時における経済の準備に責任を負うのはゲーリングではなく、シャハトとすべきである。平時にはゲーリング機関は戦争が勃発すれば廃止しなければならず、平時には国防相の監督のもとで、その任務を原材料という分野にかぎるべきである。これらの条件が満たされない場合、陸軍はゲーリングとともに仕事をするつもりがない、と。[19]

ヒトラーは答えなかった。抗議を無視し、ゲーリングにそのまま仕事をつづけさせた。陸軍の拒否通告がまったく無効に終わったのは、ドイツにおける近代の歴史でこれが初めてだった。

ヒトラー自身の覚書は、シュペーアによると写しが三通しかつくられず、しかも原本は秘密のままだったが（原注：シャハトは戦後、ニュルンベルクで裁判にかけられたときまでそれを見ていなかったと主張した。そのとき、シュペーアがもっていたものを見せてもらったという）、ほかのことも裏書きしている。すなわち、戦争が不可避だということについて、ヒトラーの考えが一貫して変わらないままだったという事実である。いかにもヒトラーは、この場合、ドイツの将来の安全を期する機会よりも、ドイツにたいする脅威を強調するほうを選んだが、基本的な前提は『わが闘争』の記述（「生き残りをかけた国民の歴史的闘争」）と同じく、脅威と機会はともに（一枚の硬貨の表裏をなして）、やはり東方にあった。

> フランス革命以来、世界は新しい闘争に向かって動いてきた。その最も極端な解決がボリシェヴィズムである。ボリシェヴィズムの真髄と目標は、人類のなかのこれまで指導者を生み出してきた層を絶滅し、世界に広がったユダヤ民族に肩代わりさせることである。
>
> どの国民も、この歴史的闘争を避けたり、そこから逃れたりすることはできない

だろう。ロシアにおける勝利により、マルキシズムが将来の作戦のための前進基地として最大の帝国を建設したので、この問題は周囲に脅威をおよぼすものとなった。ドイツのみが、ボリシェヴィズムの勝利という災厄にたいして、自らとヨーロッパのその他の国々を守ることができる。

われわれの資源を軍事的に開発するに際しては、その範囲がどれほど大きくても大きすぎることはなく、またそのペースがいくら速くても速すぎることはない。他のすべての願望は、例外なくこの仕事のあとにまわさざるをえない……

経済省は国家的な経済の課題を決めるだけであり、私企業がその課題と取り組まなければならない。しかし、もし私企業が自らその任に耐ええないと考えるならば、そのときは国家社会主義の国家が、その問題を自ら解決する方法を知ることになろう……ドイツの産業は新しい経済の課題を理解するか、さもなければソヴィエト国家が巨大な計画を着々と進めるこの現代に生き残る資格がないことを示すか、であろう。しかし、そのときでもドイツは屈服しないだろうが、せいぜい二、三の実業家が残るだけだろう。

ドイツの経済問題の最終的解決は、生活圏の拡張にあるが、移行期には戦争の準備をすべてのことに優先させなければならない、とヒトラーは繰り返し言った。

それゆえ、私は次の課題を設定する。

1．ドイツ軍は四年以内に出動できるようになっていなければならない。
2．ドイツ経済は四年以内に臨戦体制を整えなければならない。[20]

それを内閣に提示するにあたって、ゲーリングは一九三四年に言ったことを繰り返した。「覚書は、ロシアとの対決が不可避だという基本的前提から出発する。ロシアが再建の分野でなしとげたことは、われわれにもできるはずだ」[21]

スターリンの五カ年計画が四年で達成されたことは、ヒトラーとゲーリングの二人に強烈な印象を与えていた。しかし、ドイツで踏襲されたのは、先にロシアで行なわれたような、国家が資本主義産業を収用するという明快なかたちとはほど遠かった。それについては従来「支離滅裂な資本主義」と評されており、経済の領域における行政上の「管理の混乱」と好一対をなすものだった。そして、同じ理由から、ヒトラーは管轄権を明確にするのを拒んだ。これによって、ナチの「分割払いの革命」を実行するに際して、ゲーリングとヒムラーが実践した浸透と合併の戦術に道が開かれたわけだが、それはスターリンによる「毒の調合」のヒトラー版だった。

ゲーリングの場合、この戦術のために、各省庁、産業界、軍部および党と衝突することになった。彼の切札は、ヒトラーが自分を支持してくれるのがわかっていることで、彼はそれを隠さなかった。だが、それが当てにできないときには、ブロンベルクにかわって国防相になりたがったときのように、やりすぎて失敗することもあった。しかし、ゲーリングは圧力をかけるのに最も有効な領域をかぎつける鋭い嗅覚と、以前にプロイセンで見せたように、規則や慣習など権威を支えるものに束縛されるのを拒んで、自分に反対する者を当惑させる性癖をもちあわせていた。イニシアティブはつねにゲーリングの側にあり、大臣や産業資本家はすでに自分たちの管轄または権利として確定している領域の一部を取り消す行政命令が、前触れもなく公布されているというニュースによって、初めて彼の意図を知るのであった。

一九三七年中に、四カ年計画の活動は、投資ばかりでなく、貿易、製造、輸送にまで広がった。軍が資金の増額を望むとき、フォン・ブロンベルクはシャハトではなくゲーリングに依頼した。資本市場と株式発行への統制は強まり、ゲーリングはその力をふるって在外ドイツ国民の資産を一時的に差し押さえ、それを解除するかわりにマルクを支払わせた。合成素材および原材料の生産を高めるという野心的な計画を推進するために、彼はさらに労働者を配置し、国家の資源を割り当てる権力まで手に入れた。シャハトは抗議したが、その処置を覆すことに失敗した。ヒトラーが自分の政策を実行するために選んだのがシャハトではなく、ゲーリングであることが明らかになったとたんに、力が力を引き寄せる効果を生み、これまでシャハトとその省から指導を受けていた省庁や事業所の多くが次々とゲーリングの組織に鞍替えするようになった。その結果、一九三七年と三八年のドイツの固定資本への投資総額のうち、四カ年計画と航空省もしくはゲーリング支配下の他の役所を通して行なわれたものが全体のほぼ三分の二に達したと算定されている。[*22]

一九三七年七月、ヒトラーは軍に強く促されて、二人の人物の管轄権をめぐる争いの解決を提案したが、ゲーリングはそれを無視した。そこでシャハトは、まず戦争経済全権委員としての活動を、つづいて経済相としての仕事を中止した。これは和解の提案と同じく効果がなかった。シャハトによると、ゲーリングからヒトラーの面前でこう言われたという。「だが、私はあなたに指図しなければならないのだ」。シャハトは答えた。「私に、ではない――たぶん、私の後継者に、ということになるだろう」。[*23] 一九三七年十一月、ヒトラーはついにシャハトの辞任を受け入れ、それと同時に軍と外務省の保守的な指導者を全面的に更迭した。シャハトによると、ゲーリングが前大臣の部屋に乗りこんできて最初にやったのは、電話を取って、勝ち誇ったようにこう告げたことだという。「私はいま、きみの椅子に座っているよ」[*24]

ゲーリングは既存の組織を（ソ連のように）すみやかに廃止するのではなく、活動のイニシアティブを次々と新しい組織に移していきながら、その過程で四カ年計画を経済権力の中枢に取って代わる組織に変えていった。シャハトは政治的に敗北したばかりでなく、再軍備に総力をあげる政策が結果として災厄を招くとしたその予言の根拠が薄弱だったことがわかって、経済の予言者としてもすっかり信用を失墜した。政府支出、政府投資、公共負債のどれをとっても、一九三五年から三八年まで、毎年増加した。それとは対照的に、三八年の輸出は三二年より少なく、他方で金と外貨の準備高は、三三年におけるドイツの保有高の七分の一に落ちていた。それにもかかわらず、三六年五月にゲーリングが閣議で述べた次の言葉は、シャハトの予言よりも的を射ていたことがわかった。「議会政治の国ならばまず間違いなくインフレを引き起こす措置でも、全体主義国家では同じ結果を招かない[*25]」。インフレはなかった。政府が投資の流れを統制したので、一九三七年に三一億マルクだった公債を、三八年に七七億マルクに増やしても問題がないことがわかった。

政治的なレベルで成功したので、ゲーリングにとっては行政のスタッフを集めるのが容易になった。彼らがいなければ四カ年計画は見せかけのままで終わったことだろう。しかし、行政のレベルでも、ゲーリングは人事に意を用い、自分の勢力範囲を拡張するとともに、経済の最も重要な部門だけでなく、それ以外の省庁を自分のネットワークに組み入れることにつとめた。それをする一つの方法は、経済関係の省庁の次官たちにも、四カ年計画の重要な地位を与えることだった。このようにして、農相ダレはたちまち自分の野心的な次官ヘルベルト・バッケにたいする影響力を失ってしまうはめになった。バッケは四カ年計画の七つの部局の一つ、農業生産の局長に任じられて、ゲーリングに直接報告し、食糧農業省を事実上ゲーリングの代理人として運営した。ゲーリングはヒムラーおよびゲッベルスと好ましい関係を保つことに腐心した。しかし、党の他の指導者（とりわけヘスとリッベントロープ）は、ヒトラーとゲーリングの親密な関係およびゲーリングの個人的な人気の高まりに嫉妬した。けれども、それらを培うために、ゲーリングは並々ならぬ苦労を重ねていたのである。それだけに、自給自足とナチの経済上の理想、「小規模生産者と兵舎を囲んで建てられる帝国の創造[*26]」に情熱を燃やす、かなりの数の古参党員を任命しなければならない理由があった。彼らはすべて地方の小規模経営の会社、しばしば家族経営の商店といったところが出自だったのである。

　きわめて異色な人事は、化学工業トラスト「I（イー）・G（ゲー）・ファルベン」の最も有能な化学者の一人、カール・クラウホを四カ年計画の研究開発部門の責任者に任命したことだった。クラウホは、帝国のために繊維、ゴム、石油、銅、油脂、家畜の飼料および燐酸肥料を含む二五種類から三〇種類の主要な産品について自給自足の能力を最大限にする責任を負った。この人事は、四カ年計画とヨーロッパ最大の工業会社とを結びつけ、「ユダヤ国際資本主義」の砦（その社には一〇人のユダヤ人役員がいた）としてナチの有力な攻撃目標だったI・G・ファルベンをナチ政権と密接に一体化させることとなり（アウシュヴィッツに工場を建てて操業することも含む）、その結果、戦後まで生き残った重役たちが戦争犯罪人として裁判にかけられた。

一九三六年から三九年までのあいだに、ドイツの産業に加えられた統制はさらに拡大されて、輸入と外国為替、原料の割当、労働力の割当、価格、賃金、利益と投資を含むにいたった。その影響は部門ごとにそれぞれ異なったが、工業のみならず農業にまで広がり、四カ年計画はトラクターと肥料の生産および配分にも責任をもった。ビジネスはまだ私企業や法人の手に残っていたが、四カ年計画を通じて大幅に政府の意向に従わされた。会社は何を生産すべきか、どれほどの新投資が許されるか、新工場の立地をどこに決めるべきか、どんな原料が入手できるか、代価をいくら請求するか、どの程度の賃金を払うか、どの程度の利益が認められるのか、そして（増税された税金を払ったあと）彼らの事業への強制的再投資や国債の購入のためにそれをどのように使うべきかといったことである。

公式の統制のほかに、ゲーリングは、鉄鋼、工作機械、建設（フリッツ・トート）、繊維、自動車など、再軍備に欠かせない産業に全権委員を任命した。彼らの仕事は、政策が実施され、かつ目標が達成されているかどうかを確かめ、製造業に圧力をかけて、彼らの購入方式を合理化し標準化する――「最小の資源で最大の生産をあげる」――ことにあった。誇張と宣伝の陰に隠された結果は、つぎはぎだった。産業と四カ年計画の協調の程度はさまざまで、一方には明らかな成功例としてI・G・ファルベンと化学工業があり、その反対側にははっきり言って協調に気乗り薄なルールの石炭および鉄鋼産業があった。

「ドイツ帝国は血と鉄よりも石炭と鉄を基礎として築かれたとするほうが正しい」と最初に述べたのは、イギリスの経済学者ジョン・メイナード・ケインズだった。一八九三年に設立され、しばしば最初の現代工業カルテルと見なされる「ルール－ウェストファーレン石炭シンジケート」のような法人に組織された「ルール」は、長きにわたって経済だけでなく、ドイツの政治にも強大な力をふるってきた。「石炭がなければ、何も動かなかった。そして、それがあまり高くなりすぎると何も売れなかった」[*27]というわけである。帝国政府と共和国政府はともに、シンジケートの力には敬意を払う必要があることを学んでいた。一九二五年、フランスは石炭出荷の差し止めによってフランの価値が損なわれる恐れが生じたとき、ルールの占領を放棄せざるをえなかった。

最初、ルールの産業資本家はナチ政府に好感をもっていた。両者のあいだに生じた食い違いはもともと政治的な性質のものではなく、経済的なものだった。一九二〇年代に高いコストと過剰な生産能力、とりわけ新しいエネルギー資源との競争のために、いたるところで石炭生産は長い危機の時代に入っていた。この経験によって、ルールの石炭業者はきわめて保守的になっていた。そして彼らは、炭坑の出炭能力の拡張を強いたり、合成燃料計画に関わらせたりしようとするあらゆる企てに抵抗し、かつドイツ国産の資源である低品質の鉄鉱石を経済性を度外視して採掘することに反対した。大恐慌からの復興を目指す最初の段階で、ルールの石炭生産（ドイツの総生産の四分の三を占めた）は再び一九二九年の水準まで上昇した。そして、三七年にはザールの回復にあおられて、わずかながらそれを上回った。三九年には、一億三〇〇〇万トンというピークまで上昇したが、大戦中には二度とその水準に達することはなかった。これは再軍備計画が求める量よりもかなり不足していた。[*28] 鉱業の専門家は、毎年の不足量をおよそ七五〇〇万～一一五〇〇万トンと算定した。ヒトラーの腹立ちまぎれの推算（一九三七年一月）は二〇〇〇万～三〇〇〇万トンだった。[*29] 石炭不足は三七年から四五年までつづいた。

経済の舵取りをしているあいだ、シャハトはルールの産業資本家が自分たちの利益という観点からさまざまな決定を下す権利を擁護し、こう言った。「国家は自ら事業を経営して私企業から責任を奪うことがあってはならない」[30]。ゲーリングは他のドイツの事業と同様、ルールも私的な利益を国家の必要に従属させなければならないと主張して、ドイツが外国産の鉄鉱石に（スウェーデン、フランス、スペインの順で）大きく依存しており、そのために緊急の場合には、ヒトラーがつねにひきあいに出す一九一四年当時よりもずっと無防備だという事実を指摘した[31]。三五年に精錬された鉄鉱石二二〇〇万トンのうち、国内産はわずか四分の一にすぎなかった。そこでゲーリングは、ルールの産業資本家がドイツの中部および南部の低品質鉄鉱石の採掘を引き受けるべきであると要求した。彼らが拒絶すると、ゲーリングは「私企業がやれないと言うのであれば、国家が引き受けるまでだ」と明言した[32]。

一九三七年の夏、ゲーリングは、ブラウンシュヴァイクにある低品位のザルツギッター鉱床から鉄を抽出して精錬するため、ヒトラーから承認された工業複合体（「国営ヘルマン・ゲーリング製作所」と命名の予定）の計画を公表した。鉄鋼の産業資本家がゲーリングの自給自足政策を拒む書類を提出したとき、ゲーリングはサボタージュのかどで逮捕すると脅迫し、私企業に強制して資金の一部を、いま彼らとの争いの原因となっている国有の競合企業に投資させた。統一戦線を張って反対する試みを分裂させるために、「クルップ」には同時に大きな兵器の契約が提供された。この衝突とルールの敗北こそが、ついにシャハトの立場を無にし、彼を辞任に追いやったのである。

国営ヘルマン・ゲーリング製作所が設立され、四カ年計画によってすでに傾いていた経済力のバランスがさらに変化した。それは総統国家を経済の統制から国家による産業の所有と管理へと押しやったばかりでなく、ゲーリングはまたしてもヒトラーの同意を得てすみやかにこの部門の活動を拡張し、その国営企業を「ドイツ再軍備および平時と戦時の兵器産業への供給をすべて統轄する中核」にすることに決めた。[*33] 一九三八年の初め、彼は新しい企業のための国家資金の増額を認可し、その資本を五〇〇万マルクから四億マルクに増やした。彼はその企業について説明し、国内の鉱石からもっと鋼鉄を供給して再軍備をスピードアップするばかりでなく、フレンケルのいう「二重国家」の大権部門に相当する代替経済をつくりだすことによって、総統国家と法人企業のあいだの利害の衝突を回避する経済的・政治的な手段であるとした。第二の目的は、国営企業を運営するにあたって、長らく党とナチの国民主義経済に貢献した人びとに重要な仕事が割り当てられた事実を見れば明白だった。常務理事のパウル・プライガーは小規模な製鋼業者で、大規模な資本主義に敵意をもっていた。彼の最も親しい協力者のウィルヘルム・マインベルクは、一九二〇年代にナチの農民指導者だった。そしてもう一人の理事のディートリヒ・クラッゲスはもと小学校教師で古参の党員だった。

ゲーリングは国営企業の拡張をつづけた。そして、手に入る工業資産のすべてをそれらに割り当てて、それを自分自身とナチ運動の個人的な記念碑と見なした。そのなかには強制的に「ユダヤ人を追い出した」ユダヤ企業も含まれていた。一九三九年十二月に没収されたルールの「テュッセン石炭持株会社」、「ラインメタル・ボルジヒ」のような兵器工場、それにオーストリアとチェコスロヴァキアで接収した工業の大部分などである。戦争が勃発するまでに、国営企業はI・G・ファルベンにかわってヨーロッパ最大の工業会社になり、ナチの帝国主義的拡張の経済的な道具となる道をまっしぐらに進んでいた。

I・G・ファルベンの歴史を書いたピーター・ヘイズはゲーリングの経済運営を、再軍備のための「ドイツ経済の露天掘り」だったとしている。そして、コストをかえりみず、最高度の自給自足を目指すことによって、ヒトラーは「ドイツの経済政策を硬直化させて自己充足的な予言に変えてしまった」と指摘した。

ヒトラーは主として自分のせいで招いた経済的な問題の解決策として、東方への軍事的進出をいっそう正当化できたのだ。[*34]

この政策の肯定面と否定面の差引勘定は、経済的な観点から論じることができるが、つまるところ、試金石となったのは戦争だった。戦争こそは、ヒトラーがその政策の目標とするところだった。答を求められる問題は次のとおりである。一九三六年にヒトラーが設定した予定表はどこまで実現したのか、彼はどのような戦争を思い描いていたのか、どのような軍備計画が採用されたのか、そしてとりわけ重要なのは、それがどの程度まで目的を達成し、彼の長期にわたる目標を実行に移せるほどドイツを強大にしたのかということだ。これらの問いへの答は、第3巻13章で外交政策を論じるときにおのずと出てくるだろう。

5

国家と経済、そして社会。最初のものについては、ヒトラーは決してその場の思いつき以上に進まなかった。二番目については、それを手段として扱い、最初はシャハトに、そのあとはゲーリングに組織づくりをまかせた。社会こそは、ヒトラーが個人的に最も深く関与した部分だった。「人民を社会化すること」が生産を社会化するというマルクス主義の方法よりもすぐれていることを証明しようと努力したのは、まさにこの領域においてだった。自由な個人主義とマルクス主義の階級闘争にかわって、ドイツ民族を一つにまとめあげた民族共同体（フォルクスゲマインシャフト）にし、東方にドイツの英雄的種族の生活圏を獲得する戦争のために進んで武器を手にする気概をよみがえらせることである。マルクスを念頭において、ヒトラーは物質的な条件を変えるための下準備として、ドイツ民族の意識を変えることに着手した。

これらナチズムの中心をなす信条とその人種主義および優生学上の原則は、すべてが体系的に教えこまれて強化されたが、それらとは別に繰り返し唱えられる陳腐なスローガンのようなものがあり、それは古代と現代の特徴をつきまぜたもので、内容が矛盾することも多かった。たとえば「血と土（ブルート・ウント・ボーデン）」は、右翼的なドイツ人の昔からの夢だったが、それは複雑化して堕落した都市生活を逃れ、産業革命以前の素朴な農業と簡素な田園生活に戻りたいという憧れの表われだった。

もう一つの例は、一九一八～一九年に確立した労使関係のありかたを解消させたことに見られる。その特徴は、一九三四年一月の「国民の労働の秩序に関する法律」に出てくる擬似封建的な言葉に示されていた。雇用者は「工場を指導する者」、労働者は「服従する者」とされ、後者は前者に「工場共同体（ベトリーブスゲマインシャフト）」の原則に従って忠誠の義務を負うのであった。これ以後、賃金は団体交渉ではなく、国家に任命された帝国労働評議会によって定められることになった。[*35]

そうした過去へのノスタルジアと、ヒトラーおよび大勢のナチ党員が、一九一四年以前の、階級に支配される硬直した階層社会――それをまざまざと示しているのが身分と称号へのこだわりであり、その縮図が偉ぶった将校団（予備役の将校も含めて）

だった――にたいして感じる軽蔑を矛盾なく両立させることは困難だった。同様に、工業の大企業と百貨店の解体や手工業のギルドの復活を求めるキャンペーンと、ドイツの陸軍および空軍に最先端の技術を提供する必要とを結びつけることも難しかった。しかし、ナチの運動はつねに両立しがたい利益や目標に訴える能力、そのダイナミックで攻撃的なプロパガンダによって増幅された。最も現代的な宣伝技術が駆使され、すべてを挙国一致と国家の再興と強大な国家を求める情熱の広範な潮の流れに巻き込んで押し流した。

プロパガンダと組織の結びつきはつづいた。一九三三～三四年に、そして多くの場合それ以前からすでに確立されていた広範なテーマに新しく加えられたものはほとんどなかった。プロパガンダと組織の双方が、新たな成功によって強化された。大恐慌を終わらせることに成功し、賠償を切り捨て、国外でドイツの力と威光を回復したことである。国内では、成功のメッセージがあらゆる手段を使って日々鼓吹されたばかりでなく、少しでも疑いや批判の声があがればそれを抑えつけることによって、その効果が倍増された。こうして、成功は魅力的であると同時に威圧的な力をおよぼして、それに逆らうことは不可能だと思わせた。

国家の資源を思いのままに使った見せびらかしとパレードによって視覚に訴えるプロパガンダの技術がこうして完成した。その水準の高さは、今日のどの政権もとうてい匹敵しえないものである。

祝祭行事のカレンダーは、いまやすっかり定着した。

一月三十日　ヒトラーが首相に任命された日
二月二十四日　一九二五年に党を再建した日
三月二十四日　戦没者追悼記念日
四月二十日　ヒトラーの誕生日
五月一日　国民労働記念日
五月第二日曜　母の日
六月　夏至
九月　ニュルンベルク党大会
十月一日　ハーメルン近郊のビュッケベルクでの収穫感謝祭（「血と土」）
十一月九日　一九二三年のミュンヘン一揆の記念日

これらの祝典の規模はまさに異常だった。何万人という人びとが直接参加することを求められ、その後いやになるほど（とくにヒトラーの演説は何によらず）ラジオと映画で繰り返された。これがピークに達したのは、世界を相手にベルリンがお祭り気分でホスト役を演じた一九三六年のオリンピックのときだった。

　毎年の、または特別な行事に参加しなかったり、より些細なことでは国旗の掲揚を怠ったりすれば、当然、街区監視者の目にとまって、「政治的に信頼できない」としてマークされ、その結果、職場での昇進の妨げ――あるいは免職――から、逮捕、裁判などにいたるさまざまな罰が科された。「冬期貧民救済事業」や「国民団結の日」などの募金に応じなければ、やはり同じ結果が待っていた。こうしたことは、人びとが参加を強いられる職業上の、あるいは「任意の」団体にも同様に当てはまることだった。

　目的は、文字通り誰も一人にしておかないことであり、職場や家庭ばかりでなくレジャー活動でも脱退したり関わりを避けたりするのを、誰にも許さないことにあった。もちろん、その目標は決して達成されなかった。「精神の移住」は言葉だけにとどまらず、多くの人びとが耳をふさいで絶えざる大音声（だいおんじょう）のプロパガンダを遮断し、スターリンのロシアと同じように、生きのびるのに必要なかぎりで順応する術を身につけた。それにもかかわらず、多くの人びとに与えた決定的な影響は、たとえ不平を言ったとしても、国家社会主義を不可避のものとして容認する気持ちにさせてしまったことだった。そして、それ以外の者はひきこもって孤立するほかなかった。一九三五年十一月に、ある社会主義者が自分の見聞したことをゾパーデ（プラハに亡命した社会民主党）にこう伝えている。

ナチの大衆組織はすべて目的が同じである。労働戦線、喜びを通じての力、ヒトラー・ユーゲントなど、人びとはいたるところで同じ目的に奉仕する。「国家の同志」と関わったり、その世話をさせたりすること、彼らを一人にしておかないこと、できれば考えるのをまったく許さないこと……そして本当の共通の基盤や自発的な結びつきが生じるのを妨げることである……一方で、組織を強制し、他方で支配するのが、ナチの大衆操作の真髄である。[*36]

共産党と社会民主党が反目したことは、ナチにたいして共同戦線を張る可能性をすべてぶちこわした。しかし、だからといって、ナチに敵対する労働者階級の有権者がまだ一三〇〇万人もおり、権力を奪取されたあとも、彼らのうちの一二〇〇万人以上がナチの脅威に抵抗し、一九三三年三月に反対投票をする覚悟でいたという事実に変わりはなかった。ヒトラーが長年抱いてきた第一の望みは、共産党と社会民主党の組織を破壊し、指導者を逮捕して叩きのめし、機関紙を廃してその資産を奪うことだった。しかし、これが成就したとなると、その支持者たちを「民族共同体」のために取り返すことが、主な目標となった。中産階級から大量の支持を集めるうえで頼りにできるのは、国民の団結という考えだった。重大な試金石となるのは、それが中産階級の枠を越えてどこまで範囲を広げ、ドイツ社会のなかで半世紀以上にわたり、階級闘争は避けられないとの信念にもとづいてドイツの労働者階級のための運動をつづけてきた階層に入りこめるかどうかだった。

ナチ政権がうまくやってのけたことの一つは、賃金レートを一定以下にするのに成功したことだったが、この成功を労働者に評価させることなどは望むべくもなかった。労働者の平均実質週給は、一九三二年（大恐慌の底）の一〇〇を基準として三九年には一二三に上がった。だが、その数字は大恐慌がまだ押し寄せていない二九年にくらべると、たった五ポイント上回っているだけだった。物価も統制され、とくに食品の価格には注意が払われた。これらは三九年には三三〜三四年の平均値より上がったが、戦争の最後の年まで二八〜二九年の数値以下にとどまった。しかし、食糧の消費水準は危機の年の三二年から三八年までのあいだにごくわずかしか高まらず、バターなどの食用油脂が足りないという不満が絶えなかった。代用の物資が高いパーセンテージで使われている繊維製品のような商品の品質についても、つねに不満の声があがった。労働力の不足がいっそう深刻になり、ついには転職の自由に制限が加えられるようになり、それは特定の工業と農業に始まってしだいに強まり、最後には一九三八年に西部国境の要塞線の建設と軍需産業のために労働力を徴用する強い圧力になった。[*37]

しかし、これらの事実からうかがえる状況は不完全なものでしかない。たとえば、二三〇〇万の総労働力のうち、一九三八～三九年に徴用された者は一〇〇万にすぎず、このうち常雇いは三〇万以下で、それ以外の者は期間がかぎられていた。同じく、平均賃金レートの上昇を示す数字が総体的に低いため、再軍備景気の恩恵をこうむる産業労働者ははるかに金まわりがよかったという事実が隠されている。何にもまして、ヒトラーは失業に終止符を打っていた。新しい仕事が見つかるあてもなしに失業の身をかこつのがどういうことかを、つい二、三年前に身をもって知ったばかりの何百万という労働者階級の家族にとって、これは他のすべてを上まわるきわめて重要なことだった。一九三〇年代の初めと中、後期との大きな違いはそこにあった。

労働組合の活動と団体交渉を排除したライのドイツ労働戦線は三〇年代が終わる前にナチの諸帝国のなかで最大の規模になり、党そのものの影すら薄くした。その活動の規模は、彼らが手本としたイタリアの「労働のあとに(ドポラヴォーロ)」をはるかにしのぐものであり、資本主義と社会主義とを問わず、労働者にこれほどの便宜を供する国はないと主張したとき、ライは誇張したわけではなかった。

労働戦線が成功した理由の一つは、自由に利用できた資産の大きさだった。労働組合から接収したものを土台として出発し、産業労働者とその雇用主を表向きは任意だが、事実上は強制加盟させて集めた会費から、党の三倍を上まわる収入を得たのである。一九三九年になると、四万四五〇〇人の有給職員をかかえ、銀行、保険会社、住宅組合、旅行代理店を所有し、さらには――のちに――国民車を提供することになるフォルクスワーゲン自動車工場までも所有することになった。

労働戦線のさまざまな活動を結びつけていたのは、物質的な満足に加えて――あるいは懐疑的な者に言わせると、そのかわりに――心理的な満足を提供しようとする試みだった。ヒトラー・ユーゲントや帝国勤労奉仕隊（まず学生から始めて、すべての青年に強制的に肉体労働をさせる）のように、労働戦線は肉体労働と肉体労働者の地位を向上させようとした。ヒトラーは地位の平等が一段と広がり、機会の均等と社会的流動性（たとえば軍隊におけるように）が高まったことを繰り返し強調して、デイヴィッド・シェーンボウムが言うように、労働政策のかわりに労働イデオロギーを提供した。彼が何としてもやりたがらなかったことは、スターリンをお手本とする社会革命だった。「ナチのイデオロギーという覆いの下で、歴史的な社会集団が毛布をかぶって組み打ちをする男たちのように戦いつづけていた」のである。[*38]

労働者たちはどの程度までそれを信じていたのだろうか？　二三〇〇万という労働人口を考えると、これは答えられない質問である。しかし、ゲシュタポのようなナチの機関の報告と国外に亡命した社会民主党の本部に送られた報告から見ると、おおまかに三つの傾向に分けられそうだ。[*39] 一つは、共産党と社会民主党および労働組合と密接に関わっていた人たち、そしていぜんとしてナチを敵と見なしつづけていた人たちの態度を反映したものである。彼らの大半は一九三三〜三四年に逮捕され、手荒く扱われていた。なかにはパンフレットを配布するなど積極的な反対運動に参加する者もおり、そうした活動は少なくとも、三五年にゲシュタポが「マルクス主義者」の地下組織の大がかりな手入れをするまでつづいた。彼らの全部が何らかの方法で連絡をとりあい、助けあって、信念を捨てることなく生きのびようとした。これと対極をなしていたのは、ほとんどがもっと若く、聞かされたことを無批判に鵜呑みにするか、野心に燃えて出世の道はナチの運動に乗り換えることだと悟った人びとからなるグループだった。

もう一つの最大のグループが、妥協しない者の側にも転向した者の側にも属していなかったことは証拠によって明らかである。彼らは労働戦線が提供してくれるものを受け入れ、完全雇用についてはある程度ナチ政権の手柄だと考えた。彼らは物資の欠乏や制限にぐちをこぼした。しかし、政治に関わらないようにして、自分のことだけにかまけ、冷めた心で政権を受動的に容認し、天候と同じようにしかたのないことだと諦めていた。

彼らの態度は、ナチ政権が収めた大きな成功の一つ、ラインラントの再武装のすぐあとの一九三六年六月に、プラハの社会民主党へ送られた報告にくわしく述べられている。

どこへ行っても、人びとが国家社会主義を避けられないものとして受け入れていることがわかる。新国家はあらゆる機関を従え、厳然として存在する。人はそれから逃れることはできない。もはや大衆は、どうしたら状況が変えられるかを考えないほど、この状況に甘んじてしまった……

ナチは一つのことをなしとげるのに成功した。ドイツ国民の非政治化に……政治をトップの人びとにまかせるよう大衆を説得することに……ナチはすべての者を献身的な国家社会主義者に変えようとしている。だが、それには絶対に成功しないだろう。どちらかと言うと、人びとは心のなかでナチズムから離れようとしている。ナチは人びとがもはや何ごとにも興味をもたないようにしむけている。そして、そのことはわれわれの観点からすれば、少なくとも好ましくないことに変わりはない。[*40]

労働者階級の意見も含むが、それだけにかぎらず、より広い層をなす人びとの意見に目を向けるとき、多くの観察者の意見が一致するのは、一九三〇年代の半ばにはナチ政権が肯定的に評価できるある特徴を備えていたことである。それらのなかでひときわ高く評価されたのは、国民の代表としてのヒトラーのイメージであり、それは政治を超え、ナチ党とははっきり区別されるものだった。党はついぞ彼の人気にあやかれなかった。ヒトラーはビスマルク以来絶えてなかった、権威主義によるリーダーシップをドイツにもたらしたと見なされていた。それは、あらゆる階層に属する多数のドイツ人が、ドイツの政治の本当の伝統と考えるものだった。ワイマル共和国との違いを強調したことこそが彼の成功の鍵だったが、それはまだ、二度目の戦争に巻き込まれるのではないかとの恐れで帳消しにされることはなかった（恐怖が現われてくるのは、やっと一九三八年のチェコスロヴァキア危機にのぞんだときである）。それどころか、もと戦士であるヒトラーは、いやというほど戦争を見たのでもう戦争のことなど考えたくもない平和愛好の民として、自分とドイツ人を売り込んだのである。ましてや、ヒトラーの秘密の予定表である征服戦争と東方に樹立する人種主義の帝国についてはまったく口にされなかった。

ナチのさまざまな努力がどの程度まで国民を、とくに四十歳以下の年齢集団をナチのイデオロギーに傾倒させることに成功したかは、第三帝国をめぐる諸問題のなかで容易に答が出るとも思えない疑問の一つである。たとえば、ありそうにないことだが、議論のための議論をするとして、個々の人びとの態度を数量化し、その年齢集団のうちナチの価値体系に転向した者は五〇パーセント以上だともっともらしく断言したところで、その数字によって「瓶にはまだ中味が半分残っている」と説明するか、「もはや半分が空になっている」と説明するかによって、結果はいちじるしく違ってくるだろう。出てくる答についていて、専門家の意見は大きく分かれるのだ。それはナチがどちらを多く代表したか、つまり一九一四年以前のドイツですでに明らかになっていた傾向からの断絶か、それとも論理的に連続しているかを問う場合とまったく同じである。もちろんいくらかの連続性はあった。答が一致を見ないのは、それがどれほど重要だったのか、またはどのような特色を表わすものだったかという点である。

したがって、ナチが第二次大戦の矢面に立ったドイツの人口の若いほうの半分を教化するのにどれほど成功したかという問題を前面に押し出せば、われわれは二つの答のいずれかを選ぶことができる。第一の答は、第三帝国の最後が迫ったとき（一九四五年二月二十五日）、地下壕でヒトラーが私的に口にし、マルティン・ボルマンが書きとめた告白である。

私個人として考えれば、理想的には……若い人たちに国家社会主義の教義を深く浸透させ――しかるのちに、避けられない戦争を将来の世代にまかせるべきだったのだろう……

私が引き受けたのは、不幸なことに、たった一人の人間では、わずか一世代ではなしとげられない仕事だったのだ。[*41]

第二の答は、ヒトラーが感謝のしるしさえ示さなかったのに、ドイツ国民が六年の長きにわたる戦争にくじけなかったという事実である。最後の二年半には、ドイツ軍がじりじりと退却を強いられ、ドイツの諸都市がまず空襲を受け、つづいて砲撃と戦車によって破壊し尽くされたのだが、人びとは何の希望ももたず、連合国軍の圧倒的な優位に直面しながら、ヒトラー自身の自殺によって解放されるまでじっと耐えたのである。

瓶の中味は半分空だったのだろうか。それとも半分残っていたのだろうか。

6

プロパガンダと組織の陰に、テロルという第三の、そして究極の手段があった。一九三〇年代半ばを通じて、その暗黙の脅しはそれが実際に行使されるよりも重大だった。ヒトラーの成功と人気は上昇中だったばかりでなく、いぜん再軍備という危険を冒してもいたので、彼は国外で敵意に満ちた反発――ドイツ製品のボイコットやベルリンでのオリンピック開催を妨げる動き――が生じるのを避けようとして苦慮した。そうなったら、保守的な同盟者たちとの協調に足並みの乱れが生じることもありえたのだ。

一九三五年のゲシュタポによる逮捕の波は、共産主義と社会主義および労働組合の地下組織をおおい尽くし、それらを解体した。そして、一九三六年から三七年にかけての冬には、まだ使われていた三カ所の強制収容所の収容者の数は、最低の七五〇〇人に低下した。ナチのイデオロギー上の絶対的な敵であるユダヤ人にとっても、一九三六〜三七年は相対的に言って第三帝国時代における最も平穏な時期だった。それ以前に出国していたユダヤ人のうちかなり多くの人びとがあえて戻ってきたのである。

しかし、だからといって、映画などのメディアや教育の場を通じて繰りひろげられる陰険なキャンペーンの手が緩められたわけではなかった。それはユダヤ人のイメージを、人類の仲間ではなしに「黴菌」として「固定」するためのキャンペーンだった。一九三九年までには、こうした宣伝と教化の努力が実って、とくに若い世代の心理的ないし社会的な態度が大きく変わった。各地で家族や事業に攻撃を加えられ、ユダヤ人は経済の復興による恩恵を受けられなくなり、社会福祉や教育、および専門職からも排除された結果、ますます「ゲットー」に閉じこめ」られるようになった。一九三五年のニュルンベルク法は、ドイツ人とユダヤ人のあいだの結婚または婚外の性交渉を禁じ、かつユダヤ人にドイツ婦人を家庭の使用人として雇ったり、ドイツ国旗を掲げたりすることを禁じた。同時に通過した帝国市民法は、ユダヤ人からドイツの市民権を奪い、彼らの身分を「被統治者」と定義しなおした。しかし、三五年九月の党大会であわただしく導入されたこれらの措置は、さらなる暴力を奨励するよりも、しきりに活動したがる党員の要求を満たす鼻薬だったことがいまではわかっている。ヒトラーのユダヤ人にたいする強迫観念は前と変わりなく強かったけれども、それをどの程度まで行動で表わすかは、そのときどきの条件しだいであり、段階的につのっていったのである。そして、それが最後の段階に達したのは、一九四一年の夏にソ連を攻撃したときだった（原注：第3巻14章5節および16章6節参照。帝国統計局によると、一九三三年に五〇万三〇〇〇人のユダヤ人がドイツにおり、それは全人口の一パーセント以下だった）。

しかし、一九三六年から三八年にかけては、親衛隊が後年ドイツの占領国、とくに東ヨーロッパで演じることになる役割の準備がなされた期間だった。三三―三四年という最初のテロルの時期が終わると、内務省と法務省はゲシュタポの活動を法律の枠内に押しとどめようと精力的に努力を傾けた。三六年六月の警察と親衛隊の合併は、彼らの敗北の前兆でもあった。ヒムラーは、同年十月十一日に、ドイツ法律アカデミーの警察法公開討論会で演説したとき、合併して傘下に収めた警察の権限のおよぶ範囲を明確にし、次のように主張した。

〔一九三三年三月にミュンヘン警察の長となったときから〕私は、われわれの活動が法律のある項目に反するとしても、いささかも顧慮すべきではないとの仮定にもとづいて働いた。総統とドイツ国民のために働くにあたって、私は基本的に自らの良心と常識が正しいと判断することを行なった。ドイツ国民が生きるか死ぬかというとき、他の人たちが「法律違反」を嘆いたところで、そんなものは取るに足りないことだった……彼らは自分たちの法の概念と一致しないという理由で、それを無法状態と称した。事実上、われわれは自分たちのしたことによって、新しい法典、ドイツ国民の運命の法律のための基礎を築いたのである。[*42]

親衛隊の勢力が大きく伸びたのは、戦争が始まり、ヒムラーが任命されて占領地ポーランドにおける人種上の「再植民」政策を実施することになったときだった。しかし、ヒムラーは一九三〇年代を通じてその勢力を増強しつづけた。ゆっくりと時間をかけ、親衛隊にエリートの性格を培い、機会さえあれば大学卒業者ばかりでなく、貴族や上層中流階級からも新しい隊員を集めた。同時に、ハイドリヒはゲシュタポの水準を高め、それを親衛隊に統合できるように力をつくした。他方、ダッハウ強制収容所の司令官のときに残忍性と能率主義を結びつけて、収容所を運営する基本的な原則を定めたテオドール・アイケは、強制収容所の監督官として親衛隊の看守部隊の訓練を引き受けた。

ハイドリヒの子飼いの部下の一人にアドルフ・アイヒマンがおり、一九三七年十二月に「ユダヤ人問題に関するすべての仕事をＳＤ（親衛隊保安課報部）とゲシュタポの手に集中する」責任をゆだねられた部門の副長官に任命された。アイケの部下のなかには未来のアウシュヴィッツの司令官、ルドルフ・ヘスがいた。三八年三月になると、初めて国外に派遣される親衛隊の分遣隊は、ただちに軍のあとを追ってオーストリアに進駐し、ヨーロッパ全土でその名を恐れられ、憎まれることになる活動を試験的に行なう準備を整えていた。

一九三七年の秋に、ヒトラーがさらに過激かつ攻撃的な政策に転じる決断をしたことには、いくつかの理由があった。第一は、軍と政府および実業界の保守的な要素との同盟による束縛に苛立ちをつのらせたことだった。このことをよく物語るのは、経済政策をめぐるシャハトとのいつ終わるともない争いだった。戦後のニュルンベルク裁判において、シュペーアは一九三七年の夏にベルクホーフを訪問したときのことを回想している。

テラスで待っていると、ヒトラーの部屋からシャハトとヒトラーが大声で議論する声が聞こえてきた。ヒトラーの声はひどくかん高かった。議論が終わると、ヒトラーはテラスに出てきたが、興奮しきっており、まわりの人びとにシャハトとは一緒にやっていけないと宣言した。シャハトと議論を戦わせたばかりだったのだ。シャハトとその財政方針は彼の計画の妨げになるのであった。[*43]

ヒトラーはいつも議論や意見の相違に我慢がならなかった。しかし、これまで彼がゲーリングとその四カ年計画にたいするシャハトの批判に耐えてきたのは、もし政権が国の内外で実業界の信用を保とうとするならば、シャハトが経済省にとどまることが絶対に必要だと考えたからだった。シャハトは当然それに同意した。しかしいま、ヒトラーはシャハトがとどまろうと去ろうと、もはや問題ではないのではないかと自問しはじめていたのである。

第二の理由は、党内の古参闘士が待ち望んでいた革命が、過去の多くの革命と同様、既存の秩序との妥協および党の過激派を構成する突撃隊のような要素を粛清することによって終わったとして、彼らのあいだに広まった幻滅に気づいたことだった。ニュルンベルク法は彼らにたいするジェスチュアであり、彼らが総統においた信頼が誤っていないことを示すしるしだった。しかし、彼らの支持を確保しつづけるにはジェスチュア以上のものが必要だった。また、この前の大きな成功であるラインラント再占領以来一年半が経っていた。ヒトラー神話は、彼の霊感による指導力をさらなる証拠によって強化する必要に迫られていた。

マルティン・ブロスツァットは「一九三七〜三八年における——比較的穏やかな時期が過ぎたあと——偉大な最終目標に向かって離陸できなくなるかもしれないと懸念したヒトラー自身のパニック状態」について書き、第三の要因を指摘している。[*44] その後、一九三八年十一月十日、ミュンヘン大会のあとで、変化のあとを振り返り、ヒトラーは新聞編集者との私的な会合でこう語っている。

私は周囲の状況から、やむなく、もっぱら平和だけを口にしてきたと言ってよい。ドイツは平和を希求すると絶えず強調することによってのみ、私はドイツ国民のために少しずつ自由を獲得し、次の段階の前提条件として欠かせない武器を国民に与えることができた。

そうした平和のプロパガンダにはまた、曖昧な面もあることが明らかだ。多くの人びとの頭のなかに、現政権はどんな事情があろうと平和を守りぬく決意であり、かつそれを希求しているという考えを、いとも容易に染みこませてしまうからだ。しかし、それはこの体制の目的に誤った見解を抱かせることになる。とりわけ、それによってドイツ国民が……長い目でみれば敗北主義に通じ、現政権の業績を帳消しにする精神を吹きこまれることになろう。

私は必要に迫られたからこそ、長いあいだひたすら平和だけを口にしてきた。いまやドイツ国民の進路に徐々に心理的な変化をもたらし、もし平和的な手段によってなしとげられなければ、力と暴力によってなしとげなければならないことがあると、時間をかけて国民に悟らせていく必要が生じた……

この仕事には数カ月を要した。それは、組織的に始まった。そして、継続され、強化されている。[*45]

すみやかに行動してイニシアティブを取り戻さなければならないという確信は、彼自身の健康にたいする不安によって増幅された。一九三七年十月、指導的な宣伝活動家を集めてのスピーチで、彼は、参加者の一人のメモによると、次のようなことを語っている。

人知の限りを尽くしても、彼はそう長くは生きられない。彼の家系は長命ではなかった……

それゆえ、解決しなければならない問題〔生活圏〕を、できるだけすみやかに解決することが必要だった……あとの世代は、もはやそれをやれなくなるだろう。ひとり、彼のみが、まだそれをなしうるのである……厳しい内面の戦いを経て、彼は幼時の宗教的な観念の残滓から自らを解放した。「私はいま牧場の子馬のように潑刺とした気分だ[*46]」

しかし、ヒトラーを引きとめたのは、宗教的または道徳的なためらいではなく、自分が冒すことのできる危険の不確実さであった。シャハトを免職して、一九三四年の夏に暗黙の盟約を更新していた保守的な指導層を追い出してしまえば、軍と産業界はドイツの再軍備に協力することから手を引くだろうか。もし彼らが手を引けば、自分の立場は危うくなるだろうか。

一九三八年の新年に、ヒトラーは答を出した。前年十一月に、彼が公の場で言いたかったのは、次のことにつきた。

準備作業の最も難しい部分はすでにやりおおせたと、私は確信している……今日、われわれは新しい課題に直面している。なぜなら、わが国民の生活圏が狭すぎるからである。[*47]

第12章 革命はサタンのようにわが子を貪り食う

スターリン　一九三四―一九三九（五四―五九歳）

サタンのように、革命はわが子を次々と貪り食うかもしれない。そう恐れるに足る理由がある。

ピエール・ヴェルニョー　パリ一七九三年[*1]

1

一九三四年から三八年まで、ヒトラーが必要以上に過激になるのを抑え、一時期、和解と抑制を認めたのにたいして、同じ時期のスターリンは反対の方向に動いた。集団化と第一次五カ年計画のための過酷なキャンペーンにつづいたのは、共産党内の多くの者が必要だと信じた息抜きの時期ではなく、改めて着手され、ついにはテロルによる支配におよんだ「上からの革命」であり、今回は農民と資本主義の生き残りではなく、党自体に向けられた相次ぐ逮捕と裁判と粛清の波だった。

一九五〇年代に政治学者が全体主義国家のモデルをつくろうと試みたとき、こうしたソ連の粛清は一党国家の機能的な必要にたいする答、システムとしての全体主義に欠くことのできぬ必要条件である「不安定さを永続させるための手段」と見なされた。[*2]だが、これは何の説明にもならない、きわめて非人格的な一般化である。なぜなら、重要な問題は「それは誰の必要にたいする答だったのか」、そして「誰がその手段を操ったのか」ということだからだ。

システムとしてのソヴィエト政権の必要を満たすどころではなく、第二〇回党大会で、フルシチョフが一九三〇年代の粛清と裁判はもう少しで政権を解体させるところだったと語ったとき、それはまさに正しかった。

一九三七～三八年の困難な諸事件を生きのびて新しいカードルを教育することができたのは、わが党に非常に大きな道徳的、政治的な力があったからこそである。しかし、三七～三八年のいわれのない、誤った大規模な抑圧の結果として、あれほど多くのカードルを失っていなかったなら、社会主義に向かって、また祖国防衛の準備に向かって邁進するわれわれは、疑いもなくはるかに大きな成功を収めていたことだろう。[*3]

単に、統合国家政治保安部（ＯＧＰＵ）の後身である内務人民委員部（ＮＫＶＤ）が実行した強制的告発という方法の結果だったとしても、いったん動きだすと、そのプロセスはもちろんそれ自体ではずみがつき、波及効果によって何倍にも増幅された。しかし、システムの内部で誰がそのプロセスを始動させ、それを指揮し、この先は行き過ぎの危険が生じると判断したのか。それを推進させる力となったのは、党の政治的指導層、政治局と中央委員会ではなかった。政府の官僚組織でも、軍の最高司令部でもなかった。それどころか、その矛先となったのが彼らであり、その犠牲者のなかで最も著名な人物を出したのも彼らの組織だった。それは、書記局でもNKVDでもなかった。彼らはそのプロセスの単なる道具にすぎず、発起人ではなかった。

ソ連では、一九三七～三八年のNKVD長官にちなんで、粛清のクライマックスはエジョーフシチナ、つまり「エジョーフ体制」として知られるようになった。しかし、フルシチョフが明らかにしたように、エジョーフはスターリンの手先であり、スターリンが彼を「行き過ぎ」のスケープゴートにすれば都合がいいと思ったとき、彼自身も消されたのである。それはエジョーフシチナではなくスターリンシチナ、つまり「スターリン体制」だった。なぜなら、集団化キャンペーンのときのように単なる緊急事態への対応としてばかりでなく、永続的な「支配の公式」[*4]としてテロルの価値を理解していたのは、スターリンだったからである。スターリンこそ、一九三〇年代の粛清に着手し、戦後にもそのプロセスを復活してソ連で繰り返したばかりでなく、その公式を輸出して東ヨーロッパの衛星国の政権を粛清した張本人だったのである。

人間の通常の基準からすれば、スターリンとヒトラーはどちらも異常だった。しかし、そうだからといって、彼らが臨床的または法律的に狂気だったのかどうかを門外漢が議論しても無益なことである。彼らの心の状態がどうであったにせよ、それはいずれの場合にも、生涯の最後の時期まで、少なくとも彼らがその名に恥じぬ政治家としてのつとめをはたす妨げとならなかったからである。スターリンの近くにいて関わりをもたなければならなかった人たちのうち、何とか生きのびてその当時の印象を伝えている者も少なくないが、彼が狂っていたと言い切れる人を見つけるのは難しい。それどころか、スターリンはモスクワで恐怖と緊張が強まって耐え難くなったときでさえも、自分の能力を完全に掌握し、何をしているかを充分にわきまえ、事態を収拾する力を失わずに通常の日課をこなした男という印象を残している。スターリンは、一九三四年から三九年にかけてソ連で繰りひろげられた冷酷な政治ゲームのあらゆる段階で、他のプレーヤーよりも数手先んじており、計算の巧妙さ、二枚舌の複雑さ、そして何よりもとことんまで非情に徹することができた点で、絶えず人びとを驚かしつづけた。事実、彼の最も顕著な心理的特徴をなす偏執的な傾向は、そのような状況にあってはきわめて役に立ち、彼はそのためにやすやすと自らの政治的必要と心理的必要の双方を同時に満たし、一方がもう一方をさらに強化できたのである。

スターリンの一九三〇年代半ばにおける政治的な必要には、三つの面があった。第一は、彼の政策にたいする党内の反対と批判を克服することだった。あまり目立たなかったが、これらは集団化の危機を通じて存在した。それは三三〜三四年に、強制によってより大きな経済的成果をあげようとする行き方を緩めること、労働者への譲歩、そして以前の反対派との和解などを求める声となって表面化した。戦術的な理由からではあるが、スターリンはそうした要求に少なくとも一部は同調する用意があるとの印象を与えた。「勝利者の大会」(一九三四年一月)でも、彼は「これ以上証明すべきことはなく、かつ争うべき人はいないように見える」と宣言したのだが、すぐにつづけて「イデオロギー上の混乱」にたいして警告を発し、そのために党員の一部が階級闘争は終わったのだからプロレタリアートの独裁を緩めてもよいと思い込む危険があると指摘した。実際、スターリンが考えを変えたと推測しうる根拠はない。彼は相変わらず、気を抜けばそれまでに獲得したすべてのものを失う危険を冒すことになる、プレッシャーはかけつづけなければならず、緩めてはいけないと考えていた。それ以外のどんなシナリオも、自分には用がないし、そこでは自分が特別な権力をふるう余地もないと思っていた。

スターリンが二番目に必要だと考えたのは、まさにこの問題にたいする反対を打破するだけでなく、党の指導層が平等に権限を共有する構造と、党内の民主的な伝統のなかで自分への反対と批判の根源となっているものを攻撃し、根こそぎにすることだった。スターリンはキーロフやオルジョニキーゼのような同志たちの意見に耳を傾けなければならないのをますます煩わしく思うようになっていた。彼らは独自の見解をもち、ときにはスターリンとは反対の意見を述べたのである。質問するでもなくスターリンの望むとおりに行動することを自分の役割だと思っているモロトフやカガノーヴィチのような者だけを、同僚としてではなく、手先として、スターリンは受け入れた。

ジノヴィエフとカーメネフ、ブハーリンとルイコフのような以前の反対派は、いっそう信用できなかった。彼らは降伏して再び党に受け入れられはしたが、スターリンは彼らの前歴を忘れず、許しもしなかった。遅かれ早かれ、彼らは永久に消してしまわなければならなかった。それと同時に、他の古参ボリシェヴィキもすべて排除しなければならなかった。彼らはいまだに自分たちをレーニンの党の党員と見なし、それがいまはスターリンの党であることを認識していなかった。スターリンは、レーニンとは異なり、自らを対等の立場にある者のなかの筆頭と見なさず、同等者の存在すら認めず、すでに自身を単にうなずくだけで問題にけりをつけることができる独裁者だと考えていたのである。

その論理的な帰結は、一党支配から個人が支配する国家への移行だった。その結論から、スターリンは後戻りしなかった。自分こそがソ連をいかに統治し、革命をいかに完成すべきかを理解しているただ一人の人間だと信じていたスターリンはまた、他の人間や機関（党のような）に配慮する必要が生じて妨げられなければ、そのために欠かせぬ措置を講じるだけの意志の力をもった唯一の人間でもあると確信していた。したがって、スターリンのプログラムの第三の究極の段階は、そのような邪魔者をすべて排除し、一人で統治することだった。

ヒトラーと同じく、スターリンはそうしたプログラムをどのように実行するかを予見していなかった。しかし、それがやがてどのような方向をたどるかを示す徴候は、一九三二年にすでに見られた。その現われは、「革命の邪悪な天才」としてスターリンの更迭を求める二〇〇ページの「綱領」を回覧したかどで、彼がリューチンとその仲間を銃殺させようとしたのに、政治局と中央委員会の反対派に妨げられて目的をはたせなかったときの怒りだった。しかし、自分の考えを偽り、隠しおおすスターリンの能力は、「勝利者の大会」およびその後にきわめて役に立った。キーロフやオルジョニキーゼのような「穏健派」が強く息抜きを求めたのにたいし、表面上は同意しながら、スターリンはひそかに反撃の準備を進め、信頼できる手下を適当な機会に利用するため、重要な地位に移していた。こうした準備がどの段階で具体的な行動計画になったのか、彼が三四～三五年当時、その計画を最終的にはどこまで追求することになると予測していたのかは――彼が集団化に乗り出したときと同様――われわれにはわからない。ヒトラーと同じく、スターリンがときに応じて態度を変えられたのは、その敵とは違い、彼にとって自分の目標はつねに明確だったからである。

ヒトラーと共通するスターリンのもう一つの大きな強みは、その政治的な目標が心理的な特質と必要に合致したことである。これ以前の章で指摘したとおり、スターリンの心理については二つの特徴が最も重要である。第一は、ナルシスティックな性格だった。完全な自己陶酔、自分自身を見るのと同じようには他者を実在と見なせないこと、そして自分は比類のない歴史的役割を演じるために選ばれた天才だという確信がその特色である。

第二は、偏執症的な傾向だった。そのために、自分自身を敵意に満ちた世界に立ち向かう偉大な人物だと想像するようになったのだが、そこに住む嫉妬深くて油断のならない敵はつねに陰謀をこらし、先に攻撃をしかけて叩きつぶさなければ自分を引きずりおろしてしまうのである。彼にとりついた妄想の系統的な性格は、まさに偏執症の心的世界に特有のものだった。彼は絶えず証拠集めに没頭し、それを使って自分の世界を支える論理的な体系を構築し、さらにそれを固めていった。

生涯を通じて、スターリンはこの二つの信念――自らの歴史的使命についての、また外界との関係のなかで自ら描いたおのれの姿の真実性についての信念――を確認し、自らを安心させる心理的な必要を感じていた。明らかに、この第一のものと、スターリンの究極の政治目標は、近づいて一つになろうとする傾向がある。彼をつき動かした強迫観念は、ライバルを負かして、自分の革命をレーニンの革命と肩を並べるものにしようとする衝動を生んだが、同じその衝動に駆られて、彼は前任者をしのぎ、自身を党の拘束から解き放って、ソヴィエト国家の唯一の支配者になろうとしたのである。

さらに驚くべきは、スターリンの第二の心理的必要――外界の諸事件を自身の心の枠組みにはめこむことによって自分の信念を確かめ、自信を取り戻す――と、一九三四～三九年の時期における彼の政治目標――レーニンがつくった最初のボリシェヴィキ党を破壊し、外面的には連続性を保ちながら、実際には自分のイメージでつくりなおした新しいものによって置き換える――が、はからずも一致したことである。

そのようにして新たにつくりなおされたもののなかで、トロツキーには「ソ連人民の敵」として、主要な役割が与えられた。トロツキーはアルマ－アタへ追放されたが、スターリンはそれだけでは満足しなかった。トロツキーがその地で反対派を糾合する可能性があったからだ。そこでスターリンは、一九二九年にトロツキーをトルコへ国外追放するように命令した。トロツキーはトルコからフランスへ行き、さらにノルウエーを経て、三六年にやっとメキシコに避難所を見出した。だが、トロツキーを黙らせるどころか、こうした措置はトロツキーをしてむしろ自由に行動せしめることとなった。三三年に、トロツキーは社会主義者のグループからなる第四インターナショナルを設立し、その指導者として受け入れられた。これはそれほど多くの支持者を集められなかったが、トロツキーの文筆家としての筆鋒の鋭さは、世界中の多くの読者をひきつけた。彼は次々と記事を寄稿し、パンフレットや本を書いて、ソヴィエト政権の「堕落」を論難した。トロツキーの著作としては『わが生涯』『ロシア革命史』『スターリン』『裏切られた革命』などがある。

トロツキーの著作はソ連では禁書となったが、攻撃されたスターリンは怒り心頭に発した。トロツキーの論文や本はすべて集められ、必要な場合にはもっぱらスターリンのために翻訳された。スターリンに反対するトロツキーの執筆活動は、いまやふくれあがってまぎれもない陰謀となり、スターリンの妄想の完全な焦点となった。ほかにどんな罪状があげられようと、その後の裁判におけるお決まりの告発は、「トロツキストであり、トロツキーの指示によって行動した」というものだった。一つだけ例をあげれば、ピャタコーフと一六人の被告を裁いた二回目のモスクワ裁判の結審の際に、トロツキーの名前が五一回もひきあいに出されたのである。

陰謀と裏切りのシナリオは、粛清と裁判での告発の根拠とするために、NKVDの多くの調査員を使ってでっちあげたものだったが、それはスターリンの個人的な神話に合わせ、かつその政治的必要に適合させるべく歴史を書きなおしたものでもあった。何百万という人びとが逮捕されて、富農と同じように銃殺されたり強制収容所に送られたりしたが、彼らはスターリンが演出しトロツキーがサタンの役を演じる道徳寓意劇を、現実の生活の場で演じていたのである。それが客観的に真実だった証として、三度の大きな見世物裁判以上に有無を言わさぬ実例が考えられるだろうか。法廷では何の証拠も示されず、そのかわりにレーニンの党の党員の生き残りが次々に立ち上がって、ＮＫＶＤが彼らのために書いた告白を繰り返し、公然と、とても本当とは思われない犯罪について自分自身を告発したのだ。それはスターリンが警戒していなければ、革命を裏切り、ソ連を破壊したはずの犯罪だったわけである。

裁判がつづくうちに、細部が練り上げられ、告発の範囲が広がった。一九三八年の最後の裁判では、左翼反対派、右翼反対派、トロツキスト、工業と農業における破壊行動とサボタージュ、暗殺の企てと外国の諜報機関のためのスパイ活動などにたいする告発が、整理統合されて文書にまとめられた。最も重要な被告人は、ほかならぬブハーリンだった。かつてレーニンから「党の寵児」と言われたブハーリンは、いまや堕天使ルシファーのように、反逆と最愛の主人レーニン殺害の企みを告発されて天上から投げ落とされた「寵児」になっていた。レーニンの率いた初期の指導者グループの全員——トロツキー、ジノヴィエフとカーメネフ、ブハーリン、ルイコフとトムスキー——がそれに連座させられ、有罪の判決を受けた。例外は、スターリンだけだった。

一九三四～三九年にソ連で起こった奇怪な事件を外部から眺めると、狂気の沙汰と思わずにはいられない。ところが、その渦中にあって、スターリンが行動した状況に身を置いてみると、そうとも思えなくなる。その状況のなかで、スターリンはただ無慈悲に行動しただけでなく、政治的にも心理的にも矛盾のない論理をもって自分の目標を合理的に追求したのである。

2

エヴゲーニヤ・ギンズブルグは一九三七年に逮捕されたが、そのときのことを扱った『旋風のなかへ』を次のように書きだしている。「一九三七年というあの年は、本当は一九三四年十二月一日に始まった」。それはキーロフが暗殺された日だった。一見したところ、これは人の意表をつく書きだしである。一九三四年十二月と三五年前半の六カ月におよんだ最初の嵐のような活動が終わると、危機は収まるかに見えた。そして、三五年七月から三六年の八月までは、外から見れば息抜きの期間だった。しかし、ギンズブルグは正しかった。キーロフ事件は、スターリンが必要とする機会をもたらしたのである。それは、三次にわたるモスクワの見世物裁判のすべてに繰り返し現われ、ソヴィエト世界を動かす梃子(てこ)の支点を提供したのである。

何が起こったのか、なぜキーロフ殺害がその直後からあれほどの重要性を帯びたのかということについては、二通りの説明ができる。[*5]

第一の、公式の説明によれば、その事件はスターリンと他のすべての政治局員に、ソヴィエト政権と彼らに迫っている危険について知らせ、革命が覆されるまで手を緩めようとしないあの危険分子を撲滅するため、息抜きをしないで、努力を倍加する必要があることを教えてくれたという。スターリンが儀杖兵の一人となって行なわれた国葬も含めて、殺された人間に並々ならぬ敬意が払われたことは、公式の説明を裏づけるものだった。キーロフは反革命的な暴力の犠牲とされた。それはさらに四年にわたってつづいた調査と裁判によって確認された見解であり、キーロフ暗殺の陰にどれほどの陰謀がはびこり、脅威となっていたかが、被告人たちの自白のなかで明らかにされた。

残るもう一つの、より本当らしい説明は、スターリン自身が計画したか、あるいは少なくともキーロフの殺害を是認していたというものであり、その目的は自分にかわって国をもっと穏健な政策によって導こうとする指導者になりうると見られる人物を倒すことにあったとするものだ。キーロフを始末したことによって、スターリンは党内に形成されつつあった反対派グループに手ひどい打撃を与えると同時に、のっぴきならない警告を発したのである。そして、この事件が自分にもたらす利益をさらに大きくするため、死んでしまってもはや反論できないキーロフを自分の忠実な支持者に仕立てあげた。「スターリンの親しい友にして戦友」なる革命の英雄は、職務を遂行するさなかに倒れたというわけである。これによって、スターリンはキーロフが生前に支持していた批判的な志向を、彼自身の死を招いた反革命的テロリズムとして弾劾した。「敵はキーロフ個人を狙ったのではなかった」と『プラウダ』は断言した。「そうではなく、敵はプロレタリア革命を狙って撃ったのだ」[*6]

キーロフの殺害をめぐる真実があますところなく知られることは決してないだろう。しかし、もう一つのミステリー――誰が国会議事堂に放火したか――と同じように、より重要なのは、誰が彼を殺したかではなくて、その死がどう利用されたかだった。キーロフが死んだという知らせを受けると、スターリンは政治局の承認を待たずにすぐさま緊急命令を発した。短い三つの項目からなるこの命令は、取り調べ当局はテロ行為の準備もしくは実行をした被告らの訴訟をすみやかに行なうこと、司法当局はこの種の犯罪については（特赦の嘆願は受け入れられないから）死刑判決の執行を遅延させないこと、ＮＫＶＤは死刑判決が下りしだいすみやかに刑を執行することとしていた。

それをすませると、スターリンはすぐに強力なNKVDのチームばかりでなく、腹心のモロトフとヴォロシーロフとジダーノフをともなってレニングラードに向けて出発し、夜通し特別列車を走らせた。現地に到着すると、彼は自ら取り調べにあたり、そうすることによってイニシアティブをとるとともに、NKVDの調査の網にかかった者を処理するためのあらゆる措置を完全に正当化できるようにした。

暗殺者のニコラーエフが、政治的というよりも、私的な動機から行動したことに疑いの余地はない。ニコラーエフは落伍者で、自分にその資格があると思いこんでいた公務をはたせず、さらに肉体労働をともなう仕事につくのを拒んだため、党から追放されていた。その結果、彼は官僚支配に深い憎しみを抱き、自分は不正の犠牲になったと信じて、それに抗議するため、キーロフ暗殺を計画した。

しかし、党のレニングラード本部があるスモーリヌイ宮殿の各階にいつもいる守衛が持ち場を離れていなかったら、ニコラーエフは決して建物に入ることができなかったはずである。同時に、キーロフの警護主任は、拘留されていたため、自分のボスに従って建物に入ることもできなかった。調査の進行中に明らかになったことだが、守衛を移動させた責任はNKVDにあった。彼らはニコラーエフが恨んでいることを知っており、これ以前にも、彼がピストルをもってキーロフの近くをうろついているのを見つけて、二度も逮捕していた。ところが、警護の任務についていた者が抗議したにもかかわらず、二度とも釈放していた。キーロフの警護主任のボリソフは、スターリンをはじめとする調査官の前で証言するために車でスモーリヌイへ連行される途中に殺されたが、このでっちあげ「事故」の責任はNKVDにあることが、のちに暴露された。この「事故」に関与した者は、その後、抹殺された。[*7]

逮捕されたあと、ニコラーエフは自分がNKVDに利用されたことを悟ったようである。スターリンに、なぜキーロフを撃ったのかと問われ、彼はそこに居あわせたNKVDの幹部職員を指さし、彼らにたずねたらいいと叫んだのである。しかし、スターリンはニコラーエフの個人的な動機にも、NKVDが事件に関与していることにも関心がなかった。事件の処理の第一段階として、十二月一日に新たな命令が出されて、テロリズムの罪で逮捕された一〇二名の白衛兵（かなり多くのウクライナの知識人を含む）が略式裁判にかけられて処刑された。彼らはキーロフ殺害の罪で起訴されたわけではなかった。だが、彼らの処刑の発表は、「人民の敵」にたいしていやがうえにもプレス・キャンペーンを強化する狼煙（のろし）となった。キーロフ殺害が広範な陰謀の一部にすぎないことを示すというのが、スターリンの本当の関心事だったのである。これこそ、彼が中央委員会書記局の主要なポストに据えてこの事件を政治的に処理するよう命じたエジョーフと、このたびの調査にあたるよう任命したYa・D・アグラーノフに与えた指令だった。

殺人の現場がジノヴィエフのかつての地盤であるレニングラードだったことは、最初に逮捕されて取り調べを受けた人びとがレニングラードの党機関と共産主義青年同盟（コムソモール）におけるジノヴィエフの以前の協力者であることを暗示していた。さらに、指示を求めてモスクワを訪れたエジョーフは、モスクワばかりでなく、レニングラード・テロリスト・センターとして知られるようになる機関のメンバーを記したスターリン自筆のリストをたずさえて現地に戻った。公表された起訴状には、ニコラーエフはセンターの命令により、スターリンをはじめとする指導者の暗殺を企てる遠大な計画の一端として、キーロフを殺したとされていた。助命の約束を見返りに、ニコラーエフは個人的な動機から行動したと初めに主張したのは、ジノヴィエフの支持者グループと口裏を合わせての――両者の関係を隠し、キーロフ殺害を個人的なテロ行為だとするための――偽証だったと「自白」した。

十二月末、レニングラード・テロリスト・センターの裁判は、その名を口にするのもおぞましい軍法務官V・V・ウリリヒの指揮により、三人の判事の前で内密に行なわれた。ウリリヒは検事となったアンドレイ・ヴィシンスキーとともに一九三〇年代を通じて、これと同じ裁判のパロディを次々に演じることになる。この事件の審理は急いで進められた。被告の大半がグループの一員であることだけは認めるだろうが、殺害への関与を否定していたから、公開するわけにはいかなかった。彼らは全員が死刑を宣告され、約束があったにもかかわらず、ニコラーエフも含めて、同じ夜、リテイニ監獄の地下室で銃殺された。

これまでに二度逮捕され、党から追放されながらそのつど復権したジノヴィエフとカーメネフは、十二月の半ばに、モスクワでまた他の五人の中央委員会の元メンバーとともに逮捕された。一九三五年一月半ばに、彼らにたいする起訴状が書かれたときまでに、一九二七年に追放され、その後復権した以前の指導的党員がさらに九人加えられて、「数年前からモスクワおよびレニングラード・センターの反革命活動を組織的に指導してきた」とされる者は、全部で一九人となった。しかしこの段階では、彼らにたいする告発は、キーロフ殺害に直接関係した証拠がなく、レニングラード・グループがテロルに訴えたことの道義的・政治的な責任にかぎられた。彼らが宣告されたのは、わずか五～一〇年の禁固刑だった。

同時に、キーロフを守れなかったことの責任を問われたレニングラードのＮＫＶＤのメンバーは、その暗殺を招いた怠慢の罪で告発された。全員が罪を認めたが、通常そのあとにつづくはずの処刑のかわりに、一人を除いて全員が二、三年の投獄という軽い刑の宣告を受けた。そのほかに「調査中の不法行為」――おそらくキーロフの警護主任ボリソフの「事故」をさす――で有罪の判決を下された一人だけが一〇年の刑を言い渡された。あらゆる先例に反して、彼らはNKVDの長官ヤゴーダから「異例な、並外れた配慮」をもって扱われ、最終的に収容所群島のなかでも最も孤立したコルイマに送られると、すぐさまあらゆる特権がともなう責任ある地位につかされ、収容所の管理にあたるようになった。だが、この幸せな状態は、一九三七年末までしかつづかなかった。そのあと、彼らはモスクワに呼び戻されて銃殺されたのである。

一九三八年三月、ヤゴーダ自身の裁判ではもっと多くのことが明るみに出た。キーロフ殺害当時、ヤゴーダは秘密警察の活動全般にたいしてスターリンに直接責任を負う立場にあった。裁判のとき、ヤゴーダは次のような自白をした。暗殺の二カ月前に、ピストルと弾丸とキーロフがいつも通る道筋を記した地図を手にしたニコラーエフが逮捕されたとき、彼を釈放する命令とともに「キーロフにたいするテロ行為をいっさい妨害してはいけない」と当時のレニングラードNKVDの副長官イワン・ザポロージェツに命令していた。つづいてヤゴーダは、ザポロージェツをはじめとするNKVDの職員がしかるべく処遇されるよう手配したと自白した。

なぜそんなことをしたのか。ヤゴーダは法廷で、その理由として、一九一八年以来ソ連邦中央執行委員会書記をつとめており、またそのテロ・グループの一味だったと言われていたアヴェリ・エヌキーゼ――都合のいいことに六カ月前の三七年十月に銃殺されていた――から、この趣旨の命令を受けたからだと述べた。彼が反対すると、エヌキーゼから頭ごなしにグループの命令には従わなければならないと言われたと、ヤゴーダは断言した。エヌキーゼは自分よりもずっと力のあるヤゴーダに何かをすべきだなど主張できる立場にはなかったから、これは本当とは思えなかった。したがって、ほかに誰がヤゴーダにそんな命令を出せたのかという疑問が残った。

一九五六年に第二〇回党大会の「秘密報告」で、フルシチョフは代議員たちにこう語った。

キーロフ殺害にまつわる状況は、今日でもわからないことが多く、なお謎に包まれていて、きわめて綿密な調査が必要だと断言せざるをえない……暗殺後、レニングラードNKVDの幹部職員は非常に軽い刑を宣告されたが、一九三七年になって銃殺された。彼らが銃殺されたのは、キーロフ殺しの首謀者たちの犯跡を隠すためだったと推定することができる。[*8]

フルシチョフが提案した綿密な調査は、一九五六年と五七年に調査委員会によって行なわれた。委員会はすべての公文書館に出入りを許され、何百人もの証人にインタビューした。しかし、委員会の報告書は公開されなかった。六一年の第二二回大会で、NKVDの職員は「あらゆる犯跡をおおい隠すために殺された」とフルシチョフは繰り返し、こうつけ加えた。「キーロフの死に関する資料を調査すればするほど、ますます多くの疑問点が出てくる」。しかし、彼はまだすべての人びとの唇に浮かんでいる名前をあえて口にする覚悟ができていなかった。しかし、八九年にやっと発表された回想録の抜粋のなかで、フルシチョフは自分の本当の考えを明らかにした。「殺害はヤゴーダによって計画されたと信じる。スターリンから口頭で言い渡された秘密の指示によってのみ、彼はあのように行動することができたのであろう[*9]」

ジノヴィエフとカーメネフ、ブハーリンとルイコフにたいする裁判と告発は、党史のようなソ連の公式出版物から削除されている。一九三八年に、ヤゴーダに命令した男として名ざされたエヌキーゼは、六二年に完全に復権した。しかし、これまでのところ彼に代わる別の名前はあげられていない。

一九三五年一月の政治状況は、一年前に「勝利者の大会」が開かれたころとはまったく変わっていた。当時、気前よく寄せられた賛辞の陰で、スターリンは息抜きの政策に党内の支持があることを充分に承知しており、ある程度まではそれに応えていた。いまや、彼がライバルになりうる人物と見なしていた男は死んだ。一夜にして、彼は「革命が危機に瀕している」と叫ぶことにより、あらためてイニシアティブを手にした。党と宣伝機関は、「人民の敵」をあばくためのキャンペーンに乗り出した。以前のジノヴィエフ－カーメネフ派につながりがあると考えられるすべての者は、たとえそれがいかに疎遠な関係だったとしても、告発と逮捕の危険にさらされていることをひしひしと感じた。国全体への見せしめとして行なわれたレニングラードの粛清――ジノヴィエフだけでなくカーメネフの支持者も含まれた――は、大量逮捕と流刑につながり、三月末までに、以前の貴族や役人あるいは軍人ばかりでなく、労働者もその対象となり、彼らの家族までが含まれて、犠牲者は合計して一〇万人近くに達すると見積もられた。

一九三三年一月に党を対象として行なわれた大がかりな粛清では、第一次五カ年計画を通じて三五〇万にふくれあがった党員のうち、すでに八〇万人が党員の資格に欠けるとして除名されていた。キーロフ暗殺につづいて、いっそう圧力が高まり、さらに政治的な方向づけがなされた。三四年十二月の中央委員会の秘密書簡「同志キーロフの凶悪な殺害に関連する諸事件の教訓」は、同じような一連の回状の最初のものだが、すべての党機関に送られ、反対派の傾向をもつと疑われる者――もしくは相互に弾劾しあう過程で告発された者――をことごとく追いつめ、除名し、逮捕するよう促していた。

ＮＫＶＤの調査官により、キーロフ殺害を企てるにあたってニコラーエフと「関係があった」とされたレニングラード・コムソモール・グループのメンバーたちは、

「厳しい尋問」の矢面に立たされ、結局は銃殺されたが、最後まで自白を拒み、ジノヴィエフやカーメネフを巻き込むような証拠を提供しなかった。結果として、以前の反対派指導者二人にたいする追及は、十二月二十日に証拠不充分のために打ち切られた。彼らにいっそう圧力がかけられた結果、一月にまた裁判が行なわれたが、せいぜい確認できたこと、あるいは彼らが認めようとしたことは、レニングラード・テロリスト・センターとのつながりであり、反革命的な考えを広めたという漠然とした道義的および政治的責任であって、キーロフ殺害への直接的な関わりあいではなかった。この裁判もまた内密に行なわれ、くわしいことは新聞に報道されなかった。

政治指導部内の穏健な意見としては、以前の政治局員と中央委員をあまりにも過酷に扱うことにたいしてはまだ抵抗があった。そのことからスターリンは、ジノヴィエフとカーメネフには死刑を考えるべきでないと自ら政治局で提案しておくのが賢明だと考えた。

だがスターリンは、自分の目標を捨てたわけではなかったが、もっと時間と準備が必要なことは明らかだった。そんなわけで、ソ連でも国外でも多くの人びとがキーロフ殺害につづく危機は終わり、事態は正常化しつつあるとの印象を受けた。スターリンの新しいスローガンは「同志よ、生活はよくなった。生活は楽しくなった[*10]」というものだった。物質的な状況には改善のきざしが認められた。一九三五年は天候に恵まれて大豊作となり、食糧の配給制度を打ち切ることができた。店頭には品物が前よりも豊富に出まわって、価格も下がった。第二次五カ年計画は実を結びはじめた。鉄鋼と石炭およびセメントの生産は、少なくとも三二年と三三年のきわめて低い数字にくらべると着実に伸びた。「スタハーノフ運動」が三五年の後半に始まって、生産性が向上し、それがまた大いに宣伝された。同時に、赤軍に再び階級が導入され、将校団の給与が引き上げられ、特権がさらに付加されて、士気が大いに高まった。そして、ソ連最初の元帥が五人任命された——赤軍の創設者たるトロツキーがまさに革命と称した変化である。

新しい時代の幕が上がるという希望は、新しい憲法を採択するという決定によって確認されるかに見えた。スターリンは自ら憲法委員会の議長となり、明らかに和解のジェスチュアとして、ブハーリンとラデックを三〇人の委員のなかに含めた。一九三六年六月に草案が発表され、その内容を全国的に討議するため、国民がこぞって参加するよう奨励された。草案は「熱狂的に迎えられ、いっせいに承認された」と報じられた。ブハーリンは原案を起草するうえで中心的な役割をはたしたが、とくに普通選挙権、秘密投票による直接選挙および市民の権利の保障が謳われ、それには言論の自由、報道の自由、集会の自由、街頭デモの自由、動産の私的所有の法による保護が含まれた。

本文が明らかにしていたのは、ただ一つの党だけが存在を許され、与えられる権利はすべて「社会主義のシステムを強化するために、勤労階級の利益に則って」行使されなければならないということだった。まさにこの一九三六年の夏、パリで友人にスターリンは自分を殺すつもりだと漏らすほどおのれの暗い運命を――正確に――予想していたにもかかわらず、ブハーリンはこの新しい憲法によって「人びとにはもっとゆとりができる。彼らをもはやないがしろにするわけにはいかなくなる」という希望を抑えられなかった。[*11]臨時に開かれたソヴィエト大会に最終草稿を提出したスターリンは、それを否定しなかった。それどころか、彼は大胆にもこう宣言した。自分の名前を冠することになるこの新憲法は「もはやわれわれの社会に対立する階級はなく、労働者と農民という二つの友好階級で構成され、権力を握るのはこれら勤労者階級であるという事実から出発している」。[*12]普通選挙権と秘密投票、そしてあらゆる市民にその他の権利が与えられるのは、社会的な対立がなくなったからこそ可能になったのだ、と。

憲法（一九八九年まで「有効」だった）とそれをつくりだすための「討議」の過程がことさらに喧伝されたのは、ソ連国民だけでなく西側の世界にもそのことを印象づけるためだった。一九三四年に国際連盟に加盟したあとのソ連の外交政策は、ヒトラーを抑止するための集団安全保障体制をつくりあげることに向けられた。そして、スターリン憲法は西側の世論に、ソ連は民主的な方向に動いている社会として受け入れることができ、ソ連の人民に完全に支持されているという印象を与えるためのものだった。そして、実際にそう受け取られたのである。スターリンはソヴィエト大会への演説を次の宣言をもって結んだ。

ソ連の憲法は、世界で唯一の、完全に民主的な憲法である。資本主義諸国の何百万という人びとが夢に見ていた、そしていまなお夢に見ていることが、ソ連ではすでに実現されている……徹底的に首尾一貫した、完全な民主主義の勝利である。その国際的な意義の重要性は……いくら声を大にして述べても誇張にはならないだろう。今日、荒れ狂うファシズムの波が勤労者階級の社会主義運動にしぶきをはねかけ、文明世界の最もすぐれた諸国民の民主的な努力を汚しているとき、ソ連の新憲法は社会主義と民主主義は無敵であると宣言して、ファシズムにたいする告発となるだろう。それは今日、ファシズムの蛮行と戦っているすべての者に、道義的な支えと実質的な援助を与えるであろう。[*13]

一九三六年の憲法が海外できわだった印象を与えるというスターリンの確信が正しかったことは証明された。しかし、彼がこの演説をしたとき（一九三六年十一月二十五日）すでに、ソ連国民――そしてとりわけ共産党――は、憲法の規定が実際問題としてテロルの支配と両立しうることを学びはじめていた。

スターリン自身はこの二つが両立しうることをまったく疑わなかった。圧力が緩むという希望を他の者に抱かせておき、ときおりそれを奨励するふりをしてみせる一方で、スターリンはかつての反対派への攻撃を再開する準備を整えていた。念入りに仕組んだ公の裁判で彼らの信用を落とし、たとえ政治局のメンバーであっても死刑を免れえないことをはっきりさせようとしていたのである。

国家計画委員会（ゴスプラン）の長官だったヴァレリアン・クイブイシェフの死によって、キーロフの席のほかにもう一つ、政治局に空席が生じた。クイブイシェフは、キーロフと同様、より穏健な政策に賛成するグループの一員であり、ジノヴィエフとカーメネフの裁判に反対したと伝えられている。一九三五年一月二十六日に死去したとき、それは心臓病のためだと言われたが、三八年のヤゴーダの裁判では、ヤゴーダの命令により故意に誤った医療がほどこされたせいだとされた。ヤゴーダ自身がその命令を誰から受けたのか、その名前を確定する試みはまったくなされず、さらに多くの証拠が明るみに出されないかぎり事件は未解決のままである。

スターリンは空席の一つを、自分が信頼できるミコヤンのために確保できた（もう一つはヴラス・チュバーリのものとなったが、彼はその後処刑された)。そして別の一人、キーロフのあとを継いでレニングラードの党第一書記となったアンドレイ・ジダーノフは新しい局員候補の一人になった。もう一つの重要なポストであるモスクワの党第一書記は、当時ジダーノフと同じく頭角を現わしてきたフルシチョフに与えられた。スターリンの寵を深めていたエジョーフは、党統制委員会の議長に昇進し、すでに書記局の幹部政策をまかされていたマレンコフが議長代理となった。この両方の地位からは、絶えず地方の党機関に圧力をかけつづけ、粛清の準備を進めることができた。*14 ヤゴーダはNKVD長官として、すでに直接、内密でスターリンに報告しており、一九三五年六月にヴィシンスキーは検事総長に昇進し、のちにモスクワ裁判で首席検事をつとめることとなる。

このグループのうちの誰であれ、スターリンの信任を得ていたとはとても考えられない。スターリンの仕事の原則は、各自が命令を実行するのに必要なことだけを知ればよいというものだった。信じていないように見える者や疑いを抱く者は生きのびることができなかった。そのどちらかに該当しなくても、多くを知りすぎた者も、のちにエジョーフとヤゴーダが思い知らされるように、あっさりと犠牲にされたのである。

一九三五年春、ソ連の法律に二つの変更が加えられ、スターリンは威嚇を最大限に利用して自白という証拠をたやすく手に入れられるようになった。変更の一つは、死刑を含むあらゆる刑罰の適用が十二歳の子供にまで広げられたことだった（四月七日の命令）。もう一つ（六月九日の命令）は、国外逃亡を死刑とするもので、「裏切り者の家族」は、その裏切り者が軍務についている場合、罪を犯す前に気づいていれば最高二〇年まで、何も知らなくても一緒に暮らすかその者に扶養されていれば五年までの禁固刑に服さなければならないと規定した。これは人質制度の導入にほかならなかった。さらに、それはほどなく拡大されて、もし家族の一員が不満分子であると疑われたり、少しでも不満をほのめかしたりすれば、幼い子供も含めて、その家族全員が自動的に危険にさらされることになった。法体系の改正によって特別につくられた最高裁判所の軍事法廷で裏切り事件が裁かれることも規定された。それを統括するV・ウリリヒはそうした裁判をNKVDと緊密に協調して行なううえでは信頼できる男だった。

集団化の時期に、スターリンが統合国家政治保安部（OGPU）とのあいだに培った親密な個人的関係が、いまや威力を発揮することになった。OGPUが改組された内務人民委員部（NKVD）は強制収容所、国境と国内の軍隊、および民警を管理する責任を負っていた。NKVDの特別委員会は五年以内の流刑、国外追放もしくは収容所への収監を宣告する行政上の権利（つまり法律上のそれではない）を与えられた。

しかし、中核をなしているのはいぜんとして、多くの場合、ジェルジンスキーのチエーカーまでさかのぼって保安とテロ対策に長い経験をもつ古参ボリシェヴィキのグループ、国家保安本部（GUGB）だった。再編成された党統制委員会とポスクリョブイシェフの特務課から絶えず突き上げられて、党が中間層および下層で粛清を実施しつづける一方で、GUGBは党の上層と国家の官僚組織、ソ連の指導層そのものにスターリンが加える攻撃の手先となった。

NKVDの幹部はエリート集団として扱われ、特別な制服、宿舎およびさまざまな特権を与えられた。一九三五年にNKVDの最高人民委員に任じられたヤゴーダの地位は、新しくつくられたソ連の元帥と同等のものだった。NKVDの保安部門（すなわちGUGB）の責任を負い、しばしばスターリンの親友の一人と称された彼の第一代理アグラーノフの地位は、他の五人の内務人民委員とともに、赤軍の上級大将に相当する第一級人民委員だった。三五年十一月までに任じられた、GUGBの主要な六部門の長を含む第二級人民委員一三人は、[*15]赤軍の大将の地位に相当した。しかし、このことによってさえ、赤軍の将校団と同じく、彼らもまたスターリンの目にはかけがえのないものとは映らなかった。三五年十一月にNKVDの人民委員に列せられた二〇人は、最高人民委員とその後継者を含め、いささか変わった殺され方をした一人を除いて、全員が遅かれ早かれ人民の敵として銃殺された。NKVDはスターリンが粛清をいちばん後まわしにしたソ連のエリート集団だったのである。

3

一九三五年の春に、クレムリンでスターリン暗殺の陰謀があったとされ、それに関連して約四〇人が逮捕された。スターリンはまたしても反対派を巻き込もうとした。カーメネフにはニコライ・ローゼンフェルトという画家の弟があり、彼はクレムリンに勤務する医師と結婚していた。これだけの細いつながりしかないのに、エジョーフは党統制委員会の議長として、それを根拠にカーメネフの死刑を要求した。しかし、それに抵抗する力は強く、まだ彼を負かすほどだった。そのかわりに七月、カーメネフは一〇年の禁固刑を宣告された。彼の弟は法廷に出頭し、兄に不利な証言をした。ほかにも二人の著名な古参ボリシェヴィキが職を失った。クレムリンを総合的に監督する責任を負っていたアヴェリ・エヌキーゼと、クレムリンの指揮官で内戦時代には列車で移動するトロツキーの司令部を指揮したラトヴィア人のA・A・ペテルソンである。このあと、古参ボリシェヴィキ協会と元政治流刑囚協会の解体が、前者はシキリャトーフ、後者はエジョーフを長とする特別委員会によって実行された。スターリンの最も容赦ない殺人実行者と目されていた二人である。

スターリンの個人的な怨恨に発するけちな意趣返しを例証するのが、エヌキーゼの事件である。エヌキーゼはスターリンと親密な関係をもちつづけてきたが、それは両人がともにグルジアの若い活動家だったころの三五年前にさかのぼるもので、かつてはソ連邦中央執行委員会書記としてスターリンに仕え、反対派グループのいずれとも関係がなかった。しかし、エヌキーゼはザカフカースにおける初期の革命運動の回想録を出版していた。これをもちだしてスターリンの注意を引いたのは、しきりにスターリンの寵を求めていたもう一人の男、ベリヤだった。そしてエヌキーゼは署名入りの告白記事――重大な誤りを犯し、自分自身の役割を誇張したばかりか、早くもその時期に抜きんでていたスターリンの偉大さを正当に扱わなかったとする――を、『プラウダ』(一九三五年一月十六日)に書かされるはめになった(古参ボリシェヴィキ協会に向けられた非難の一つは、会員の回想録を発行する自前の出版社をもつことだったが、これもすでに閉鎖されていた)。アリルーエフ家の親しい友人だったエヌキーゼは、スターリンの妻ナジェージダ・アリルーエヴァの名付親で、彼女が自殺したあと葬儀を取り仕切っており、スターリンの娘のスヴェトラーナからは伯父のように慕われていた。これもまた、スターリンの目から見れば出過ぎたことだった。

エヌキーゼが党から追放されてまもなく、ジダーノフとフルシチョフはレニングラードとモスクワから同時にエヌキーゼを攻撃し、自分たちのパトロンを喜ばせようとした。ジダーノフは「党とソヴィエト国家にたいする恥ずべき破壊活動のなかで、ファシスト‐ジノヴィエフ主義‐カーメネフ主義‐トロツキスト・グループの卑劣な残党とブルジョワ‐地主の反革命主義者の残りかすを糾合した」として彼を告発した。一九三七年に逮捕され、スパイおよび裏切り者として銃殺されたエヌキーゼは、死後の三八年に行なわれたモスクワ裁判で、ヤゴーダにキーロフ殺害を計画するよう命じた男と名指されて、キーロフ暗殺の責任を負わされた。後年、彼は完全に名誉を回復した。

古参党員ばかりでなく、スターリンはコムソモールにも目をつけた。キーロフ殺害につづいて、NKVDはさまざまな若手グループがスターリンの排除を口にしはじめていると報告した。NKVDにとっては、それを確認して逮捕するのは雑作ないことだったが、スターリンはコムソモールを全体として粛清する必要があると判断した。一九三五年の六月末、「人民の敵」を除去するための再編成が発表された。

NKVDにあばかれたコムソモール・グループの一つは、ゴーリキー市の教育研究所内にあった。そのメンバーがまさに裁判にかけられようとしたとき、事件は上からの指示により差し戻された。関係したNKVDの工作員の一人、ヴァレンチン・オルベルクは以前、ベルリンのトロツキスト・グループへの情報提供者として働いていて、トロツキーの秘書の職につこうとして運動したことがあった。これがゴーリキー・グループとトロツキーとのつながりを立証するための機会となった。そしてオルベルクに命令された「自白」の内容は、トロツキーに派遣されて、教授や学生を焚きつけ、モスクワで行なわれる一九三六年のメーデーのパレードのときにスターリンを殺す陰謀に加わらせようとしたというものだった。このオルベルクの物語をさらに練り上げたあと、三六年の初めに、これを以前の反対派の指導者にたいする作戦の基礎とすることが決まった。スターリンはなおもそれを強く求めていたのである。

NKVD秘密政治部の責任者G・A・モルチャノフは、そのころNKVDの幹部四〇人ほどを集めて会議を開いた。そして、大がかりな陰謀が発覚したので、全員が日常の業務から離れてそれを調査することになったと伝えた。政治局は「証拠」により、陰謀について告発された人間の有罪は確定したと考えていた。彼らに求められたのは、陰謀の細部をつきとめることだった。必要なのは、証拠(まったく提出されなかった)ではなく、自白と告発だった。一九五四年に亡命して、この事件について公表したNKVDの元職員アレクサンドル・オルロフによると[*16]、長年反対派を監督する責任を負ってきた幹部職員は、事件全体がでっちあげであることを充分に理解していた。しかし、つくりあげた陰謀にもとづいて公の裁判を行なう伝統は、一九二八年のシャフトゥイ事件で確立され、その後の一連の裁判はいずれも同じやりかたを踏襲していた。その多くは秘密裁判だったが、三〇年のラムジーンの産業党裁判と三一年のメンシェヴィキ裁判、および三三年のメトロ-ヴィッカーズ裁判のように公開されたものもあった。したがって、幹部職員は自分たちに期待されていることが何か、どのように仕事を進めればよいかを承知していた。

一九五六年の第二〇回党大会における秘密報告で、フルシチョフは、スターリンが何をしようとしていたのかについて、二つの重要な手がかりを提供した。

スターリンは「人民の敵」という概念をつくりだした。この言葉により、論争に加わる人間のイデオロギー上の誤りを証明する必要がなくなった。この言葉さえ使えば、とにかくスターリンと意見を異にするすべての者にたいし、単に敵対する意図を疑われるだけの者にたいし、革命が適法とするあらゆる規範を無視して、苛酷きわまる弾圧を加えることができた。

この「人民の敵」という概念は、いかなる種類のものであれ、イデオロギー論争を戦わせる可能性を現実に排除してしまった。つまり、あれこれの問題について、たとえ実践的な性格のものであっても、自分の見解を人に知ってもらうことができなくなったのである。[*17]

実際、いかなる争点についても、スターリンと意見を異にするのは、政治上の反対という問題ではなく、それ自体が裏切りとソヴィエト政権転覆の意図をともなう犯罪的な陰謀に参加したことの証であり、死罪に値したのである。

スターリンは陰謀がフィクション、すなわち彼の命令によって準備され、彼の批判に合わせて絶えず書きなおされるシナリオであることを十二分に承知していた。しかし、彼の意識の別のレベルでは、それが本質的に真実であると信じるのに何の困難も感じなかった。彼は陰謀の渦巻く雰囲気のなかで全生涯を過ごした。それは、かつてのユーゴスラヴィア共産党の指導者ミロヴァン・ジラスがうまく説明しているとおりである。ラジオのインタビューでG・R・アーバンに、「必要もないのに陰謀が長くつづいたのは、スターリンとその配下の者が生まれ育った党の、陰謀を好む伝統があったからだろうか」と聞かれて、ジラスは答えた。

そう、だがそれは的を射ている――陰謀の必要はなくなっただろうか？　スターリンを訪問して教えられたのは、この男たちが、自分らは支配するために、それも人民の意志に反して支配するために任命されていると考えていたことだった。彼らはさながら、自分の国ではなくて征服した土地に〔いる〕……陰謀グループのように行動していた。スターリンにとって権力とは、自身が首謀者となって策をめぐらす陰謀であり、それと同時に自分がその対象になるものでもあったのだ。[*18]

それがスターリンの地位が揺るぎなくなった一九四〇年代にあたっていたとすれば、彼がまだ至高の権力を確立しようとしていた三五〜三八年には、おそらくもっとあたっていただろう。敗北したのがスターリンで、彼のライバルではなかったとしたら、スターリンは疑いもなく復讐の機会をうかがい、権力の座を覆そうとしたことだろう。事実、告発された者のなかには、スターリンを排除する可能性を口にした個人やグループがいたにちがいないが、彼らにたいする実際の告発を裏付ける証拠はまったく明らかにされなかった。告発は、スターリンの指示にもとづきＮＫＶＤが寄せ集めたでっちあげによったのである。

ロバート・タッカーが言うように、「スターリンがそれを文字通り信じていたと考える必要はない。しかし彼にとって、それは原則として真実であり、かりに偽りだとしても、現実そのものにほどこされた潤色がそう見えたのに違いなかった」[19]のである。フルシチョフによる二番目の手がかりが出てくるのは、ここである。「実際、唯一の有罪の証拠として使われたのは、被告自身の『自白』だった。その後の徹底的な調査で証明されたように、『自白』は被告にたいし肉体的な圧迫をかけて得られた」[20]

ジェルジンスキーはつねに自白の重要性を強調していた。そして、一九二八年のシャフトゥイ裁判では他の証拠はまったく提出されなかった。同じ方法がラムジーンの産業党の裁判で繰り返され、もう一度、それほど成功しなかったが、メトローヴィッカーズ事件でも踏襲された。スターリンを満足させるため、それらの事件の被告たちは自分の口から自分に有罪の宣告をしなければならなかった。その方法（たがいに罪におとしいれるための証人として囚人を利用することも含めて）は、モスクワ裁判以前に試され、すでに受け入れられており、NKVDには頼るべき方法としてこの経験があった。スターリンの立場から見て、その利点は明らかである。彼は自ら、ソ連の歴史を舞台として、指導的な人物が公に自分自身を反逆罪で告発する場面を演出し、政治的な告発に有力な証言を提供すると同時に、自身の心理的な必要を満たしたのである。

裁判の準備を進める過程で、スターリンは、すでに投獄され、あるいは亡命している以前の反対派のメンバー三〇〇人について、NKVDにいろいろと調べさせたと言われている。法廷に引き出される八人の政治家と、主として工作員からなる八人の共犯者を用意するためである。

「トロツキスト－ジノヴィエフ派センター」は、スターリンとそれ以外のソ連の指導的人物を抹殺しようとするテロリスト・キャンペーンの一環として、いまや直接キーロフ殺害の責任を負わされた。ジノヴィエフとカーメネフ、それに彼らの主要な二人の協力者G・E・エヴドキーモフとイワン・バカーエフは、一九三四年十二月以来収監されて、長きにわたる尋問を受け、自白を強いられていた。ジノヴィエフはスターリンに宛てて哀れみを乞うみじめな手紙を書きつづけた。

一九三六年四月十四日　私の心には一つの熱烈な望みがあります。私がもはや敵ではない事実を、あなたに立証してみせることです。そのことを立証して、何かを要求するつもりではありません……私の心の内を見ていただければ、私がもはやあなたの敵ではないことをきっと納得していただけるでしょうし、私が心身ともにあなたの側に属していること、またあえて許しを乞うつもりがないことも、おわかりいただけるでしょう。

五月六日　私は思いやりのある処遇を受けております……しかし、私は老いているうえに、ひどく動揺しております。この数カ月のあいだに二〇年も齢を重ねてしまいました。どうか私をお助けください。信じてください。この牢獄で死なせないでください。独房で正気を失うままに放置しないでください。（原注：ラジンスキー『復権――一九三〇年代と五〇年代の政治裁判』モスクワ、一九九一年）

トロツキー自身には手が届かなかったので、センターのトロツキスト側から有力な証人を出すのはずっと困難だった。結局、イワン・スミルノフに白羽の矢が立てられた。もと工場労働者だったスミルノフは、十七歳のときから活動的な革命家となり、一九〇五〜〇六年の革命と内戦に参加して、内戦のときには第五赤軍を指揮してシベリアでコルチャーク軍に勝利を収めた。彼は実際に、党の書記長に推薦されもした——想像を刺激する話である——が、その地位はスターリンのものとなった。二七年に他のトロツキストとともに追放されたが、スミルノフは三〇年代の初めにリューチンによるスターリン更迭案を支持したために、またしても困難に見舞われ、三三年一月から投獄されていた。監獄にいたので陰謀に指導的な役割をはたすことなどできなかったとスミルノフに反論されたが、ヴィシンスキーは法廷でそれを「あさはかな主張」だと一蹴した。そして、秘密の暗号が発見されたのだと言った。それを使えば、スミルノフは他のメンバーと接触できるではないか。暗号表など——それどころか連絡文書すら——提出されなかったにもかかわらず、彼らが接触できたことはこれで「証明」されたのである。

五月半ばに、スターリンはNKVDの幹部と会議を開き、陰謀とトロツキーとのつながりを示すさらに有力な証拠を見つけ出せと命令した。そのために、オルベルクに加えて二人のNKVD工作員が選ばれた。ドイツ共産党とコミンテルンで働いていたフリッツ・ダーヴィドとベルマン‐ユーリンである。二人は五月末に逮捕されて、それぞれトロツキーをたずね、スターリンを殺す命令を受け取ったことを自白するよう要求された。

しかし、スミルノフもセルゲイ・ムラチコフスキー――もう一人のトロツキストで、やはりシベリアで戦い、一九二七年にトロツキーの地下出版所を運営していた――もすべてを否定し、自白を拒んだ。ムラチコフスキーにたいしては、担当者が次々に交替して九〇時間もぶっつづけに尋問し、スターリンがときどき電話をかけてきてもう屈服したかどうか探りを入れた。カーメネフとエヴドキーモフも同じようにしぶとかった。エヴドキーモフはとくに容赦なく責めたてられたのだが、尋問を担当した内務人民委員部のミロノフがこのことをスターリンに報告したとき、次のような言葉のやりとりがあったとオルロフは伝えている。

「きみはカーメネフが自白しないと思うのかね」とスターリンはたずねた。「わかりません」とミロノフは答えた。「説得に応じませんが」

「わからないって?」スターリンはミロノフを見据えて聞いた。「きみはわが国の重さがどれくらいあると考えているのかね。すべての工場、機械、軍隊と装備全体、それに海軍も入れての話だ」

ミロノフとその場に居あわせた者は呆気にとられてスターリンを見た。「よく考えて答えるがいい」と、スターリンは要求した。ミロノフはスターリンが冗談を言うつもりなのだと思って笑いかけた。

「きみに聞いているんだ。全部でどれほどの重さになるかね」。スターリンはしつこく聞いた。ミロノフは混乱した。しかし、スターリンは相手から目をそらさずに答を待った。ミロノフは肩をすくめて、試験を受けている生徒のように口ごもった。

「誰にもわかりません、イオシフ・ヴィサリオノヴィチ。それは天文学的な数字の世界です」

「よろしい。では、一人の男がその天文学的な重さに耐えられるだろうか」と、スターリンは厳しく問いつめた。

「いいえ」とミロノフは答えた。

「それではカーメネフや、四人の誰かがその重さに耐えられるなどと私に言ってはいけない」。スターリンはミロノフに命じた。「その書類鞄にカーメネフの自白書類を収めるまでは報告にくるな」[*21]

閉ざされた扉の向こう側でこうした準備が整えられているあいだに、もう一人の人間の死が伝えられた。当時のソ連における最も偉大な作家マクシム・ゴーリキーの死である。スターリンは、言葉を尽くしてゴーリキーにイタリアからの帰国を求め、自分の政権を支持するように要請していたのだが、スターリンの反対派いじめを容認しなかったために不興を買っていたのである。ゴーリキーは五月末に病の床につき、六月十八日に死去した。一九三八年の裁判で、クイブイシェフを殺したとして起訴された医師たちが、この件についてもヤゴーダの命令によって行動し、ゴーリキーに毒を盛ったとして有罪判決を受けた。両人の死は、スターリンにとってまことに好都合だった。彼がやらせたのかどうかは、これまた未解決の問題である。

一九三六年七月から八月の初めにかけて、さらに一段と圧力が強まった。スターリン自身を含む多くの中央委員と政治局員がモスクワから離れる休暇の時期と重ねて行なわれる裁判に間にあわせるように、必要な自白を手に入れるためだった。そうした圧力はさまざまなかたちをとった。つづけざまの殴打、拷問、囚人を数日間立ちっぱなしにさせて眠らせない、徹夜の尋問、囚人の家族にたいする脅迫、囚人同士を対決させる、といったやりかたである。エジョーフはジノヴィエフに、諜報部によると一九三七年にドイツと日本が間違いなくソ連を攻撃するそうだと言ったと伝えられている。その前にトロツキズムを根絶させることが必要であり、ジノヴィエフは、トロツキーを陰謀に巻き込むことによってその手助けをしなければならないというわけである。被告が拒めば、それに代わるのは、非公開の裁判と収容所にいるおびただしい反対派のメンバーの処刑だった。[22]

一方、進んで協力すれば、彼らとその家族の生命を助けるという約束がもちだされた。ジノヴィエフとカーメネフはついに、自分たちの支持者とその家族の、生命ばかりでなく自由をも保証するというその約束を受け入れた。彼らはその条件を確認するために政治局との会見を求めた。しかし、政治局の代弁をする（と聞かされた）スターリン、ヴォロシーロフおよびエジョーフとの面談の際に与えられる保証で満足しなければならなかった。

自白書類が用意されたのは、裁判まであと数日というときだった。被告の署名を得やすくするため、八月十一日に行政命令が出され、あらためて公聴会を開くこと、そして弁護人がつくことが許されると同時に、刑が宣告されたあと三日のあいだ、被告人は控訴できることなどが認められた。エジョーフはジノヴィエフとカーメネフおよび他の主だった被告人たちと最後の打ち合わせをし、その席で彼らの助命をスターリンが保証すると繰り返したが、被告たちのうちの一人が「裏切り」――自白の否認――を企てればグループ全体がその巻き添えを食うだろうと警告した。

起訴状が公表されたのは八月十五日で、裁判が始まる四日前だった。それとともに「裏切り者の死」を要求する激しいプレス・キャンペーンが始まった。彼らの銃殺を求める決議が、労働者の手で多くの工場やコルホーズや党機関に回覧され、新聞にも掲載された。それらの決議文に埋め尽くされたページのなかには、党の三人の著名な指導者、ラコフスキーとルイコフおよびピャタコーフの「声明」も掲載されたが、これもまた死刑を要求していた。ピャタコーフは書いている。

いかなる言葉をもってしても、憤怒と嫌悪を言い尽くすことはできない。この男たちは、人間らしさの最後のひとかけらまで失ってしまったのだ。ソ連の国土のすがすがしい清らかな空気を汚している腐肉、われわれの指導者の死を招くかもしれない危険な腐肉と同じように、彼らを駆除しなければならない[*23]。

このように服従の態度を明らかにしたにもかかわらず、その後の裁判ではこの三人もそろって糾弾され、ピャタコーフとルイコフは先に被告席に座った者に自分たちが求めた死刑がわが身に申し渡されるのを防げなかった。

裁判は公開の法廷で行なわれ、一五〇人のソ連市民ばかりでなく、三〇人あまりの外国人ジャーナリストと外交官も傍聴した。市民のほとんどは、NKVDがスタッフのなかから選び、騒ぎを起こす必要がある場合に備えていた。囚人に自白を強要した尋問者が、法廷で彼らと向きあって着席した。中央委員や被告の親族のために用意された席はなかった。公式筋によると、告発は司法の問題であり（原注：三人の判事のなかに、I・I・ニキチェンコがいた。彼は一〇年後、ニュルンベルクで重要戦争犯罪人の裁判の裁判長をつとめた際、イギリス、アメリカ、フランスの同僚たちから敬意をもって遇された）、政治的リーダーシップの問題ではないということだった。スターリン自身は黒海沿岸の別荘にひきこもって、まったく関与しないようにしていた。

二日にわたってつづいた裁判は、ヴィシンスキーが被告の「自白」を被告と読みあわせることが主な部分を占めていた。そのなかで、被告たちはトロツキーに吹きこまれて、テロリスト・センターの設立に参画したことを全面的に認めた。トロツキーの支持者のイワン・スミルノフとE・S・ホルツマンはセンターに所属したことは認めたが、キーロフ殺害と、センターがスターリンをはじめとする要人を殺すために計画したとされる、不成功に終わったさまざまなテロ行為に加担したことはないと断言した。しかし、他の者が参加したと主張したので、これはほとんど問題にならなかった。

ヴィシンスキーは最終弁論の冒頭、三年前に次のことを予測していたスターリンの英知について言及した。「社会主義の大義に敵対する分子の必然的な抵抗……トロツキーを信奉する反革命グループが復活する可能性」[*24]である。そして、「この常軌を逸した犬どもは――一人残らず――銃殺されるべきである」という言葉で締めくくった。

被告の抗弁は自分を非難する言葉をつらねたものだった。ジノヴィエフは、最初の除名と取り消し処分は一九二七年のことだったが、それからしだいに堕落して誤りを犯すにいたった経緯をかいつまんで述べた。「私のボリシェヴィズムには欠陥があったので、いつのまにか反ボリシェヴィズムに変わっていった。さらに、トロツキズムを経てたどりついたのはファシズムだった。トロツキズムはファシズムの一種であり、ジノヴィエヴィズムはトロツキズムの一種である」[*25]。フルシチョフが第二〇回党大会で語ったところによると、最高裁判所軍事法廷によって裁かれた事件の判決は、裁判の前に用意され、スターリンに提出されて彼の個人的な承認を得ていた。しかし、体裁を整えるため、審理は数時間中断され、そのあいだに法廷は「評決を考える」ことになった。そのあと、いかにももっともらしく、午前二時半に再び開廷され、刑が宣告された。事前の約束は完全に無視され、全員が死刑を宣告されて、ルビヤンカ刑務所に移されたあと、地下室に連行されて銃殺された。二四時間後に、彼らの処刑が発表されたとき、死刑囚は控訴したが却下されたとつけ加えられた。彼らには消息をたどることのできる親戚はわずかしかいなかったが、その人びとは収容所に送られたか、さもなければエヴドキーモフの息子の場合のように銃殺された。

4

告発が虚偽だったことが認められて久しく、「自白」をとった方法が暴露されたうえ、有罪を宣告された者が復権したので、今日では、この裁判と刑の宣告がもたらした衝撃がどんなものであったかを想起するのは難しい。ジノヴィエフとカーメネフが生命は助かるだろうと信じたように、おそらくはＮＫＶＤの幹部の一部を含めて党員の大多数が、有罪を認めさせたからには、スターリンが実際に反対派の指導者を死刑に処することはあるまいと予想していたのは明らかなようである。だが、またしてもスターリンは、その能力をいかんなく発揮して反対派の不意をつき、彼らがよもやそれはないだろうと信じた以上のことをやってのけたのである。

過去の分派抗争がいかに激しかったにせよ、敗北した者に加える罰は党からの除名か追放、もしくは政治犯収容所送りだった。ところが、この裁判によって党の指導的な立場にある者が初めて死刑に処せられただけではなく、逮捕と裁判がさらにつづく見込みがにわかに現実性を帯びたのである。尋問のあいだに、ジノヴィエフとカーメネフは他の者の名前をあげていた。トムスキー、ブハーリン、ルイコフ、ウグラーノフ、ラデック、ピャタコーフ、セレブリャコーフおよびソコーリニコフなどである。ヴィシンスキーはその全員について調査を開始し、裏づけとなる証拠がそろえば起訴することにした。ヴィシンスキーの声明は、発電機工場の労働者たちがすみやかに行なった決議——疑わしい者への「情け容赦のない調査」を求めるもの——とともに印刷された。巻き添えにされた者の少なくとも一人——ミハイル・トムスキー——は、それまで待っていないで、ヴィシンスキーの声明を読んだ直後に別荘で自殺した。これ以後、スターリンに反対することへの罰が死であることとは、当然と考えられた。

その脅威がおよぶのは党の有名人だけにかぎらなかった。一九三五年の末、中央委員会は全般的な大量粛清は終わったと宣言した。しかし、翌月の三六年一月に、同じ機関が党員証を新しいものに取り替える命令をだしにして、新たな粛清に乗り出したのである。これは五月までつづき、さらに多くの除名者が出た。七月二十九日に党員証の交換が完了するとすぐ、「トロツキストおよびジノヴィエフ派による反革命ブロックのテロ活動について」と題する秘密書簡が、最低のレベルまで漏れなく、党のすべての委員会に送られた。それは「隠れた敵を革命的に監視する」ことを要求するものだった。裁判と死刑宣告の発表に刺激されて、熱に浮かされたような活動がまた始まり、反ソ活動や危険思想を抱くなどの嫌疑をかけられて告発される者、除名あるいは逮捕される者のリストが提出されるようになった。そうした人の多くが収容所に送られる一方で、ジノヴィエフ処刑の一週間後、スターリンはヤゴーダに命じてすでに収容されている反対派のうち五〇〇〇人を選んで銃殺させた。

ソ連でこの時代を生きぬいた人びとの多くが、逮捕されて裁判にかけられた者はまぎれもない陰謀に関わった人民の敵に間違いないと信じていたことの証拠はたくさんあるが、そう信じていたソ連市民には工場労働者や事務員だけでなく知識人も多く含まれていた。それ以外に考えようがなかったのである。苦渋に満ちた激しい内戦の経験が、誰の記憶にもまだ生々しく残っていた。敗北した側が政権を転覆しようとしてまだ陰謀を企てていると想像するのは難しいことではなかった。ドイツではヒトラーが政権の座につき、スペインは内戦のさなかだったから、ファシズムとの戦いは避けられず、その前哨戦がスパイ行為と破壊活動だとする予測にも真実味が加わった。

人びとは、ソ連の新聞やラジオのほかに情報を入手する手だてがなかった。それらは、毎日のように、被告たちが反論せず、有罪の告白によってそれを裏づけたという公式の見解を繰り返していた。それに代わるどのような説明が可能だっただろうか。スターリン崇拝とあらゆるメディアによってたゆみなく宣伝されるスターリン像——賢明で慈悲深く、国を油断なく敵から守る人物、政府と秩序の偉大な保護者——からは、彼がそれとは正反対の人物で、当人が陰謀の元凶だと考えることなど事実上不可能だった。そう考えるのは、世界を手品のようにひっくり返すことであり、そうなれば、いやおうなしに安全が脅かされることになる。自分の無実を確信しながら逮捕された者までが、自分たちの不幸をスターリンのせいにしないで、彼と連絡がとれて何が起こっているかを告げられれば、スターリンが介入して釈放を命じてくれるという考えにすがっていた。それ以外の考え方をすれば、自分の足もとで堅固な地面が崩れていく気がしたと思われる。

裁判にたいする国外の反応は、この見解を裏づけている。西側に向けたソ連の政策に変化が生じ、スターリンが「世界で唯一の民主主義に徹した憲法」と主張する憲法が発表されると、その知らせは驚きをもって迎えられた。人びとの意見は予断の有無によって分かれる傾向があった。モスクワの言うことをそのままオウム返しにする忠実な共産党員は別としても、裁判を見守った数人の外国人とそれに論評を加えた人たちの受けた印象は、現実のキーロフ暗殺とその他のさまざまな可能性が入りまじった複雑なものだった。トロツキー一派はスターリン政権の転覆を考えていたにちがいないし、そのために謀議をこらしたのかもしれない。それに、告発された者は公の場で自白しており、彼らの処刑には前に同じことが起こったときとは違って、まったくためらいがなかったではないか。こうしたすべての要因からして、告発は真実かもしれないと思われた。すでにソ連こそはファシズムに抵抗するための望みの綱だと考えていた者にとって――とりわけ七月半ばにスペイン内戦が勃発したあとでは――世界で唯一の社会主義国が虚言を弄し、自白を強要すると信じるよりも、かつての革命家たちが暗殺を企てることもありうると信じるほうが（とくに彼ら自身がそれを認めたときには）ずっと抵抗なしに信じられたのである。

要するにスターリンは、ソ連国民のあいだでも外の世界でも信用を損なうことなく、その政策と立場を批判したり疑問視したりする者のすべてに厳しい教訓を伝えることに成功したのである。しかし、スターリンはその性格からして、警告しただけで安んじてはいられなかった。そして、彼の決意は、政治局に反対派が復活したと見えそうな状況があったことで強まった。スターリンは南のソチにとどまった。しかし、ミコヤンを除く他の政治局員はすべて、八月末、処刑が行なわれ、トムスキーが自殺してから一週間以内にモスクワに戻っていた。ボリス・ニコラエフスキーによると、[*26]何人かの政治局員から圧力がかかったため、ブハーリンとルイコフを告発するための調査が中断され、そのことについての目立たない発表が『プラウダ』の内側のページに載ったという。[*27]

スターリンは政治局に怒りをぶちまけるのではなく、ヤゴーダを槍玉にあげた。スターリンとジダーノフが署名してソチから打った電報の激しい文面は、「絶対に必要かつ緊急の」命令として、ヤゴーダを更迭してエジョーフに交替させるよう求めるものだった。ヤゴーダは、トロツキスト－ジノヴィエフの徒の正体を暴露する能力がないことを自ら証明した、とスターリンは言明した。エジョーフは党統制委員会から移って、ＮＫＶＤの調査に新しい生命を吹きこまなければならない、この措置はすでに四年ほど遅れをとっている、とスターリンは断言した。

二回目の裁判のために事件をでっちあげる作業はすでに始まっていて、エジョーフはそれに全精力を傾注した。ブハーリンとラデックを告発するにはもっと時間をかけて準備しなければならず、そのかわりにグリゴーリ・ピャタコーフが中心人物に選ばれた。そのピャタコーフにしても最終的に選ばれた一六人の被告のいずれにしても、かつて政治局員だったことはなかった。しかし、ピャタコーフはオルガナイザーとしての能力と隠れた指導力によりかつてレーニンに強い印象を与えていたので、レーニンはその政治的遺言のなかでスターリンとトロツキーのほか、他の四人の党員とともに彼についても言及していた。一九二七年に他のトロツキストとともに党から追放されたピャタコーフは、自分にとって党以外の人生が考えられないことを悟り、二八年には以前の同僚に、党とともに生きるためならば自分の人格を捨ててもいいし、党がそれを要求するのであれば喜んで黒を白と、白を黒と言う覚悟はあるとも言っていた。[*28]トロツキーと絶交してソ連に帰ると、彼は重工業人民委員代理になった。重工業人民委員のオルジョニキーゼによると、五カ年計画のブレーンおよび推進力として、ロシアの工業基盤を固めるのに誰よりも貢献したということだった。二〇年代には、さかんにスターリンを批判したが、それ以後、ピャタコーフは反対するのをすっかりやめ、スターリンの指導力を無条件で認めるようになった。しかし、彼の忠誠は党に捧げられ、スターリン個人には捧げられなかった。これではもはや充分でなかった。そのうえ、彼がロシアの工業化に大きく貢献したという事実から、第二次モスクワ裁判の目玉にされた経済の失敗とサボタージュのスケープゴートとして、スターリンの目にはまさにうってつけの人物に見えたのである。

オルジョニキーゼはピャタコーフがいかに現政権に寄与したかを知っており、認めてもいたので、彼を救うためにできるだけのことをしようと決心した。そして、ピャタコーフを獄舎にたずね、スターリンに抗議し、彼の生命および妻と十歳になる子供の生命を助けることを約束させたと伝えられている。同じ情報源から、オルロフは、オルジョニキーゼは再びピャタコーフをたずね、それ以上は何もできないことを知らせたとつけ加えている。[*29] その後、一九三六年十二月に、ピャタコーフは求められた自白をすることに同意し、他の者もそれにならった。

事件はNKVDによるでっちあげであり、ピャタコーフとセレブリャコーフ、そしてトロツキーのかつての支持者グループ――その後、更生した――にたいする三つのサボタージュ・グループを組織したとの告発にもとづいていた。第一のグループは、鉄道の破壊に責任ありとされた。二番目のグループは、「ノヴォシビルスクの反ソ・トロツキスト・センター」で、新しい「クズバス」工業地帯の鉱山と工場の重大な事故について責任があるとされた。そして、それはすでに一九三六年十一月の現地における予備審問の主題となっていた。第三のグループは、化学工業のサボタージュに責任ありとするものだった。さらに、ドイツと日本のためのスパイ行為と暗殺の準備がついでのようにつけ加えられた。少なくとも一四の工業家のグループが別個に名指された。彼らはスターリンと他の政治局員を暗殺する任務を与えられたが、それにもかかわらず、目立つようなことは何一つ実行できなかったという。モロトフの乗った車が事故にあっただけで、それも故意によるものかどうかは非常に疑わしく、負傷した者もいなかった。

裁判は公開されて、一九三七年一月二十三日に始まった。初日に、ブハーリン－ルイコフ－トムスキー・グループの全員が再び糾弾された。すぐれたジャーナリストだったが政治家としてはまともに扱われたことのないカール・ラデックは、これまであらゆる機会をとらえて反対派の非をあげつらい、スターリンにへつらってきたのだが、明らかな理由もなしに逮捕され、ピャタコーフ裁判の被告人に加えられた。スターリンおよびエジョーフと長いこと話しあって[*30]協力するよう説得されると、ラデックは全力をあげてNKVDに協力して、陰謀のシナリオを書き改め、法廷ではいかにも派手に振る舞って人目を引いた。ヴィシンスキーからあまりにも鋭く追及されたときには、反撃することもあった。「あなたは人の心を深く読んでおられます。しかし私は、自分の考えを自分の言葉で述べなければなりません」。さらに、ヴィシンスキーから長い沈黙のあとで自白するのでは信憑性が疑われると指摘されると、ラデックはいまにもからくりをばらしそうな答え方をした。「そうです。あなたが〔センターの〕計画やトロツキーの指示について知ったのは私の言ったことからだけであるという事実を無視なさるなら――そう、私の言ったことには疑いがかかりますね[*31]」

ラデックがはたした重要な役割の一つは、前の裁判ですでにトロツキストとして名前のあがっていた赤軍軍団司令官プートナが、一九三五年にトゥハチェフスキー元帥からの要請——何の要請だったかは思い出せなかった——をもってきたと、何げなく述べたことだった。このように赤軍の指導的人物について何げなく言及させるのは計算ずくのことであり、前の裁判でカーメネフを使って調査中の他の人物の名前（ピャタコーフとブハーリンばかりでなくラデック自身も含む）をあげさせたのと同じ手口だった。この言葉は、モスクワではたちまち元帥の身に危険がおよぶしるしと受け取られたし、実際にそういう意図のものだった。いかにも馴れあいめいたやりとりが、その午後もつづいた。ラデックは、ヴィシンスキーから注意されて、決して元帥を罪におとしいれるつもりなどないと繰り返した——「トゥハチェフスキー元帥の党と政府にたいする態度が、無条件に献身的なものであることは知っております」。しかし、そのやりとりのなかで、元帥の名前がさらに一〇回もひきあいに出されたので、危険の合図は確実に理解されるものとなった。疑いなく、こうした役割を演じたことの報酬として、ラデックは死刑ではなく禁固刑を申し渡されたのである。

閉廷の演説で、ヴィシンスキーは柄にもなく殊勝なことを言った。「これは退廃の奈落である！　これは限界であり、道徳的かつ政治的荒廃の最後の境界である！」国外からの批判に答えて、彼は言明した。「陰謀について、どこに証拠書類があるのかと、諸君は問う。私はあえて主張するが、刑事訴訟手続きの基本的な要件に則って、陰謀の場合、そんな要求を満たすことなどできないのだ」。彼は被告たちの犯罪活動の結果として生命を落とした多くの労働者、「わが国の最も優秀な息子たち」の名前をあげた。

私は、一人でここに立っているのではない！　犠牲者たちがここ、私のかたわらに立ち、もぎとられた腕で被告席を、きみたち被告を指さしているのを感じる！……

告発にあたって、私の背後にはわが国民のすべてがいる。私はただ一つの罰――銃殺に値するこれらの極悪犯人を告発する！[*32]

法廷であらゆる嘘が語られたあと、ピャタコーフは最後の抗弁を二重の意味をもつ言葉で結び、真実を伝えようとした。

数時間のうちに、あなたがたは刑を宣告するだろう。そしていま、私はあなたがたの前に立っている。自らの落度により、塵にまみれ、自身の罪に押しつぶされ、あらゆるものを奪われて。党を失い、友もなく、家族を失い、さらに自己さえも失った人間として。[*33]

法廷は「証拠を吟味するために」まる一日を費やした。そのあと、午前三時に再び集まり、ヴィシンスキーの求めに応じて、被告のうち四人を除く全員に死刑の宣告をした（ラデックは他の三人とともに収容所に送られたが、一九三九年にその地で喧嘩騒ぎに巻き込まれて死んだと伝えられている）。前もってなされた約束はすべて反故にされ、刑はただちに執行された。

裁判の報道が新聞に出ると、他のエリート党員は、スターリンの心を読み取り、次にルビヤンカに消えるのは誰かを知る手がかりを見つけようとして、それにとびついた。少なくとも前回の裁判では、ジノヴィエフとカーメネフにはあからさまにスターリンに反対した記録があって、和解できない敵だともっともらしく主張することができたし、彼らは実際に起こったキーロフ殺害の罪で告発されていた。だが、そうしたことはいずれもピャタコーフとその仲間の被告人には当てはまらなかった。彼らは行政官と技術者であり、政治的な人間ではなかった。彼らが告発されたサボタージュ行為による鉱山事故と脱線は、それがたとえ本当だとしても、とうてい政権の転覆を図ったり、工業化と集団化の成果を台なしにしようとするための手段とはなりえなかった。

鉄道人民委員代理のヤーコフ・リフシッツが刑場に引かれていったとき、最後の言葉は「ザ・シトー?」（なぜ?　何のため?）だった。この話は党内に流布していて、それを聞いた中央委員の一人、軍司令官イオナ・ヤキールは思わずこう口走った。「それはいい質問だ、被告の身に降りかかった告発は、明らかにおぼえのないことなのだから」[*34]。では、彼らの罪は何だったのだろうか。唯一の答は、次のようなものだと思われる。スターリンの目には、過去に反対したことがあれば、以後の経歴がどうであろうと――ピャタコーフのように政権にとって価値のある人を犠牲にすることになるとしても――独自の批判的な態度をとりうる人間であるという烙印を捺すのに充分だということだった。そしてそうした態度を、彼は根こそぎにする覚悟だったのである。一九三七～三八年の諸事件が示すように、スターリンの唯一の基準は、彼の意志への全面的かつ無条件の服従だったのだ。

何が起こっているかを充分に理解していた人間の一人は、オルジョニキーゼだった。ソ連の指導者たちのなかでも人間味があって人気の高かったオルジョニキーゼは、三〇年以上も前にグルジアでともに過ごしたころからスターリンをよく知っていた。内戦当時にはスターリンのツァリーツィン・グループの一員であり、一九二二～二三年にレーニンの怒りを買ったザカフカースの強制的連邦化をともに実行している。二六年、オルジョニキーゼは忠実な党機関員として呼び戻され、キーロフ、ミコヤン、カガノーヴィチとともに政治局員候補となった。その後、党統制委員会のメンバーとなり、二〇年代末には反対派を滅ぼすのに手を貸した。二九年にはまた、キーロフ、クイブイシェフとともに党の名士からなる小グループに属したが、指導者の地位を目指すスターリンの努力が実を結ぶには、そのグループの支援が決定的な役割をはたした。スターリン革命では、彼は重工業人民委員という要職を占めていた。しかし、その後の三三〜三四年の締めつけが緩んだ時期には、やはり親しい友人のキーロフおよびクイブイシェフとともに、スターリンに反対する穏健なグループの代表的なメンバーの一人と目されていた。

彼はいまや、生きのびてきた三人のうちの最後の一人となった。そして、一九三六年十月二十八日に迎えた五十歳の誕生日には、新聞紙上と会議の席で惜しみなくお祝いの言葉を浴びせられた。しかし、部下の重工業人民委員代理ピャタコーフの逮捕は、明らかに彼に向けられた処置でもあった。オルジョニキーゼはスターリンにかけあって、ピャタコーフとその家族のために死刑を免除する約束を取りつけた。その約束を信じて、ピャタコーフに、要求に応じて「自白する」よう助言した。その直後の裏切りがもたらした結果は、スターリンとの公然たる言い争いと、世に伝えられる威嚇の言葉だった。「私はまだ政治局員だ。[*35] だから一騒動起こしてやるぞ、コーバ。それが冥途の旅の置き土産になるとしても！」ＮＫＶＤの密偵がすでにオルジョニキーゼにたいする「証拠」を集めていた。そして、ほとんど毎日のように、親しい友人や同僚の処刑の報が彼に伝えられた。スターリンは拷問を加えて囚人から引き出した宣誓証言に次のコメントを添えて彼に送りつけた。「同志セルゴよ、彼らがきみについて書いていることを見るがいい」。政治局はスターリンの動議にもとづき、オルジョニキーゼに来るべき中央委員会総会で「破壊されつつある」重工業について報告するよう指示した。彼はますます個人的な嫌がらせに悩み、夜間に保安警察からアパートの捜索を受けた。彼が苦情を訴えると、スターリンはこう答えた。警察は自分にたいしてもそんなことをしかねないのだ。別に異常なことではあるまい。

二月十七日、オルジョニキーゼはスターリンと長いこと話しあった。そのとき彼は、スターリンを説得しようとして、「暗黒の力」が彼の心に巣くう猜疑心をつのらせている、党は最も優秀な幹部(カードル)を失いつつあるのだ、と言った。電話による二人の二度目の対話は、結局、ロシア語とグルジア語による中傷と呪いの言葉の応酬となった。その翌日の二月十八日、オルジョニキーゼは寝室から出てこず、ずっとそこで仕事をしていた。五時を少しまわったころ、彼の妻は銃声を耳にして部屋に駆けこんだが、夫はすでに死んでいた。連絡を受けたスターリンは、他の政治局員たちに召集をかけ、彼らが集まるのを待ってから一緒にやってきた。オルジョニキーゼの妻は夫が何ごとかを書き残していた紙を拾い上げたが、それはスターリンに取り上げられた。彼女の抗議を制して、スターリンはオルジョニキーゼの死を心臓発作によるものだと説明するように命じた。「何と油断のならない病気だ！　人が横になって休んでいたところが、そこに発作が起こる。心臓発作というわけだ[36]」。死亡診断書には保健人民委員と他の三名の医師が署名し、スターリンの診断を追認した。

　キーロフ、クイブイシェフ、ゴーリキーにつづいて、オルジョニキーゼはその死を深く悼まれ、スターリン崇拝の飾りものとされた。権威あるソヴィエト百科事典には、オルジョニキーゼについて「偉大なスターリンのよき戦友……レーニンとスターリンの党の戦士として職に殉ず[37]」と書かれた。死亡診断書に署名した四人の医師のうち三人は、のちに粛清された。しかし、彼らにしろ他の誰にしろ、その死について殺人の告発がなされることはなかった。そして、一九五六年のフルシチョフの秘密報告で取り上げられるまで、「スターリンがオルジョニキーゼの兄弟の粛清を許可し、オルジョニキーゼをあのような状態に追い込んだので、彼は自害せざるをえなかった[38]」事実は伏せておかれた。オルジョニキーゼは舞台から降りるようにと「勧告」されていたのだが、彼の死のタイミングは、先のキーロフ、クイブイシェフ、ゴーリキーの場合と同様、スターリンにとってはまさしく目的にかなうものとなった。オルジョニキーゼが指導的なメンバーだった中央委員会の非常に重要な会期が、その死の四日後に始まった。

5

すでに打ち切ったという発表にもかかわらず、ブハーリンとルイコフへの告発をめぐる調査はつづいた。ＮＫＶＤが宣誓証言と告発文を用意していたので、スターリンはそれを一三九名の中央委員に回覧したが、そこには尋問者たちが仕組んだシナリオの主役となる二人も含まれていた。ブハーリンはスターリンに宛てて何通も手紙を書き、告発を否認したが、返事をもらえなかった。

一九三六年の革命記念祝典で、スターリンはブハーリンが妻と赤の広場のスタンドに座っているのを認め、護衛の一人を送って、党の他の指導者とともにレーニン廟の最上段のしかるべき席に着くべきだと伝えた。これはスターリンがかつての盟友にかける心理的なプレッシャーの一つである。もう一つ、彼はブハーリンに不利な証言をした「証人」と個人的に対決するよう求めた。

十二月の初めに、ＮＫＶＤの工作員が立ち退き命令をもってクレムリンのブハーリンのアパートに押しかけた。言い争いの最中に内線電話が鳴った。スターリンからの電話だった。「その後どうしているかね、ニコライ」とスターリンはたずねた。ブハーリンが追い立てられていると話すと、スターリンは電話でどなった。「さっさと奴らを追い出してしまうがいい！」その後まもなく、スターリンは中央委員会の秘密会議を召集した。その席でエジョーフは、ブハーリンとルイコフをこれまでで最も重大な陰謀の首謀者として告発するよう示唆された。

これは一九三七年の党中央委員会二月〜三月総会の正規の議事の予行演習だった。総会は、一月末に行なわれたピャタコーフ裁判の被告人にたいする糾弾と処刑、そしてオルジョニキーゼの思いがけない死の暗い影におおわれて開かれた。ブハーリンは総会の議事日程を受け取って、主な議題が自分とルイコフについて決定を下すことだと知って、抗議のハンガーストライキに入った。

彼が中央委員会の会議場に到着したとき、スターリンが近づいてきて問いかけた。

「誰にあてつけたハンガーストライキなのかね？　党の中央委員会か？　自分の姿を見るがいい、ニコライ。きみはすっかり憔悴しているようだ。そのハンガーストライキについて総会に詫びを入れたまえ」

「なぜ、そうする必要があるのか」とブハーリンは答えた。「きみたちは、どのみち私を党から追放しようとしているんだ」

「誰もきみを党から追放しはしないよ」とスターリンは答えた。[39]

ブハーリンは開会時にしかるべく謝罪したが、エジョーフ、モロトフ、カガノーヴィチに激しく攻撃されただけだった。「私はジノヴィエフでもカーメネフでもない」と彼が言明したとき、モロトフは言った。「認めないんだな。きみはそうやってファシストの手先であることを証明しているわけだ。ファシストの新聞はわれわれの裁判を挑発だなどと書きたてている。逮捕するぞ。認めたまえ」[*40]

ブハーリンとルイコフを逮捕する動議が提出されたとき、さらにただならぬ場面が演じられた。ラデックとソコーリニコフが衛視にともなわれて連れこまれ、彼らが陰謀に関わっていると証言した。しかし、ブハーリンとルイコフはすべての告発を否認した。モロトフとヴォロシーロフをはじめとする党の幹部から野次られ、発言を妨害されながら、ブハーリンは共同声明を読み上げ、確かに陰謀はあった、しかしその首謀者はNKVD国家をつくりあげ、スターリンに無制限の権力を与えることを企てているスターリンとエジョーフなのだと断言した。そして、中央委員会に正しい決定を下すよう、またNKVDの活動を調査する委員会を設けるよう訴えた。「そうかね。では、きみにそこへ行ってもらおう。自分で調べるがいい」とスターリンは叫んだ。

会議が終わると、ブハーリンは自宅に戻り、最後の手紙「将来の世代の党指導者へ」を口述し、妻にそれを暗記してくれと頼んだ。

巨大な権力をたくわえ……スターリンの病的な猜疑心に迎合するため、チェーカーの過去の権威を利用する……悪魔的な機関を前に、私は自分の無力を痛感する。中央委員であろうと党員であろうと、誰でも裏切り者やテロリストに仕立て上げて抹殺することができるのだ。[*41]

ブハーリンの若い妻のラーリナは、監獄から釈放されたあと、結局その手紙を公表することができた。そして、ブハーリンが訴えた将来の世代の党指導者たちが一九八八年に夫の名誉を回復するのを、生きながらえて自ら確認できたのである。

委員会が設けられた。しかし、それはブハーリンとルイコフの運命を決めることになった。誰も党からの追放に反対しなかった。それですべてが決まった。しかし、裁判にかけ、銃殺刑を求めるエジョーフの提案には全員が賛成したわけではなかった。意見が分かれることを見越して、スターリンは自ら提案する用意をしていた。党から除名するが、裁判にかけず、この件をNKVDの調査にゆだねる、というのである。それは満場一致で承認された。票決を聞くために戻ったとき、追われた二人の指導者は会場を出たところで逮捕され、ルビヤンカに送られた。再び姿を見せるのは一三カ月後、最後のモスクワ裁判に出廷するためだった。

総会は、スターリンとその一派に取り仕切られ、そのあと六日にわたってつづいた。スターリン自身は二度演説した。どちらも全文が『プラウダ』に掲載されて、その後のキャンペーンの指針となった。

最初の演説で、スターリンは自分が見るとおりに、いや党とソ連国民に見てもらいたいと自分が望むとおりに、状況を説明した。ソ連は敵対する勢力に包囲されている。党員証をもったままトロツキストに雇われ、ボリシェヴィキの仮面をかぶっている敵のスパイたちは、党と政府およびすべての経済機関に浸透しており、サボタージュとスパイ活動に従事し、人殺しまでやっている。彼らにそれが可能だったのは、あらゆるレベルにおける「われらの同志たち」が事態をまるで認識せず、五カ年計画の経済的な成功に酔いしれて、自己満足におちいってしまったからである。党はあらゆるレベルにおいて目を覚まし、これまで以上に監視する必要があることを悟らなければならない。「政治的な信じやすさを清算」しなければならない。古い「討議の方法」を放棄し、社会主義が強くなるにつれ、階級闘争が弱まるどころか、さらに激化することを認めたうえで、新たに今日のトロツキストと戦うために必要な方法をとらなければならないのだ。

危険な状況を正しく判断するために、党を指導する立場にある者は、共和国の党書記から地方の党細胞の書記にいたるまで、イデオロギーの再教育を受けなければならない。さらに、将来を見越して新しいカードルを養成しなければならない。スターリンはさらに、徹底的な粛清を行なうとの意図を示し、党の最上層から底辺にいたるすべての書記にたいして、「その地位につく能力のある代理二名を選んでおき、どんな場合にも職務を代行させられるようにしておかなければならない[*42]」と要求した。

総会は、すべてのケースについて粛清のやりかたに無条件で賛成したわけではなかった。しかし、出席者の大多数は、ブハーリンとルイコフがどんな目にあったかを見て怖気づくか、あるいはひたすらスターリンの方針を支持する熱意のほどを示そうとするかのどちらかだった。だが、スターリンはそれほどあっさりと満足はしなかった。先に党の幹部の「無知」を非難したが、こんどは彼らが熱心なあまり「真のトロツキスト」と自らの誤りを悔い改めた者とを区別できていないとして批判した。全国で広く受け入れられるように、彼は締めくくりのスピーチを、反対派ではなく、党の幹部にたいする批判にあてたのである――彼らはそれぞれの地域であたかも全能であるかのように振る舞い、「取り巻き」に囲まれ、「底辺にいる素朴な人びと」と接触しなくなっている、と。底辺にいる素朴な人びとにこそ、書記長はいま共感をおぼえているのであった。

われわれ指導者は思い上がってはいけない。そして、たとえわれわれが中央委員や人民委員であるとしても、だからといって正しい指導をするのに必要な知識をすべてもちあわせていることにはならないと知るべきである。地位は、それ自体では知識も経験も与えてはくれない。ましてや称号がそれを与えてくれるわけはないのだ。[*43]

さらにピッチを上げるという、この不穏な警告を聞かされたあと、中央委員たちは散会することを許された。

二月〜三月総会は、二つの理由からソ連の歴史の転機を画している。その一つは、ブハーリンとルイコフが追放され、逮捕されたことで、党内の反対派の最終的な敗北ばかりでなく、中央委員会の無力化が露呈されたことである。これ以後、スターリンは充分な力を背景として中央委員会を含むどんな機関にも相談したり訴えたりしないで、誰彼の見境なしに同僚の逮捕を命令できるようになった。これはまさに典型的な専制君主のふるいうる権力である。第二は、これ以後、一九三六年から三七年までに逮捕者の数を一〇倍にする端緒となったことである。それについては、フルシチョフが二〇年後に、党大会の秘密報告のなかで語っている。

スターリンの目標は、もはや以前の反対派の残党を滅ぼすだけでなく、それ以上におよんだ。総会における彼の言葉が予告していたように、粛清によって党内にわざと揺さぶりをかけ、安定した地位が保証されないようにし、将来、反対派が出てくる余地をなくそうとしたのである。テロルの対象ももはや党だけにかぎらなかった。そして、このあとにつづくNKVDと軍の将校団の粛清からわかるのは、彼が自分に反対する勢力(「人民の敵」または「ソヴィエト政権の敵」とされた)が現われる可能性を、どこであれすべて潰しておこうとしたことである。党による拒否権がすっかり除かれてしまったとき、スターリンが次の対象として選んだ部門を見ると、彼がいかに筋道を立ててことを運んだかが明白になる。歴史上のあらゆる専制君主と同様、スターリンは軍を自分の権力にとって潜在的に最も危険な脅威であると見た。政権を無力化するには、赤軍最高司令部がクレムリンを封鎖する決定を下し、選り抜きの戦闘部隊を差し向けて政治局員を逮捕しさえすればよかったのだ。他方で、軍にたいして何らかの措置を講じる前に、頼りにしなければならないNKVDをしっかりと手中に収めておくことが絶対に必要だった。

彼はすでにこの必要な準備を整えていた。党の書記局の内部にいつでも使えるテロ機構をつくりあげていたのだが、そこで中心的な役割をはたしたのがエジョーフだった。ソ連の歴史で、身長がわずか一五〇センチほどの悪意に満ちたこの小人ほど人びとに憎しみと軽蔑の入りまじった感情をかきたてた者はほかにいない。スターリンはカザフスタンの党書記だったエジョーフに目をつけ、中央に移して中央委員会の人事部(マレンコフが彼の副官)で働かせ、次に党の統制委員会をまかせた。一つだけ議論が分かれるのは、エジョーフが生来意地が悪くて残酷だったのか、それとも彼が全面的に主人に傾倒し、どんなに不愉快な仕事でもやってのける――スターリンの目には彼の最高の取り柄と映った――子分の役割を引き受けてから、こうした特質を獲得したのかという問題である。エジョーフが党の粛清を実行し、中央委員会のために保安警察の監督をつづけながら経験を積んだので、スターリンはNKVDの最高人民委員のヤゴーダを除こうと決意したとき、NKVDの外部からそのかわりとして登用したのである。

エジョーフは党の書記局からかなり多くの部下を連れてゆき、新しい地位についてから六カ月後に、NKVDの組織の徹底的な粛清に着手しはじめた。一九三七年を通じて、ヤゴーダの配下の幹部職員が三〇〇〇人も処刑されたと伝えられている。よく使われた方法として、まずNKVDのある部門の責任者とその副官に、国内のそれぞれ別の地方へ重要な視察に行くよう命令することがあった。彼らの乗ったそれぞれ別の列車は、モスクワを出ると最初の駅で停められた。そこで、NKVDの幹部は逮捕され、首都に連れ戻されて刑務所に送りこまれるのである。ヤゴーダ自身は一九三七年四月に逮捕され、三八年にブハーリンとともに裁判にかけられた。彼の別荘はモロトフが手に入れた。同時に、ヴィシンスキーは粛清機構のもう一本の柱である検察の組織に属する中央および地方の役所で大がかりな粛清を断行した。そしていま、両者は次の仕事の準備を整えていた。

六月十一日、何の予告もなく、赤軍最高司令部の指導的人物のうち九人が陰謀と裏切りの罪で逮捕されたと発表された。その翌日には、彼らが裁判にかけられ、処刑されたことが発表された。被告たちは一人を除いてすべて四十代で、一九三〇年代に率先して赤軍の再編成にあたったグループの精鋭だった。そのなかには、グループの指導者トゥハチェフスキー元帥、最も大きくて最も重要な二つの軍管区キエフと白ロシアを指揮するイオナ・ヤキールとI・P・ウボレーヴィチの両司令官、フルンゼ名誉陸軍大学主任で第二級軍司令官A・I・コルク、国防人民委員第一代理で一九二三年から赤軍政治総本部長をつとめていたヤン・ガマールニクがいた。ガマールニクは自害した。

いわゆる陰謀は、トゥハチェフスキーが「心に温めていたプラン」、クレムリンを占拠して政治指導者たちを殺害するという考えにもとづいていた。しかし、当時は何の証拠も公表されず、陰謀があったとの発表以外には何の声明も出されなかった。スターリン自身の陰謀は、一一カ月前にかたちをとりはじめていた。一九三六年七月、キエフ軍管区の戦車隊を指揮するドミートリ・シュミットが逮捕されたときのことである。スターリンがよくやったことだが、個人的な侮辱にたいして復讐するということが、調査の対象を選ぶ決め手になったのである。ユダヤ人の貧しい靴屋の息子として生まれ、一九一五年以来の党員で、内戦では騎兵隊の勇敢な指揮官だったシュミットは、トロツキストとつきあうようになっていた。トロツキストが党から追放された二七年の党大会が開かれたころ、カフカース風の黒い外套を着て、毛皮の帽子を耳が隠れるくらいに深くかぶったシュミットは、クレムリンから出てくるスターリンを見ると、いきなり罵りはじめ、反身(そりみ)のサーベルを抜き、いつかはその耳を切り落としてやると言って書記長を脅したことがあった。*44 事件そのものはまもなく忘れられた。しかし、スターリンは決して忘れなかった。NKVDが「自白」というかたちの証拠を集めて、党内のトロツキストの陰謀について調査するよう命じられたのは、まさにこの将校が目当てだったのである。数カ月にわたる尋問と殴打と拷問の末に、シュミットは屈伏し、署名することに同意した。彼はすっかり人が変わって、老けこみ、痩せ細って、落ち着きをなくしていた。証拠などは必要がなかった。シュミットは一九三七年五月二十日にあっさりと銃殺された。

そのときまでにかなり多くの将校が逮捕されており、トゥハチェフスキーは軍の指導部を——ということは、自分を——おとしめようとする計画が進んでいることを充分に意識していた。一八九三年に、没落貴族の家柄に生まれたトゥハチェフスキーは、一九一四年にセメオノフスキー近衛連隊の少尉への任官を官報に告示された。一九一八年に共産党に入党したのは、党こそがロシアの国運をよみがえらせるのではないかと考えての結果であり、内戦ではトロツキーに任命されて第一赤軍を指揮した。そして、卓越した軍事的才能を発揮して成功を収め、一九二〇年の対ポーランド戦争には全ソ連軍の司令官に任じられた。こうして彼は、三十歳にもならないうちに、名誉か、さもなくば死を、という自分の目標を達成したのであった。

　このときの作戦とワルシャワ占領に失敗したことの責任をめぐる論争が、トゥハチェフスキーと「戦争と政治の陰謀を企てる三人組——スターリン、ヴォロシーロフ、およびブジョンヌイ」との確執を決定的なものにした。この三人はいずれも内戦中にツァリーツィン（スターリングラード）で第一騎兵軍に加わった仲間だった。

　トゥハチェフスキーの思いがけない一面が、ドミートリ・ショスタコーヴィチの回想録に見られる。[*45]トゥハチェフスキーの趣味はヴァイオリン造りで、この作曲家が学生だったころ、二人は親しい友人になった。ショスタコーヴィチはトゥハチェフスキーを「運命の寵児」とも言える「非常に野心的で傲慢な人物」であり、赤軍のなかでも並外れた個性をもつ——血気さかんだが、寛大で、いささか尊大でもある——人物、したがってスターリンが復讐願望ばかりでなく嫉妬心もかきたてられた男として描いている。

　トゥハチェフスキーはロンドンで挙行されたジョージ六世の戴冠式にソ連の代表として出席することになっていたが、一九三六年五月の初め、出発の直前になってキャンセルされた。そして、国防人民委員ヴォロシーロフは彼を人民委員代理のポストから解任し、ヴォルガ川沿いのクイブイシェフにある小さい軍管区へ左遷した。さらに一連の同じような異動が行なわれ、それによって逮捕予定者たちがその権力基盤から外された。同時に、「二重の命令」系統という古いシステムが復活し、政治委員が現役の将校以上に権力をもつようになった。

この時期が選ばれたのは、トゥハチェフスキーとドイツ参謀本部の高官とのあいだでひそかに交わされた手紙も含まれるさまざまな書類が、五月半ばにスターリンの手に渡るという意外な脇筋によるものだったらしい。トゥハチェフスキーとソ連の最高司令部がドイツの参謀幕僚――両者は一九三四年以来緊密に接触してきた――とともに陰謀に関わっているという告発は、おそらくはスターリンの承認のもとに証拠を「捏造した」NKVDが申し立てたものだった。そのことはハイドリヒのSD（親衛隊保安課報部）にも知られ、彼らはドイツの軍部にたいしてそれが使えるかもしれないと考えた。だが、一九三六年に、ヒトラーとヒムラーはそれをあらためてスターリンに送り返すことに決めた。トゥハチェフスキーと赤軍の指導部をおとしめるための「罠」になるかと思ってのことである。証拠書類を捏造するのに時間がかかったが、独ソの軍部が接触しているという話がチェコスロヴァキア大統領エドゥアルト・ベネシュを通じて、スターリン（およびフランスにいるソ連の味方）にリークされたあとで、捏造文書は親衛隊とＮＫＶＤが地下で接触してモスクワにこっそりともちこまれた。[*46]

結局、スターリンは捏造されたその書簡を利用しなかった。おそらく裏切りの容疑で逮捕した将校たちから自白を引き出すという、手慣れた方法に頼るほうを選んだのだと思われる。六月一日から四日にかけて、一〇〇人以上の陸軍将校が出席し、政治局員もまじえて開かれた革命軍事会議で、彼はソヴィエト政府にたいする「軍‐ファシスト」の陰謀が発覚したことについて、個人的に報告した。その指導者は、逮捕されている将軍たちばかりでなく、トロツキー、ルイコフ、ブハーリン、エヌキーゼおよびヤゴーダだということだった。

> この輩は〔とスターリンは断言した〕ドイツ国防軍（ライヒスヴェーア）の手のなかの操り人形である。ライヒスヴェーアはわが政府を転覆させたいと望み、その目的を達成しようとしたが、成功しなかった。ライヒスヴェーアは、わが軍部が崩壊の道をたどり、進んで国を守る気概を失わせようと望んだ……彼らは、ソ連にスペインの二の舞いを演じさせようとしたのだ。[*47]

拷問と恐喝によって得た「自白」以外に裏づけとなるもののないスターリンのこの声明にもとづいて、非公開の略式裁判が開かれ、いつものウリリヒが裁判長をつとめた。彼はソ連の五人の元帥のうち二人（ワシーリー・ブリュッヘルとセミョーン・ブジョンヌイ）と、五人の司令官および一人の師団長に補佐された。そのうちの五人は、のちに自身が銃殺されることになる。被告たちの処刑はただちに行なわれ、間を置かずに妻と親族および子供たちの逮捕と処刑、または収容所への移送がつづいた。計画のどの段階も、スターリンの周到な指示に従って実施された。スターリンはさらに、トゥハチェフスキーの妻と兄弟二人、姉妹一人の処刑、それ以外の姉妹三人の収容所送り、そして彼の幼い娘スヴェトラーナが十七歳に達したとき、「社会的に危険」だとして彼女の収容所送りも命じた。

裁判がまだつづいているあいだに、スターリンは各共和国および州の当局に署名入りの命令文書を送って、労働者、農民および兵士の集会を組織し、彼らに極刑を要求させるように指示した。同時に、ＮＫＶＤは、赤軍と海軍および空軍の将校団とすべての政治委員を対象とする、前例のない規模の逮捕と処刑の作業にとりかかった。それがクライマックスに達したのは、七月二十七日から二十九日にかけてだった。海軍司令官オルロフ提督と六人の陸軍司令官が、元政治局員ルズタークと九人の中央委員を含む一八人の政治的な要人とともに銃殺された。同時に、極東軍司令部もひどい目にあわされた。日本にたいするロシアの防衛を固めて大きな成果をあげた元工場労働者のブリュッヘル元帥はモスクワに召喚され、一九二一年から日本のスパイだったとの罪を問われて三八年十月に逮捕された。ブリュッヘルは自分につきつけられた自白書に署名せず、顔の「見分けがつかなくなる」まで殴打され、それがもとで死んだ。

そして、ソ連の新聞に掲載された軍の粛清の内訳は、次のとおりである。[*48]

ソ連の五人の元帥のうち三人
陸軍司令官一五人のうち一三人
艦隊司令官と第一級提督九人のうち八人
軍団司令官五七人のうち五〇人
師団司令官一八六人のうち一五四人
軍所属政治委員一六人の全員
軍団政治委員二八人のうち二五人
師団政治委員六四人のうち五八人
国防人民委員代理一一人の全員
最高軍事会議委員一〇八人のうち九八人

影響を受けたのは上層部にかぎらなかった。一九三七年五月から三八年九月までのあいだに三万六七六一人の陸軍将校と三〇〇〇人以上の海軍将校が追放された。その後、軍籍に戻された一万三〇〇〇名を考慮し、三八年九月以後に「処分された」数を加えると、三七年から四一年までの合計は、大隊と中隊の指揮官レベルの将校四万三〇〇〇人が逮捕されるか、収容所に送られるか（大多数）、または永久に追放されたことを示している。ロイ・メドヴェージェフはこの比類のない作戦を驚くべき文章に要約している。「軍のどの将校団も、ソ連軍がこの平時にこうむった以上の損失をこうむったことはなかった[*49]」

こうした数字だけでは、軍隊のこうむった損害をはかる基準として充分ではない。革命と内戦以来、機械化した戦争の必要に応じられる近代的な軍隊と専門知識をもつ司令部をつくるために多大な努力が払われてきた。消されたのは、まさにそのプロセスに最大の貢献をし、かつ自主的に考えることのできる能力をもった男たちだった。いまや彼らの経験と能力のすべてが失われた。ドイツと日本のいずれか、またはその両方との戦争の脅威がこれまでになく大きくなった時期に、自信をつけるにはほど遠い環境のなかで、事実上、陸海空三軍のすべてにおいて新しい指揮官——少なくとも一〇〇〇人の上級将校——を育成する必要が生じたのである。ごく控え目に見積っても、それには数年を要することになる。それまで敵に乗じられる弱点をもつということこそ、一九四一年にソ連への攻撃を危ぶむドイツの将軍たちの疑念を一掃するためにヒトラーが利用した論点だった。結局、ロシア人は一九三七年から三九年にかけて銃殺された人たちに勝るとも劣らぬほど有能な軍事指導者の一団を生みだせることを証明した。しかし、粛清の時期には、スターリンにせよ他の誰にせよ、そのことを確信できたわけではなかった。それは、戦争の初期に驚くほどの損害をこうむるという犠牲を払うことによって初めて、可能になったのである。その一方で、赤軍とスターリンは苦い経験から学び、やがて第二次大戦に勝利を収めた司令官たちがトップの座につくことになった。

6

もちろん、粛清に関する個々の決断のすべてにたいして、スターリンに責任があったわけではない。のちに「行き過ぎ」を指摘するのが好都合になったとき、彼の念頭にあったのは、疑いなしにそのことだった。しかし、粛清がそれほどの規模にまで広がるのを許容できた、あるいはそれに必然的にともなう危険を冒すことができた人物は、彼をおいてほかにはいなかった。将校の多くが、また高い階級についているほとんど全部が党員であり、党の監督下にあった。赤軍がごく初期からユニークだったのは、そのなかに一つのみならず二つも統制機構を組みこんでいたことである。政治委員がすべての部隊に加わって活動していたし、統合国家政治保安部（ＯＧＰＵ）－内務人民委員部（ＮＫＶＤ）は大隊以上のすべてのレベルに特別な支部を設け、どちらもそれ自体で独立した階級をもっていた。そのような疑心に満ちた雰囲気のなかでは、人に覚られずに陰謀を企てる機会などはほとんどなかった。また、ソ連の公式の調査が終わってトゥハチェフスキーとその同僚の将校たちが名誉を回復したあとでも、陰謀の証拠は何一つ明るみに出なかった。そして、ナチ政権と秘密に接触しようとした唯一の例は、スターリン自身によるもので、ベルリン駐在のソ連商務官ダーヴィド・カンデラキを橋渡しにしようとするものだった。その目的で、スターリンはカンデラキをベルリンへ派遣したのである。

説明としては次のこと以外に考えられない。スターリンは国防能力を大幅に弱めるという危険をあえて冒し、戦争になって最初の局面で容易ならぬ敗北を喫した場合、その機会に乗じて自分にたいするクーデタを企てる司令官のグループが絶対に出てこないようにしたのである。将軍たちの行動が彼の猜疑心をあおったのでないことは、キーロフやオルジョニキーゼのような古参ボリシェヴィキの場合と同じである。原因は、将軍たちが独自に行動でき、したがって充分に信頼できないのではないかと判断するにいたったスターリンの心のありかただった。政治的には筋の通ったそのような根拠にもとづいて疑惑が正当化できれば、その危険を防止しようとしてとる措置は、彼の性格にひそむ精神病質によってさらに強められ、あのような規模――文字通りの「過剰殺戮」――になったのだと考えられる。

将校団への攻撃と並行して、エジョーフ体制による全国的な党と政府と工業のエリートにたいする粛清が激化した。メドヴェージェフは、一九三七～三八年に職を追われた州と都市の党委員および共和国の党中央委員が九〇パーセントにおよんだと、数字をあげてその過酷さを明らかにしている。

つねにスターリンの疑惑の的となり、キーロフ暗殺のあとですでに大きな打撃をこうむっていたレニングラードほど、粛清が徹底したところはほかになかった。一九三七年五月に州の党組織の会議の席で、ジダーノフは新たな攻撃に着手した。それは、お決まりの手順を繰り返して、「反ソヴィエト右翼‐トロツキストの二心を抱く者、および日独の反政府活動家とスパイをあばき、隊列から追放した」のである。ジダーノフが最も頼りにした部下の一人は、一貫してチェーカーからOGPU、そしてNKVDで働いてきた古参のレオニード・ザコフスキーだった。ザコフスキーのやりかたは、フルシチョフが五六年の秘密報告のなかで、三七年に逮捕された一九〇六年以来の党員のローゼンブルムの体験によって説明している。殴打され、拷問にかけられたあと、ローゼンブルムはザコフスキーの前に連行された。ザコフスキーは、法廷でレニングラードのテロリスト・センターの作戦について証言すれば自由の身にすると言った。

ザコフスキーは私に告げた。「事件は一分の隙もなくつくりあげなければならず、そのためには証人が必要だ。証人の社会的な素性（もちろん過去の）と党内の地位はばかにできない意味をもつ。きみは自分で何も考え出す必要はないだろう。NKVDがセンターに所属する各支部のあらましをきみのためにそっくり用意してくれる。きみはそれを注意深く学習して、法廷で聞かれると思われることとそれにたいする答を、きちんとおぼえておかなければならない。この事件は、四カ月か五カ月もすれば、いや、ことによると半年かかるかもしれないが、準備が整うだろう。そのあいだに、きみはしっかりと腹を据え、このたびの調査と自分自身の信用を落とさないようにするんだ。きみの将来は、裁判の進み方とその結果にかかっている。きみが嘘をついたり、誤った証言をしたりすれば、悔やむことになる。きみがどうにかそれに耐えるなら首をはねられずにすみ、きみは政府の費用によって死ぬまで衣食にこと欠かないだろう[*50]」

フルシチョフは自ら見聞きした知識にもとづいて語った。ジダーノフがレニングラードの人びとを激しく追跡していたのと同じ時期に、彼自身はモスクワの粛清を担当していたのである。そのこととモスクワでの実例については、一九五六年の秘密報告ではまったく触れられなかった。

最も活発な党の活動家が何百人も狩りたてられて、収容所に送られ、あるいは銃殺されたのと時を同じくして、レニングラードの主だった工業施設の企業長たちが解任された。古い幹部が追い出されたので、ジダーノフは自分の配下の者たちによってその空席を埋めた――そのなかにはN・A・ヴォズネセンスキー、A・A・クズネツォフおよびP・S・ポコフがいたが、彼らはのちに、戦後の「レニングラード事件」に連座して死ぬことになる。

レニングラードで起こったことは、国内のすべてのセンターでも繰り返された。しかし、グルジアとザカフカースのベリヤを別にして、他のところでは州および共和国の第一書記は、彼ら自身の現存する機関を破壊し、新しいものと置き換えるにあたって、ジダーノフとフルシチョフほどには信頼されていなかった。スターリンは粛清が充分に厳しく実行されているかどうかを確かめるため、腹心の部下をモスクワから派遣した。たとえばカガノーヴィチはイヴァノヴォとクバニ川流域とスモレンスクへ、マレンコフは白ロシアと（ミコヤンとともに）アルメニアへ、アンドレーエフはタシケントへ派遣された。

各地区で狩り出して、銃殺するか収容所に送るように要求されていたトロツキストとスパイと妨害活動家の数には、決まった割当があった。カガノーヴィチはイヴァノヴォを訪れて、電話で何回かスターリンに報告した。その結果、割当は最初一五〇〇人と決まった。地域のＮＫＶＤ長官と党第一書記とソヴィエト執行委員会議長からなる地元の三人組がつくられた。どのレベルの党書記もそれぞれ二人の代理を選んでおかなければならないというスターリンの助言は、もし求められた人数を差し出せなければ、彼ら自身が粛清されることを裏づけていた。イヴァノヴォの党と政府の幹部職員をほとんど銃殺したあと、三人組は割当を満たすために、すでに地元の監獄に入っていた政治犯の全員と、ほかに捕らえうる者は誰でも（たとえば東清鉄道が満州国に譲渡されたあとで帰国していた元鉄道従業員など）狩りたてた。だが、そうした努力も、モスクワからさらに圧力が加わって割当が増やされる結果を招いたにすぎなかった。[*51]

ウクライナはすでに集団化キャンペーンのとき、ソ連の他のどの地方よりも苦しめられていた。そして、一九三七〜三八年には再び、独立したその地位を潰そうとするスターリンの悪意に満ちた決意の的となった。モロトフとフルシチョフとエジョーフからなる政治局の委員会がＮＫＶＤの強力な大部隊をともなって、三七年八月にキエフに到着した。その翌年を通じて、上はウクライナ政府（一七人の閣僚の全員が逮捕され、ほどなく後継者たちもそのあとを追った）とウクライナ中央委員会（一〇二人の委員のうちで生き残ったのはわずか三人）から、教育制度、科学団体およびウクライナ作家同盟にいたる共和国のあらゆる機関で、管理する立場にある者が徹底的に掃討された。ウクライナ共産党は事実上壊滅し、この共和国は新規蒔直しの再建が可能になるまで、「ＮＫＶＤの領地も同然のありさまとなり、党やソヴィエトの正規の活動もままならない状態」[*52]になった。再建は、フルシチョフにまかされた仕事だった。彼はウクライナの党第一書記に任命されて、一九三八年には地区と市の委員会書記となるべき一万六〇〇〇人の党員——そのなかに若き日のレオニード・ブレジネフがいた——を育てた。これは、ソ連のいたるところで空席になった地位に入りこむ新しい幹部候補生だった。

エジョーフ体制に苦しんだ者の大多数が地方の人びとだった。ソ連のどの地方も、極東のように最も遠く離れたところさえも逃れられなかった。

しかし、スターリンは書記長として、ソヴィエト体制の残る部分に軍隊と同じほど徹底した粛清を行なうつもりならば、決定的な作戦の舞台がモスクワでなければならないことを誰よりもよく知っていた。最高の権力がその地に集中していた。政治局、中央委員会と中央委員会書記局、ソ連の工業に責任をもつ者も含む人民委員とその省庁、NKVDの本部、コムソモール、労働組合、首都の学問と文化と科学の諸機関である。

スターリンはその作戦の指揮をとるにあたって自分以外の誰をも信用せず、実行はエジョーフにまかせた。その準備として、一九三七年九月十四日の命令によって略式の裁判手続きが導入され、公開裁判によって一般に知らせることを禁じるとともに、控訴と恩赦としての減刑の訴えをも禁じた。

モスクワの党第一書記としてやはりそれに関係していたフルシチョフによれば、エジョーフは一九三七〜三八年を通じて、処刑にスターリンの個人的な承認を必要とする重要人物の名前を記した三八三通の名簿を提出している。リストの書式は次のとおりだった。

同志スターリン、

あなたの承認をいただくべく、軍事法廷によって裁かれる者の名簿四通をお送りします。

名簿第一号（将軍）／名簿第二号（前軍人）

名簿第三号（前NKVD職員）／名簿第四号（人民の敵の妻）

全員に第一級の判決を下すための承認を要請します。／エジョーフ*53

「第一級」の有罪判決とは銃殺のことだった。そして、リストは明らかにスターリンのオフィスの正規の日常業務の一つとして検討されたあとで、次のメモを添えて送り返された。「承認――J・スターリン／V・モロトフ」

一九五七年六月に開かれた中央委員会総会で、フルシチョフによる第二〇回党大会への報告につづいて、ジューコフ元帥はスターリン、モロトフ、カガノーヴィチに処刑を承認された三万八六七九名の高級官僚、軍の指導者、文化人らの名簿を提出した。その一例をあげると、一九三八年十二月十二日だけで、スターリンとモロトフは三一六七人もの囚人の処刑を承認した。控訴には暴言が浴びせられた。一九五七年六月の中央委員会総会でジューコフ元帥は、処刑の前夜に無実を訴えた一将軍の手紙に付されたコメントを読みあげた。


「嘘のかたまりだ！　銃殺しろ。J・スターリン」

「賛成。悪党め！　裏切り者にふさわしい死だ。ベリヤ」

「狂っている。ヴォロシーロフ」

「豚！　カガノーヴィチ[*54]」

特筆すべきは、この粛清と裁判が行なわれた全期間を通じて、陰謀、サボタージュ、彼の暗殺計画についての報告——党や国家および軍隊の要人が関与する——がとめどもなく自分の机に届いていたが、スターリンは気勢をそがれたり神経質になったりする兆候をまったく見せなかったことである。哀れみや同情心は彼にとって無縁のものだった。スターリンは手紙を口述し、役人に面接し、会議を開き、劇場に足を運ぶなど、以前と変わりなく日常業務をこなしつづけた。長年にわたって密接に協力していた人間が処刑されたときも、彼は同じように同情心のかけらも示さなかった。たまに感想を述べることもあったが、裏切りを摘発したことへの満足感を表わすだけで、後悔した様子はまったくなかった。場合によっては、逮捕の許可が下りた者が数週間ないし数カ月にわたってその地位にとどまることが許された。また、職を解かれながら、ただちに逮捕されず、待たせておかれる場合もあった。それは、どっちつかずの状態で生かしておく期間を長くして、犠牲者——とその妻たち——の抵抗を弱めようと、あえてとられた処置だった。

危険にさらされていたのは、もはや以前の反対派だけではなかった。反対派のほとんどはすでに自由の身ではなかった。集団化の強制と五カ年計画を実施するために活躍した者の多くが、党員の逮捕と処刑に逆らうか、あるいは少なくとも疑いを表明するか、あまり気のないところを見せるかして、スターリンの怒りを買っていた。

たとえば（政府の最も重要な諸部門に責任を負う）人民委員会議では、二人の副議長、アルカディ・ローゼンゴリツ（貿易）とアンドレイ・ブーブノフ（教育）、G・M・カミンスキー（保健）、V・I・メズラウク（国家計画委員会と重工業）、M・ルヒモーヴィチ（防衛産業）、G・F・グリンコ（財政）、M・A・チェルノーフ（農業）が、別の一〇人とともに粛清の犠牲者になったと考えられる。たいていの場合、彼らが解任されるとなると、スタッフの多くも殺害されることになった。これには中央の行政官だけではなく、事業所の管理者、主任技術者および工場支配人も含まれた。

まったく異なる部門から別の例をあげると、コミンテルンの幹部職員ばかりでなく、ソ連に亡命していた数千人の共産党員――ナチ・ドイツ、オーストリア、イタリア、ポーランド、スペインなど、共産党が禁止された国々からの亡命者――が逮捕され、銃殺されるか、あるいは収容所に送られた。

7

最後の大がかりな公開裁判は、一九三八年三月にモスクワで開かれた。それは前の二回の裁判とは目的を異にしていた。これまでのものが、スターリンの政策に反対を表明し、あるいは態度を留保した者は、中央委員や政治局員を含めて誰でも、自分自身と家族を死の危険におとしいれることになるというメッセージを宣伝し、正当化するためだったのにたいし、この最後の公開裁判は、それとは異なるタイプの反政府運動、テロ、反革命、破壊活動、スパイ行為、裏切りをことごとく寄せ集め、それらを一つの陰謀の枝葉として提示することを意図したものだった。ブハーリンとルイコフに代表される右翼の反対派は、次のようなさまざまなものにつながっていた。トロツキー、先のジノヴィエフ派およびトロツキストの陰謀家、まだ裁判にかけられていない他のトロツキスト、トゥハチェフスキーと軍、すでに確認されている別のテロリスト・センターの活動グループおよび少なくとも四つの外国諜報部である。二一人の被告は「陰謀」に巻き込まれたソヴィエト体制のさまざまな部門を代表していた。レーニンの政治局の三人の局員（ブハーリン、ルイコフ、クレスチンスキー）、前NKVD長官ヤゴーダ、大規模なサボタージュを奨励したことを自白した政府の経済部門の長である四人の人民委員、ナチ・ドイツとの共謀およびトロツキーとのつながりを認めた四人の外交官、連邦を構成する共和国――ウズベキスタン、ウクライナ、白ロシア――の指導者でブルジョワ・ナショナリズムを奨励した罪を認めた四人などである。ヤゴーダの裁判ではクイブイシェフとゴーリキーはヤゴーダの命令にもとづいて殺されたとの証言があった。ソ連の医療専門職の指導者ドミートリ・プレトニョーフ教授を含む三人の医師は、自分たちがその殺人を実行したほか、ゴーリキーの息子とヤゴーダの前任者のNKVD長官メンジンスキーも殺したと自白した。

告発には、外国のためのスパイ行為と暗殺から、資本主義に戻ろうとしてソ連の解体と社会システムの転覆を企てることまで、反革命活動のリストにあげられたすべての犯罪が含まれた。ブハーリン一人にたいして新しい告発がなされ、彼は一九一八年にスターリンとレーニンを同時に殺害して権力を握ろうと企てた罪で訴えられた。証拠は——いつものように相互にからみあった自白のかたちをとって——エジョーフとそのチームが一年がかりで準備したが、翌年にはその全員が一人残らず粛清される運命にあった。

それでも、意外なことが起こった。第一は、裁判が始まり、被告が抗弁を求められた直後のことだった。他の者はすべて罪を認めたのに、一人がきっぱりと答えた。「私は罪を認めません。私はトロツキストではありません。私は右派とトロツキスト・ブロックのメンバーだったことは絶対にありません、その存在すら知らなかったのです。また、私が個人的に告発された罪のどれ一つをとっても、まったく身におぼえがありません」[55]。傍聴していたイギリス大使館のフィッツロイ・マクリーンが、「嘴（くちばし）のように尖った鼻に鉄縁の眼鏡をひっかけた、青ざめて、みすぼらしく、影の薄い小男」[56]と書いたその人物はニコライ・クレスチンスキーといい、スターリンとともにレーニンの最初の政治局の五人のメンバーの一人で、かつては中央委員会の上席書記をつとめた人物だった。トロツキーとともに党を追われたが、一九二九年に許されて党に戻り、外務人民委員代理になっていた。

ヴィシンスキーから、この法廷で尋問の際に自白したことを撤回するのはなぜかと聞かれて、クレスチンスキーは答えた。「ただこう考えたのです。今日、ここで事実と一致しないことを話したら、私のその言葉は党と政府の指導者に伝わらないだろう、と」[*57]。マクリーンは伝えている。この大胆な言葉に、法廷は「衝撃を受けて静まり返った」[*58]。

ヴィシンスキーが新たにその問題を追求しはじめたのは、翌日の夕方だった。そのときまで、クレスチンスキーは身柄をＮＫＶＤの手にゆだねられ、まる一日以上が過ぎていた。法廷に戻ったとき、クレスチンスキーの態度と外見はすっかり変わっていた。ヴィシンスキーが「昨日のきみの発言は、それでは何を意味するのか」と詰問したとき、クレスチンスキーはまるで暗記した言葉を復唱するような調子で答えた。

昨日、私は誤った羞恥心という一瞬の激情に駆られて本当のことを話す気になれませんでした。それは被告席の雰囲気と告訴状が読み上げられたために受けた印象に触発されたものですが、私の病的な状態もあって、いっそう強まったのです……世論に直面して、私には真実を認める強さがありませんでした。これまで自分がずっとトロツキストとして戦いつづけてきた事実を認めることです。私個人にたいする最も重大な告発をもたらした罪をことごとく認め、かつ私が犯した反逆と背信にたいし全面的な責任を認めるという私の言葉を記録してくださるよう、法廷にお願いします。[*59]

裁判のハイライトは、ブハーリンとルイコフの反対尋問だった。スターリンがブハーリンを選んだのは、全体としての古いボリシェヴィキ指導部の堕落と犯罪行為の典型例とするためだった。フィッツロイ・マクリーンが理解したように、「最大の敵という役割はブハーリンのものだった。彼はすべての悪事の陰にいた。すべての陰謀に関係していた。彼が自らに汚名を着せたので、囚人たちもそれぞれに意を用いて同時にブハーリンをおとしめようとした」。[*60]

ブハーリンの裁判が始まるまでの一年半にわたって、スターリンは故意に逡巡しているような様子を見せていた。その効果は、ブハーリンが獄中からスターリンに宛てて書いた四三通の手紙に見てとれる。これらの手紙が日の目を見たのは、一九九〇年代に公文書館が公開されてからだった。（原注：手紙を発見したのはエドワード・ラジンスキーであり、彼の著書『赤いツァーリ』（ＮＨＫ出版）に引用されている）

私は幻覚におちいった状態できみと何時間も話をしていた。よくそんな発作が起るのだ（きみは私の寝台に座っていたが、あまり近いので触れそうだった）。私はきみに言いたかった。きみがどんなことを要求しても、少しも躊躇せずに、喜んでそれをやるだろう、と……

この七カ月というもの、私は妻にも子供にも会えなかった。イオシフ・ヴィサリオノヴィチよ！　彼らが私のところを訪れることを許可してくれないか。アニュータと私の小さい息子に会わせてくれ。

スターリンはそれに答えなかった。拷問を加える必要はなかった。ブハーリンは自らおのれを苦しめていたのだ。三カ月のあいだ、ブハーリンは自白せよとの要求にたいして抵抗し、それ以後も自白の文言をめぐって尋問官とスターリンの使者のヴォロシーロフおよびエジョーフと戦い、それは裁判の前夜までつづいた。

最後までブハーリンは、ジノヴィエフと同様、自分は殺されないですむだろうと考え、決して絶望しなかった。彼はスターリンに宛てて最後に心情を吐露し（一九三七年十二月十日付）、こう書いた。

私のドラマの最後のページ、そしておそらくは私の人生の最後のページがめくられようとしている。私はすっかり興奮し、居ても立ってもいられない……

スターリンに自分は決して告白を否認しないと断言し、彼はこうつづけた。

きみと、私は何時間もつづけて話しあった。何かの道具があって、きみが私の苦しみ悩む魂をのぞき見られたら、どんなにいいかと思う！　私がきみにたいしていかに献身的か、わかってもらえればと思っている……私にとって死ぬのは、やがて行なわれる裁判を切り抜けるより一千倍も容易なのだ。

ブハーリンはスターリンに、銃殺ではなく毒殺してもらえないかと懇願したが、すぐにまた自分は助命されてアメリカか、どこかの収容所に追放されるのではないかとの希望にすがった。

もっとも本当のところ、私はそんな希望はほとんどかなえられないとも思っている……私は尽きせぬ大きな愛情をこめて、きみに、党に、革命の大義に手をさしのべる。きみを抱擁し、永遠の別れを告げたい。きみの不幸なN・ブハーリンをよしなに。

実際に裁判が始まったとき、ブハーリンは気力を取り戻した。トロツキスト・ブロックのすべての犯罪について全般的な責任を負うが、それを形式的な手続きとし、個別のケースについてはすべて否認するというのが彼の計画であり、ルイコフもそれにならった。告発にたいする彼の答弁は以下の通りであった。

私は「右派とトロツキスト・ブロック」の主だった指導者の一人だったことについて罪を認める。したがって、その事実から直接起こることに、つまり特定のどの行為についても、私が知ると知らぬとにかかわらず、また参加したとしないとに関わりなく、この反革命組織が犯した犯罪の全体にたいして有罪であることを認める。[*61]

彼をなぶりものにしようとするヴィシンスキーの威嚇的な言辞に屈するどころか、ブハーリンはルイコフに助けられながら、どの問答もうまく受け流した。そのために首席検事は怒り心頭に発した。

ヴィシンスキー　被告ブハーリン、きみはスパイ行為の罪を認めるか？
ブハーリン　認めません。
ヴィ　ルイコフの証言、シャラゴノヴィチの証言もあるが？

ブハ　私は罪を認めません。

ヴィ　右翼組織が白ロシアに設立されたとき、きみはその中核にいた。そのことを認めるか?

ブハ　もう申し上げました。

ヴィ　きみに聞いているのだ。認めるのか、認めないのか?

ブハ　私は白ロシアの問題には関心がありませんでした。

ヴィ　きみはスパイ問題に関心がなかったのか?

ブハ　はい、ありませんでした。

ヴィ　では誰が関心をもったのか?

ブハ　私はこの活動について情報を受け取りませんでした。

ヴィ　被告ルイコフ、ブハーリンはこの種の活動について情報を受けていなかったのか?

ルイコフ　私はそれについて彼に話したことはありません。

ヴィ　(ブハーリンのほうを向いて)　ここにある、きみにたいする反証にもとづいて、もう一度聞く。きみは、このソ連の法廷において、どの国の情報部から支援を得ていたと認めるつもりか――イギリスかドイツかそれとも日本か?

ブハ　どれも認めません。[*62]

スターリンはブハーリンがレーニンと親密な関係にあったことを考えて、ブハーリンが一九一八年にあのボリシェヴィキの指導者の殺害——スヴェルドロフとスターリン自身に加えて——を計画したという、彼一人にたいする告発を新たに加えた。ブハーリンはそれを断固として否認し、証人たちと対決したとき、その証言を虚偽だとしてしりぞけた。

ヴィシンスキー　きみは彼らが真実を語っていないことをどのように証明するのか？

ブハーリン　それについては、彼らにおたずねになるほうがいいでしょう。[*63]

スターリンは法廷に出ていなかった。しかし、先の裁判で手配されていたように、法廷には盗聴用マイクが設置されていて、裁判の進行状況を一人で聞くことができた。フィッツロイ・マクリーンは報じている。

裁判のある時点で、アーク灯の向きが変わった。そのとき、傍聴者のなかの注意深い人たちは、法廷を見渡せるプライベート・ボックスの一つの黒いガラスの向こう側から口髭のある黄ばんだ顔がじっと目をこらしているのに気づいたはずである。[*64]

ヴィシンスキーはブハーリン——「あの忌わしいキツネとブタのあいのこ」——とルイコフの戦術にたいしてことのほか腹を立てた。「ブロック」のあらゆる活動にたいして全体としての政治的責任を認める一方で、キーロフ殺害と他のいくつかの告発にたいしては罪を認めるのを拒んだからである。

このようにして、自分にたいする主張を認めながら、「(ブハーリンは) このたびは邪魔されることもなく、それを粉砕しにかかった。他方、ヴィシンスキーは制止することもできず、自分の席に落ち着きなく座り、困惑した様子で、これ見よがしに欠伸(あくび)をした」[*65]と『ニューヨーク・タイムズ』の特派員は書いた。

しかし、演説の最後の部分で、ブハーリンは屈伏し、自分を待ち受ける判決の正しさを認め、堕落して社会主義の敵になったからには、一度ならず数度の死に値すると言い切った。

獄中にあって、私は自分の過去を再評価してみた。なぜなら、「もしきみが死ななければならないとすれば、何のために死ぬのか」と聞かれるとき、突如として目の前に暗黒の何もない空間が浮かび上がるからである。悔い改めずに死にたいと望めば、そのために生命を捨てて惜しくないものなど存在しなかった。そのことによって、結局、私の心はすっかり和み、私は党と国の前にひざまずくことになった……[*66]

ブハーリンは屈伏したが、その行為がどの程度まで彼の真意を反映していたかは知るよしもない。結局は、スターリンとの取引に応じなければ、妻と息子が苦しむと考えたせいなのか、あるいは党のために個人としてわが身を犠牲にすれば、自分の人生を意味あるものとし、将来によりよい希望をかけて死ねると感じたことによるのか。どこまでがそうした動機によるのかは、何とも言えない。

スターリンは動機に関心がなかった。ブハーリンとその他の者が自白さえすれば、死刑にしてあとのいっさいを片づけることができた。被告はあらゆる告発について有罪と判決され、三人を除く全員が死刑を宣告された。ブハーリンは鉛筆と紙を求めて、それにスターリン宛の短いメモを記した。それは「コーバ」という呼びかけで始まっていた。「なぜきみは私を死なせたいのか」。答はなかった。しかし、スターリンが一五年後に死んだあと、そのメモは彼の机の引出しの書類のなかにまじっていた。[*67]

判決はとどこおりなしに執行された。そして念を押すように、ソ連の歴史が書きなおされて、ブハーリンの名前は削除され、記述はスターリンの側から見たものだけとなった。しかし、長い目で見れば、論争に勝ったのはブハーリンのほうだった。一九八八年——裁判から五〇年後——に、ブハーリンは、彼が妻に口述した手紙のなかで呼びかけた「将来の世代の党指導者」によって名誉を回復された。

一九三八年三月以後、公開裁判は開かれなくなった。しかし、すでに述べたように、七月末には軍と政界の有名な人物の処刑が行なわれ、テロルがクライマックスに達したのは、この年の夏のことだった。その後も粛清はつづいた。極東軍管区ばかりでなく、ソ連外務省とコムソモールの中央機関はすべて三八～三九年に逮捕‐処刑‐追放のプロセスにさらされた。三九年二月になってようやく、長きにわたる拷問のあと、ウクライナ出身の政治局員スタニスラフ・コシオールとヴラス・チュバーリが処刑された。他の者が処刑されたのは四〇～四一年であった。

それでも、テロルの激しさは、一九三八年の夏を境に下火となった。NKVD自体が、それを実行する段階で、自らつくりあげた相互告発のシステムにひっかかるおびただしい人数をもはや処理しきれなくなったのである。モスクワだけでも三〇〇〇人の調査官が仕事にあたっていたと報じられているが、殴打されて自白を強いられたすべての犠牲者がさらに五人ないし一〇人の名前をあげていたら、じきにその数は手に負えなくなる恐れがあった。スターリンでさえも粛清がいまやあまりにも広がりすぎたことを認めざるをえなくなった。そのために、ソ連のすべての機関が、最も経験豊富なスタッフを失って能率面で悪影響をこうむっていたのである。

スターリンは疑いもなくテロルの陰の推進力であり、毎日エジョーフに会って詳細な指示を与えていたが、それにたいする責任と非難をまんまと回避しおおせた。そのための一つの方法として、あまり公の場に姿を見せず、一九三七年三月の中央委員会総会以後は二年のあいだ重要な演説をしなかった。また、自分のオフィスと個人的な書記局をスタヴァヤ広場にある中央委員会のオフィスからクレムリンに移し、自分と人民のあいだに厚い壁を築いた。そのために、被害者の多くを含む大勢の人びとの思いこみ、すなわちＮＫＶＤはスターリンに隠してテロ行為を働いているという臆測が信憑性を強めた。

一九三八年、スターリンは「行き過ぎ」の責めを負わせられるスケープゴートを用意する方針に切り換え、エジョーフに白羽の矢を立てた。これは、三〇年に論文「成功による眩惑」を使って集団化の行き過ぎにたいする非難をそらしたのと同じやりかただった。

一九三八年七月、スターリンはベリヤをＮＫＶＤの副長官に任命した。八月、エジョーフは内務人民委員の肩書きはそのままで、水上運輸人民委員に任じられた。カガノーヴィチの動議にもとづき、ベリヤをメンバーに入れてつくられた委員会がＮＫＶ

Dの仕事の調査を実施し、数多くの反則と行き過ぎを発見した。その結果、二つの決議が中央委員会で承認された。「代理人による逮捕、監督、および調査の実施」と「正直な人間を登用して治安機関の仕事につかせること」である。二週間と経たないうちに（一九三八年十二月）、ベリヤはNKVDの長官としてエジョーフに取って代わり、エジョーフは不安地獄に突き落とされた。まだ水上運輸人民委員であり、その会議にもときおり出席したが、まったく発言しなかった。そして、紙飛行機をつくっては飛ばし、それを拾いにいくときに這いつくばって椅子の下にもぐることもあった。だが、つねに無言だった。

一九三九年三月に第一八回党大会が開かれたとき、「失脚者」になってはいたが、まだ中央委員だったエジョーフは、党の長老会議に出席した。その場に居あわせたオデッサ州党委員会第一書記E・G・フェルドマンはメドヴェージェフにそのときの様子を次のように語っている。

大会が終わりに近づいたので、党長老会議はクレムリンのある広間に集まった。長いテーブルの正面にはまるで舞台の上のように、アンドレーエフとモロトフおよびマレンコフが居並んだ。その後方、ずっと離れた左側の隅に……スターリンがパイプをくわえながら座った。アンドレーエフが発言し、大会も終わりに近づいたので中央委員会の選挙のために候補者を提案することにしようと言った。最初に名前をあげられるのは、もちろんすでに鬼籍に入った者を除いて、中央委員を辞任する人びとだった。やがてエジョーフの番になった。

「何か意見は？」アンドレーエフがたずねた。短い沈黙のあと、誰かが、エジョーフは全員がよく知っているとおりスターリン主義を信奉する立派な人民委員であり、留任させるべきだと述べた。

「何か異議は？」沈黙がつづいた。そのとき、スターリンが発言を求めた。そして立ち上がると、テーブルに歩み寄り、まだパイプを口にしたまま叫んだ。

「エジョーフ！　どこにいる？　ここに来い！」エジョーフは後方の列から現われてテーブルに近づいた。

「ところで、きみは自分のことをどう考えているのかね？」とスターリンは聞いた。「きみは党中央委員会のメンバーとしてふさわしいかね？」

エジョーフは顔面蒼白になり、しゃがれ声で答えた。質問の意味がわかりません、自分は全生涯を党と同志スターリンに捧げてきました、同志スターリンを自分の生命よりも愛してきましたから、何がゆえにそのような質問を受けることになるのか理解できません、と。

「そうかね？」スターリンは皮肉っぽくたずねた。「では聞くが、フリノフスキーが誰か、知っているかね。彼を知っているか？」

「はい、もちろん知っています」とエジョーフは答えた。「フリノフスキーは私の代理でした。彼は……」

スターリンはエジョーフをさえぎり、ほかの者についてたずねはじめた。シャピロとは誰か？ ルイゾワ〔エジョーフの秘書〕を知っているか？ ではフョードロフはどうか？ それに……〔その全員がすでに逮捕されていた〕

「イオシフ・ヴィサリオノヴィチ！ 彼らの陰謀をあばいたのは、私、ほかならぬ私だったことを、あなたはご存じのはずです。私はあなたのところへ報告に行きました……」

スターリンはそれ以上つづけさせなかった。「そうだ、そのとおりだ！ きみはうまく勝負がついたと思ったとき、あわててやってきた。では、それ以前はどうだったかね？ 陰謀が、スターリンを殺す陰謀があった。きみはＮＫＶＤのトップの陰謀に関わりがなかったと言うつもりなのか？ 私の目が節穴だとでも思うのか？」スターリンはつづけた。「いいか！ よく考えてもみるがいい！ きみはスターリンの護衛に誰をよこしたか？ 拳銃を携帯して！ なぜスターリンの近くに拳銃を？ なぜ？ スターリンを殺すためではなかったのか？ もし私が気づかなかったら？ そのときはどうなったのか？」

スターリンは、エジョーフがＮＫＶＤを熱に浮かされるように運営し、無実の人びとを逮捕する一方で、罪のある者をかばったとして告発した。

「どうだ？　出ていけ！　私にはわからないが、同志諸君、この男を中央委員会の一員として残すべきだろうか？　私は疑問に思うが。もちろん、よく考えてくれ……決めるのはきみたちだ。だが、私はあくまでも疑問だと思う」

エジョーフはもちろん満場一致の評決によりリストから消された。休憩のあと、彼は広間に戻らず、大会にも二度と姿を見せなかった。[*68]

エジョーフがやっと逮捕されたのは、数日後、水上運輸人民委員部で開かれていた会議の席上でだった。ＮＫＶＤの職員がついに現われたとき、彼は立ち上がって言った。「どれほどこの瞬間を待っていたことか！」彼は銃をテーブルに置き、連行されていった。[*69]

スターリンにとって、一九三九年の第一八回党大会は、三四年の第一七回党大会（「勝利者の大会」）以上にその名にふさわしい勝利者――または生き残り――の大会となった。代議員の点呼を聞けば、彼がこれまでの五年間に、まったく新しい党をいかにうまくつくりあげたかがよくわかった。三四年の大会の代議員一九六六人のうち一一〇八人（フルシチョフによる数字）が反革命的な犯罪で逮捕されていた。幸運にも生き残った者のうち、三九年に代議員としてまた姿を見せた者はわずか五九人にすぎなかった。中央委員会の委員の再編成も同じように劇的だった。三四年に選ばれた一三九人の正規の委員と委員候補のうち一一五人が三九年にはもはや姿を現わさなかった。フルシチョフは彼らのうちの九八人が銃殺されたと報じた。しかし、メドヴェージェフは本当の数が一一〇人だったと述べている。[*70]

ベリヤはNKVDの幹部層を、前任者のエジョーフに劣らず、きれいさっぱりと掃除した。フリノフスキーとザコフスキーのように、ヤゴーダの時代から生き残って、ブハーリンの裁判の準備をしたごく少数の者は、同僚たちのあとを追って処刑された。エジョーフの世代も同様だった。全体として、NKVDのメンバーの二万三〇〇〇人以上が一九三〇年代末までに抹殺されたと推定されている。三九年三月までには、ベリヤの部下がすべてを取り仕切るようになっていた。その典型は、彼がモスクワへ連れてきたグルジア人の部下たちだった。調査委員会による報告のあと、約五万人にたいする告発が取り下げられた。政策に変更が生じたというよりも、その適用が緩和されたことを示すジェスチュアである。エジョーフが緊急の措置として行なった粛清は、ベリヤのもとで永久的な支配の手段として制度化されたのである。

エジョーフがスケープゴートに名指されたので、スターリンは進んで誤りがあったことを認める気になった。そして大会の報告のなかで、代議員たちに語った。「粛清が重大な誤りなしに行なわれたとは言えない。不幸にも、予期していた以上の誤りがあった」。しかし、彼は代議員たちを安心させた。「疑いもなく、われわれはこれ以上、大量粛清というやりかたに戻る必要はないだろう。ともあれ、一九三三〜三六年の粛清は避けることができなかったし、その結果は総じて有益であった」

疑いもなく不安に駆られて耳をそばだてていた代議員たちは、スターリンの言及した党からの追放が中央委員会により憲法にもとづいて公認された一九三三〜三六年の時期だけのものだった事実を聞き漏らさなかったはずである。だが、一九三七年から三八年に行なわれた粛清については、何のコメントもなしに無視された。追放され、あるいは処刑された者の数が一〇倍にもなり、ごく少数を除いて、裁判にかけられたすべての者にたいする判決のよりどころが、スターリンと内密に行動した一人か二人の政治局員の判断だった時期のことである。だが、報告の最後になってやっと、若い世代の急速な昇進に言及しながら、スターリンは独特のブラックユーモアで味つけしてこうつけ加えた。「しかし……いつの世にも古参のカードルは必要な数よりも少ないものだ。彼らのような階級は、自然の法則が働いてすでに間引かれはじめている」[*71]

全体としてどれほどの数が逮捕され、射殺され、あるいは収容所に送られたかはいぜんとして満足のいく答の出せない問題である。ロバート・コンクェストは一九九五年に以下の二つのありうべき推定値をあげている。フルシチョフの名誉回復委員会のオリガ・シャトゥナルスカヤは、一九三五年から四一年までのあいだに一九八〇万人が「弾圧された」と見積もっている。一九九五年にロシア連邦のグラチョフ国防相は、一九三五年から四五年までのあいだに一八〇〇万人が逮捕され、七〇〇万人が射殺されたと推定している。[*72]

8

一〇〇万ないし二〇〇万を足したり引いたりして被害者の総数を吟味するのは量的な問題であり、それにかかずらっていると、とかく質的な事実が曖昧になってしまう。いかに数が多かろうと、その数百万人の一人一人にとって、わが身に起こったことはいずれも個人的な独自の体験だった。このように理解したからこそ、自身、一一年間を強制労働収容所で過ごしたソルジェニーツィンは、名作『イワン・デニーソヴィチの一日』を書き、そのあとつづけて大きな危険を冒しながらひそかに数百人の元囚人の個々の体験を集め、それをもとに――公の記録に頼らず――スターリンのテロルの犠牲者に捧げる記念碑『収容所群島（グラーグ）』を書くにいたったのである。「群島」は、何百人もの「ゼック」が住む「島々」からなり、その島のなかにはヨーロッパの大国ほどの大きさのものや、駅の留置場ほどしかないものなどがあった（原注：グラーグは、NKVD管轄の矯正労働収容所の管理総局を示すロシア語の頭字語である。「ゼック」は「囚人」をさす監獄内の俗語である）。群島は地理的には分散していたが、心理的には一つに溶けあって、ソ連という大陸の内部にある、ほとんど目に見えないもう一つの大陸を形成していた。

第一章の冒頭に、ソルジェニーツィンはこう書いている。

宇宙には、そこに住む人間と同じ数だけの中心がある。われわれ一人一人が宇宙の中心なのだ。だが、その宇宙は、彼らが凄みをきかせて「お前は逮捕された」と言うとき、木っ端微塵となる……

われわれは幸せに生まれ、あるいはひょっとして不幸せな気分に浸りつつ足を引きずりながら、曲がりくねった長い人生行路をとぼとぼと歩いていく。そして、朽ちかけた木の柵、突き固めた土塀や煉瓦やコンクリートの塀、鉄柵などを通り過ぎる。われわれはその向こうに何があるのか、一度も考えたことがなかった。だが、まさにそこから二メートルと離れていない、つい目と鼻の先から、グラーグ国家が始まるのだ。おまけに、われわれはこうした柵のそこかしこにある固く閉ざされ、巧みに偽装してあるドアやゲートに気づかなかった。そうしたゲートが、いきなりぱっと開いて、四本の手がわれわれの脚や腕や襟首をつかむ……そして、われわれを土嚢か何かのように引きずりこむ。すると背後のゲート、過去の生活につながるゲートはきっぱりと閉ざされる。万事休す！　あなたは逮捕されたのだ！　あなたは羊のような声でめそめそと泣きごとを言うほか応える言葉がないことを知る。「私が？　なぜ？」それが逮捕というものだ。それは、現在を過去に、とうていありえぬことを有無を言わさぬことに変えてしまう目のくらむような閃光であり、打撃である。*73

公に宣言され、すべての村に影響をおよぼした集団化と異なり、テロルはつねに個人的な体験だった。音もなく、予測のしようもなく、青天の霹靂のように襲いかかってくるのだ。そして、この違いが、後者に組織的なレジスタンスがない理由を物語っている。そうした状況に暮らす人は誰でも、難を避けるための最良の方法は、隣で起こることについては何も知らず、真夜中の叫びをまったく聞かず、駅では目をそむけ、突然同僚が仕事に出てこなくなるわけをたずねないようにすることなのである。ソルジェニーツィンはこう書いている。

おそらく、連れていかれることはなかろう？　おそらく、何ごともなく収まるだろう？　……大多数の者は黙って座り、あえて一筋の希望をつなぐ。罪を犯していないのだから、いったいどうやれば逮捕できるのか、できるはずがない！　それは間違いだ。もう襟首をつかまれて引きずられているのに、あなたはまだ自分に向かって叫びつづける。「間違いだ。きちんと事情を調べて、私を釈放してくれるはずだ！」集団で逮捕される人びともいる。「たぶん、あの人は罪を犯したのかも……？」しかし、あなたについては、明らかに無実だ！

では、どうして逃げないのか……さもなければ、この場で抵抗しないのか？　結局、立場をいっそう悪くするだけだろう。彼らが間違いを正すのを一段と難しくするだけだろう。[*74]

気づかれずにすませたい気持ちから、人目を避ける本能は、情報提供者にたいする恐怖によって、いっそう強まった。この恐怖が、すべての人の口を封じた結果、社会はばらばらの単位に分裂した。遠い昔、アリストテレスはそれを専制政治を守る手段の一つだと見なした——「不信感を醸成すること。専制君主は人びとがたがいに信頼するようになって、ようやく覆されるからである」[*75]

囚人はなぜ逮捕されたのか思いあたらないため、また何が起こっているのかを理解できず、さらに自分の運命を全面的に支配する人びとの意図が読みとれなくて困惑するため、個々の人間のこの無力感は逮捕後もいっこうに消えなかった。他方、囚人が説明のつかない悪夢として体験したことは、周到な計算から生み出されていた。見たところ出まかせと思える野蛮な行為と無頓着さの陰には、膨大な知識の集積があった。それは、何世紀にもわたって抵抗と個人の主体性を押しつぶしてきた経験が、何代にもわたって尋問官と拷問者に次々と伝えられたものだった。ソルジェニーツィンがやがて悟ったように、ある「科学理論」が存在したのである。これは、逮捕を次のようなさまざまな基準によって分類した。夜間、日中、自宅、執務中、旅行中。初めてか再度か。捜索に要した綿密さ。妻の扱い――逮捕、子供たちをともなう、またはともなわない追放――などである。NKVDの活動は、ゲシュタポと同様、不断の観察と実験に確固とした根拠を置き、それをもとにして現在の状況に合わせる一方で、ストレスをかけられた人間の行動に関しては、医学と心理学の全域にわたる研究に頼るという点で科学的だった。

収容所の存在とその運営の実体がすべて秘密に包まれていたので、いっそう恐怖がつのった。逮捕された者のリストは公表されなかった。強制労働収容所のことは決して新聞に書かれなかった。そういうものがソ連における生活の一部になっていることを誰もが知っている一方で、そのことが話題にされることは絶対になかった。そのために生まれたのは、コワコフスキの言う「二重の意識」であり、それは「人びとを党と国家が繰り返し教え込む偽りのキャンペーンの共犯者に仕立てあげた」[*76]

高い地位についていたか、あるいはかつてついていた者は、逮捕された場合、自分たちの身にどういうことが起こるかを、一般人よりもよく知っていたに違いない。しかし、彼らにしても、自分たちが逮捕されるかどうかは知りえないことだった。そして、ときには何週間、またときには何カ月という長いあいだ、彼らをわざと不安にさらすことも、同様に心を萎えさせる効果をもった。ひとたび逮捕されると、彼らはあらゆる特権を奪われ、どこの誰にも劣らないほどむきだしの無防備な状態に突き落とされた。そのために、過酷な拷問に苦しんだ者の実例として、フルシチョフは秘密報告のなかで以前の反対派ではなく、スターリンの政治局員——ルズターク、エイヘ、チュバーリ、コシオール——を選んだのである。この四人はいずれもスターリンの死後、嫌疑が晴れた人びとだった。拷問を受けず、公開の法廷で自らの立場を弁護する機会を認められた人物は、ブハーリン一人だけだったようである。

すべてのボリシェヴィキが、いっそう気力を殺がれてしまったのは、自分たちが内戦以来、大規模な暴力行為、たとえば集団化キャンペーンに加担してきたという事実のためだった。犠牲者が党員でなかったときには、彼らのうち誰一人としてまやかしの裁判と処刑に反対したことがなかったし、また、誰が階級の敵や富農や帝国主義者の手先かを決める党の指導者の権限に疑念をはさんだこともなかった。彼らの容認してきたゲームのルールが変わって、彼らに不利なものとなったとき、彼らは心の拠りどころとなる自律的な道徳原理をもたなかった。

その状況をさらに悪化させたのは、党こそが真理とその他のすべての価値の源泉だという神秘的な思い入れだった。トロツキーは多くの者の感情を代弁して、次のように語っている。

イギリスには「良きにつけ悪しきにつけわが祖国」という諺がある……ある個別のケースについて正しかろうと間違っていようと、やはりわが党であると言うとき、われわれにはもっと正当な理由がある……したがって、党の下した決定について、われわれのうちの誰かが正しくないと考えたとしても、その決定を下したのはやはりわが党なのである。そして、私はその決定のもたらす結果を最後まで支持する。[*77]

ピャタコーフはすでに引用した一九二八年の会話で、次のように言明した。

レーニンによると、党は限界や抑制をいっさい認めぬ強制の原則にもとづいている……このかぎりない強制の原則には、いかなるかたちにもせよ——道徳的、政治的にはもちろん、物理的にも——限界がない……

真のボリシェヴィキは、その個性を党の集団性のなかに埋没させている……この偉大な党と一つになるため、自己を党に融合し、自分自身の個性を捨てたのである。それゆえ、彼の内部には党のものでない粒子のひとかけらも残っていなかった。[*78]

一九三六年に、ブハーリンはパリでニコラエフスキーと話をしていてスターリンの常軌を逸した野心を公然と非難した。しかしニコラエフスキーから、ではなぜ反対派は屈伏したのかと聞かれて、ブハーリンは答えた。「あなたにはわかっていないんだ。実状はそんなものではない。われわれが信頼するのは彼ではなく、党が信頼をおいた人物である。たまたま、彼が党の象徴みたいなものになったというだけのことだ」[*79]。一九二八年に、ピャタコーフは自分にとって党を離れた人生などありえないと、自らに言い聞かせた。一〇年後、ブハーリンは党をひどく誤らせたスターリンには幻想を抱かなかったが、それでも彼の最後のスピーチを同じ告白で結んでいる。

悔い改めずに死にたいと望めば、そのために生命を捨てて惜しくないものなど存在しなかった……そして、胸に手をおいて自問する。「よろしい。お前が死なないとしたら、何かの奇跡により生きつづけるとしたら、それは何のためか？」。あらゆる人から隔離されて、人生の精髄をなすあらゆるものから完全に隔離されて、人民の敵となり、人間たるにふさわしくない立場にあったとしたら。[*80]

ＮＫＶＤが活動の基盤としていたのは、自白を確保するためのシステムだった。そのなかで、囚人は自分の罪を認め、他者を告発した。スターリンは内密の裁判にかけられただけの多くの事件についても、自白をとるよう強く求めた。事件が想像上の実在しない犯罪にもとづいていたので、あとになって否定される可能性がなくもない独自の証拠をでっちあげるよりも、このやりかたで有罪を確認するほうがずっと都合がよくて能率的だった。西側の観察者とソ連国民に非常に強い印象を与えたのは、法廷に立つ被告の姿を見せ、自分自身を罪におとしいれ、たがいに告発しあう声を聞かせたという事実だったことは疑いない。細部にわたる大がかりな嘘の話をつくりあげるには、ＮＫＶＤの何千人もの工作員と尋問官が多くの時間を費やさなければならなかったが、一方、逮捕したあと、行政命令だけで処刑と追放を実施することは可能だったろうし、しかも非常に多くの時間が節約でき、トラブルも避けられたはずである。さらに、法廷における正式な裁判の手続きと同じく、自白は合法性の外見を保つのに役立ち、テロリズムと殺人をおおい隠すことができた。たとえそれが一般に信用されなくても、有罪を認めた被告の政治的な信用は傷ついたし、自らかえりみて道徳的な頽廃はまぎれもなかった。彼ら自らがおのれを非難し、自分で自分を辱めることは、スターリンの心のなかに疑惑をかきたてたことにたいして、彼が加えた罰の一部だったのである。

当時はほとんどわからなかったが、その後動かしがたい事実として知られるようになったことに、NKVDが自白させようとするときに使うさまざまな方法があった。その基本的なものに「コンベア」がある。尋問官が次々に交替して数時間ないし数日のあいだつづけて尋問にあたるのだが、囚人には睡眠や食事を許さないこともしばしばだった。伝えられるところによると、一週間でほとんどの者が屈伏したという。別の方法としては、数カ月からときには一年ないし二年という長期にわたって断続的に尋問する方法があった。これを経験しているポーランド人のある証人は、寒さと飢えと両眼に浴びせられるまばゆい電灯の光の影響について語っており、とくに睡眠を妨げることの効果はいちじるしかったとしている。「飢えと寒さのなかで、ほとんど睡眠をとらず、五〇回から六〇回も尋問がつづくと、人間はまるで自動人形のようになる――目はまぶしく、脚はむくみ、手はふるえる。そんな状態で、人はしばしば自分が罪を犯したのだと確信してしまう[*81]」。仲間の被告のほとんどが四〇回から七〇回の尋問でこの状態におちいったと、彼はつけ加えている。

殴打と拷問は当たり前のことだった。その事実は、フルシチョフも秘密報告のなかで率直に認めており、フルシチョフが引用した回状は、一九三九年にスターリンが各州および各共和国の書記局に送付したものだが、その内容は拷問が三七年に中央委員会で承認されているというものだった。スターリンはこの「力ずくの方法」を用いることを是認し、その根拠としてこれがブルジョワ諜報機関による「最も忌わしい」慣行だからだとしている。中央委員会は、それが「正当と認められるばかりでなく、適切でもある」のは「よく知られたしぶとい人民の敵」に適用される場合だとした。[*82]

最も効果的なのは、肉体的な拷問に心理的な拷問を併用する方法だった。四人の妻を逮捕して拷問にかけると脅すときには、隣室で婦人が金切り声をあげたり泣いたりする音響効果を使う。また、三日、四日、五日と食物も飲物も睡眠も許さぬまま立たせておいて、お前の子供を銃殺すると脅したりもする。

密告と告発が、システムの基本をなしていた。遺恨と羨望が強力な動機となり、それを特権的な地位についている人びとにぶつけることができた。「告げ口が、世間でうまくやっていくための才覚だった」のである。NKVDは脅迫と威嚇を使って大勢の人びとをかき集め、隣人や仕事仲間について報告するというかたちで「協力」を強要した。告発を自分たち自身から注意をそらし、権力者の愛顧を得るための一つの手段と見なす者もいた。そうしたことが社会を腐敗させ、人間関係の基本になる最低限の相互信頼までもぶちこわして、個々の人間をおたがいに孤立させる結果となった。一九三六〜三八年のモスクワやレニングラードなど、ソ連の大都市をおおい尽くした恐怖と沈黙の雰囲気を伝える記録はたくさんある。

一九三六年から三九年までのあいだに逮捕された者のうち、処刑されたのは少数にすぎなかった。大多数は収容所群島のなかでも大きな島々を構成する矯正労働収容所に移送された。三七年にはすでに、それぞれが約二〇〇の収容所をもつ三五のグループについて列記した収容所の詳細なリストが発表されていた。三五〜三七年に、総収容人口は男女を合わせて六〇〇万というレベルだったと見積もられている。冬は暖房がなく、夏は耐えがたい暑さになる超満員の貨車に押しこまれ、食物も水も乏しく、衛生設備もろくにない鉄道の旅が何カ月もつづくことがあり、多くの者が恐ろしいその旅の途中に死んだ。生き残った者も、寒さ——収容所の多くはソ連の北極地方にあった——のために、伝染病や病気の治療が受けられないために、過酷な肉体労働を強いられて消耗したために、また政治犯を威嚇する看守の残忍な扱いを受けて、さらに新たな大量処刑を割り当てるモスクワからの命令によって、死んだのである。処刑はたいてい中央隔離監獄の一つで執行された。約五万人の囚人が三七年と三八年の二年間に処刑のため、バムラーグ（東シベリアにあるバイカル-アムール収容所複合体）のなかにあるその一つに移送されたと伝えられる。彼らは丸太のように針金で縛られて無蓋貨車に積み上げられ、収容所の外に運ばれて銃殺された。

ＮＫＶＤ帝国の二つの最も大きな流刑地帯は、北西ロシアのコミ自治共和国と、極東のレナ川とシェリホフ湾の北のコルイマ山脈にはさまれた地域にあった。前者には一〇〇万人以上の囚人がいて、一つの強制労働収容所としてはソ連で最大のものがペチョラ川沿いの低地にあった。ヴォルクータ炭坑地方では、一年の三分の二は気温が氷点下となり、一年ないし二年以上生きのびる者はほとんどいなかった。フランスの四倍の広さをもつ地域を占める後者では、収容所は極東建設トラスト「ダルストロイ」の管轄に入り、約五〇万人が働いていた。収容所が主に集中していたのは、コルイマ川の金鉱（のちウラン鉱）だったが、その地は気温が氷点下七〇度にもなることがある。氷点下五〇度になるまで、囚人には戸外労働が強制された。死亡率が非常に高かったので、この収容所に住んだことのある囚人の総数は他のどの場所よりも多かった。

経済的にはほとんど引き合わないが、収容所の奴隷労働はソ連の経済に組みこまれていた。一〇〇万人が鉱業に、三五〇万人が鉄道や工場のような一般の建設作業に従事していた。ノルマを達成させるためには、不充分な食料の配給を手加減することが行なわれた。一九三八年には、収容所における死亡率は年に二〇パーセントと見積もられていた。収容所に送られた者のうちで社会復帰できる者はごくわずかしかいなかった。たとえ生き残ったとしても、最初の刑期が終わったときにまた新たな判決が下されるのであった。ソルジェニーツィンは一人の男がもちこたえられるのは、長くてもせいぜい一〇年だと考えた。しかし、これは収容所の歴史でも待遇の良かった時期における数字である。三六年から三八年にかけて逮捕された者については、生存率は一〇パーセントとされている。アンドレイ・サハロフの計算によると、収容所に送られた六〇万人以上の党員のうち、生き残ったのはわずか五万人にすぎなかった。

これほど大がかりな仕事をまかされる組織は、動きだすとおのずからはずみがついて、抑制するのが難しくなるものだ。適切に管理することが困難になるのは、NKVDの場合のように、運営が秘密に行なわれるときである。中央から遠く離れていることが多いため、権力を濫用する機会はふんだんにあり、犯罪者や精神に異常をきたしている者がわがもの顔に振る舞ったのである。ヒトラーが強制収容所を訪れなかったように、スターリンもNKVDの監獄や収容所を一度も自分の目で見たことがなかった。彼は聞かされる情報に頼っていたが、多くの行き過ぎについては知らないほうがよかったのだろう。あとで自分は関知しなかったと言えるからだ。かりに知ったとしても、彼が介入したかどうかは、また別の問題である。

しかし、NKVDがその仕事を残忍きわまる方法で遂行したことについての責任の多くが上級幹部と収容所の所長にあり、彼らが気ままに振る舞うことを許されていた事実を認めるとしても、そうした方針を定めた責任とそれを実行させた権限は、スターリンにあった。何よりも、あれほど大がかりなテロと粛清については責任がある。このことはもはやロシアでも議論の余地がない。ソ連の歴史について情報公開が行なわれ、それが粛清の時代にまでおよんだのにつづいて、一九八〇年代末には熱心に論議が交わされたが、その後『プラウダ』は、八八年四月にきっぱりとこう断言してぃる。「スターリンは知らなかっただけなのだ。彼はそれらを計画し、指揮した。今日、これはすでに証明されている事実である」[*83]

しかし、これでもまだ次の問題には答が出されていない。スターリンが一〇年足らずの間隔で再度何百万もの男女を殺し、あるいは投獄するという代償を払ってもよいと考えるほど重要な目標として、何がありえたのかということだ。最初は、集団化と工業化の時期だが、その苦難と人命の損失は――たとえ今日多くの歴史家が必要にして不可欠だったかどうかを疑問視しているとはいえ――少なくとも後進国の近代化のために支払った代価だったと主張することはできるだろう。しかし、一九三六年までには集団化が達成され、工業経済の基礎は築かれていた。三〇年代後半のテロルは、それを固めるどころか、あらゆるレベルで最も大きく貢献した多数の人びとを粛清することにより、それまでに達成した成果を土台から掘り崩す恐れがあった。スターリンがあえてそれをやった唯一の根拠となったのは、政権を覆そうとする大がかりな陰謀だった。それには全国の党組織だけでなく、革命後のロシアで上層に昇りつめた他のエリートたちと組織網――軍隊はもちろんＮＫＶＤそのものも含む――が関与していたというのである。

険悪な国際情勢と戦争の危険は、脅威をいかにも本当らしくするために都合よく利用された。しかし、名前を列記された数千人の犠牲者については、一人として真の裏切り者やスパイとして関わったことが立証された事件は一つもない。いざ戦争という場合に政府が頼らなければならなくなる軍隊ほど、エジョーフ体制による被害をもろに受けて効率がひどく損なわれた部門はなかった。

スターリンのような心理的傾向と陰謀の経験をもつ者はいとも容易に政権が脅威にさらされていると確信してしまうことはすでに述べたし、また彼が自白と罪の自認を重視した理由を考えるうえでこれが鍵となることにも触れた。しかし、計算という要素は、スターリンのものの考え方を説明しようとする場合には決して除外するわけにいかない。スターリンをあれほど恐るべき人物にしたのは、心理的要求と政治的必要という二つの要素が組み合わさり、一つに収束したからだった。

この場合の政治的要素は容易に措定できる。それには、最初の問いの角度を変えて、豊かな経験をもつあれほど多くの人びとを粛清するという代価を払うに足るほど重要な目標は何だったのかと問うのをやめ、スターリンにとってはそれが代価ではなく、目標そのものだったことを認めればよいのである。一九三六年から三九年の時期を、一七年以後のソ連の歴史のコンテクストに組み入れれば、その理由が明らかになってくる。

一九二九年から三三年のスターリン革命は、一七年から二一年にいたる権力奪取のかたちをとったレーニンの政治革命を補強し、完成させるための経済・社会革命だった。しかし、ソ連がさらに前進して三〇年代半ばにさしかかったころ、スターリンは自分の革命を完成させるには、政治的局面をさらに押し進めて、同じく上から課する徹底的な粛清が必要だと考えるようになった。それはすぐに実行されたわけではなかった。三三～三四年の息抜きの時期とそれにつづく三四～三五年の準備期間をはさんで、ようやく三六年から三九年のあいだに粛清の嵐が吹き荒れることになったのだ。それはかつての反対派の排除に始まり、さらに広がってスターリン主義者をも巻き込むにいたった。彼らは二九年から三三年までの革命的な変革の担い手だったが、そのあとで息抜きと和解の政策を求めた者たちだった。粛清はさらにつづいて、レーニンの最初の党のほぼ全体が事実上清算された。党の組織の内部のみならず、ソ連のエリートによって構成される他の部門も標的となり、同世代の軍人、管理者、文化人、そして最後にはNKVD自体の職員が党員と非党員とを問わずに抹殺された。基準はもはや「反対」ではなく、「疑惑」ですらなかった。スターリンが「沈黙の人びと」と呼んだ層にまで対象が広げられ、権力の基盤や自分たちだけの「ファミリー・サークル」をつくりあげた者、まだその姿勢にいくらか独立の気概がうかがえる人間なら誰でもよかった。多くの者が、粛清の実行者に疑われていない場合でも、告発の犠牲となった。

心理的には、粛清によって、スターリンはつねに消えやらぬ陰謀と政府の転覆と暗殺への恐れを鎮めることができた。それと同時に、復讐への欲望を満足させたのだが、そこでは寛大さや人間的な感情などはかけらほどもなく、冷静な計算は生来の残酷さで裏打ちされていた。政治的には、永久に反対意見を封じることにより、独裁的な支配形態への道が開かれた。粛清によってこれが可能になったのは、最初のボリシェヴィキ党から引き継いできたものを一掃できたからだった。わずか二〇年前のことでしかない一九一七年の革命と内戦、レーニンの指導のスタイルと党内の民主主義、党に独自性を与え、党員を共通の信念のもとに団結させるイデオロギーとしてのマルクス－レーニン主義などの記憶はまだ消えていなかったのである。

最初の党を理想化したり、無謬という確信のほか何の権能ももたない党がロシアの人民に苦難を強いた事実を忘れたりする必要はない。ドミートリ・ヴォルコゴーノフが論じるように、「レーニンによってつくられたシステムはいずれにしても、それなりにスターリンを生みだしたろう」（原注：ヴォルコゴーノフ『レーニンの秘密』白須英子訳、NHK出版）という指摘は正しいのかもしれない。かつての党との連続性は、革命の伝統とレーニンの権威をスターリンが継承したと主張するレトリックによって保たれた。これはスターリンによる過激な変革を隠蔽し、それによって国外の共産党と左翼支持者の忠節をつなぎとめるうえできわめて重要だった。そうした建前の陰で、スターリンは自分が権力の座についたときの党とはまったく異なった党をつくりあげたのである。

スターリンはすでに、こうした事態がどのようにして生じたかについて自分の見解を世に示すための措置を講じていた。彼の指示にもとづいて、一九三五年に『ソ連邦共産党史小教程』——『小教程』と略称される——の編纂が始まった。その結果に満足せず、スターリンは三七年に自分が望む本の指針をつくり、一二の章に分け、わかりやすい典拠として自身の著作と演説を引用するようにした。草稿ができると、スターリンはその編集作業に積極的に参加し、「弁証法的唯物論と史的唯物論」に関して自分自身のイデオロギーを述べた新しい章をつけ加えた。

完成した本の記述によると、スターリンは一九一二年のプラハ協議会以来レーニンとともに党の共同指導者だったとされ、トロツキーではなくスターリンが一九一七年の権力奪取と内戦の戦略を指導したオルガナイザーになっていた。スターリンとレーニンは相たずさえて、トロツキー、ジノヴィエフ、ブハーリンおよびルイコフ——三〇年代末の裁判で、最初から「二つの顔をもつ革命の敵」だったことが明るみに出た者たち——の破壊的な努力を未然に防いできた。レーニンとスターリンの意見の相違についてはまったく書かれていなかった。さらに念を入れて、政治局の決定により

（このことは五七年になってようやく知られるようになった）、レーニンに関する研究書や回想記のたぐいはこれ以後出版を禁じられることになった。

『小教程』によると、レーニンが死んだとき、スターリンは強力な民衆の支持（人命の犠牲についての言及はない）を得て、敵対する外国勢力とスパイおよび国内の破壊活動家の連携をものともせず、ロシアの工業化と集団化を遂行する疑問の余地のない指導者としての地位を継承した。ソ連における社会主義の勝利は、一九三六年の民主的な憲法によって確認され、ソ連国民の承認を得て、ソ連国家の敵、「ブハーリン－トロツキーの徒」を絶滅させたことによって不動になった。

スターリンは『小教程』の著者ないし編集者として名前を出さないようにし、本の表紙には党中央委員会編と記された。そしてスターリンは、一九三八年十一月の中央委員会の指令により、それをソ連の政治教育の基礎文献、すなわち党や政府や経済管理の指導的幹部の地位につきたいと望む者なら誰でもマスターしなければならない重要な教科書とした。彼が死ぬまでに、この本は三〇〇回も版を重ね、六七カ国語による総発行部数は四二〇〇万部以上におよんだ。これこそは、ソ連の運営を引き継ぐよう求められた青年たちが、国の起源と歴史について知りたいときにひもとく唯一の典拠であった。

一九三四年から三九年までのあいだに、高校と大学を卒業したおよそ一〇〇万人の行政官、技術者、管理者、エコノミストなどの専門家が、まだ空席になっている地位を埋めたいと望んだ。彼らの強味は若さにあり、それがひたすら向上しようとするソ連社会の流動性に応えたことにあった。若さにともなう彼らの弱味は、その未熟さにあった。第一八回党大会で、スターリンは主としてこれら若いインテリゲンチャのなかから抜擢された五〇万の党員がこの時期に党と国家の指導的地位に昇進したと発表した（コスイギンとブレジネフはともに三五年に学校を卒業している。三九年までに、前者は繊維工業人民委員に、後者はドニェプロペトロフスク州の党第一書記になった）。このプロセスはさらにつづいた。このあとの数年間、新しく入党した者の七〇パーセント以上が、同じような経歴の持ち主だった。

すでに第一八回党大会の代議員は、ソ連の教育を受けたこの新しいエリート層の代表たちだった。五十歳以上の者はほとんどおらず、三十五歳以下が四分の三以上を占めていた。彼らはスターリン以外の指導者を知らず、成人してからはソヴィエト政権以外の世界を知らなかった。それ以前の歴史とマルクス－レーニン主義のイデオロギーはどちらも全面的にスターリンの見解から導き出されることになった。党とイデオロギーにたいする彼らの忠誠は、指導者たちを抜きにしては考えられなかった。将来は、彼らが何かのトラブルの原因になるとは考えられなかった。彼らのものだった。彼らしかし、問題を起こせば、彼らも前任者たちと同じく、告発と逮捕の危険にさらされるのである。粛清のメカニズムが制御されるようになって、一応の秩序がもたらされた。しかし、それは廃止されたわけではなかった。

（第3巻につづく）

＊本書は、二〇〇三年に当社より刊行した著作を文庫化したものです。

草思社文庫

対比列伝
ヒトラーとスターリン（第2巻）

2021年2月8日　第1刷発行

著　者　アラン・ブロック
訳　者　鈴木主税
発行者　藤田　博
発行所　株式会社 草思社
〒160-0022　東京都新宿区新宿 1-10-1
電話　03(4580)7680(編集)
　　　03(4580)7676(営業)
　　　http://www.soshisha.com/

印刷所　株式会社 三陽社
付物印刷　中央精版印刷 株式会社
製本所　大口製本印刷 株式会社
本体表紙デザイン　間村俊一

2003, 2021 © Soshisha

ISBN978-4-7942-2501-6　Printed in Japan

草思社文庫既刊

ヒトラーとは何か

セバスチャン・ハフナー　瀬野文教＝訳

画家になり損ねた我の強いオーストリア人青年はいかにして類を見ない独裁者になったか？　ナチスの興亡を同時代人として体験したジャーナリストがヒトラーの野望の軌跡を臨場感あふれる筆致で描いた傑作評伝。

ドイツ現代史の正しい見方

セバスチャン・ハフナー　瀬野文教＝訳

ヒトラーによる権力掌握はドイツ史の必然だったのか？　第二次世界大戦の真因とは？　独自のヒトラー論で知られる歴史家が、ドイツ現代史の分岐点となった数々のトピックスを取り上げ、「歴史のイフ」を考察。

私はヒトラーの秘書だった

トラウデル・ユンゲ

高島市子・足立ラーベ加代＝訳

ドイツ敗戦まで秘書として第三帝国の中枢で働いていた女性が、ヒトラーの素顔や側近たちとの交流、地下壕での最期までを書き記した手記。戦後まもない時期に書かれ、半世紀を経て初めて公開された貴重な証言録。

草思社文庫既刊

ジャン・ヴァン・エジュノール　小笠原豊樹＝訳
亡命者トロツキー 1932―1939

スターリンと対立、追放された革命家トロツキーの亡命生活において、個人秘書として七年間を共にしたフランス人青年の回想記。フリーダ・カーロとの日々なども詳述、人間トロツキーの姿が鮮烈に甦る。

ロバート・N・プロクター　宮崎 尊＝訳
健康帝国ナチス

ガン・タバコ撲滅、アスベスト禁止等々、最先端のナチス医学がめざしたユートピア。それは優生学にもとづく純粋アーリア人国家の繁栄だった。ナチス政権下における医学と科学の進んだ恐るべき道を明かす。

菅原 出
アメリカはなぜヒトラーを必要としたのか

1920年代以降、アメリカは「独裁者を援助し、育てる」外交戦略をとってきた。ナチスから麻薬王、イスラム過激派に至るまで、アメリカと独裁者たちを結ぶ黒い人脈に迫る真実の米外交裏面史。

草思社文庫既刊

渡辺惣樹
誰が第二次世界大戦を起こしたのか
フーバー大統領『裏切られた自由』を読み解く

第三十一代米国大統領フーバーが生涯をかけて記録した大戦の真実とは？　半世紀にわたって封印されていた大著『裏切られた自由』を翻訳した歴史家が、同書を紹介しながら新解釈の「第二次世界大戦史」を提示する。

ハミルトン・フィッシュ　渡辺惣樹＝訳
ルーズベルトの開戦責任
大統領が最も恐れた男の証言

当時の米国内の戦争反対世論をねじふせ、対日最後通牒を巧妙に隠してアメリカを大戦に導いたとして、元共和党重鎮がフランクリン・ルーズベルトの責任を厳しく追及。太平洋戦争史観を一変させる重大証言。

鳥居 民
原爆を投下するまで日本を降伏させるな

なぜ、トルーマン大統領は無警告の原爆投下を命じたのか。なぜ、あの日でなければならなかったのか。大統領と国務長官のひそかな計画の核心に大胆な推論を加え、真相に迫った話題の書。

草思社文庫既刊

フランク・ディケーター　中川治子＝訳
毛沢東の大飢饉
史上最も悲惨で破壊的な人災1958—1962

毛沢東のユートピア構想は未曾有の大飢饉を発生させ4500万もの死者を出していた。中国共産党最大のタブー、「大躍進」運動の全体像を、党の資料をもとに明らかにした衝撃の書。サミュエル・ジョンソン賞受賞。

アンヌ・モレリ　永田千奈＝訳
戦争プロパガンダ10の法則

「戦争を望んだのは彼らのほうだ。われわれは平和を愛する民である」——近代以降、紛争時に繰り返されてきたプロパガンダの実相を、ポンソンビー卿『戦時の嘘』を踏まえて検証する。現代人の必読書。

ジェイミー・バートレット　秋山勝＝訳
操られる民主主義
デジタル・テクノロジーはいかにして社会を破壊するか

ビッグデータで選挙民の投票行動が操れる？　デジタル・テクノロジーの進化は、人間の自由意志を揺るがし、共有される匿名の怒りが社会を断片化・部族化させ、民主主義の根幹をゆさぶると指摘する衝撃的な書。